安徽省高等学校"十三五"省级规划教材
安徽省高等学校一流教材
安徽省高等学校精品课程教材

会计学基础

第 2 版

主　审　金美莲　陈　宁
主　编　蔡文芬　张家胜
副主编　范莹莹　南玮玮
编　委（按姓氏笔画排列）
　　　　王甜甜　朱友祥　吴义凤　何永国
　　　　张全心　张家胜　范莹莹　南玮玮
　　　　徐贤亮　蔡文芬

中国科学技术大学出版社

内 容 简 介

"会计学基础"是经济管理类专业学生的专业基础课程,是学习"财务会计""成本会计"等会计专业课程的基础,也是其他专业学生学习相关财经课程的基础。

本书主要介绍会计的基本知识和理论、基本方法和技能,具体包括会计概念、会计职能、会计目标、会计对象、会计要素、会计等式、会计假设、会计信息质量要求、会计核算方法和会计基础等会计基本知识和理论,以及会计科目和账户设置、复式记账方法、填制和审核凭证、登记账簿、成本计算、财产清查、编制会计报表等会计核算的基本方法和技能,并系统地介绍工业企业主要经济业务的账务处理。

本书可作为经济管理类专业学生的教材,可供其他专业对会计学知识感兴趣的学生使用,也可作为社会人员自主学习会计学知识的备选教材。

图书在版编目(CIP)数据

会计学基础/蔡文芬,张家胜主编. —2 版. —合肥:中国科学技术大学出版社,2019.8(2025.7重印)

ISBN 978-7-312-04706-0

Ⅰ.会…　Ⅱ.①蔡…②张…　Ⅲ.会计学—高等学校—教材　Ⅳ.F230

中国版本图书馆 CIP 数据核字(2019)第 134662 号

出版	中国科学技术大学出版社 安徽省合肥市金寨路 96 号,230026 http://press.ustc.edu.cn https://zgkxjsdxcbs.tmall.com
印刷	合肥市宏基印刷有限公司
发行	中国科学技术大学出版社
开本	787 mm×1092 mm　1/16
印张	28.5
字数	729 千
版次	2012 年 1 月第 1 版　2019 年 8 月第 2 版
印次	2025 年 7 月第 11 次印刷
定价	56.00 元(教材+同步练习与题解)

前　言

会计工作是经济管理工作的重要组成部分。经济越发展,会计越重要。随着我国社会主义市场经济的迅猛发展,我国的会计理论研究和会计改革也在不断深化。为了规范会计核算工作,提高会计信息质量,我国于2006年颁布了新的企业会计准则体系,这标志着我国在会计准则向国际趋同的进程中迈出了一大步。会计工作规范化和国际化程度的提高,必然对会计人员的知识水平和业务素质提出更高的要求,也为高等学校会计教学确立了新的目标。为此,我们在原版教材的基础上,吸收了会计理论与实务研究的最新成果,借鉴国内外同类教材的先进经验及读者和同行的意见和建议,以新修订和颁布的会计准则及其应用指南为依据,对本书进行了修订。

本书按照应用型人才培养标准和要求,由浅入深、循序渐进地安排总体结构和各章内容,阐述会计的基本原理、基本技术和基本方法,力求通俗易懂,使初学者轻松迈入会计之门。本书是安徽省省级精品资源共享课配套教材,安徽省高等学校"十三五"省级规划教材,安徽省一流教材建设项目成果,配有同步练习与题解,教学课件、教学视频等课程资源可免费共享。本书可以作为应用型高校会计学、财务管理及其他经济管理类专业学生学习会计的入门教材,也可供从事会计、财务管理和其他经济管理工作的人员自学,或用作培训教材。

本书由金美莲、陈宁主审,蔡文芬、张家胜任主编,范莹莹、南玮玮任副主编,张家胜负责拟订编写大纲和组织编写工作,并负责定稿工作。编写分工如下:第一、二章由蔡文芬执笔,第三章由朱友祥执笔,第四、五章由张家胜执笔,第六、七章由范莹莹执笔,第八、九章由南玮玮执笔,第十章由王甜甜执笔。本书在编写过程中,得到了有关院校和同行的大力支持与帮助,特别是容诚会计师事务所安徽分所张全心、合肥源禾财务咨询有限公司徐贤亮、上海铁路总公司合肥段何永国、安徽三联学院经济管理学院吴义凤提出了许多宝贵建议,谨此一并致谢。

由于时间仓促,加之水平有限,书中错漏之处在所难免,恳请读者和同行批评指正。

编　者

目　　录

前言 ·· (i)

第1章　总论 ·· (1)
1.1　会计概述 ·· (3)
 1.1.1　会计的产生与发展 ··· (3)
 1.1.2　会计的基本概念 ·· (6)
 1.1.3　会计的职能 ··· (7)
 1.1.4　会计目标 ·· (9)
1.2　会计基本假设与会计基础 ··· (10)
 1.2.1　会计基本假设 ·· (10)
 1.2.2　会计基础 ·· (12)
1.3　会计信息的使用者及会计信息质量要求 ··· (14)
 1.3.1　会计信息的使用者 ··· (14)
 1.3.2　会计信息质量要求 ··· (15)
1.4　会计核算方法 ··· (18)
 1.4.1　会计方法 ·· (18)
 1.4.2　会计核算方法 ··· (18)

第2章　会计对象、会计要素与会计等式 ··· (21)
2.1　会计对象 ·· (23)
 2.1.1　会计对象概述 ··· (23)
 2.1.2　不同类型单位会计对象的特点 ·· (24)
2.2　会计要素 ·· (25)
 2.2.1　会计要素的含义与分类 ··· (25)
 2.2.2　会计要素的确认 ·· (26)
 2.2.3　会计要素的计量 ·· (30)
2.3　会计等式 ·· (31)
 2.3.1　会计等式的表现形式 ·· (31)
 2.3.2　经济业务对会计等式的影响 ··· (33)

第3章　会计科目与账户 ·· (37)
3.1　会计科目 ·· (39)
 3.1.1　会计科目的概念与分类 ··· (39)

3.1.2　会计科目的设置 …………………………………………………（40）
3.2　账户 …………………………………………………………………………（42）
　　3.2.1　账户的概念与分类 …………………………………………………（42）
　　3.2.2　账户的结构与功能 …………………………………………………（45）

第4章　记账方法 …………………………………………………………（49）
4.1　记账方法概述 …………………………………………………………………（51）
　　4.1.1　记账方法的概念 ……………………………………………………（51）
　　4.1.2　记账方法的种类 ……………………………………………………（51）
4.2　借贷记账法 ……………………………………………………………………（52）
　　4.2.1　记账符号 ……………………………………………………………（52）
　　4.2.2　账户结构 ……………………………………………………………（54）
　　4.2.3　记账规则 ……………………………………………………………（55）
　　4.2.4　账户对应关系与会计分录 …………………………………………（56）
　　4.2.5　试算平衡 ……………………………………………………………（58）

第5章　工业企业主要经济业务的账务处理 ……………………………（63）
5.1　工业企业经济业务概述 ………………………………………………………（65）
　　5.1.1　工业企业的资金运动过程 …………………………………………（65）
　　5.1.2　工业企业主要经济业务 ……………………………………………（66）
5.2　资金筹集业务的账务处理 ……………………………………………………（67）
　　5.2.1　所有者权益筹资业务 ………………………………………………（67）
　　5.2.2　负债筹资业务 ………………………………………………………（68）
5.3　生产准备业务的账务处理 ……………………………………………………（71）
　　5.3.1　固定资产购建业务 …………………………………………………（71）
　　5.3.2　材料采购业务 ………………………………………………………（74）
5.4　生产业务的账务处理 …………………………………………………………（80）
　　5.4.1　生产费用的构成 ……………………………………………………（80）
　　5.4.2　账户设置 ……………………………………………………………（80）
　　5.4.3　账务处理 ……………………………………………………………（81）
5.5　销售业务的账务处理 …………………………………………………………（87）
　　5.5.1　销售收入的确认与计量 ……………………………………………（87）
　　5.5.2　账户设置 ……………………………………………………………（87）
　　5.5.3　账务处理 ……………………………………………………………（88）
5.6　财务成果形成与分配业务的账务处理 ………………………………………（92）
　　5.6.1　期间费用的账务处理 ………………………………………………（92）
　　5.6.2　利润形成的账务处理 ………………………………………………（96）
　　5.6.3　利润分配的账务处理 ………………………………………………（100）
5.7　工业企业主要经济业务的账务处理训练 ……………………………………（103）
　　5.7.1　案例资料及核算要求 ………………………………………………（103）
　　5.7.2　账务处理 ……………………………………………………………（105）

第6章 会计凭证 (113)
6.1 会计凭证概述 (116)
6.1.1 会计凭证的概念与作用 (116)
6.1.2 会计凭证的种类 (117)
6.2 原始凭证 (117)
6.2.1 原始凭证的种类 (117)
6.2.2 原始凭证的基本内容 (119)
6.2.3 原始凭证的填制 (119)
6.2.4 原始凭证的审核 (128)
6.3 记账凭证 (129)
6.3.1 记账凭证的种类 (129)
6.3.2 记账凭证的基本内容 (132)
6.3.3 记账凭证的填制 (132)
6.3.4 记账凭证的审核 (137)
6.4 会计凭证的传递与保管 (138)
6.4.1 会计凭证的传递 (138)
6.4.2 会计凭证的保管 (139)

第7章 会计账簿 (141)
7.1 会计账簿概述 (143)
7.1.1 会计账簿的概念与作用 (143)
7.1.2 会计账簿的种类 (143)
7.2 会计账簿的设置与登记 (146)
7.2.1 账簿的设置原则与基本内容 (146)
7.2.2 账簿的设置与登记方法 (148)
7.3 会计账簿的登记与使用规则 (160)
7.3.1 账簿的启用与登记规则 (160)
7.3.2 错账的查找与更正方法 (162)
7.4 对账与结账 (165)
7.4.1 对账 (165)
7.4.2 结账 (167)
7.5 会计账簿的更换与保管 (169)
7.5.1 账簿的更换 (169)
7.5.2 账簿的保管 (170)

第8章 财产清查 (173)
8.1 财产清查概述 (175)
8.1.1 财产清查的概念与作用 (175)
8.1.2 财产清查的种类 (176)
8.1.3 财产清查的程序 (177)

8.2 财产物资的盘存制度及清查方法 ·· (178)
   8.2.1 财产物资的盘存制度 ··· (178)
   8.2.2 财产清查的内容与方法 ··· (179)
8.3 财产的清查与处理 ·· (180)
   8.3.1 财产清查结果及处理要求 ··· (180)
   8.3.2 一般财产的清查与处理 ··· (181)

第9章 账务处理程序 ·· (191)
9.1 账务处理程序概述 ·· (195)
   9.1.1 账务处理程序的概念与意义 ··· (195)
   9.1.2 账务处理程序的种类及选择 ··· (195)
9.2 记账凭证账务处理程序 ·· (196)
   9.2.1 记账凭证账务处理程序概述 ··· (196)
   9.2.2 记账凭证账务处理程序的特点、优缺点及适用范围 ······················ (197)
9.3 科目汇总表账务处理程序 ··· (198)
   9.3.1 科目汇总表账务处理程序概述 ·· (198)
   9.3.2 科目汇总表账务处理程序的特点、优缺点及适用范围 ··················· (199)
9.4 汇总记账凭证账务处理程序 ·· (200)
   9.4.1 汇总记账凭证账务处理程序概述 ·· (200)
   9.4.2 汇总记账凭证账务处理程序的特点、优缺点及适用范围 ················ (201)

第10章 会计报表 ·· (203)
10.1 会计报表概述 ·· (207)
   10.1.1 财务会计报告概述 ·· (207)
   10.1.2 会计报表的概念与分类 ··· (208)
   10.1.3 会计报表的编制 ··· (209)
10.2 资产负债表 ··· (212)
   10.2.1 资产负债表的概念与作用 ··· (212)
   10.2.2 资产负债表的格式与列示 ··· (212)
   10.2.3 资产负债表的填列 ·· (215)
10.3 利润表 ·· (223)
   10.3.1 利润表的概念与作用 ·· (223)
   10.3.2 利润表的格式与列示 ·· (223)
   10.3.3 利润表的填列 ·· (226)
10.4 其他会计报表 ·· (230)
   10.4.1 现金流量表 ··· (230)
   10.4.2 所有者权益变动表 ·· (235)
   10.4.3 附注 ··· (239)

参考文献 ··· (241)

第1章 总　　论

学习目标

通过本章教学，要求学生了解会计产生与发展的历史，理解会计的概念和会计目标，掌握会计的基本职能、会计基本假设、会计基础；了解会计信息使用者及其信息需求，掌握会计信息质量要求和会计核算方法。

知识构图[1]

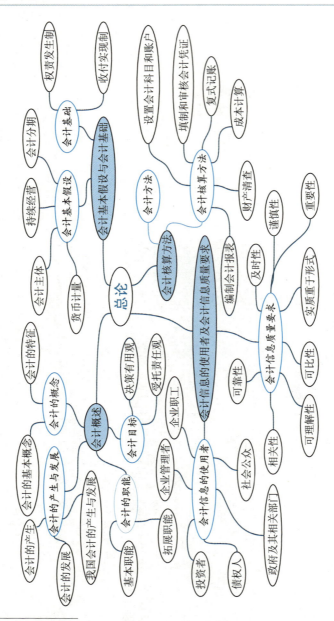

---

[1] 每章章首的知识构图只是为了方便读者简要、概括地梳理本章相关知识，与文中内容相比，其表述更为简略。

1.1 会 计 概 述

1.1.1 会计的产生与发展

会计作为一门记录、计算、考核经济收支的古老学问,可谓源远流长。它随着生产活动的产生而产生,并随着社会生产的发展而不断发展和完善。

1. 会计的产生

会计的起源很早。据国外史料记载,早在公元前 5000 年就已经出现了记录部落之间交易的符号。古巴比伦、古埃及、波斯和古希腊等文明古国,在公元前已经设置了会计记录官员和审计官员。我国史籍中也有对氏族社会"结绳记事"和"书契"等最初的计量和记录行为的记载。

从会计的产生和发展历程可以看出,会计的产生是由社会环境所决定和制约的,其与社会生产的发展更是关系密切。在社会生产活动中,为了获得一定的劳动成果,必然要耗用一定的人力、物力和财力。人们一方面关心劳动成果的多少,另一方面也注重劳动耗费的高低。为了计算生产成果和满足生活需要,人们学会了计数,从此有了会计的萌芽。在人类社会发展的最初低级阶段,生产力十分低下,会计未处于重要地位,只是生产职能部门的附带部分,不可能有专职人员承担会计工作。当生产力发展到一定水平,劳动生产率提高,劳动产品增加,特别是出现剩余产品后,会计开始从生产职能的附带部分中分离出来,成为带有一定程度独立性的会计工作。随着货币这种充当一般等价物的特殊商品的产生,社会再生产过程中的一切物质资料的生产、分配和交换都要通过货币来计量,使得会计由简单的计算财务收支发展成以货币为主要计量尺度进行核算成为可能。因此,会计是社会生产发展到一定阶段,为适应管理生产与分配产品的需要而产生的,是人类社会发展到一定阶段的产物。

2. 会计的发展

会计随着人类社会生产的发展和经济管理的需要而产生、发展并不断得到完善。社会的进步,科技的发展,促进了会计理论、方法、程序和组织模式从简单到复杂、从低级向高级逐步完善,会计的发展可划分为三个阶段:

第一阶段是古代会计阶段,一般是指复式记账法出现以前这一漫长的时期。

从严格意义上来说,早期的最原始的计量、记录行为并不是单纯的、真正意义上的会计行为和会计方法。那时,所谓的会计还不是一项独立的工作,只是生产职能的附带部分,在会计发展史上把这一时期称为会计的萌芽阶段或原始计量与记录时代。随着社会的发展,劳动生产力水平不断提高,剩余产品随之出现。剩余产品与私有制相结合,造成了私人财富的积累,进而导致了受托责任会计的产生,会计逐渐从生产职能中分离出来,成为一种特殊的、专门委托有关当事人的独立职能。这时的会计,不仅要保护私有财产的安全,而且还要反映那些受托管理这些财产的人是否认真地履行了他们的职责。所有这些,都要求采用先进、科学的计量与记录方法,从而推动了原始计量、记录行为向单式簿记体系的演变,单式簿记应运而生并得到了发展。在会计史上,将这一时期称为古代会计。

第二阶段是近代会计阶段,这一阶段是从运用复式簿记开始的。

从12世纪到15世纪,地中海沿岸某些城市的商业、手工业和银钱兑换业得到迅速发展,迫切要求从簿记中获得有关经济往来和经营成果的重要信息。于是,簿记方法出现了重大的突破,科学的复式记账在意大利产生了。15世纪,复式簿记在突尼斯一带已相当流行,其记账方法也比较完善。1494年,意大利传教士、数学家卢卡·巴其阿勒出版了《算术、几何、比及比例概要》一书,第一次全面系统地介绍了复式簿记方法,并从理论上给予了必要阐述,这标志着近代会计的开端,卢卡·巴其阿勒也因此被称为"会计学之父"。复式簿记论著的出版,推动了其在全球范围内广泛传播,从而影响许多国家会计的发展,被誉为会计发展史上的第一个里程碑。

从15世纪至19世纪,会计理论与方法的发展仍比较缓慢。直到19世纪,英国进行了产业革命,成为当时工业最发达、生产力水平最高的国家,产生了适应大生产需要的新的企业组织形式——股份公司。股份公司的产生与发展,对会计提出了新的要求,会计服务对象扩大,会计的内容从记账、算账发展到编制和审查报表,并接受外界的监督。为适应这种变化,1854年,苏格兰的会计师们成立了世界上第一个特许会计师协会——爱丁堡会计师公会,这被认为是会计史上的第二个里程碑。

第三阶段是现代会计阶段,是指20世纪50年代以后的时期。

客观地说,古代"会计"和近代"会计"的提法是不够严谨的,较为准确的提法应该是古代"簿记"和近代"簿记"。由簿记时代向会计时代的转变发生在19世纪三四十年代。那时,Bookkeeping(簿记)开始向Accounting(会计)演变,簿记工作开始向会计工作演变,簿记学开始向会计学演变。这些都标志着会计发展史上的簿记时代已经结束,人类已经进入了现代会计的发展时期。

现代会计是商品经济的产物。14世纪至15世纪欧洲资本主义商品货币经济的迅速发展,促进了会计的发展,利用货币计量进行价值核算并广泛采用复式记账法,从而形成现代会计的基本特征和发展基石。20世纪以来,资本主义的生产社会化程度得到了空前的发展,现代科学技术与经济管理科学的发展突飞猛进,受社会政治、经济和技术环境的影响,传统的财务会计不断充实和完善,财务会计核算工作更加标准化、通用化和规范化。与此同时,20世纪30年代,会计学科在成本会计的基础上,紧密配合现代管理理论和实践的需要,逐步形成了为企业内部经营管理提供信息的管理会计体系。现代会计的时间跨度是自20世纪50年代开始的,此间会计方法、技术和内容的发展有两个重要标志:一是会计核算手段方面质的飞跃,即现代电子技术与会计融合导致的"会计电算化",二是会计伴随着生产和管理科学的发展而分化为财务会计和管理会计两个分支。从系统的财务会计中分离出来的"管理会计"这一术语在1952年的世界会计学会上获得正式通过,标志着现代会计的开端,也是会计发展史上的第三个里程碑。

3. 我国会计的产生与发展

中国会计的历史源远流长,早在原始公社制时代,人们已用"刻记记数"和"结绳记事"等方法,反映渔猎收获数量及其他收支等最原始的会计活动。到奴隶制时代,随着社会经济的发展和国家的建立,为适应统治阶级管理经济的需要,官厅会计部门产生并得到初步发展。西周设置了专门负责会计工作的"司会"官职,会计部门内设"司书""职内""职岁""职币",分别执掌财务与出纳,制定了一些收支报告、交互考核等财计管理制度。《周礼》中明确记载

"司会掌邦之六典、八法、八则……而听其会计""零星算之为计，总合算之为会"，可见会计一词已有了比较明确的含义。周代的官厅会计，不仅采用了类似凭证（当时的"书契""官契"等）、账簿（当时的"籍书"）和"三柱结算法"等专门方法，而且有了叙事式会计报告（如《周礼》中讲的"日成""月要"和"岁会"报告）。

随着封建经济关系的产生和发展，中国会计有了长足的发展。战国至秦汉时期，从中央到地方的官厅财计组织已初步构成一个经济管理系统。以"编户制度""上计制度"及国家财政收支和皇室收支分别管理制为主干的财计制度的建立，以及秦汉御史监察制度的建立，是封建国家经济集权的重要体现。以"入""出"为记账符号，以"上入下出"为基本特征的单式入、出记账法的形成，以"入－出＝余"为基本公式的三柱结算法的普及运用，以及在战国中后期会计账簿设置分为"恒籍"（汇总登记的会计籍书）、"草籍"（专门登记粮草的会计籍书）、"苑籍"（专门登记厩苑的会计籍书）进行分类核算等，奠定了中式会计方法的基础。秦汉时，随着商品货币经济的发展，还采用了以"收、付"为记账符号，以上收下付为基本特征的单式收付记账法，并对一部分收支以钱币为计量单位进行核算。这是中式会计获得初步发展的重要标志。

隋唐至宋代，是中国封建经济发展的兴盛时期。唐宋时期的计账户籍制度、岁入岁出预算制度、财物出纳保管制度、上计制度等，已成为封建统治者加强经济控制的基本财计制度。唐宋时期出现了"四柱结算法"和"四柱清册"，集中归结了中式会计的基本原理，是中式会计方法体系的核心与精髓，为中国会计从单式账法向复式账法的演变奠定了初步基础。"四柱结算法"中的"四柱平衡公式"（旧管＋新收＝开除＋实在）和"四柱差额平衡公式"（新收－开除＝实在－旧管）的建立和运用，比西式簿记中的平衡结算法的出现要早得多。在唐宋时代，会计分析工作也有了进展，民间会计也得到了发展，中国早期的金融业（柜坊）、典当业（质库），以及为商业服务的货栈、邸店等行业也已运用四柱结算法。

明清时期是中国单式簿记持续发展和复式簿记产生的时期。随着资本主义经济关系的萌芽和产生，在民间商界产生了中国固有的复式账法：龙门账和四脚账（又名"天地合账"），这两种账法代表着当时中国会计的先进水平。1840年鸦片战争后，中国会计出现了改良中式会计和引进借贷复式簿记并存的局面。清末，蔡锡勇（？～1896）所著的《连环账谱》（1905）一书，为中国引进借贷复式簿记之开端，谢霖（1885～1969）与孟森合著的《银行簿记学》（1907）一书，为引进借贷复式簿记创造了条件。1908年大清银行创办之时，即采用现金收付复式记账法，为中国改良中式簿记之先声。民国时期大型工商企业一般采用借贷复式簿记，中小型工商企业一般采用中式收付簿记。20世纪30年代，会计师徐永祚（1891～1959）发起了改良中式簿记运动，拟订《改良中式簿记方案》（1933），但未能广泛推行。与此同时，会计师潘序伦（1893～1985）通过创办立信会计师事务所、立信会计学校和立信图书用品社，并编著、出版多种会计书刊，使借贷复式簿记在中国得到广泛传播，潘序伦也被称为"中国会计学之父"。此外，北洋政府和国民政府先后颁布过会计法及其他一些会计法规，但未能贯彻执行。

新中国建立后，中国会计进入一个新的发展时期。1985年，我国颁布了《中华人民共和国会计法》（以下简称《会计法》），使会计工作真正纳入了法制化轨道；1992年，财政部门颁布了《企业会计准则》和《企业财务通则》，这是我国会计与国际会计接轨的一项重大改革举措；1999年、2000年、2001年，我国又先后对《会计法》《企业会计准则》《企业会计制度》作了修订；2000年6月21日，国务院以第287号令的形式发布了《企业财务会计报告条例》等，进一步加快了本土会计的国际化进程,预示着我国会计进入一个新的发展时期。2006年2月,财政部正式发布了新的企业会计准则体系,包括一项基本会计准则和38项具体准则;10月,又发布了企业会计准则应用指南。新企业会计准则体系的发布是我国会计发展史上具有里程碑意义的重大事件,可谓掀起了我国第三次会计改革浪潮。

会计准则是反映经济活动、确认产权关系、规范收益分配的会计技术标准,是生成和提供会计信息的重要依据,也是政府调控经济活动、规范经济秩序和开展国际经济交往等的重要手段,具有严密和完整的体系。我国的企业会计准则体系包括基本准则、具体准则、应用指南和解释公告等。目前,我国已颁布的会计准则有《企业会计准则》《小企业会计准则》《事业单位会计准则》和《政府会计准则》等。

1.1.2 会计的基本概念

会计是以货币为主要计量单位,运用专门的方法,核算和监督一个单位经济活动的一种经济管理工作。

1. 会计的基本概念

尽管会计从产生到现在已经有几千年的历史,但是对于会计的含义和内涵这一基本问题,古今中外却一直没有一个明确、统一的说法。会计信息系统论认为"会计是一种特殊门类的信息服务","会计的显著目的在于对一个企业的经济活动提供某种有意义的信息",1996年美国会计学会在其发表的《会计基本理论说明书》中明确指出"会计是一个信息系统",我国会计学界余绪缨、葛家澍、唐予华教授都接受"会计是一个信息系统"这一说法。会计管理活动论认为会计的本质是一种经济管理活动,将会计作为一种管理活动并使用"会计管理"概念,我国最早提出会计管理活动论的是杨纪琬、阎达五教授。会计信息系统论将会计视为一种方法予以论证,会计管理活动论则将会计视为一种工作——一种管理活动来加以论证,两者出发点不同,得出的结论不可能一致。讨论会计的本质,首先应明确会计是指"会计学",还是"会计工作"或"会计方法",本书界定为"会计工作",倾向于会计管理活动论。会计是经济管理的重要组成部分,是以提供经济信息、提高经济效益为目的的一种管理活动。它以货币为主要计量单位,采用一系列专门的程序和方法,对社会再生产过程中的资金运动进行反映和监督。

综上所述,会计是以货币为主要计量单位,以凭证为依据,运用专门的方法和程序,对特定主体的经济活动进行全面、连续、系统的核算和监督,并向有关方面提供会计信息以提高经济效益的一项经济管理活动。

2. 会计的特征

会计对一定主体的经济活动进行核算和监督,并向有关方面提供会计信息,具有以下几个方面基本特征:

(1) 会计是一种经济管理活动

会计是社会生产发展到一定阶段的产物,是适应生产发展和管理需要而产生的,尤其是随着商品经济的发展和市场竞争的出现,社会要求通过管理对经济活动进行严格的控制和监督。同时,会计的内容和形式也在不断地完善和变化,由单纯的记账、算账,办理账务业务,对外报送会计报表,发展为参与事前经营预测、决策,对经济活动进行事中控制、监督,开展事后分析、检查。可见,无论是过去、现在,还是将来,会计都是人们对经济进行管理的活动,会计的本质就是管理。

(2) 会计是一个经济信息系统

会计是一种经济管理活动,主要是对企业内部来说的;对企业外部的有关信息使用者而言,会计是一个信息系统。会计将一个公司分散的经营活动转化成一组客观的数据,提供有关公司的业绩、问题以及企业资金、劳动、所有权、收入、成本、利润、债权、债务等信息,向有关方面提供有关信息咨询服务,任何人都可以通过会计提供的信息了解企业的基本情况,并作为其决策的依据。可见,会计是以提供财务信息为主的经济信息系统,是企业经营的记分牌,因而会计又被人称为"企业语言"。

(3) 会计以货币作为主要计量单位

由于经济活动的复杂性,人们不可能简单地将不同类别的经济业务加以计量和汇总,只有通过一定程序进行加工处理,并生成以价值量表现的会计数据后,才能掌握经济活动的全过程及其结果。因此,会计可以采用货币量度、实物量度和劳动量度三种量度从数量上反映经济活动。但是在商品经济条件下,人们主要利用货币计量,通过价值量的核算来综合反映经济活动的过程和结果。所以,会计从数量上反映各单位的经济活动状况,以货币度量为主,以实物度量及劳动度量为辅。

(4) 会计具有核算和监督的基本职能

会计一方面通过确认、计量、记录、报告,从数量上反映已经发生或完成的经济活动,为经营管理提供会计信息;另一方面还要按照一定的目的和要求,利用提供的会计信息,对活动进行控制,使之达到预期目标;同时,还要保证会计信息真实、可靠。这就需要实施会计核算,进行会计监督,核算和监督是会计的基本职能。

(5) 会计采用一系列专门的方法

为了正确核算和监督经济活动,会计运用一整套专门的方法,包括会计核算方法、会计分析方法和会计检查方法等。这些专门方法的相互配合与综合利用,构成了记录、计算、反映和监督经济活动的一套完整的方法体系。

1.1.3 会计的职能

会计职能是指会计在经济管理活动中所具有的功能。会计具有进行会计核算、实施会计监督、预测经济前景、参与经济决策、评价经营业绩等职能,其中会计的核算和监督职能是其基本职能。

1. 基本职能

会计的基本职能是由会计的本质特征所决定的、固有的、直接的功能,包括进行会计核算和实施会计监督两个方面。

(1) 会计的核算职能

会计核算职能亦称会计的反映职能,是指会计以货币为主要计量单位,通过确认、记录、计量、报告,对特定主体的经济活动进行记账、算账、报账,为各有关方面提供财务状况、经营成果和现金流量等会计信息的功能。

会计核算是会计的首要职能,有如下特征:

① 以货币作为主要的计量单位。对于经济活动过程的计量,我们可以采用实物量度(吨、台、件、千克等)、劳动量度(工时等),但只有货币量度(元、角、分)才是统一的量度,以保

证经济管理资料的有效性、统一性和综合性。所以,在会计上,对经济业务事项,即使已经采用了实物量度或劳动量度,仍需要折合为货币量度进行综合核算。以货币为主要计量单位,是会计核算的显著特征。

② 会计核算具有完整性、连续性和系统性。会计核算的完整性是指会计核算必须对全部经济业务都加以记录,不得遗漏其中的任何一项。连续性是指对各项经济业务都应按其发生的时间、顺序不间断地进行记录和核算。系统性是指对各种经济业务要进行分类核算和综合核算,并对会计资料进行加工整理,以取得系统的会计信息。

③ 会计核算要以凭证为依据,并严格遵循会计规范。会计工作讲求真实性和可靠性,这就要求企事业单位发生的一切经济业务,都必须依据合法的会计凭证进行核算。在会计核算的各个阶段都必须严格遵循会计规范,包括会计准则和会计制度,以保证会计记录和会计信息的真实性、可靠性和一致性。

会计核算职能贯穿于经济活动的全过程,通过事前的预测、计划和决策,事中的控制及修正,事后的记账、算账、分析和考核等环节,对特定主体的经济活动进行全面的记录和报告,为各有关方面提供会计信息。所以,会计核算职能不再仅仅是在事后进行反映,同时也要求加强经营管理的计划性和可控制性,利用会计的反馈信息做好事前和事中的反映工作。

(2) 会计的监督职能

会计监督职能亦称会计控制职能,是指会计人员在进行会计核算的同时,对特定主体经济业务的真实性、合法性和合理性进行审查的功能。

会计监督是会计的基本职能之一,具有如下特征:

① 会计监督主要利用价值指标进行。会计核算主要是通过货币计量提供一系列综合反映各单位经济活动过程及其结果的价值指标,会计监督就是依据这些价值指标进行的。为了便于监督,通常需要事先制定一些可供检查、分析用的价值指标标准,用来监督和控制有关经济活动。通过价值指标对各单位的经济活动进行监督,不仅可以全面、有效地控制经济活动,而且可以经常、及时地对经济活动进行指导和调节。

② 会计监督具有强制性和严肃性。会计监督是以国家的财经政策、制度和财经纪律及单位内部会计管理制度为准绳,以会计信息资料为主要依据,对单位的经济活动的合法性、合理性进行评价并据以施加限制或影响的过程,是我国经济监督体系的重要组成部分。会计监督的核心是要使单位的经济活动遵守国家的法令和法规,保证财经制度的贯彻执行,同时还应从保护财产的安全完整性出发,对贪污、盗窃、营私舞弊等违法犯罪行为进行监督和控制。

③ 会计监督具有连续性和完整性。会计监督与会计核算同时进行,会计核算在社会再生产过程中不断地进行下去,监督也将连续不断,因此会计监督也具有连续性。会计监督是一种经常性的监督,贯穿于经济活动全过程进行事前监督、事中监督和事后监督,以完整评价各项经济活动的有效性与效益性。

会计的核算和监督是相辅相成、辩证统一的关系。会计核算是会计监督的基础和前提,没有会计核算所提供的各种经济信息,会计监督便失去了依据;而会计监督又是会计核算的延续和深化,只有会计核算,没有会计监督,各种经济信息的真实性、合法性、效益性便难以保证,只有严格监督,才能使会计核算所提供的数据资料在经济管理中发挥更大的作用。

2. 拓展职能

随着社会的发展、技术的进步、经济关系的复杂化和管理理论水平的提高,会计的基本职能得到了不断的发展和完善,会计的新的职能不断出现。会计除了反映与监督两项基本职能外,还有其他拓展职能。

目前,国内会计学界比较流行的观点是:会计具有"反映经济情况、监督经济活动、控制经济过程、分析经济效果、预测经济前景、参与经济决策"等六项职能,并认为这六项职能也是密切结合、相辅相成的。其中,两项基本职能是四项拓展职能的基础,而四项拓展职能又是两项基本职能的延伸和提高。

1.1.4 会计目标

会计目标亦称会计目的,是要求会计工作完成的任务或达到的标准。会计目标是关于会计系统所应达到境地的抽象范畴,是沟通会计系统与会计环境的桥梁,是连接会计理论与会计实践的纽带,是建立会计实务和会计理论的基础,是会计理论基本结构的最高层次。会计目标的研究一直是会计理论界的一个热点问题。西方会计界从20世纪60年代开始探讨会计目标,并逐渐将其视为会计理论研究的起点,这在美国财务会计概念结构中表现得尤为突出。70年代,美国会计界关于会计目标的研究形成了两个流派:受托责任学派和决策有用学派。目前我国会计理论界对于会计目标的探讨,也主要集中于这两个学派之争。

1. 决策有用观

在决策有用学派看来,会计的目标就是向信息使用者提供有利于其决策的会计信息,它强调会计信息的相关性和有用性。从会计确认方面来看,会认人员在会计上不仅应确认实际已发生的经济事项,还要确认那些虽然尚未发生但对企业已有影响的经济事项,以满足信息使用者决策的需要;从会计计量方面来看,会计报表应反映企业财务状况和经营成果的动态变化,在会计计量上主张以历史成本为主,并鼓励在物价变动情况下多种计量属性并行;在会计报表方面,应尽量全面提供对决策有用的会计信息,由于会计信息使用者需求的多样性,因此,在会计报表上强调对资产负债表、损益表及现金流量表一视同仁,不存在对某种会计报表的特殊偏好。

2. 受托责任观

在受托责任学派看来,由于社会资源所有权和经营权的分离,资源的受托者就负有了对资源的委托者解释、说明其活动及结果的义务。因此,会计的目标就是向资源的提供者报告资源受托管理的情况。为了有效地协调委托和受托的关系,客观、公正地反映受托责任的履行情况,首先,在会计信息质量方面应强调客观性,在会计确认上只确认企业实际已发生的经济事项;其次,在会计计量上,由于历史成本具有客观性和可验证性,因此坚持采用历史成本计量模式以有效反映受托责任的履行情况;再次,在会计报表方面,由于经营业绩是委托者最关心的一个方面,因此收益表的编制显得尤为重要。

综上所述,我们认为:会计的目标主要是向股东、债权人、国家、社会公众等企业外部信息用户和企业管理者、职工等内部信息用户提供有关财务状况、经营成果、现金流量等决策有用的财务信息,以及企业管理当局向投资者、债权人等报告资源的运用情况,评价受托经济责任。

1.2　会计基本假设与会计基础

1.2.1　会计基本假设

会计基本假设即会计假设,是指会计人员对会计核算所处的变化不定的环境和某些不确定的因素,根据客观的、正常的情况或趋势所作的合乎情理的判断。会计基本假设是组织会计核算工作应当明确的前提条件,是建立会计原则的基础,也是进行会计实务的必要条件,所以又叫会计核算的基本前提,一般包括会计主体、持续经营、会计分期和货币计量四个基本假设。

1. 会计主体

会计信息系统所处理的数据及所提供的信息不是漫无边际的,而是严格限定在每一个经营上或经济上具有独立性或相对独立地位的单位或主体之内。会计主体是指会计工作为其服务的特定单位或组织,是会计人员进行会计核算时采取的立场以及在空间范围上的界定。会计主体假设的目的是为会计核算划定一个空间范围,以便将企业自身的经营活动和外界相区别,与所有者自身的经济收支相区别。

会计主体具有独立性、实体性和统一性三个特点。所谓独立性是指会计主体在经济上是独立的,所以不仅要把会计主体之间的经济关系划分清楚,而且还应把会计主体的财务活动与投资人及企业员工个人的财务活动相分离。所谓实体性是指一个会计主体必须具有经济业务,必须拥有独立的、可供运用的资金并且独立核算。所谓统一性是指会计主体是一个整体,反映和处理某一会计主体的生产经营活动和财务问题都要从会计主体这个整体出发,主体内部的资金、财产的调拨和往来业务的发生,既不会增加该主体的收益或损失,也不会增加该主体的资产或负债。

会计主体既可以是企业,也可以是事业单位或行政单位,也可以是若干企业组织起来的集团公司,但会计主体与法律主体(法人)是有区别的。可以说所有的法律主体都是一个会计主体,但会计主体不一定都具有法人资格,比如一个总厂的法人代表领导若干个独立核算的分厂,每个分厂是一个独立核算的实体,就是一个会计主体,但每个分厂不是法律主体。

2. 持续经营

持续经营是指一个会计主体的经营活动将会无限期地延续下去,在可以预见的未来,会计主体不会遭遇清算、解散等变故而不复存在。持续经营是会计确认、计量、报告的前提,界定了会计核算的时间范围。

持续经营假设要求企业在进行财务会计核算时,要以企业持续正常的业务经营活动为前提,不会停业,也不会大规模削减业务。只有在持续经营这一正常前提下,企业才能有长远打算,在会计上才能对资产按历史成本计价,折旧费用的分期提取才能正常进行,否则资产的评估、费用在受益期的分配、负债按期偿还,以及所有者权益和经营成果将无法确认。

持续经营企业的会计核算应当采用非清算基础。然而,在市场经济条件下,优胜劣汰是一项竞争原则。每一个企业都存在经营失败的风险,都可能变得无力偿债而被迫宣告破产,进行法律上的改组。一旦会计人员有证据证明企业将要破产清算,持续经营的基本前提或假设便不再成立,企业的会计核算必须采用清算基础。

3. 会计分期

一个会计主体的经营成果,从理论上讲,只有到经营活动全部停止或企业破产清算时才能最终确定,并提供财务报告,但会计主体的经营活动何时停止,客观上很难确定。为了帮助会计信息使用者及时了解企业的经营状况和财务状况,有必要对连续不断的经营活动过程划分结算期间,以便在一个较短的时间内对其进行考核和报告,从而形成了会计分期的概念。

会计分期是指将一个企业持续经营的生产经营活动划分为一个个连续的、长短相同的期间,以便分期结算账目和定期编制财务会计报告。会计分期假设的目的在于通过划分会计期间、分期结算账目、按期编制会计报表,从而及时地向有关方面提供反映财务状况、经营成果和现金流量等会计信息,满足其信息需求。有了会计分期,将会有本期与非本期的区别,才会产生收付实现制和权责发生制等不同的记账基础及应收、应付、预收、预付、配比原则等会计处理方法。

会计分期假设是对会计工作时间范围的具体划分,主要内容是确定会计期间。会计期间通常分为年度和中期。年度即会计分期是一年,即会计年度。中期是短于一个完整会计年度的报告期间,又可以分成月度、季度、半年度。我国《企业会计准则》规定,企业应当划分会计期间,分期结算账目和编制财务报告,会计期间以公历起讫时间为准,一个完整会计年度为公历的 1 月 1 日至 12 月 31 日。

4. 货币计量

会计主体的经济活动是多种多样、错综复杂的。为了实现会计目的,必须综合反映会计主体的各项经济活动,这就要求有一个统一计量尺度。可供选择的计量尺度有货币、实物和时间等。在商品经济条件下,货币作为一种特殊的商品,最适合充当统一的计量尺度。货币计量就是指企业在会计核算中要以货币为统一的主要的计量单位,记录和反映会计主体的经济活动。选择货币这一共同尺度进行计量,能够全面、综合反映企业的生产经营情况。同时,会计在选择货币作为统一的计量尺度时,要以实物量度和时间量度等作为辅助的计量尺度。

要实际进行会计核算,除了应明确以货币作为主要计量尺度之外,还需要具体确定记账本位币,即按某种统一的货币来反映会计主体的财务状况与经营成果。我国《会计法》规定,会计核算以人民币为记账本位币,业务收支以人民币以外的货币为主的单位,可以选定其中一种作为记账本位币,但是编报的财务会计报表应当折算为人民币。

货币计量隐含币值稳定假设。因为,只有在币值稳定或相对稳定的情况下,不同时点上的资产的价值才有可比性,不同期间的收入和费用才能进行比较,并计算确定其经营成果,会计核算提供的会计信息才能真实反映会计主体的经济活动情况。按照各国会计惯例,当币值波动不大或前后波动能抵消时,会计核算中仍认为币值是稳定的。但在发生恶性通货膨胀时,就采用特殊的会计准则加以处理,但货币计量仍然是会计核算的基本前提。

货币计量假设也有其局限性。许多经济活动如产品的质量、企业的发展前景、技术的提高、企业人事的变动,也会影响企业财务状况经营成果,而这些经济活动却不能用货币来进行计量。因此,企业在财务会计报告中应对这些重要信息加以文字说明。

上述会计核算的四项基本假设,具有相互依存、相互补充的关系。会计主体确定了会计核算的空间范围,持续经营与会计分期确定了会计核算的时间长度,而货币计量为会计核算提供了必要的手段。没有会计主体,就不会有持续经营;没有持续经营,就不会有会计分期;没有货币计量,就不会有现代会计。

1.2.2 会计基础

会计基础是指会计事项的记账基础,是会计确认的某种标准方式,是单位收入和支出、费用的确认的标准。对会计基础的不同选择,决定单位取得收入和发生支出在会计期间的配比,并直接影响到单位工作业绩和财务成果。会计基础主要有两种,即收付实现制和权责发生制。

1. 收付实现制

收付实现制也称现金制或实收实付制,是以款项的实际收付为标准来处理经济业务,确定本期收入和费用,计算本期盈亏的会计处理基础。收付实现制以现金收到或付出为标准来记录收入的实现和费用的发生,其主要内容是:凡是当期收到的现金记入当期收入,当期付出的现金记为当期费用。

按照收付实现制,收入和费用的归属期间将与现金收支行为的发生与否紧密地联系在一起。换言之,现金收支行为在其发生的期间全部记作收入和费用,而不考虑与现金收支行为相连的经济业务实质上是否发生,会计在处理经济业务时不考虑预收收入、预付费用以及应计收入和应计费用的问题,会计期末也不需要进行账项调整,因为实际收到的款项和付出的款项均已登记入账,所以可以根据账簿记录来直接确定本期的收入和费用并加以对比以确定本期盈亏。这种处理方法的好处在于计算方法比较简单,也符合人们的生活习惯,但按照这种方法计算的盈亏不合理、不准确。

2. 权责发生制

企业经营不是一次而是多次,而其损益的记录又要分期进行,每期的损益计算理应反映所有属于本期的真实经营业绩,收付实现制显然不能完全做到这一点。权责发生制也称应计制,它是以收入和费用的实际发生和影响作为标准来确认计量当期收入和费用的一种会计处理基础。权责发生制是以权利和责任的发生来决定收入和费用归属期的一项原则,其主要内容是:凡是当期已经实现的收入和已经发生或应当负担的费用,不论款项是否收付,都应当作为当期的收入和费用;凡是不属于当期的收入和费用,即使款项已在当期收付,也不应当作为当期的收入和费用。

权责发生制依据持续经营和会计分期两个基本假设来正确划分不同会计期间资产、负债、收入、费用等会计要素的归属,并运用一些诸如应收、应付、预收、预付等项目来记录由此形成的资产和负债等会计要素。采用权责发生制对经济业务的处理较收付实现制复杂,但它可以使本期的收入和费用合理地配比从而能正确地确定本期损益,能更加准确地反映特定会计期间实际的财务状况和经营业绩。

由于收付实现制和权责发生制确定收入和费用的基础不同,因此它们即使是在同一时期对同一业务计算的收入和费用额也有可能不同,如例1-1所示。

【例1-1】 某企业20××年7月份发生如下经济业务:
(1) 企业于7月10日销售商品一批,货款4 000元已收并存入银行。
(2) 企业于7月12日销售商品一批,货款5 000元当月未收。

(3) 企业于 7 月 13 日收到对方购货单位一笔预付款 9 000 元存入银行,定于下月交货。
(4) 企业于 7 月 15 日预付下半年的保险费 6 000 元。
(5) 企业于 7 月 20 日购买办公用品一批,款项 1 000 元当月未付。
(6) 企业于 7 月 20 日用银行存款支付上月水电费 1 000 元。

各笔业务收付实现制和权责发生制确认计算结果如表 1-1 所示。

表 1-1 收付实现制与权责发生制的比较

单位:元

业务序号	收付实现制		权责发生制	
	收入	费用	收入	费用
(1)	4 000		4 000	
(2)			5 000	
(3)	9 000			
(4)		6 000		1 000
(5)				1 000
(6)		1 000		
合计	13 000	7 000	9 000	2 000

对一笔收入或费用,收付实现制所描述的只是收入的收取行为或费用的支出行为已经发生,它只是表面形式上的确认,并没有收入或费用的真正经济含义。而权责发生制所描述的是收入的收取权利或费用的支付义务(责任)已经形成,它具有收入或费用的真正经济含义,是从本质内容上加以确定的。当然,它还要与具体会计期间联系。收付实现制与权责发生制之间的关系不是根本对立的,实质上是形式与内容、表象与本质的辩证统一关系。它们之间既不是互相孤立、毫无联系的,也不是截然相反、根本对立的,而是同一记账对象的两个不同方面。其差异主要是权利、义务的形成时间与现金收付行为的发生时间不一致所引起的,权利和义务的形成与现金收付行为的发生在时间上有三种情形:形成时间在现金收付行为发生时间之前、形成时间与现金收付行为的发生时间一致、形成时间在现金收付行为发生时间之后。

我国相关会计准则规定:企业会计核算应当以权责发生制为基础;政府预算会计实行收付实现制,财务会计实行权责发生制,国务院另有规定的,依照其规定;事业单位会计核算一般采用收付实现制,部分经济业务或者事项采用权责发生制核算的,由财政部在会计制度中具体规定。

1.3 会计信息的使用者及会计信息质量要求

1.3.1 会计信息的使用者

会计的目标之一就是为信息使用者提供对决策有用的会计信息,会计信息的使用者主要包括投资者、债权人、政府及其相关部门、社会公众、企业管理者和企业职工等。其中,投资者、债权人、政府及其相关部门和社会公众为外部信息使用者,企业管理者和企业职工为内部信息使用者。不同的信息使用者出于不同的目的,对会计信息的关注点各不相同。

1. 投资者

投资者就是本企业的所有者、股东,他们作为企业的老板,尤其是在企业的所有权和经营权分离的情况下,投资者十分关心企业的生产经营情况,而会计信息就是企业经营情况的综合反映。一般而言,投资者比较关注企业的盈利能力、资本结构和利润分配等方面的财务信息。

2. 债权人

债权人是贷款给本企业的自然人、法人等经济主体。他们享有债权到期收回本金和利息的权利,但对企业的生产经营活动无直接的决定权。债权人主要有各类银行、融资租赁公司、供应商等,他们关注的是其债权的安全性,需要了解债务企业的会计信息来判断其偿债能力。

3. 政府及其相关部门

政府及其相关部门作为社会大众的代表和社会管理者,为了实现社会资源的优化配置,需要通过税收政策、货币政策和财政政策进行宏观经济管理。所以,对政府及其机构而言,通过阅读和分析会计报表,可了解企业的经营活动、社会资源的分配情况,以此作为决定税收等经济政策和统计国民收入等资料的基础。

4. 社会公众

社会公众是潜在的投资者和债权人,他们在市场上寻找有利可图的投资机会,以使其资金能够最大限度地增值。所以,他们必须了解诸多公司的会计信息并从中找出投资机会。

5. 企业管理者

企业管理者是会计信息的内部使用者。企业要完成既定的经营目标,就必须对经营过程中遇到的各种重大问题进行决策,而正确的决策必须以相关的、可靠的信息为依据。当然,企业管理者在决策过程中,除利用财务会计信息外,还可以通过其他途径获取外部信息使用者无法掌握的内部信息。

6. 企业职工

企业职工关心企业的稳定性、劳动报酬的高低、职工福利的好坏等。企业研究决定生产经营的重大问题、制定重要的规章制度时,应当听取企业职工的意见和建议;研究决定有关职工工资、福利、劳动保险等涉及职工切身利益的问题时,也应当实现听取其意见。企业职工在履行参与企业管理的权利和义务时,必然要了解相关的会计信息。

会计信息的使用者十分广泛,并不局限于以上所述。例如,顾客出于对自身利益的关心也会关注企业的会计信息;对于上市公司而言,会计信息使用者还会涉及证券分析师、证券交易所等。

1.3.2 会计信息质量要求

会计信息质量要求是对企业财务会计报告中所提供高质量会计信息的基本规范,是使财务会计报告中所提供的会计信息对投资者等使用者在决策时有用应具备的基本特征,主要包括可靠性、相关性、可理解性、可比性、实质重于形式、重要性、谨慎性和及时性。

1. 可靠性

可靠性也称为客观性、真实性,要求企业应当以实际发生的交易或者事项为依据进行确认、计量和报告,如实反映符合确认和计量要求的各项会计要素及其他相关信息,保证会计信息真实可靠、内容完整。

会计信息要有用,必须以可靠为基础。如果财务报告所提供的会计信息是不可靠的,就会给投资者等使用者的决策产生误导甚至损失。为了贯彻可靠性要求,企业应当做到:

① 以实际发生的交易或者事项为依据进行确认、计量。将符合会计要素定义及其确认条件的资产、负债、所有者权益、收入、费用和利润等如实反映在财务报表中,不得根据虚构的、没有发生的或者尚未发生的交易或者事项进行确认、计量和报告。

② 在符合重要性和成本效益原则的前提下,保证会计信息的完整性。其中包括应当编报的报表及其附注内容等应当保持完整,不能随意遗漏或者减少应予披露的信息,与使用者决策相关的有用信息都应当充分披露。

③ 包括在财务报告中的会计信息应当是中立的、无偏的。如果企业在财务报告中为了达到事先设定的结果或效果,通过选择或列示有关会计信息以影响决策和判断的,这样的财务报告信息就不是中立的。

2. 相关性

相关性要求企业提供的会计信息应当与财务会计报告使用者的经济决策需要相关,有助于财务会计报告使用者对企业过去和现在的情况做出评价,对未来的情况做出预测。

一项信息是否具有相关性取决于预测价值和反馈价值。

（1）预测价值

一项信息如果能帮助决策者对过去、现在和未来事项的可能结果进行预测,则该项信息具有预测价值。决策者可根据预测的结果,做出其认为的最佳选择。因此,预测价值是构成相关性的重要因素,具有影响决策者决策的作用。

（2）反馈价值

一项信息如果有助于决策者验证或修正过去的决策和实施方案,即具有反馈价值。把过去决策所产生的实际结果反馈给决策者,使其与当初的预期结果相比较,验证过去的决策是否正确,总结经验以防止今后再犯同样的错误。反馈价值有助于未来决策。

会计信息质量的相关性要求,需要企业在确认、计量和报告会计信息的过程中,充分考虑使用者的决策模式和信息需要。但是,相关性是以可靠性为基础的,两者之间并不矛盾,不应将两者对立起来。也就是说,会计信息在可靠性前提下,尽可能地做到相关性,以满足投资者等财务报告使用者的决策需要。

3. 可理解性

可理解性也称为清晰性，要求企业提供的会计信息应当清晰明了，便于财务会计报告使用者理解和使用。

企业编制财务报告、提供会计信息的目的在于使用，而要使使用者有效使用会计信息，应当能让其了解会计信息的内涵，弄懂会计信息的内容，这就要求财务报告所提供的会计信息应当清晰明了，易于理解。只有这样，才能提高会计信息的有用性，实现财务报告的目标，满足向投资者等财务报告使用者提供有用信息的要求。

会计信息毕竟是一种专业性较强的信息产品，在强调会计信息的可理解性要求的同时，还应假定使用者具有一定的有关企业经营活动和会计方面的知识，并且愿意付出努力去研究这些信息。对于某些复杂的信息，如交易本身较为复杂或者会计处理较为复杂，但其对使用者的经济决策相关的，企业就应当在财务报告中予以充分披露。

4. 可比性

可比性要求企业提供的会计信息应当相互可比。这主要包括两层含义：

（1）同一企业不同时期可比（纵向可比）

这是为了便于投资者等财务报告使用者了解企业财务状况、经营成果和现金流量的变化趋势，比较企业在不同时期的财务报告信息，全面、客观地评价过去、预测未来，从而做出决策。会计信息质量的可比性要求同一企业不同时期发生的相同或者相似的交易或者事项，应当采用一致的会计政策，不得随意变更。但是，满足会计信息可比性要求，并非表明企业不得变更会计政策，如果按照规定或者在会计政策变更后可以提供更可靠、更相关的会计信息，可以变更会计政策。有关会计政策变更的情况，应当在附注中予以说明。

（2）不同企业相同会计期间可比（横向可比）

这是为了便于投资者等财务报告使用者评价不同企业的财务状况、经营成果和现金流量及其变动情况。会计信息质量的可比性要求不同企业同一会计期间发生的相同或者相似的交易或者事项，应当采用规定的会计政策，确保会计信息口径一致、相互可比，以使不同企业按照一致的确认、计量和报告要求提供有关会计信息。

5. 实质重于形式

实质重于形式要求企业应当按照交易或者事项的经济实质进行会计确认、计量和报告，不应仅以交易或者事项的法律形式为依据。

企业发生的交易或事项在多数情况下，其经济实质和法律形式是一致的。但在有些情况下，会出现不一致。例如，以融资租赁方式租入的资产虽然从法律形式来讲企业并不拥有其所有权，但是由于租赁合同中规定的租赁期相当长，接近于该资产的使用寿命；租赁期结束时承租企业有优先购买该资产的选择权；在租赁期内承租企业有权支配资产并从中受益等，因此，从其经济实质来看，企业能够控制融资租入资产所创造的未来经济利益，在会计确认、计量和报告上就应当将以融资租赁方式租入的资产视为企业的资产，列入企业的资产负债表。又如，企业按照销售合同销售商品但又签订了售后回购协议，虽然从法律形式上实现了收入，但如果企业没有将商品所有权上的主要风险和报酬转移给购货方，没有满足收入确认的各项条件，即使签订了商品销售合同或者已将商品交付给购货方，也不应当确认销售收入。

6. 重要性

重要性要求企业提供的会计信息应当反映与企业财务状况、经营成果和现金流量有关的所有重要交易或者事项。

在实务中,如果会计信息的省略或者错报会影响投资者等财务报告使用者据此做出决策的,该信息就具有重要性。重要性的应用依赖职业判断,企业应当根据其所处环境和实际情况,从项目的性质和金额大小两方面加以判断。例如,我国上市公司要求对外提供季度财务报告,考虑到季度财务报告披露的时间较短,从成本效益原则的考虑,季度财务报告没有必要像年度财务报告那样披露详细的附注信息。因此,中期财务报告准则规定,公司季度财务报告附注应当以年初至本中期末为基础编制,披露自上年度资产负债表日之后发生的、有助于理解企业财务状况、经营成果和现金流量变化情况的重要交易或者事项。这种附注披露,就体现了会计信息质量的重要性要求。

7. 谨慎性

谨慎性又称稳健性,要求企业对交易或者事项进行会计确认、计量和报告时保持应有的谨慎,不应高估资产或者收益、低估负债或者费用。

在市场经济环境下,企业的生产经营活动面临着许多风险和不确定性,如应收款项的可收回性、固定资产的使用寿命、无形资产的使用寿命、售出存货可能发生的退货或者返修等。对于会计信息质量的谨慎性要求,需要企业在面临不确定性因素的情况下做出职业判断时,应当保持应有的谨慎,充分估计到各种风险和损失,既不高估资产或者收益,也不低估负债或者费用。例如,要求企业对可能发生的资产减值损失计提资产减值准备、对售出商品可能发生的保修义务等确认预计负债等,就体现了会计信息质量的谨慎性要求。

谨慎性的应用也不允许企业设置秘密准备,如果企业故意低估资产或者收益,或者故意高估负债或者费用,这不符合会计信息的可靠性和相关性要求,将损害会计信息质量,扭曲企业实际的财务状况和经营成果,从而对使用者的决策产生误导,这是会计准则所不允许的。

8. 及时性

及时性要求企业对于已经发生的交易或者事项,应当及时进行确认、计量和报告,不得提前或者延后。

会计信息的价值在于帮助所有者或者其他利益相关者做出经济决策,具有时效性。即使是可靠、相关的会计信息,如果不及时提供,也将失去时效性,对于使用者的效用就大大降低甚至不再具有实际意义。在会计确认、计量和报告过程中贯彻及时性,一是要求及时收集会计信息,即在经济交易或者事项发生后,及时收集、整理各种原始单据或者凭证;二是要求及时处理会计信息,即按照会计准则的规定,及时对经济交易或者事项进行确认或者计量,并编制出财务报告;三是要求及时传递会计信息,即按照国家规定的有关时限,及时地将编制的财务报告传递给财务报告使用者,便于其及时使用和做决策。

在实务中,为了及时提供会计信息,可能需要在有关交易或者事项的信息全部获得之前即进行会计处理,这样就满足了会计信息的及时性要求,但可能会影响会计信息的可靠性;反之,如果企业等到与交易或者事项有关的全部信息获得之后再进行会计处理,这样的信息披露可能会由于时效性降低问题,对于投资者等财务报告使用者决策的有用性将大大降低。这就需要在及时性和可靠性之间作相应权衡,以最好地满足投资者等财务报告使用者的经济决策需要为判断标准。

1.4 会计核算方法

1.4.1 会计方法

会计方法是用来反映和监督会计对象、完成会计任务的手段。会计方法包括会计核算方法、会计分析方法、会计预测方法和会计决策方法等。会计核算是会计的基本环节,会计分析、会计预测、会计决策等都是在会计核算的基础上利用会计核算资料进行的。

本节仅阐述会计核算的方法,这是会计初学者必须掌握的基础知识。

1.4.2 会计核算方法

会计核算方法是指对会计对象进行连续、系统、全面、综合的确认、计量和报告所采用的各种方法。会计核算方法体系由设置会计科目和账户、复式记账、填制和审核会计凭证、登记会计账簿、成本计算、财产清查、编制财务会计报告等专门方法构成。它们相互联系、紧密结合,确保会计工作有序进行,如图 1-1 所示。

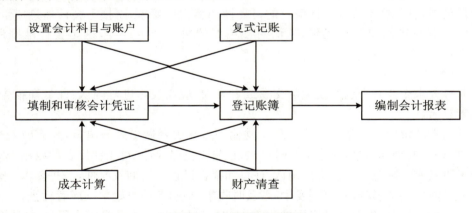

图 1-1 会计核算方法体系

1. 设置会计科目和账户

会计核算的具体内容(会计对象)是复杂多样的,要对复杂多样的内容进行系统的核算和监督,就需要对其进行科学分类。设置会计科目就是对会计内容分类进行核算的方法。所谓会计科目,就是对会计核算的具体内容进行分类的项目。设置了会计科目,就可以在经济业务发生或完成以后,区分其归属的会计科目,有了会计科目,就可以按照会计科目开设账户,分门别类地记录各种经济业务,反映由于各经济业务发生而引起的各会计要素的增减变动情况和结果,为经济管理提供各种类型的会计指标。

2. 复式记账

复式记账是指对所发生的每项经济业务,以相等的金额,同时在两个或两个以上相互联系的账户中进行登记的一种记账方法。采用复式记账方法,通过账户的对应关系,可以全面反映每一笔经济业务的来龙去脉,而且可以通过账户的平衡关系检查账簿记录的正确性和完整性,防止出现差错,是一种比较科学的记账方法。

3. 填制和审核会计凭证

会计凭证是记录经济业务、明确经济责任的书面证明,是登记账簿的依据。对于每一项经济业务,会计工作都要求取得或填制原始凭证,然后根据审核无误的原始凭证编制记账凭证。只有审核无误的会计凭证才能作为记账的依据。填制和审核会计凭证,不仅为经济管理提供真实可靠的数据资料,也是实行会计监督的一个重要方面。

4. 登记账簿

登记账簿是以会计凭证为依据,在账簿上连续、系统、完整地记录经济业务的专门方法。会计凭证上记录的经济业务是零星分散的,只有将会计凭证记录的经济业务序时、分类地记入有关簿籍设置的各个账户中,才能提供完整的、分门别类的资料,这也是编制各种会计报表的依据。

5. 成本计算

成本计算是指在生产经营过程中,按照一定对象归集和分配发生的各种费用支出,以确定该对象的总成本和单位成本的一种专门方法。通过成本计算可以正确确定企业资产价值,正确计算企业经营盈亏。

6. 财产清查

财产清查是指通过盘点实物、核对账目,保持账实相符的一种方法。通过财产清查,一方面可以查明各项财产的实存数与账存数是否相符,债权、债务等账面数与对方账面数是否相符,保证会计资料的准确性;另一方面,可以查明财产物资的使用情况,查明债权、债务等往来款项的结算情况。因此,财产清查对改进资产管理、挖掘设备和物资潜力具有重要作用。

7. 编制会计报表

会计报表是根据账簿记录定期编制的、总括反映企业和行政事业单位特定时点(月末、季末、年末)和一定时期(月、季、年)财务状况、经营成果及成本费用等的书面文件。会计报表所提供的会计信息,对投资者、债权人和内部管理者等报表使用者具有重要作用。

会计核算的各种方法是相互联系、密切配合的,构成了完整的会计核算方法体系,现代会计只有综合运用这七种方法才能顺利进行。在实际会计业务处理过程中,复式记账是处理经济业务的基本方法,设置账户和填制凭证是会计工作的开始,登记账簿是会计工作的中间过程,成本计算和财产清查诸方法是保证会计信息准确、正确的科学手段,而编制报表是一个会计期间工作的终结。在会计核算方法体系中,就其工作程序和工作过程来说,主要包含三个环节:填制和审核凭证、登记账簿和编制会计报表。在一个会计期间所发生的经济业务,都要通过这三个环节进行会计处理,将大量的经济业务转换为系统的会计信息。

本章小结

会计是一项古老的学问,剩余产品的出现以及社会分工的形成为会计产生提供了条件。会计的发展可划分为古代会计、近代会计和现代会计三个阶段,并有三个里程碑。我国会计的历史源远流长,早在西周便产生了官厅会计,相继出现入出记账法、收付记账法、四柱清册、龙门账和四脚账等中式记账法；鸦片战争后出现了改良中式会计和引进借贷复式簿记同时并存的局面；新中国建立后我国会计进入到一个新的发展时期，陆续颁布和修订相关法律法规和规章制度，与国际会计接轨。会计是以货币为主要计量单位，以凭证为依据，运用专门的方法和程序，对特定主体的经济活动进行全面、连续、系统地核算和监督，并向有关方面提供会计信息以提高经济效益的一项经济管理活动，具有进行会计核算、实施会计监督、预测经济前景、参与经济决策、评价经营业绩等职能，其中核算和监督是会计的基本职能，其他是拓展职能。会计目标有两个学派：提供有利于决策的会计信息的决策有用派和反映企业管理者受托责任履行情况的受托责任派。会计核算应明确会计主体、持续经营、会计分期、货币计量的基本前提条件，采用收付实现制或权责发生制作为确认和计量基础。会计作为一门国际商务通用的商业语言，所提供的信息应当满足投资者、债权人、政府及其有关部门、社会公众、企业管理者和企业职工等外部、内部用户的需求，并满足客观性、相关性、明晰性、可比性、实质重于形式、重要性、谨慎性、及时性的会计信息质量要求。会计方法有核算方法、分析方法、预测方法、决策方法等。会计核算方法是会计基本方法。会计核算包括设置会计科目和账户、复式记账、填制和审核会计凭证、登记账簿、成本计算、财产清查和编制会计报表等七个方法组成完整的方法体系。

思考题

1. 如何理解会计的含义？
2. 说明会计的基本职能及其特点。
3. 企业会计核算的前提条件有哪些？
4. 会计信息质量要求有哪些？
5. 权责发生制与收付实现制的区别有哪些？
6. 会计核算有哪些专门方法？它们之间有何联系？

第 2 章

会计对象、会计要素与会计等式

学习目标

通过本章教学，要求学生了解会计对象的概念、一般表述以及不同类型单位会计对象的特点，理解会计对象的表现形态，掌握工业企业资金运动过程；明确会计要素的含义和分类，掌握资产、负债、所有者权益、收入、费用和利润六大会计要素的定义、特征、确认条件和分类；了解会计要素的计量，理解会计等式的概念与作用，掌握会计等式的表现形式；学会分析经济业务的类型，熟练掌握经济业务对会计等式的影响分析。

知识构图

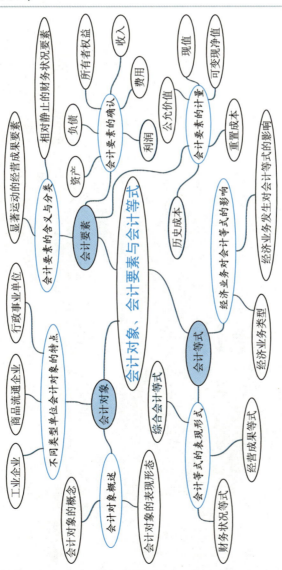

2.1 会 计 对 象

2.1.1 会计对象概述

1. 会计对象的概念

会计对象是指会计所核算和监督的内容,即会计工作的客体。由于会计需要以货币为主要计量单位,对一定会计主体的经济活动进行核算和监督,因而会计并不能核算和监督社会再生产过程中的所有经济活动,即凡是特定主体能够以货币表现的经济活动,都是会计核算和监督的内容,这是对会计对象的一般表述,称为会计的一般对象。以货币表现的经济活动通常又称为价值运动或资金运动。

对于会计的一般对象,我国会计界有不同的认识,比较有代表性的观点主要有以下几种不同表述:

① 会计的一般对象是社会再生产过程中的资金运动。社会再生产过程由生产、分配、交换和消费四个相互关联的环节构成,它包括多种多样的经济活动,会计并不能反映和监督再生产过程的所有方面,而只能反映和监督用货币表现的那些方面。在社会主义经济条件下,生产资料、劳动产品以及生产过程中的劳动耗费,都必须用价值形式来反映,所以再生产过程中以价值形式表现的经济活动,就是会计所反映和监督的内容。而再生产过程中以价值形式表现的经济活动,可以抽象为资金运动,所以一般认为再生产过程中的资金运动是会计的一般对象。

② 会计的一般对象是企业和行政、事业单位等在社会主义再生产过程中可以用货币表现的经济活动,即能够通过货币计价,并利用资金、费用、成本、收入、利润等价值形式综合表现的有关产品的生产、交换、分配和消费等方面的经济活动和财务收支活动及其所体现的各方面的经济关系。

③ 会计的一般对象是物质资料扩大再生产过程中可以用货币估价的财产及其变动。在社会主义经济条件下,会计是用来反映和监督扩大再生产过程的。根据会计所具有的用货币形式连续、系统地对经济过程进行观察、计量、登记、综合的特点,它不能反映扩大再生产的劳动力再生产和生产关系再生产的各个方面,只能反映物质资料的扩大再生产过程。但再生产过程,是无体的东西,只能通过它所反映的财产才能表现出来。要对财产加以核算并加总括反映,必须有一共同的量度,这个共同的量度,在现阶段就是货币。因此,会计的一般对象是物质资料扩大再生产过程中可以用货币估价的财产及其变动。

2. 会计对象的表现形态

我们把会计对象描述成社会再生产过程中特定主体以货币表现的经济活动,即社会再生产过程中的资金运动或价值运动,既是抽象的,也是具体的。

① 会计对象的抽象描述,是指能用货币表现的经济活动,即价值运动或资金运动。资金是指能用货币表现的财产物资,它不是静止不变的,而是通过自身不断的运动而变化,资金运动主要有资金进入企业、资金在企业中的周转、资金退出企业三种表现形式。由于单位

的组织形式和经济活动的内容不同,所以不同单位的会计对象均有不同的特点。

② 会计核算和监督的内容应该是详细具体的,这就要求必须把企业的资金运动进行若干次分类,使之具体化。对资金运动进行的分类,就是会计要素;对会计要素进行的分类,就是会计科目。根据我国《企业会计准则》的规定,我国企业的资金运动分成六大要素,即资产、负债、所有者权益、收入、费用和利润。每一会计要素又可分成若干会计科目。

2.1.2 不同类型单位会计对象的特点

由于单位的组织形式和经济活动的内容不同,所以不同单位的会计对象均有不同的特点,下面介绍三种典型单位资金运动的过程和会计对象的特点。

1. 工业企业

工业企业进行生产经营活动,首先要用货币资金去购买生产设备和材料物资为生产过程做准备,然后将其投入到企业生产过程中生产出产品,最后还要将所生产出来的产品对外出售并收回因出售产品而取得的货币资金。这样,工业企业的资金就陆续经过供应过程、生产过程和销售过程,其形态也随之而发生变化。用货币购买生产设备、材料物资的时候,货币资金转化为固定资金、储备资金;车间生产产品领用材料物资时,储备资金又转化为生产资金;将车间加工完毕的产品验收入到成品库后,此时,生产资金又转化为成品资金;将产成品出售又收回货币资金时,成品资金又转化为货币资金。我们把资金从货币形态开始,依次经过储备资金、生产资金、成品资金,最后又回到货币资金这一运动过程叫做资金循环,周而复始的资金循环叫做资金周转。实际上,工业企业的生产经营过程是周而复始、不间断、循环地进行的,即企业不断地投入原材料、不断地加工产品、不断地销售产品,其资金也是不断地循环周转的。资金循环和周转过程,也可以划分为三个具体阶段,即供应阶段、生产阶段和销售阶段。工业企业的资金在供、产、销三个阶段不断地循环周转,这些资金在空间序列上同时并存,在时间序列上依次继起。企业资金在供应、生产和销售三个阶段上的循环和周转,支撑着企业的正常运营。

就整个企业的资金运动而言,还应该包括资金的投入和资金的退出(如图 2-1 所示),资金的投入、循环与周转和退出是资金运动的三个阶段,三者相互支撑,构成一个统一体。没有资金的投入,也就没有资金的循环和周转;没有资金的循环和周转,就没有资金的退出。

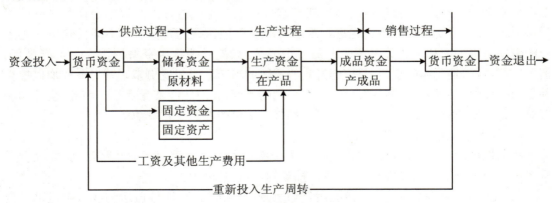

图 2-1 工业企业的资金运动过程

综上所述,工业企业因资金的投入、循环周转和资金的退出等经济活动而引起的各项财产和资源的增减变化情况,以及企业销售收入的取得和企业纯收入的实现、分配情况,构成了工业企业会计的具体对象。

2. 商品流通企业

与工业企业相比,商品流通企业的经营活动缺少产品生产环节。商品流通企业的经营过程主要分为商品购进和商品销售两个环节。在前一个环节中,主要是采购商品,此时货币资金转换为商品资金;在后一个环节中,主要是销售商品,此时资金又由商品资金转换为货币资金。在商业企业经营过程中,也要消耗一定的人力、物力和财力,他们表现为商品流通费用。在销售过程中,也会获得销售收入和实现经营成果。因此,商品流通的资金按照货币资金、商品资金、货币资金的运动形式运动。

3. 行政事业单位

行政事业单位为完成国家赋予的任务,同样需要一定数额的资金,但其资金主要来源是国家财政拨款。行政事业单位在正常业务活动过程中,所消耗的人力、物力和财力的货币表现,即为行政费用和业务费用。一般来说,行政事业单位没有或只有很少一部分业务收入,费用开支主要靠国家财政预算拨款。因此,行政事业单位的经济活动一方面按预算从国家财政取得拨入资金,另一方面又按预算以货币资金支付各项费用。其资金运动的形式是资金拨入、资金付出。由此可见,行政事业单位会计对象的内容就是预算资金及其收支。

综上所述,不论是工业企业、商业流通企业,还是行政事业单位,都是社会再生产过程中的基层单位,会计反映和监督的对象都是资金及其运动过程,正因为如此,我们可以把会计对象概括为社会再生产过程中的资金运动。

2.2 会 计 要 素

2.2.1 会计要素的含义与分类

会计核算的基本前提和一般原则,只是对会计核算的一般约束。为了具体实施会计核算,还应对会计所反映和监督的内容进行分类。会计要素是对会计对象进行的基本分类,是会计核算对象的具体化。我国《企业会计准则》将会计要素划分为资产、负债、所有者权益、收入、费用和利润六类,分别反映资金运动相对静止状态的财务状况和显著运动状态的财务成果。

1. 相对静止的财务状况要素

财务状况是指企业一定日期的资产及权益情况,是资金运动相对静止状态时的表现。反映财务状况的静态会计要素包括资产、负债、所有者权益三项。

工业企业资金运动由资金投入、资金循环与周转、资金退出三部分构成。资金投入包括企业所有者投入和债权人投入两类,从而形成企业的资产总额。债权人对投入资产的求偿权称为债权人权益,表现为企业的负债;企业所有者对净资产(资产与负债的差额)的所有权称为所有者权益。从一定日期这一相对静止状态来看,资产总额与负债及所有者权益的合计必然相等,由此分离出资产、负债及所有者权益三项资金运动静止状态的会计要素。资产、负债和所有者权益属于反映财务状况的静态会计要素,在资产负债表中列示,也称为资产负债表要素。

2. 显著运动的经营成果要素

经营成果是企业在一定时期内从事生产经营活动所取得的最终成果,是资金运动显著运动状态的主要体现。反映经营成果的动态会计要素包括收入、费用和利润三项。

工业企业的各项资产经过一定时期的营运,将发生一定的耗费,生产出特定种类和数量的产品,产品销售后获得货币收入,收支相抵后确认出当期损益,由此分离出收入、费用及利润三项资金运动显著变动状态的会计要素。收入、费用和利润属于反映经营成果的动态会计要素,在利润表中列示,也称为利润表要素。

资产、负债及所有者权益构成资产负债表的基本框架,收入、费用及利润构成利润表的基本框架,因而这六项会计要素又称为会计报表要素,也是设置会计科目的基本依据。

2.2.2 会计要素的确认

会计基本假设只是会计核算的基本前提,为了具体实施会计核算,还应对会计所核算和监督的内容进行分类和确认,即会计要素的确认。我国《企业会计准则》规定,企业应当按照交易或事项的经济特征确定会计要素,包括资产、负债、所有者权益、收入、费用、利润六大要素。

1. 资产

(1) 资产的含义与特征

资产是指企业过去的交易或者事项形成的、由企业拥有或控制的、预期会给企业带来经济利益的资源。

资产具有以下特征:

① 资产是由企业过去的交易或者事项形成的。作为企业资产,必须是现实的而不是预期的资产,它是企业过去已经发生的交易或者事项所产生的现有结果。预期在未来发生的交易或事项不形成资产。

② 资产是企业拥有或者控制的资源。作为资产,企业必须享有此项资源的所有权,并可以由企业自行使用或处置。但在某些条件下,对一些特殊方式形成的资源,企业虽然不享有所有权,但能够长期被企业所控制,从其经济实质看也可作为企业资产处理,如融资租入的固定资产。

③ 资产预期会给企业带来经济利益。所谓预期给企业带来经济利益,是指能直接或间接导致现金和现金等价物流入企业的潜力。如果预期不能带来经济利益,就不能确认企业的资产。

(2) 资产的确认条件

将一项资源确认为资产,需要符合资产的定义,还应同时满足以下两个条件:

① 与该资源有关的经济利益很可能流入企业。

② 该资源的成本或者价值能够可靠地计量。

(3) 资产的分类

按流动性进行分类,资产可以分为流动资产和非流动资产。

① 流动资产，是指预计在一个正常营业周期中变现、出售或耗用，或者主要为交易目的而持有，或者预计在资产负债表日起一年内（含一年）变现的资产，以及自资产负债表日起一年内交换其他资产或清偿负债的能力不受限制的现金或现金等价物。一个正常营业周期是指企业从购买用于加工的资产起至实现现金或现金等价物的期间。正常营业周期通常短于一年，在一年内有几个营业周期。但是，也存在正常营业周期长于一年的情况，在这种情况下，与生产循环相关的产成品、应收账款、原材料尽管超过一年才变现、出售或耗用，仍应作为流动资产。当正常营业周期不能确定时，应当以一年（12个月）作为正常营业周期。流动资产主要包括货币资金、交易性金融资产、应收及预付款项、存货等。

② 非流动资产，是相对于流动资产而言的，即除流动资产以外的资产，主要包括长期股权投资、固定资产、在建工程、工程物资、无形资产和其他资产等。

2. 负债

（1）负债的含义与特征

负债是指企业由过去的交易或事项形成的，预期会导致经济利益流出企业的现时义务。负债具有以下特征：

① 负债是由企业过去的交易或者事项形成的。也就是说，导致负债的交易或者事项必须已经发生，只有源于已经发生的交易或者事项，在会计上才有可能确认为负债。对于企业正在筹划中的未来交易或者事项，不构成企业的负债。

② 负债是企业承担的现时义务。现时义务是指企业在现行条件下已经承担的义务，这是负债的一个基本特征。未来发生的交易或者事项形成的义务，不属于现时义务，不符合负债的定义，不应当确认为负债。

③ 负债预期会导致经济利益流出企业。这是负债的一个本质特征，只有企业在履行现时义务时导致经济利益流出企业，才符合负债的定义。在大多数情况下，负债要用现金清偿，有时候也可以用商品或其他资产或者通过提供劳务来清偿，甚至可以通过举借新债来清偿。无论采取何种方式，均会导致经济利益流出企业。

（2）负债的确认条件

将一项现时义务确认为负债，需要符合负债的定义，还应当同时满足以下两个条件：

① 与该义务有关的经济利益很可能流出企业。

② 未来流出的经济利益的金额能够可靠地计量。

（3）负债的分类

按偿还期限的长短，一般将负债分为流动负债和非流动负债。

流动负债是指预计在一个正常营业周期中偿还，或者主要为交易目的而持有，或者自资产负债表日起一年内（含一年）到期应予以清偿，或者企业无权自主地将清偿推迟至资产负债表日以后一年以上的负债。流动负债主要包括短期借款、应付票据、应付账款、预收账款、应付职工薪酬、应交税费、应付利息、应付股利、其他应付款等。

非流动负债是指流动负债以外的负债，主要包括长期借款、应付债券、长期应付款等。

3. 所有者权益

（1）所有者权益的含义及特征

所有者权益是指企业资产扣除负债后由所有者享有的剩余权益。公司的所有者权益又称为股东权益。

所有者权益具有以下特征：

① 除非发生减资、清算或分派现金股利，企业不需要偿还所有者权益。
② 企业清算时，只有在清偿所有的负债后，所有者权益才返还给所有者。
③ 所有者凭借所有者权益能够参与企业利润的分配。

(2) 所有者权益的确认条件

所有者权益体现的是所有者在企业中的剩余权益。因此，所有者权益的确认主要依赖于其他会计要素，尤其是资产和负债的确认；所有者权益金额的确定也主要取决于资产和负债的计量。

(3) 所有者权益的分类

所有者权益的来源包括所有者投入的资本、其他综合收益、留存收益等，通常由实收资本(或股本)、资本公积、其他综合收益、盈余公积和未分配利润等构成。

所有者投入的资本是指所有者投入企业的资本部分，它既包括构成企业注册资本(实收资本)或者股本部分的金额，也包括投入资本超过注册资本或者股本部分的金额，即资本溢价或者股本溢价，这部分投入资本在我国企业会计准则体系中被计入了资本公积，并在资产负债表中的资本公积项目反映。其他综合收益是指企业根据会计准则规定未在当期损益中确认的各种利得和损益，即直接计入所有者权益的利得和损失。利得是指由企业非日常经营活动所形成的、会导致所有者权益增加的、与所有者投入资本无关的经济利益的流入；损失是指由企业非日常经营活动所发生的、会导致所有者权益减少的、与所有者分配利润无关的经济利益的流出。留存收益是企业历年实现的净利润留存于企业的部分，主要包括累计计提的盈余公积和未分配利润。

实收资本是指投资者按照企业章程或者合同、协议的约定，实际投入企业的资本。资本公积包括企业收到投资者出资额超出其在注册资本或股本中所占份额的部分，即资本溢价或股本溢价。盈余公积是指企业按照国家有关规定从净利润中提取的公积金，主要用于弥补企业亏损或转增企业资本等方面。未分配利润是指企业留于以后年度分配的利润。

4. 收入

(1) 收入的含义与特征

收入是指企业在日常活动中形成的、会导致所有者权益增加的、与所有者投入资本无关的经济利益的总流入。

收入具有以下特征：

① 收入是企业在日常活动中形成的。日常活动是指企业为完成其经营目标所从事的经常性活动以及与之相关的活动。例如，工业企业生产并销售产品、商品流通企业销售商品、物流运输企业提供物流运输劳务、商业银行对外贷款、租赁公司租赁资产等，均属于企业的日常活动。

② 收入会导致所有者权益的增加。不会导致所有者权益增加的经济利益的流入不符合收入的定义，不应当确认为收入。如企业为第三方或者客户代收的款项，不会导致本企业所有者权益增加，不属于本企业的收入。

③ 收入是与所有者投入资本无关的经济利益的总流入。经济利益的流入有时是由所有者投入资本的增加所导致的，不应当确认为收入，应当将其直接确认为所有者权益。

(2) 收入的确认条件

收入的确认除了应当符合定义外，还应当符合以下条件：

① 与收入相关的经济利益应当很可能流入企业。

② 经济利益流入企业的结果会导致资产的增加或者负债的减少。
③ 经济利益的流入额能够可靠计量。

(3) 收入的分类

按照企业经营业务的主次,收入包括主营业务收入和其他业务收入。主营业务收入是由企业的主营业务所带来的收入,其他业务收入是除主营业务活动以外的其他经营活动实现的收入。如工业企业销售自产产品所取得的收入,商品流通企业销售外购商品所取得的收入等属于主营业务收入;而工业企业销售原材料、出租固定资产取得的收入,商品流通企业提供劳务所取得的收入等属于其他业务收入。

5. 费用

(1) 费用的含义与特征

费用是指企业在日常活动中发生的、会导致所有者权益减少的、与向所有者分配利润无关的经济利益的总流出。

费用具有以下特征:

① 费用是企业在日常活动中发生的。日常活动的界定与收入定义中涉及的日常活动是一致的。因日常活动所产生的费用通常包括销售成本、职工薪酬、折旧费、资产摊销等。企业在非日常活动中所发生的经济利益流出不能确认为费用,而应当计入损失。

② 费用会导致所有者权益的减少。与费用相关的经济利益的流出应当最终会导致所有者权益的减少,不会导致所有者权益减少的经济利益流出,不符合费用的定义,不确认为费用。

③ 费用是与向所有者分配利润无关的经济利益的总流出。费用的表现形式包括现金或者现金等价物的流出,存货、固定资产和无形资产的流出或者消耗等,与向所有者分配利润无关。

(2) 费用的确认条件

费用是为实现收入而发生的支出,应与收入配比确认、计量。费用的确认除了应当符合定义外,至少应当符合以下条件:

① 与费用相关的经济利益很可能流出企业。
② 经济利益流出企业的结果会导致资产的减少或者负债的增加。
③ 经济利益的流出额能够可靠计量。

(3) 费用的分类

费用包括生产费用与期间费用。

生产费用是指与企业日常生产经营活动有关的费用,按其经济用途可分为直接材料、直接人工和制造费用。生产费用应按其实际发生情况计入产品的生产成本;对于生产几种产品共同发生的生产费用,应当按照受益原则,采用适当的方法和程序分配计入相关产品的生产成本。

期间费用是指企业本期发生的、不能直接或间接归入产品生产成本,而应直接计入当期损益的各项费用,包括管理费用、销售费用和财务费用。

6. 利润

(1) 利润的含义与特征

利润是指企业在一定会计期间的经营成果。通常情况下,如果企业实现了利润,表明企业的所有者权益将增加,业绩得到了提升;反之,如果企业发生了亏损(即利润为负数),表明企业的所有者权益将减少,业绩下降。利润是评价企业管理层业绩的指标之一,也是投资者等财务会计报告使用者进行决策时的重要参考依据。

(2) 利润的确认条件

利润反映收入减去费用、直接计入当期利润的利得减去损失后的净额。利润的确认主要依赖于收入和费用,以及直接计入当期利润的利得和损失的确认,其金额的确定也主要取决于收入和费用、直接计入当期利润的利得和损失金额的计量。

(3) 利润的分类

利润包括收入减去费用后的净额、直接计入当期损益的利得和损失等。其中,收入减去费用后的净额反映企业日常活动的经营业绩;直接计入当期损益的利得和损失反映企业非日常活动的业绩。直接计入当期损益的利得和损失,是指应当计入当期损益、最终会引起所有者权益发生增减变动的、与所有者投入资本或者向所有者分配利润无关的利得或者损失。企业应当严格区分收入和利得、费用和损失,以便全面反映企业的经营业绩。

利润分为营业利润、利润总额和净利润。营业利润是指营业收入减去营业成本、税金及附加、期间费用、资产减值损失,加上公允价值变动净收益、投资净收益后的金额。利润总额是指营业利润加上营业外收入,减去营业外支出后的余额。净利润是指利润总额减去所得税费用后的金额。

2.2.3 会计要素的计量

会计要素的计量是为了将符合确认条件的会计要素登记入账并列于财务报表而确定其金额的过程。企业应当按照规定的会计计量属性进行计量,确定相关金额。会计计量属性是指会计要素的数量特征或外在表现形式,反映了会计要素金额的确定基础,主要包括历史成本、重置成本、可变现净值、现值和公允价值等。

1. 历史成本

历史成本,又称为实际成本,是指为取得或制造某项财产物资实际支付的现金或其他等价物。

在历史成本计量下,资产按照其购置时支付的现金或者现金等价物的金额,或者按照购置资产时所付出的对价的公允价值计量。负债按照其因承担现时义务而实际收到的款项或者资产的金额,或者承担现时义务的合同金额,或者按照日常活动中为偿还负债预期需要支付的现金或现金等价物的金额计量。

2. 重置成本

重置成本,又称现行成本,是指按照当前市场条件,重新取得同样一项资产所需要支付的现金或者现金等价物金额。

在重置成本计量下,资产按照现在购买相同或者类似资产所需支付的现金或现金等价物的金额计量。负债按照现在偿付该项债务所需支付的现金或现金等价物的金额计量。在实务中,重置成本多应用于盘盈固定资产的计量等。

3. 可变现净值

可变现净值是指在正常的生产经营过程中,以预计售价减去进一步加工成本和预计销售费用以及相关税费后的净值。

在可变现净值计量下,资产按照其正常对外销售所能收到的现金或现金等价物的金额扣减该资产至完工时估计将要发生的成本、估计的销售费用以及相关税费后的金额计量。可变现净值通常应用于存货资产减值情况下的后续计量。

4. 现值

现值是指对未来现金流量以恰当的折现率进行折现后的价值,是考虑货币时间价值的一种计量属性。

在现值计量下,资产按照预计从其持续使用和最终处置中产生的未来净现金流入量的折现金额计量。负债按照预计期限内需要偿还的未来净现金流出量的折现金额计量。现值通常用于非流动资产可收回金额和以摊余成本计量的金融资产价值的确定等。

5. 公允价值

公允价值是指市场参与者在计量日发生的有序交易中,出售一项资产所能收到或者转移一项负债所需支付的价格。

在公允价值计量下,资产和负债按照市场参与者在计量日发生的有序交易中,出售资产所能收到或者转移负债所需支付的价格计量。公允价值主要应用于交易性金融资产、可供出售金融资产的计量等。

在各种会计要素计量属性中,历史成本通常反映的是资产或者负债过去的价值,而重置成本、可变现净值、现值以及公允价值通常反映的是资产或者负债的现时成本或者现时价值,是与历史成本相对应的计量属性。当然,这种关系也并不是绝对的。另外,公允价值相对于历史成本而言,具有很强的时间概念。也就是说,当前环境下某项资产或负债的历史成本可能是过去环境下该项资产或负债的公允价值,而当前环境下某项资产或负债的公允价值也许就是未来环境下该项资产或负债的历史成本。

企业在对会计要素进行计量时,一般应当采用历史成本。采用重置成本、可变现净值、现值、公允价值计量的,应当保证所确定的会计要素金额能够持续取得并可靠计量。

2.3 会 计 等 式

2.3.1 会计等式的表现形式

会计等式,又称会计方程式或会计平衡公式,它是表明各会计要素之间基本关系的等式。会计的六大基本要素,在数量上存在特定的平衡关系,具体表现形式有反映资产、负债和所有者权益平衡关系的财务状况会计等式,反映收入、费用和利润平衡关系的经营成果会计等式,反映各会计要素之间平衡关系的综合会计等式。

1. 财务状况等式

财务状况等式,亦称基本会计等式和静态会计等式,是用以反映企业某一特定时点资产、负债和所有者权益三者之间平衡关系的会计等式。即

$$资产 = 负债 + 所有者权益 \tag{式2-1}$$

任何企业为了完成其各自的任务,实现其经营目标,都需要拥有一定数量的资产,企业运用于各项资产上的资金来源,不外乎两个渠道:一是由所有者提供,称为所有者权益;二是

由债权人提供,称为债权人权益,简称负债。负债和所有者权益之和总称为权益,即

$$资产 = 负债 + 所有者权益$$
$$= 债权人权益 + 所有者权益$$

得

$$资产 = 权益 \qquad (式2\text{-}2)$$

一个企业拥有的资产和权益是同一资金的两个不同方面。资产表明企业拥有什么样的经济资源和拥有多少经济资源,权益则表明是谁提供了这些资源,谁对这些资源拥有要求权。有一定数额的资产,就必然有一定数额的权益;反之,有一定数额的权益,也必然会形成一定数额的资产。也就是说,一个企业的资产总额与权益总额,即资产与负债和所有者权益在数量上必须彼此相等,而且在任何一个时点上都保持着数量上的静态平衡关系。

资产与负债和所有者权益的平衡关系是最基本的会计等式,也是静态会计等式和会计恒等式,贯穿于会计程序和会计核算方法的始终。这一等式是复式记账法的理论基础,也是编制资产负债表的依据。

2. 经营成果等式

经营成果等式,亦称动态会计等式,是用以反映企业一定时期收入、费用和利润之间相等关系的会计等式。即

$$收入 - 费用 = 利润 \qquad (式2\text{-}3)$$

企业开展生产经营活动的直接目的是实现利润。为了实现利润,企业努力开拓市,实现销售收入,同时必然发生相应的费用。通过收入与费用的比较,就可以计算确定一定期间的盈利,确定当期实现的利润总额。与静态地反映资产与负债和所有者权益关系的等式不同,这一等式是动态地反映经营成果与相应期间的收入和费用的关系的,反映企业在某一特定时期生产经营的最终成果,即利润的实现过程,它是编制利润表的依据。

3. 综合会计等式

企业的一切资产取得是为了经营,当资产一旦参与经营被耗费并取得相应的收入时,这部分资产也就转化为费用。收入扣减费用后的利润又将作为新的经济资源用于企业的经营活动。从企业产权关系看,利润归属于所有者。若企业赚取利润,将使所有者权益增加,相应的资产也增加;若企业发生亏损,将使所有者权益减少,相应的资产也减少。也就是说,企业的利润归所有者所有,企业的亏损也由所有者负担。用等式表述为

$$资产 = 负债 + 所有者权益 + 利润$$

或

$$资产 = 负债 + 所有者权益 + (收入 - 费用)$$

即

$$资产 + 费用 = 负债 + 所有者权益 + 收入 \qquad (式2\text{-}4)$$

这一会计等式把企业的财务状况与经营成果联系起来,说明了企业经营成果对资产和所有者权益产生的影响,同时也体现了会计六要素之间的内在联系。

企业定期结算并计算出取得的利润,取得的利润再按规定分配给投资者(股东)之后,余下的部分归投资者共同享有,也是所有者权益的组成部分。因此上述等式又回到式2-1。

由此可见,上述会计等式中,式2-1是会计的基本等式,通常称之为基本会计等式或会计恒等式,式2-2是其变换形式。式2-3和式2-4虽不是基本会计等式,但式2-3是对基本会计等式的补充;式2-4是对基本会计等式的拓展,它将财务状况要素(资产、负债和所有者权

益)和经营成果要素(即收入、费用和利润)进行了有机结合,完整地反映了企业财务状况和经营成果的内在联系。

2.3.2 经济业务对会计等式的影响

经济业务又称会计事项,是指在经济活动中使会计要素发生增减变动的交易或者事项。

1. 经济业务类型

经济业务的发生,会引起会计等式中各项会计要素的增减变动,即对会计等式产生影响,归纳起来,可以分为四大类并细化为九种类型:

① 资产类项目一增一减,增减的金额相等。
② 权益类项目一增一减,增减的金额相等。

这一类经济业务具体又有四种类型:

a. 一项负债类项目减少,另一项负债类项目增加。
b. 一项所有者权益类项目减少,另一项所有者权益类项目增加。
c. 一项负债类项目减少,一项所有者权益类项目增加。
d. 一项所有者权益类项目减少,一项负债类项目增加。

③ 资产类项目与权益类项目同增,双方增加的金额相等。

这一类经济业务具体又有两种:

a. 一项资产类项目增加,一项负债类项目增加。
b. 一项资产类项目增加,一项所有者权益类项目增加。

④ 资产类项目与权益类项目同减,双方减少的金额相等。

这一类经济业务具体也有两种:

a. 一项资产类项目减少,一项负债类项目减少。
b. 一项资产类项目减少,一项所有者权益类项目减少。

上述四类九种基本经济业务的发生均不影响财务状况等式的平衡关系,具体分为三种情形:一是使会计等式左右两边的金额保持不变,如第①、②类经济业务;二是使会计等式左右两边的金额等额增加,如第③类经济业务;三是使会计等式左右两边的金额等额减少,如第④类经济业务。

2. 经济业务发生对会计等式的影响分析

(1) 业务资料

20××年12月1日,某公司期初资产、负债、所有者权益总额分别为810 000元、210 000元、600 000元。

该公司12月份发生下列经济业务:

① 从银行提取现金20 000元备用。
② 购买原材料30 000元,货款未付。
③ 收到所有者追加的投资800 000元,款项存入银行。
④ 用银行存款归还所欠的货款40 000元。
⑤ 经研究决定减资,以银行存款50 000元返还给投资人。
⑥ 签发商业承兑汇票一张,面值为30 000元,以抵偿未付货款。
⑦ 银行将长期借款30 000元转作对企业投资运转。

⑧ 向投资者分配现金股利 10 000 元。
⑨ 将资本公积 60 000 元转为实收资本。
(2) 经济业务分析

业务①　这项业务的发生,使企业资产类项目的库存现金增加 20 000 元,银行存款减少 20 000 元,这是资产类项目一增一减的经济业务。

业务②　这项业务的发生,使企业资产类项目的原材料增加 30 000 元,负债类项目的应付账款增加 30 000 元,这是资产类项目和负债类项目同时等额增加的经济业务。

业务③　这项业务的发生,使企业资产类项目的银行存款增加 800 000 元,所有者权益类项目的实收资本增加 800 000 元,这是资产类项目和所有者权益类项目同时等额增加的经济业务。

业务④　这项业务的发生,使企业资产类项目的银行存款减少 40 000 元,负债类项目的应付账款减少 40 000 元,这是资产类项目和负债类项目同时等额减少的经济业务。

业务⑤　这项业务的发生,使企业资产类项目的银行存款减少 50 000 元,所有者权益类项目的实收资本减少 50 000 元,这是资产类项目和所有者权益类项目同时等额减少的经济业务。

业务⑥　这项业务的发生,使企业负债类项目的应付账款减少 30 000 元,应付票据增加 30 000 元,这是负债类项目一增一减的经济业务。

业务⑦　这项业务的发生,使企业负债类的长期借款减少 30 000 元,所有者权益类项目的实收资本增加 30 000 元,这是负债类项目减少、所有者权益项目增加的经济业务。

业务⑧　这项业务的发生,使企业所有者权益项目的利润分配减少 10 000 元,负债类项目的应付股利增加 10 000 元,这是所有者权益项目减少、负债类项目增加的经济业务。

业务⑨　这项业务的发生,使企业所有者权益项目的资本公积减少 60 000 元,实收资本增加 60 000 元,这是所有者权益类项目一增一减的经济业务。

上述经济业务发生后,期末资产、负债和所有者权益总额分别为:

资产 = 810 000 + (20 000 − 20 000) + 30 000 + 800 000 − 40 000 − 50 000
　　 = 1 550 000(元)

负债 = 210 000 + 30 000 − 40 000 + (30 000 − 30 000) − 30 000 + 10 000
　　 = 180 000(元)

所有者权益 = 600 000 + 800 000 − 50 000 + 30 000 − 10 000 + (60 000 − 60 000)
　　　　　 = 1 370 000(元)

期末,资产(1 550 000) = 负债(180 000) + 所有者权益(1 370 000)。
经济业务发生使资产和权益等额增加 740 000 元,会计等式平衡关系不变。

本章小结

会计核算和监督的内容即会计对象,是社会再生产过程中以货币表现的经济业务,简称资金运动或价值运动,既是抽象的,也是具体的。不同类型企业资金运动具有不同的特点,工业企业资金运动过程包括资金投入、资金循环和周转、资金退出,其中资金循环与周转包括供、产、销三个环节。对会计对象进行分类化和具体化即形成会计要素,包括资产、负债、所有者权益、收入、费用和利润,其中资产、负债和所有者权益是反映企业财务状况的静态资产负债表要素,收入、费用和利润是反映企业经营成果的动态利润表要素。会计要素的确认需要符合其定义和特征,同时需要满足确认条件,其计量属性主要包括历史成本、重置成本、可变现净值、现值和公允价值。各会计要素之间存在等式关系即会计等式,包括"资产＝负债＋所有者权益"静态的财务状况的会计恒等式、"收入－费用＝利润"动态的经营成果会计等式和"资产＋费用＝负债＋所有者权益＋收入"综合会计等式,会计等式是复式记账的理论基础,是编制会计报表的依据。经济业务即会计事项的发生,会对会计等式产生影响,有资产项目一增一减、资产与权益项目同增、资产与权益项目同减、权益项目一增一减四大类,并细化为资产一增一减、资产与负债同增、资产与所有者权益同增、资产与负债同减、资产与所有者权益同减、负债增加所有者权益减少、所有者权益增加负债减少、负债一增一减、所有者权益一增一减九种类型。经济业务的发生均不影响财务状况等式的平衡关系,但结果会有等式左右两边的金额保持不变、等式左右两边的金额等额增加、等式左右两边的金额等额减少三种情形。

思考题

1. 如何理解会计对象的含义?
2. 说明工业企业资金运动过程及其特点。
3. 会计要素有哪些?如何确认和计量?
4. 会计等式有哪些表现形式?
5. 经济业务类型有哪些?对会计等式影响如何?

第3章

会计科目与账户

学习目标

通过本章教学，要求学生了解会计凭证的概念，理解填制和审核会计凭证的意义，了解会计凭证的分类及相关概念，掌握各类会计凭证的填制要求和常用会计凭证的填制方法；理解会计凭证审核要求及审核要点；了解会计凭证传递和保存概念和要求。

知识构图

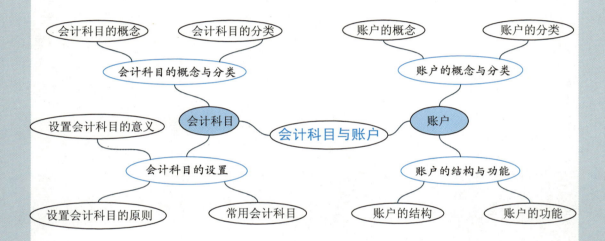

3.1 会 计 科 目

3.1.1 会计科目的概念与分类

会计核算和监督的内容包括一个会计主体的资产、负债、所有者权益、收入、费用和利润六个会计要素。会计要素是对会计对象的基本分类和具体化,但仍显得过于粗略,难以满足各有关方面对会计信息的需要。为此,还必须对会计要素进行进一步分类,这就需要设置会计科目。

1. 会计科目的概念

会计科目是对会计要素的具体内容进行分类核算的项目。

设置会计科目是会计制度设计的重要内容,它使复杂的经济业务规范化、系统化。在实际工作中,会计科目是通过会计制度预先规定的,它是设置账户、登记账簿、编制会计报表所必须遵守的规则和依据,是正确组织会计核算的一个重要条件。

2. 会计科目的分类

为明确会计科目之间的相互关系,充分理解会计科目的性质和作用,进而更加科学、规范地设置会计科目,以便更好地进行会计核算和会计监督,有必要对会计科目按一定的标准进行分类。对会计科目进行分类的标准主要有三个:一是按会计科目核算的内容分类;二是按会计科目核算信息的详略程度分类;三是按会计科目的经济用途分类。

(1) 按反映的经济内容分类

会计科目按其反映的经济内容不同,可分为资产类科目、负债类科目、共同类科目、所有者权益类科目、成本类科目和损益类科目。

① 资产类科目,是对资产要素的具体内容进行分类核算的项目,按资产的流动性分为反映流动资产的科目和反映非流动资产的科目。

② 负债类科目,是对负债要素的具体内容进行分类核算的项目,按负债的偿还期限分为反映流动负债的科目和反映非流动负债的科目。

③ 共同类科目,是既有资产性质又有负债性质的科目。

④ 所有者权益类科目,是对所有者权益要素的具体内容进行分类核算的项目,按所有者权益的形成和性质可分为反映资本的科目和反映留存收益的科目。

⑤ 成本类科目,是对可归属于产品生产成本、劳务成本等的具体内容进行分类核算的项目,按成本的内容和性质的不同可分为反映制造成本的科目、反映劳务成本的科目等。

⑥ 损益类科目,是对收入、费用等要素的具体内容进行分类核算的项目。

按照会计科目的经济内容进行分类,遵循了会计要素的基本特征,它将各项会计要素的增减变化分门别类地进行归集,清晰地反映了企业的财务状况和经营成果。

(2) 按提供信息的详略程度及其统驭关系分类

会计科目按其提供信息的详细程度及其统驭关系,可以分为总分类科目和明细分类科目。

① 总分类科目，又称总账科目或一级科目，是对会计要素的具体内容进行总括分类，提供总括信息的会计科目。

② 明细分类科目，又称明细科目，是对总分类科目作进一步分类，提供更为详细和具体会计信息的科目。如果某一总分类科目所属的明细分类科目较多，可在总分类科目下设置二级明细科目，在二级明细科目下设置三级明细科目。

为了使企业提供的会计信息更好地满足各会计信息使用者的不同要求，必须对会计科目按照其核算信息的详略程度进行级次划分。在我国，总分类科目一般由财政部统一制定，各单位可以根据自身特点自行增设、删减或合并某些会计科目，以保证会计科目的要求。

（3）按其经济用途分类

经济用途指的是会计科目能够提供什么经济指标。会计科目按照经济用途可以分为盘存类科目、结算类科目、跨期摊提类科目、资本类科目、调整类科目、集合分配类科目、成本计算类科目、损益计算类科目和财务成果类科目等。

3.1.2 会计科目的设置

会计科目的设置是指企业、事业等单位，在国家统一规定的会计科目的基础上，建立本会计主体的会计科目体系，包括确定其所使用的会计科目的数量、级次、名称，以及每一个会计科目所包括的具体内容、记录和核算的方法与要求，以及各科目之间的联系，这是会计核算工作的第一步。

1. 设置会计科目的意义

为了全面、系统、分类核算和监督各项经济业务的发生情况以及由此引起的各项会计要素的增减变化情况，各单位都要合理地设置会计科目。会计科目是进行各项会计记录和提供各项会计信息的基础，设置会计科目在会计核算中具有重要的意义。

（1）会计科目是复式记账的基础

复式记账要求每一笔经济业务在两个或两个以上相互联系的账户中进行登记，以反映资金运动的来龙去脉。

（2）会计科目是编制记账凭证的基础

在我国，会计凭证是确定所发生的经济业务应记入何种会计科目以及分门别类登记账簿的依据。

（3）会计科目为成本计算与财产清查等提供了前提条件

通过会计科目的设置，有助于成本核算，使各成本计算成为可能；而通过账面记录与实际结存的核对（又称财产清查），为保证账实相符提供了必要的条件。

（4）会计科目为编制会计报表提供了方便

会计科目是提供会计信息的主要手段，为了保证会计信息的质量及其提供的及时性，会计报表中的许多项目与有关会计科目是一致或相关的，并要根据有关会计科目的本期发生额或余额填列。

2. 会计科目设置的原则

各单位由于经济业务活动的具体内容、规模大小与业务繁简程度等情况不尽相同，在具体设置会计科目时，应考虑其自身特点和具体情况。会计科目作为向投资者、债权人、企业经营管理者等提供会计信息的重要手段，在其设置过程中应努力做到科学、合理、适用，应遵循下列原则：

(1) 全面性原则

会计科目对会计要素具体内容进行分类核算，科目的设置应能保证对各会计要素作全面地反映，形成一个完整的体系。

(2) 合法性原则

我国现行的统一会计制度中均对企业设置的会计科目作出了规定，企业在设置会计科目时应当根据国家统一会计制度，结合自身的实际情况设置会计科目，以保证不同企业对外提供的会计信息的可比性。

(3) 相关性原则

根据企业会计准则的规定，企业财务报告提供的信息必须满足对内对外各方面的需要，而设置会计科目必须服务于会计信息的提供，必须与财务报告的编制相协调、相关联。

(4) 清晰性原则

会计科目作为对会计要素分类核算的项目，要求简单明确、字义相符、通俗易懂。同时，企业对每个会计科目所反映的经济内容也必须做到界限明确，既要避免不同会计科目所反映的内容重叠的现象，也要防止全部会计科目未能涵盖企业某些经济内容的现象。

(5) 实用性原则

在合法性的基础上，企业应当根据其组织形式、所处行业、经营内容、业务种类等自身特点，自行增设、减少或合并会计科目。企业不存在的交易或者事项，可不设置相关会计科目。对于明细科目，企业可以比照国家统一的会计制度规定自行设置。

3. 常用会计科目

财政部发布的《企业会计准则——应用指南》"附录"中规范了企业会计科目的名称和编号，基本上涵盖了各行业、各种所有制企业的会计科目。常用会计科目如表 3-1 所示。

表 3-1 常用会计科目表

序号	编号	会计科目名称	序号	编号	会计科目名称
一、资产类			36	2203	预收账款
1	1001	库存现金	37	2211	应付职工薪酬
2	1002	银行存款	38	2221	应交税费
3	1012	其他货币资金	39	2231	应付利息
4	1101	交易性金融资产	40	2232	应付股利
5	1121	应收票据	41	2241	其他应付款
6	1122	应收账款	42	2501	长期借款
7	1123	预付账款	43	2502	应付债券
8	1131	应收股利	44	2701	长期应付款
9	1132	应收利息	三、共同类		
10	1221	其他应收款	四、所有者权益类		
11	1231	坏账准备	45	4001	实收资本
12	1401	材料采购	46	4002	资本公积

续表

序号	编号	会计科目名称	序号	编号	会计科目名称
13	1402	在途物资	47	4101	盈余公积
14	1403	原材料	48	4103	本年利润
15	1404	材料成本差异	49	4104	利润分配
16	1405	库存商品	五、成本类		
17	1408	委托加工物资	50	5001	生产成本
18	1411	周转材料	51	5101	制造费用
19	1471	存货跌价准备	52	5201	劳务成本
20	1511	长期股权投资	53	5301	研发支出
21	1512	长期股权投资减值准备	六、损益类		
22	1531	长期应收款	54	6001	主营业务收入
23	1601	固定资产	55	6051	其他业务收入
24	1602	累计折旧	56	6101	公允价值变动损益
25	1603	固定资产减值准备	57	6111	投资收益
26	1604	在建工程	58	6301	营业外收入
27	1605	工程物资	59	6401	主营业务成本
28	1606	固定资产清理	60	6402	其他业务成本
29	1702	累计摊销	61	6403	税金及附加
30	1703	无形资产减值准备	62	6601	销售费用
31	1801	长期待摊费用	63	6602	管理费用
32	1901	待处理财产损溢	64	6603	财务费用
二、负债类			65	6701	资产减值损失
33	2001	短期借款	66	6711	营业外支出
34	2201	应付票据	67	6801	所得税费用
35	2202	应付账款	68	6901	以前年度损益调整

3.2 账　　户

3.2.1 账户的概念与分类

会计科目是对会计要素的具体内容进行分类核算的项目,但它不能记录经济业务,反映经济业务发生后引起的各项资产、负债和所有者权益等会计要素增减变动情况和结果。因此，必须根据会计科目开设相应的账户，以便对各类经济业务进行分类并作系统、连续的记录。

1. 账户的概念

账户是根据会计科目设置的，具有一定格式和结构，用于分类反映会计要素增减变动情况及其结果的载体。

会计科目与账户都是对会计对象具体内容的科学分类，两者口径一致，性质相同，会计科目是账户的名称，也是设置账户的依据，账户是会计科目的具体运用。没有会计科目，账户便失去了设置的依据；没有账户，就无法发挥会计科目的作用。两者的区别是：会计科目仅仅是账户的名称，不存在结构；而账户则具有一定的格式和结构，并通过一定的结构反映某项经济内容的增减变动情况。在实际工作中，对会计科目和账户不加严格区别，而是相互通用。

2. 账户的分类

账户分类的主要方法有三种，即：按经济内容分类、按用途和结构分类、按提供信息的详细程度分类。其中，按经济内容分类是账户分类的基础。

（1）按经济内容分类

账户按其经济内容分类是最基本的分类方法，是一切账户分类的基础。账户按其经济内容，可以分为资产类账户、负债类账户、所有者权益类账户、成本类账户和损益类账户等五类。

① 资产类账户，是核算和监督企业各种资产增减变动及其结余的账户。按照资产流动性，资产类账户可以分为流动性资产类账户和非流动性资产类账户。流动性资产类账户主要有：库存现金、银行存款、应收账款、预付账款、其他应收款、原材料、库存商品等；非流动性资产类账户主要有：长期股权投资、固定资产、累计折旧、在建工程、工程物资、无形资产、长期待摊费用等。

② 负债类账户，是核算和监督企业各种负债增减变动及其结余情况的账户。按照负债偿还期限的长短，负债类账户可以分为流动性负债类账户和长期负债类账户。流动性负债类账户主要有：短期借款、应付票据、应付账款、预收账款、应付利息、应付股利、应付职工薪酬、应交税费等；长期负债类账户主要有：长期借款、应付债券、长期应付款等。

③ 所有者权益类账户，是用来核算和监督企业所有者权益增减变动及其结余情况的账户。按照所有者权益的来源和构成不同，所有者权益类账户可以分为投入资本所有者权益类账户、经营积累所有者权益类账户和其他来源所有者权益类账户。投入资本所有者权益类账户主要有：实收资本或股本等；经营积累所有者权益类账户主要有：本年利润、利润分配、盈余公积等；其他来源所有者权益类账户主要有：资本公积等。

④ 成本类账户，是用来归集企业某成本计算对象在一定时期所发生的各项耗费，并计算该对象成本的账户。按照是否需要分配可以分为直接计入成本类账户和分配计入成本类账户。直接计入成本类账户主要有：生产成本等；分配计入成本类账户主要有：制造费用等。按照生产经营过程的阶段可以划分为：供应过程中用来归集购入材料的买价和采购费用、计算材料采购成本的账户，如：在途物资、材料采购等；生产过程中用来归集制造产品的生产费用、计算产品生产成本的账户，如：生产成本、制造费用等；固定资产购建过程中用来归集购建过程中的费用支出、计算固定资产实际购建成本的账户，如：在建工程等。

⑤ 损益类账户，是用来和核算和监督企业在一定时期发生不计入成本的各项费用及损

失的账户。损益类账户分为营业损益类账户和非营业类损益账户。营业类损益账户主要有：主营业务收入、其他业务收入、主营业务成本、其他业务成本、税金及附加、投资收益等；非营业损益类账户主要有：营业外收入、营业外支出、销售费用、管理费用、财务费用、所得税费用等。损益类账户按其与损益组成内容的关系可以分为收入类账户和费用类账户。收入类账户包括主营业务收入、其他业务收入、投资收益、营业外收入等账户；费用类账户包括主营业务成本、其他业务成本、税金及附加、管理费用、销售费用、财务费用、营业外支出和所得税费用等账户。

(2) 按用途和结构分类

账户按用途和结构分类的实质是账户在会计核算中所起的作用和账户在使用中能够反映什么样的经济指标进行的分类。账户按照用途和结构可以分为盘存类账户、结算类账户、跨期摊提类账户、资本类账户、调整类账户、集合分配类账户、成本计算类账户、集合配比类账户和财务成果类账户等九类。

① 盘存类账户，是指可以通过实物盘点进行核算和监督的各种资产类账户。主要有：库存现金、银行存款、原材料、库存商品、固定资产等。

② 结算类账户，是指用来核算和监督一个经济组织与其他经济组织或个人以及经济组织内部各单位之间债权债务往来结算关系的账户。按照结算性质的不同可以分为债权结算账户、债务结算账户和债权债务结算账户等三种。债权结算账户主要有：应收账款、应收票据、预付账款、其他应收款等；债务结算账户主要有：应付账款、应付票据、预收账款、其他应付款、应交税金等；债权债务结算账户是一类比较特殊的结算类账户，它是对经济组织在与其他经济组织或个人之间同时具有债权又有债权结算情况需要在同一账户进行核算与监督而运用的一种账户。

③ 跨期摊提类账户，是指用来核算和监督应由若干个会计期间共同负担而又在某个会计期间一次支付费用的账户，主要有：资产类跨期摊提账户和负债类跨期摊提账户。资产类跨期待摊配账户包括：待摊费用、长期待摊费用等；负债类跨期摊提账户典型的是：预提费用。在现行的会计制度中，"待摊费用"和"预提费用"账户虽已取消，但各经济组织也可以根据实际需要增设这两个账户。

④ 资本类账户，是指用来核算和监督经济组织从外部取得的或内部形成的资本金增加变动情况及其实有数的账户，主要有：实收资本（或股本）、资本公积、盈余公积、利润分配等。

⑤ 调整类账户，是指用来调节和整理相关账户的账面金额并表示被调整账户的实际余额数的账户，如"累计折旧"就是一个典型的调整账户。调整类账户按照调整方式的不同可以分为备抵调整账户、附加调整账户和备抵附加调整账户等三类。备抵调整账户是指用来抵减被调整账户余额，以取得被调整账户余额的账户。备抵调整账户按照被调整账户性质的不同又可以分为资产类备抵调整账户和权益类备抵调整账户。资产类备抵调整账户与其被调整的资产类账户的运用方向相反，而同于负债类账户。附加调整账户是指用来增加被调整账户余额的账户。附加调整账户与其被调整的账户的运用方向相反，在现实中这类账户已经很少使用。备抵附加调整账户是指既具有备抵又具有附加调整功能的账户，典型的备抵附加账户是"材料成本差异"账户。

⑥ 集合分配类账户，是指用来归集和分配经济组织经营过程中某个阶段所发生的相关费用的账户，如"制造费用"账户。

⑦ 成本费用类账户，是指用来归集经营过程中某个阶段所发生的全部费用，并据以计

算和确定出各个对象成本的账户,主要有:生产成本、物资采购、在建工程等。

⑧ 集合分配类账户,是指用来核算和监督经营过程中发生的损益,并借以在期末计算和确定其财务成果的账户。集合分配类账户按其性质不同又可以分为收入类账户和成本类账户、费用类账户、支出类账户。收入类账户主要有:主营业务收入、其他业务收入、营业外收入、投资收益等。成本类账户、费用类账户、支出类账户主要有:主营业务成本、其他业务成本、营业外支出、营业费用、管理费用、财务费用、所得税费用等。

⑨ 财务成果类账户,是指用来核算和监督经济组织在一定时期内财务成果形成,并确定最终成果的账户,典型的财务成果类账户是"本年利润"账户。

(3) 按提供信息的详细程度分类

按账户按提供信息的详细程度不同,分为总分类账户和明细分类账户。

① 总分类账户,是指根据总分类科目(一级科目)设置的、用于对会计要素具体内容进行总括分类核算的账户,简称总账账户或总账。

② 明细分类账户,是指根据明细分类科目(二级、三级、四级科目等)设置的、用来对会计要素具体内容进行明细分类核算的账户,简称明细账。

总分类账户和所属明细分类账户核算的内容相同,只是反映内容的详细程度有所不同,两者相互补充、相互制约、相互核对。总分类账户统驭和控制所属明细分类账户,明细分类账户从属于总分类账户。

3.2.2 账户的结构与功能

账户是作为分类反映会计要素增减变动情况及其结果的载体,具有一定的结构和功能。

1. 账户的结构

账户的结构是指账户的组成部分及其相互关系。账户一般结构如表 3-2 所示。

表 3-2 账户一般结构

账户名称

年		凭证		摘要	金额		
月	日	字	号		增加额	减少额	余额

账户结构通常由以下内容组成:

① 账户名称,即会计科目。

② 日期,即所依据的记账凭证中注明的日期。

③ 凭证字号,即所依据记账凭证的编号。

④ 摘要,即经济业务的简要说明。

⑤ 金额,即增加额、减少额和余额。

账户结构的核心内容是账户名称和金额,金额包括增加额、减少额,累积增加额与减少额之间的差额即余额。所以,账户的简化结构只保留账户的名称和金额基本框架,金额化为左右两方,舍去其余栏目,如图 3-1 所示。

图 3-1 账户简化结构

上述账户简化结构在整体上类似于汉字"丁"字或"T"字形状,在实务中被形象地称为"丁"字账户或者"T"型账户。在账户结构中,至于哪一方登记增加,哪一方登记减少,取决于所记账户的性质和所使用的记账方法。

2. 账户的功能

账户的功能在于连续、系统、完整地提供企业经济活动中各会计要素增减变动及其结果的具体信息。其中,会计要素在特定会计期间增加和减少的金额,分别称为账户的"本期增加发生额"和"本期减少发生额",二者统称为账户的"本期发生额";会计要素在会计期末的增减变动结果,称为账户的"余额",具体表现为期初余额和期末余额,账户上期的期末余额转入本期,即为本期的期初余额;账户本期的期末余额转入下期,即为下期的期初余额。

账户的期初余额、期末余额、本期增加发生额和本期减少发生额统称为账户的四个金额要素。在"T"型账户中,在不同的部位登记不同的金额要素,如图 3-2 所示。

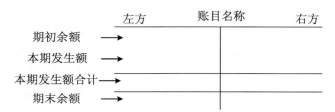

图 3-2 账户金额要素结构

对于同一账户而言,它们之间的基本关系为:

期末余额 = 期初余额 + 本期增加发生额 - 本期减少发生额　　　　(式 3-1)

【例 3-1】 某企业 20××年 7 月部分账户资料如表 3-3 所示。

表 3-3 账户资料

单位:元

账户名称	期初余额	本期增加额	本期减少额	期末余额
原材料	400 000	100 000	300 000	(1)
应收账款	200 000	(2)	500 000	300 000
应付账款	100 000	420 000	(3)	170 000
长期借款	(4)	300 000	170 000	200 000

要求:计算每个账户的相应金额。

空格(1)= 400 000 + 100 000 - 300 000 = 200 000(元)

空格(2)= 300 000 - 200 000 + 500 000 = 600 000(元)

空格(3)=100 000+420 000-170 000=350 000(元)

空格(4)=200 000-300 000+170 000=70 000(元)

本章小结

  会计科目是对会计要素的具体内容进行分类核算的项目。会计科目按经济内容可分为资产类、负债类、共同类、所有者权益类、成本类和损益类;按提供信息的详细程度及其统驭关系,可以分为总分类科目和明细分类科目;按照经济用途可以分为盘存类、结算类、跨期摊提类、资本类、调整类、集合分配类、成本计算类、损益计算类和财务成果类科目等。设置会计科目是会计制度设计的重要内容,在会计核算中具有重要的意义。财政部在《企业会计准则应用指南》"附录"中规范了企业会计科目的名称和编号,企业可根据需要设置其具体科目,应遵循全面性、合法性、相关性、清晰性和实用性原则。账户是根据会计科目设置的,具有一定格式和结构,用于分类反映会计要素增减变动情况及其结果的载体。会计科目与账户之间既有联系又有区别。账户按其经济内容可以分为资产类、负债类、所有者权益类、成本类和损益类等五类账户;按照用途和结构可以分为盘存类、结算类、跨期摊提类、资本类、调整类、集合分配类、成本计算类、集合配比类和财务成果类等九类账户;提供信息的详细程度不同,分为总分类和明细分类账户。账户一般结构包括账户名称、日期、凭证字号、摘要、金额等内容,可简化成"T"型账户。账户用于连续、系统、完整地提供企业经济活动中各会计要素增减变动及其结果的具体信息,有期初余额、期末余额、本期增加发生额和本期减少发生额四个金额要素,并存在"期末余额=期初余额+本期增加发生额-本期减少发生额"的数量关系。

思考题

1. 如何理解会计对象、会计要素、会计科目及账户之间的关系?
2. 企业为何需要设置会计科目?设置会计科目需要考虑哪些问题?
3. 说明会计科目与账户之间的联系与区别。
4. 简要说明账户的一般结构和简化结构。
5. 账户有何功能?基本数量关系如何?

第4章

记账方法

学习目标

通过本章教学，要求学生了解记账方法的概念、种类，了解单式记账法的概念、优缺点，掌握复式记账法的概念、优缺点及具体方法，理解和掌握借贷记账法的概念、记账符号、账户结构、记账规则、账户对应关系及其作用，掌握会计分录的概念及分类，熟练掌握会计分录的编制，理解和掌握试算平衡原理，熟练掌握试算平衡表的编制。

知识构图

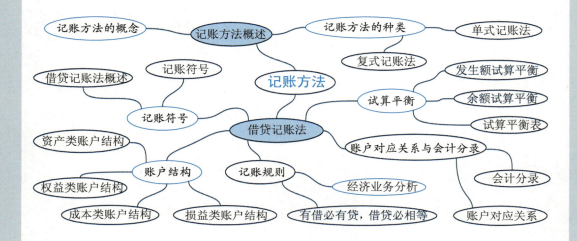

4.1 记账方法概述

4.1.1 记账方法的概念

为了全面反映会计对象的具体内容,企业应结合经济管理的需要设置会计科目,并根据会计科目开设账户。账户是记录经济业务的工具,要通过账户提供经济管理所需要的会计信息,还需要运用一定的方法将经济业务登记到账户中,这种在账户中登记经济业务的方法叫做记账方法。

记账方法是根据一定的原理、记账符号、记账规则,采用一定的计量单位,利用文字和数字在账簿中登记经济业务的方法。按记录方式的不同,记账方法可分为单式记账法和复式记账法两大类。

4.1.2 记账方法的种类

记账方法在会计史上经历了由单式记账法发展到复式记账法的过程。

1. 单式记账法

单式记账法是指对发生的每一项经济业务,一般只在一个账户中进行登记的记账方法。此方法一般只登记现金、银行存款的收付款业务,以及应收账款、应付账款的结算业务,而不登记实物增减业务。例如,用银行存款购买材料的业务发生后,只在账户中登记银行存款的减少,而不记录材料的增加。又如,向某企业销售一批产品,货款尚未收到,则只登记"应收账款"账户,而对主营业务收入的增加情况不予反映。只有当经济业务既涉及现金或银行存款,又涉及债权、债务时,才同时在两个相应的账户中进行登记。例如,收到某企业所欠货款存入银行,业务发生后,既要在"银行存款"账户又要在"应收账款"账户中登记相关金额。

单式记账法具有以下四个特点:
① 没有一套完整的账户体系。
② 不需要对每一项经济业务进行反映和记录。
③ 账户之间的记录没有直接的联系。
④ 账户之间的记录没有平衡的概念。

采用单式记账法,账户之间不能形成相互对应的关系,不能全面、系统地反映经济业务的来龙去脉,也不便于检查账户记录的正确性和完整性。但单式记账法方法简单,便于理解和运用。

2. 复式记账法

复式记账法是指对发生的每一项经济业务,都以相等的金额,在相互关联的两个或两个以上账户中进行登记的记账方法。例如,上述用银行存款购买材料业务,采用复式记账法,则应以相等的金额,一方面在"银行存款"账户中登记银行存款的减少,另一方面在"原材料"账户中登记材料的增加。又如,向某企业销售一批产品,货款尚未收到,按复式记账法,一方面在"应收账款"账户中登记增加,另一方面在"主营业务收入"账户中登记增加,而且两个账户登记的金额相等。

复式记账法的理论依据是"资产=负债+所有者权益"的会计等式。按照会计等式,任何一项经济业务都会引起资产与权益之间至少两个项目发生增减变动,而且增减变动的金额相等。因此,对每一笔经济业务的发生,都可以以相等的金额在两个或两个相关账户中作等额双重记录。这种记账如实反映了经济事物的客观联系,是一种科学的记账方法。

复式记账法具有以下四个特点:
① 有完整的账户体系。
② 对每一项经济业务都进行反映和记录。
③ 对每一项经济业务都要在相互关联的两个或两个以上的账户中做双重记录。
④ 每项经济业务都要以相等的金额进行分类登记,对应账户之间总是保持平衡关系,可以进行试算平衡。

可见,复式记账突破了单式记账的局限性,从而使会计记录体现了全面、辩证的观点。因此,复式记账法是一种科学的记账方法,其优点是:反映经济业务的全貌,便于检查经济业务的合理性、合法性;同时可以进行试算平衡,检查账户记录的正确性。

复式记账法可分为借贷记账法、增减记账法和收付记账法等。借贷记账法是目前国际上通用的记账方法,我国《企业会计准则》规定企业应当采用借贷记账法记账。

4.2 借贷记账法

4.2.1 记账符号

随着商品经济的发展,借贷记账法得到了广泛的应用,记账对象不再局限于债权、债务关系,而是扩大到要记录财产物资增减变化和计算经营损益。

1. 借贷记账法概述

借贷记账法是以会计等式作为记账原理,以"借""贷"作为记账符号,用来反映经济业务增减变化的一种复式记账方法。

借贷记账法起源于1211年意大利北部城邦佛罗伦萨,当时佛罗伦萨商业比较发达,银钱借贷十分频繁,钱庄业主为了记清楚账目,他们把整个账簿分为应收账款和应付账款,并为每一个债权人和债务人开设一个账户,即应收账款和应付账款。不过那时的记账方法基本还是单式记账,复式记账还处于萌芽阶段,账户也只是叙述式的,后来该方法传到了热那亚。热那亚人对该方法进行了改进,将每个账户都分为左和右对照式,分别用借方和贷方表示。之后该方法又传到威尼斯,威尼斯商人在此基础上进行了进一步的改进,又加入了收入、费用等损益账户和资本(权益)账户。增加了收入、成本、费用和资本账户,复式记账法逐渐完善起来,从而适应了商人的需要,当时称之为意大利式借贷记账法,也称威尼斯记账法。1494年,意大利数学家卢卡·巴其阿勒在他的《算术、几何与比例概要》一书详细、全面、系统地介绍了威尼斯记账法,并从理论上给予必要的阐述,使它的优点及方法为世人所接受,标志着近代会计的开端。18世纪,借贷记账法传到了英国,爱德华·托马斯·琼斯(Edward Thomasn Jones)首次提出了英式簿记系统,增加了分录簿,上面载有摘要、会计科目、借方金额和贷方金额几个栏次。当经济业务发生和结束时,要求在分录簿上确定应借、应贷的账户和应借、应贷的金额,即在借方和贷方两个方面对经济业务进行对照登记,并简明扼要地说明经济业务,分录簿相当于今天的记账凭证,是会计记账的依据。从此,借贷记账法正式命名为复式簿记,以后人们所说的复式簿记,就是指借贷记账法。

2. 记账符号

一般认为,最早的借贷复式记账法源于13世纪至15世纪经济比较繁荣的意大利城邦国家。在1211年,作为意大利比较成功的城市之一佛罗伦萨,就出现了载有记账术语"didare、diavere"的银行账簿。这两个动词中的前者表示"应收的",指债权;后者表示"应付的",指债务。1406年,巴尔巴里戈商会的账簿中则采用了简练的"a"和"per"。在威尼斯方言中,a与per是债权与债务的意思。钱商记录经济业务时,如果某人将货币存于钱商处或偿还货币给钱商,即货币从某人流向钱商,则此人债权增加或债务减少,并将金额记在某人名下的a;如果某人从钱商处借走货币或取出存于钱商处的货币,即货币从钱商流向某人,则此人债务增加或债权减少,并将金额记在某人名下的per。任何时点上某人是债权人还是债务人,取决于a与per的累计差额。如果累计a大于累计per时某人是债权人,否则为债务人。凭借a与per两个记账符号,钱商可以很好地记录下他们四种金融业务:债权增、债务减、债务增、债权减,归根结底就是从某人处流出和货币流向某人的两种基本情形。

1494年,意大利学者卢卡·巴其阿勒所著的《算术、几何、比与比例概要》出版,本书曾被译为多种文字,在不同语言的国度广泛使用。巴其阿勒在记账符号的选择上用意大利语的credito(债权)和debito(债务)分别取代了方言的a和per。这种用debito、credito记账首先风行意大利,之后传到英国等欧洲国家。debito和credito在英语中随之被翻译成debit和credit。

1873年,日本从西方引进卢卡·巴其阿勒的debito、credito记账法。日本著名明治维新的启蒙思想家福泽谕吉,在他的一部名为《账合之法》(记账方法)的译著里,首次将debit和credit翻译成"借"与"贷",其中"借"是从某处"借来",因而形成债务,"贷"是"借给",因而形成债权。这一译法尊重了西文的原意,被不断继承和弘扬。

借贷记账法在中国的传播分为两个阶段。中国学者蔡锡勇编著的《连环账谱》是我国第一部介绍和研究借贷复式簿记的著作,书中未使用"debit"和"credit"作为记账符号,而分别译为"该收"和"存付",全书既参照意大利借贷复式账法的基本原理,又吸收了我国传统收付账法之精华。继《连环账谱》之后,我国留日学者谢霖与孟森合作,以日本学者森川镒太郎所著《银行簿记学》为蓝本,编纂了一部会计著作《银行簿记学》,结合银行业务将日文的"借"和"贷"翻译成中文的"借"和"贷"。但在汉语中,"借"有借进和借出的意思,"贷"也有借入或借出之意。"借""贷"记账法基于字面意思的这一翻译,导致中国会计人在一开始接触会计时,无法从字面上明白这两个记账符号的真正含义。

借贷记账法是以"借"和"贷"作为记账符号的一种复式记账法。原来仅限于记录债权、债务的"借""贷"二字已不能概括经济活动的全部内容。它表示的内容应该包括全部经济活动资金运动变化的来龙去脉,它们逐渐失去了原来字面上的涵义而转为一种单纯的记账符号,只表明记账的方向,成为了一种专门的会计术语。

4.2.2 账户结构

借贷记账法下,所有账户的结构都是左方为借方,右方为贷方,但借方、贷方反映会计要素数量变化的增减性质则是不固定的。不同性质的账户,借贷方所登记的内容不同。

借贷记账法是以会计等式作为记账原理,综合会计等式"资产+费用=负债+所有者权益+收入"将各会计要素联系在一起,并分为左右两边。根据等式和复式记账法账户基本结构原理,等式左边的资产、费用(含成本费用)类账户的增加用"借"表示,减少用"贷"表示;右边的负债、所有者权益和收入类账户的增加用"贷"表示,减少用"借"表示;备抵账户的结构与所调整账户的结构正好相反。下面分别说明各类账户的结构:

1. 资产类账户结构

在资产类账户中,借方登记资产的增加额,贷方登记资产的减少额,一般有借方余额,表示期末(期初)资产的实有数额。在一个会计期间内,记入资产账户的借方金额合计数称为"本期借方发生额",记入资产类账户的贷方合计数称为"本期贷方发生额"。资产类账户的结构如图 4-1 所示。

借方	资产类	贷方
期初余额 ×××		
本期增加额 ×××	本期减少额	×××
本期借方发生额合计 ×××	本期贷方发生额合计	×××
期末余额 ×××		

图 4-1 资产类账户结构

资产类账户期末余额计算公式为:

$$期末借方余额 = 期初借方余额 + 本期借方发生额 - 本期贷方发生额 \quad (式4-1)$$

2. 权益类账户结构

权益包括债权人权益和所有者权益,即负债和所有者权益。权益类账户的结构与资产类账户的结构相反,其贷方登记权益的增加额,借方登记权益的减少额,一般有贷方余额,表示期末(期初)权益实有数额。权益类账户的结构如图 4-2 所示。

借方	权益类	贷方
	期初余额	×××
本期减少额 ×××	本期增加额	×××
本期借方发生额合计 ×××	本期贷方发生额合计	×××
	期末余额	×××

图 4-2 权益类账户结构

权益类账户期末余额计算公式为:

$$期末贷方余额 = 期初贷方余额 + 本期贷方发生额 - 本期借方发生额 \quad (式4-2)$$

3. 成本类账户结构

成本类账户的结构与资产类账户的结构相同,其借方登记成本的增加额,贷方登记成本的减少额或转出额,一般产品全部完工结转成本后没有余额,若有余额,一般在借方,表示期末(期初)在产品的成本。成本类账户的结构如图 4-3 所示。

借方	成本类	贷方
期初余额 ×××		
本期增加额 ×××	本期减少额或转出额 ×××	
本期借方发生额合计 ×××	本期贷方发生额合计 ×××	
期末余额 ×××		

图 4-3 成本类账户结构

成本类账户期末余额计算公式为:

$$期末借方余额 = 期初借方余额 + 本期借方发生额 - 本期贷方发生额 \quad (式 4\text{-}3)$$

4. 损益类账户结构

损益类账户主要包括收入类账户和费用类账户。

(1) 收入类账户结构

收入类账户的结构与所有者权益类账户的结构相似,贷方登记收入的增加额,借方登记收入的减少额或转出额。本期收入净额在期末转入"本年利润"账户,用以计算当期损益,所以结转后无余额。收入类账户的结构如图 4-4 所示。

借方	收入类	贷方
本期减少额或转出额 ×××	本期增加额 ×××	
本期借方发生额合计 ×××	本期贷方发生额合计 ×××	

图 4-4 收入类账户结构

(2) 费用类账户结构

费用类账户的结构与资产类账户的结构相似,借方登记费用的增加额,贷方登记费用的减少额或转出额。本期费用净额在期末转入"本年利润"账户,用以计算当期损益,结转后无余额。费用类账户的结构如图 4-5 所示。

借方	费用类	贷方
本期增加额 ×××	本期减少额或转出额 ×××	
本期借方发生额合计 ×××	本期贷方发生额合计 ×××	

图 4-5 费用类账户结构

4.2.3 记账规则

记账规则是指采用某种记账方法登记具体经济业务时应当遵循的规律。借贷记账法的记账规则是"有借必有贷,借贷必相等"。

1. 有借必有贷,借贷必相等

借贷记账法建立在复式记账原理的基础之上,具体的记账规则可概括为"有借必有贷,借贷必相等"。利用这一记账规则在对经济业务进行记录时具体表现如下:

① 任何一笔经济业务的发生,都必然同时导致至少两个账户发生变化。或者说,经济业务发生后,同时至少在两个或两个以上的账户中进行相互联系地记录。

② 在记入有关账户时,有的记入一个或几个账户的借方,同时有的记入另一个或几个账户的贷方。不能全部记入借方或全部记入贷方,即有借必有贷。

③ 记入借方账户的金额与记入贷方账户的金额必须相等,即借贷必相等。

2. 经济业务分析

根据会计等式原理,经济业务虽然千差万别,错综复杂,但其引起会计要素增减变动却不外乎四大类九种类型。在实际中运用借贷记账法的记账规则分析或登记经济业务时,一般按以下步骤进行:

① 需要分析经济业务的内容,确定它引起哪些账户变化及这些账户的性质。

② 确定这些账户变化的金额是增加还是减少。

③ 根据账户的性质及变动方向确定借贷方向。

下面举例说明借贷记账法记账规则的运用。

【例 4-1】 某企业 20××年 6 月份发生如下两笔经济业务:

(1) 从银行提取现金 10 000 元备用;

(2) 接受投资者投入资金 100 000 元并存入银行。

要求:分析经济业务并登记账户。

上述经济业务分析如下:

业务(1) 该项经济业务的发生,一方面引起资产类的"银行存款"账户减少 10 000 元,记入贷方;另一方面引起资产类的"库存现金"账户增加 10 000 元,记入借方。

业务(2) 该项经济业务的发生,一方面引起所有者权益类的"实收资本"账户增加 100 000 元,记入贷方;另一方面引起资产类"银行存款"账户增加 100 000 元,记入借方。

上述经济业务发生,登记账户如图 4-6 所示。

图 4-6 登记账户

从上述经济业务分析可知,每笔经济业务都遵循了"有借必有贷,借贷必相等"的记账规则,而且所有账户借方发生额合计等于所有账户贷方发生额合计。

4.2.4 账户对应关系与会计分录

1. 账户对应关系

账户对应关系是指采用借贷记账法对每笔经济业务进行记录时,相关账户之间形成的应借、应贷的关系。即一个账户的借方与另一个或另几个账户的贷方相对应,或者一个或几个账户的借方与另一个账户的贷方相对应。账户之间的这种互相依存关系称为账户对应关系,存在对应关系的账户称为对应账户。

例如,企业从银行提取备用金2 000元的业务,使单位的库存现金增加2 000元,同时使银行存款减少2 000元。按账户结构规定,库存现金增加记账户的借方,银行存款减少记账户的贷方。可见,"库存现金"账户与"银行存款"账户在这里存在对应关系,它们是对应账户。

通过账户对应关系,可以了解经济业务内容及其所引起的资金增减变动情况;可以检查账务处理是否合理合法,可以发现对经济业务的处理是否符合有关经济法规和财务会计制度。

2. 会计分录

经济业务发生后,为了保证账户对应关系的正确性,在记入各有关账户之前,应预先确定每项经济业务应记账户的名称(会计科目)、方向和金额,编制会计分录,然后登记入账。会计分录,简称分录,是对每项经济业务列示出应借、应贷的账户名称及其金额的一种记录。会计分录由应借应贷方向、相互对应的账户(科目)及其金额三个要素构成。

编制会计分录,一般遵循以下步骤:

① 涉及的账户,分析经济业务涉及哪些账户。
② 账户的性质,分析所涉及的这些账户的性质,即它们各属于什么会计要素,位于会计等式的左边还是右边。
③ 增减变化情况,分析确定这些账户是增加了还是减少了,增减金额是多少。
④ 记账方向,根据账户的性质及其增减变化情况,确定分别记入账户的借方或贷方。
⑤ 根据会计分录的格式要求,编制完整的会计分录。

编制会计分录时,分录格式习惯上采用"上借下贷、左右错开"的列示方式,即:

① 先借后贷,借贷分行,借方在上,贷方在下。
② 贷方记账符号、账户、金额都要比借方退后一格,表明借方在左,贷方在右。

下面举例说明会计分录的编制。

【例4-2】 某企业20××年10月份发生如下两笔经济业务:

(1) 李明出差预借差旅费5 000元,以现金支付。
(2) 李明出差回来,报销差旅费4 800元,余款200元现金退回。

要求:编制会计分录。

上述经济业务分析如下:

业务(1) 该项经济业务的发生,一方面引起资产类的"其他应收款"账户增加5 000元,记入借方;另一方面引起资产类的"库存现金"账户减少5 000元,记入贷方。该项经济业务编制分录如下:

借:其他应收款　　　　　　　5 000
　　贷:库存现金　　　　　　　　5 000

业务(2) 该项经济业务的发生,一方面引起费用损益类的"管理费用"账户增加4 800元,记入借方;另一方面引起资产类的"库存现金"账户增加200元,记入借方;同时引起资产类的"其他应收款"账户减少5 000元,记入贷方。该项经济业务编制分录如下:

借：管理费用　　　　　　　　　4 800
　　库存现金　　　　　　　　　　200
　　贷：其他应收款　　　　　　　　　5 000

会计分录按照所涉及账户的多少，分为简单会计分录和复合会计分录。简单会计分录指只涉及一个账户借方和另一个账户贷方的会计分录，即一借一贷的会计分录。复合会计分录指由两个以上（不含两个）对应账户组成的会计分录，即一借多贷、多借一贷或多借多贷的会计分录。需要指出的是，为了保持账户对应关系的清楚，一般不宜把不同经济业务合并在一起，编制多借多贷的会计分录。但在某些特殊情况下为了反映经济业务的全貌，也可以编制多借多贷的会计分录。

会计分录在实际工作中，是通过填制记账凭证来实现的，它是保证会计记录正确可靠的重要环节。会计核算中，不论发生什么样的经济业务，都需要在登记账户以前，按照记账规则，通过填制记账凭证来确定经济业务的会计分录，以便正确地进行账户记录和事后检查。

4.2.5　试算平衡

试算平衡，是指根据借贷记账法的记账规则和资产与权益的恒等关系，通过对所有账户的发生额和余额的汇总计算和比较，来检查账户记录是否正确的一种方法。借贷记账法的试算平衡方法包括发生额试算平衡法和余额试算平衡法。

1. 发生额试算平衡

发生额试算平衡，是利用全部账户的借贷双方发生额的平衡关系来检查账户记录是否正确的一种方法，是指全部账户本期借方发生额合计与全部账户本期贷方发生额合计保持平衡，即：

$$\text{全部账户本期借方发生额合计} = \text{全部账户本期贷方发生额合计} \quad (\text{式 4-4})$$

对于某个会计期间内发生的每一项经济业务，在记入一个账户借方或贷方的同时必然记入另一个账户的贷方或借方，而且金额相等。发生额试算平衡的直接依据是借贷记账法的记账规则，即"有借必有贷，借贷必相等"。

2. 余额试算平衡

余额试算平衡，是利用所有账户借方期初或期末余额和贷方期初或期末余额合计相等关系来检查账户记录是否正确的一种方法，是指全部账户借方期末（初）余额合计与全部账户贷方期末（初）余额合计保持平衡，即：

$$\text{全部账户借方期末余额合计} = \text{全部账户贷方期末余额合计} \quad (\text{式 4-5})$$

或

$$\text{全部账户借方期初余额合计} = \text{全部账户贷方期初余额合计} \quad (\text{式 4-6})$$

余额平衡是指任意会计期末全部账户借方余额合计等于该期末全部账户贷方余额合计，这是由会计恒等式决定的。余额试算平衡的直接依据是财务状况等式，即：资产＝负债＋所有者权益。

3. 试算平衡表的编制

试算平衡是通过编制试算平衡表进行的。试算平衡表通常是在期末结出各账户的本期发生额合计和期末余额后编制的，试算平衡表中一般应设置"期初余额""本期发生额"和"期末余额"三大栏目，其下分设"借方"和"贷方"两个小栏，格式如表 4-1 所示。各大栏中的借方合计与贷方合计应该平衡相等,否则便存在记账错误。

表 4-1 试算平衡表

年　　月　　日　　　　　　　　　　　　　　　　　　　单位:元

账户名称	期初余额		本期发生额		期末余额	
	借方	贷方	借方	贷方	借方	贷方
合　计						

为了简化表格,试算平衡表也可只根据各个账户的本期发生额编制,不填列各账户的期初余额和期末余额。

【例 4-3】 某企业20××年9月1日总分类账期初余额如表4-2所示。

表 4-2 总账期初余额表

单位:元

账户名称	借　方	贷　方
银行存款	310 000	
原材料	230 000	
应付账款		80 000
实收资本		260 000
资本公积		200 000
合　计	540 000	540 000

9月份发生经济业务如下:

(1) 1日,获得投资人投入资金200 000元,存入银行。
(2) 2日,以银行存款10 000元偿还前欠购材料款。
(3) 5日,以银行存款15 000元购入原材料,材料已验收入库。
(4) 10日,开出一张为期三个月的商业承兑汇票,票面金额50 000元,用以抵付所欠购材料款。
(5) 15日,购入原材料一批,价款70 000元,货款尚未支付,材料已入库。
(6) 20日,批准将一笔应付账款转作对企业投资,金额20 000元。
(7) 21日,某投资人将短期借款10 000元转嫁给企业,根据协议,此款项作为对企业投资的减少。
(8) 25日,经批准以银行存款返还投资者的投资100 000元,款项已支付。
(9) 30日,经批准将资本公积50 000元转增资本。

要求:(1) 编制会计分录。
　　　(2) 开设并登记"T"型账户。

(3) 编制试算平衡表。

(1) 上述经济业务,编制会计分录如下:

① 借:银行存款　　　　　200 000
　　贷:实收资本　　　　　　　200 000

② 借:应付账款　　　　　10 000
　　贷:银行存款　　　　　　　10 000

③ 借:原材料　　　　　　15 000
　　贷:银行存款　　　　　　　15 000

④ 借:应付账款　　　　　50 000
　　贷:应付票据　　　　　　　50 000

⑤ 借:原材料　　　　　　70 000
　　贷:应付账款　　　　　　　70 000

⑥ 借:应付账款　　　　　20 000
　　贷:实收资本　　　　　　　20 000

⑦ 借:实收资本　　　　　10 000
　　贷:短期借款　　　　　　　10 000

⑧ 借:实收资本　　　　　100 000
　　贷:银行存款　　　　　　　100 000

⑨ 借:资本公积　　　　　50 000
　　贷:实收资本　　　　　　　50 000

(2) 开设并登记"T"型账户,如图 4-7~图 4-13 所示。

银行存款			
期初余额	310 000		
①	200 000	②	10 000
		③	15 000
		⑧	100 000
本期发生额	200 000	本期发生额	125 000
期末余额	385 000		

图 4-7

原材料			
期初余额	230 000		
③	15 000		
⑤	70 000		
本期发生额	85 000		
期末余额	315 000		

图 4-8

应付账款			
		期初余额	80 000
②	10 000	⑤	70 000
④	50 000		
⑥	20 000		
本期发生额	80 000	本期发生额	70 000
		期末余额	70 000

图 4-9

实收资本			
		期初余额	260 000
⑦	10 000	①	200 000
⑧	100 000	⑥	20 000
		⑨	50 000
本期发生额	110 000	本期发生额	270 000
		期末余额	420 000

图 4-10

资本公积			
		期初余额	200 000
⑨	50 000		
本期发生额	50 000		
		期末余额	150 000

图 4-11

应付票据			
		④	50 000
		本期发生额	50 000
		期末余额	50 000

图 4-12

```
              短期借款
─────────────────────────────────
                  ⑦        10 000
                  本期发生额  10 000
                  期末余额    10 000
```

图 4-13

（3）编制试算平衡表，如表 4-3 所示。

表 4-3 试算平衡表

20××年 9 月 30 日　　　　　　　　　　　　　　　　　　　　　单位：元

账户名称	期初余额		本期发生额		期末余额	
	借方	贷方	借方	贷方	借方	贷方
银行存款	310 000		200 000	125 000	385 000	
原材料	230 000		85 000		315 000	
短期借款				10 000		10 000
应付票据				50 000		50 000
应付账款		80 000	80 000	70 000		70 000
实收资本		260 000	110 000	270 000		420 000
资本公积		200 000	50 000			150 000
合　计	540 000	540 000	525 000	525 000	700 000	700 000

　　试算平衡只是通过借贷金额是否平衡来检查账户记录是否正确的一种方法。如果借贷双方发生额或余额相等，表明账户记录基本正确，但有些错误并不影响借贷双方的平衡。因此，试算不平衡时表示记账一定有错误，但试算平衡时不能表明记账一定正确。比如试算平衡时，漏记、重记、同时多记或少记、记账方向颠倒、用错会计科目、偶然发生多记和少记并相互抵消等情况，均不能通过试算平衡发现。

本章小结

　　记账方法是根据一定的原理、记账符号、记账规则，采用一定的计量单位，利用文字和数字在账簿中登记经济业务的方法。记账方法在会计史上经历了由单式记账法发展到复式记账法的过程。单式记账法是指对发生的每一项经济业务，一般只在一个账户中进行登记的记账方法。单式记账法账户之间不能形成相互对应的关系，不能全面、系统地反映经济业务的来龙去脉，也不便于检查账户记录的正确性和完整性；但方法简单，便于理解和运用。复式记账法是指对发生的每一项经济业务，都以相等的金额，在相互关联的两个或两个以上账户中进行登记的记账方法。复式记账法的理论依据是会计等式，是一种科学的记账方法，能反映经济业务的全貌，便于检查经济业务的合理性、合法性；同时可以进行试算平衡，检查账户记录的正确性。复式记账法可分为借贷记账法、增减记账法和收付记账法等，借贷记账法是目前国际上通用的记账方法，我国《企业会计准则》也规定企业应当采用借贷记账法记账。

借贷记账法是以会计等式作为记账原理,以"借""贷"作为记账符号,用来反映经济业务增减变化的一种复式记账方法。"借""贷"是一种单纯的记账符号,只表明记账的方向,是一种专门的会计术语。在借贷记账法下,所有账户的结构都是左方为借方,右方为贷方,依据会计等式和复式记账法账户基本结构原理,等式左边的资产、费用(含成本费用)类账户的增加用"借"表示,减少用"贷"表示;右边的负债、所有者权益和收入类账户的增加用"贷"表示,减少用"借"表示。资产类账户一般有借方余额,表示期末(期初)资产的实有数额;权益类账户一般有贷方余额,表示期末(期初)权益实有数额;成本类账户一般产品全部完工结转成本后没有余额,若有余额,一般在借方,表示期末(期初)在产品的成本;损益类账户期末结转后一般没有余额。借贷记账法记账规则概括为"有借必有贷,借贷必相等"。借贷记账法对每笔经济业务进行记录时,相关账户之间形成的应借、应贷的关系即账户对应关系,存在对应关系的账户称为对应账户。经济业务发生后,为了保证账户对应关系的正确性,在记入各有关账户之前,应预先确定每项经济业务应记账户的名称(会计科目)、方向和金额,编制会计分录。按照所涉及账户的多少,会计分录分为简单会计分录和复合会计分录。试算平衡是用来检查账户记录是否正确的一种方法,包括发生额试算平衡法和余额试算平衡法。发生额试算平衡法是利用全部账户的借贷双方发生额的平衡关系来检查账户记录是否正确的一种方法,依据是借贷记账法的记账规则。余额试算平衡法是利用所有账户借方期初或期末余额和贷方期初或期末余额合计相等关系来检查账户记录是否正确的一种方法,直接依据是财务状况等式。试算平衡法是通过编制试算平衡表进行的,如果借贷双方发生额或余额相等,表明账户记录基本正确,但有些错误并不影响借贷双方的平衡。

思 考 题

1. 试述复式记账原理及特点。
2. 试述借贷记账法的账户结构及期末余额的计算方法。
3. 借贷记账法下的记账规则是什么?
4. 什么是会计分录?有哪几种?
5. 在借贷记账法下试算平衡方法有哪些?
6. 试算平衡能否说明账户记录正确?请举例说明。

第5章

工业企业主要经济业务的账务处理

学习目标

通过本章教学，要求学生了解工业企业主要经济业务，理解工业企业的资金运动过程，掌握工业企业资金筹集业务、生产准备业务、产品生产业务、销售业务、财务成果形成与分配业务核算的主要内容、账户设置和账务处理。

知识构图

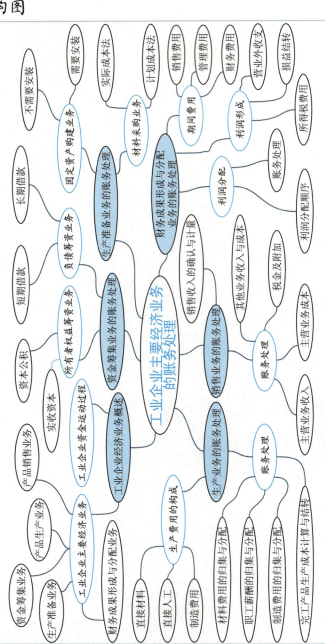

5.1 工业企业经济业务概述

企业的类型很多,不同类型的企业经济业务的内容和资金的循环特点有所不同,其中以工业企业最为典型。工业企业是指依法成立的,从事工业产品生产经营活动,经济上实行独立核算、自负盈亏,法律上具有法人资格的经济组织。工业企业的生产经营活动比较复杂,其会计业务具有较强的代表性。因此,本章以工业企业为例说明主要经济业务的账务处理。

5.1.1 工业企业的资金运动过程

工业企业的产品生产经营活动过程,同时也是企业的资金运动过程,其资金运动过程主要有资金投入、资金在企业内部的循环与周转和资金退出。

首先,工业企业要进行正常的生产经营活动必须要拥有一定的资金,资金的筹集渠道主要包括接受投资者投入和向债权人借款。投入资本是企业得以创立的一个基本条件,是企业赖以生存和发展的基础;企业筹集资金,除了所有者投入资本以外,为补充生产周转资金的不足,或购进固定资产等,经常需要向银行和其他金融机构借入资金,投入资金构成了企业的所有者权益,借入资金则形成了企业的负债,这两者都构成了企业的资金来源。

工业企业筹集一定的资金,主要用于生产经营活动。工业企业的主要生产经营活动由供应过程、生产过程、销售过程三个过程组成。供应过程是工业企业生产经营活动的第一个阶段,即生产的准备阶段。在这一过程中,企业用货币资金购进原材料等生产要素,以满足生产的需要,形成储备物资,这时资金由货币资金形态转变为储备资金形态,其主要业务是材料采购和因采购材料而发生的增值税的核算以及与供货单位的货款结算等。生产过程是工业企业经营过程的第二个阶段,同时也是生产经营的中心环节,即产品的形成阶段。在生产过程中,劳动者借助于劳动资料对劳动对象进行加工,生产出各种为社会所需要的产品。在产品生产过程中发生的各种材料费用、固定资产折旧费用、工资费用和其他费用等的总和构成了产品成本。因此,生产费用的发生、归集和分配,以及完工产品生产成本的计算等就构成了生产过程核算的基本内容。在这一过程中,储备资金和部分货币资金先转化为生产资金,随着产品生产出来并验收入库之后,生产资金又转化为成品资金。销售过程是工业企业生产经营过程的第三个阶段,也是产品价值的实现过程。在销售过程中,企业一方面将产品销售给购买单位,取得销售收入,通过这一过程,成品资金又转化为货币资金形态。另外,销售过程中还要发生各种诸如包装费、广告费等销售费用,计算并及时缴纳各种税费,结转销售成本等,这些都属于销售过程的核算内容。

最后,对于工业企业而言,将企业一定期间所获得的全部收入与全部费用支出相抵后以及利得减去损失的差额之和,即为企业的财务成果(利润或亏损)。如为利润,要按照规定的程序在各有关方面进行合理的分配;如为亏损,还要按规定的程序进行弥补。通过利润分配,一部分资金退出企业,另一部分重新投入生产周转。

工业企业资金运动过程如图5-1表示。

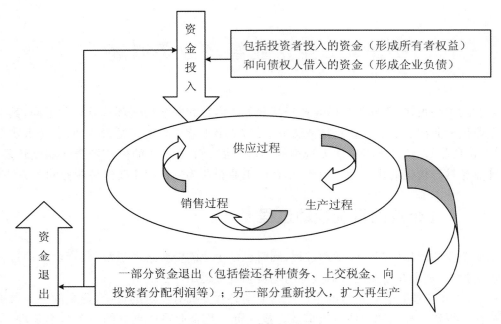

图 5-1　工业企业的资金运动过程

5.1.2　工业企业主要经济业务

工业企业是以产品的生产和销售为主要活动内容的经济组织,其主要经济业务内容可归纳为以下五种:资金筹集业务、生产准备业务、产品生产业务、产品销售业务、财务成果形成与分配业务等。

1. 资金筹集业务

资金筹集业务是指企业从各种不同的来源,用各种不同的方式筹集其生产经营过程中所需要的资金。这些资金由于来源与方式的不同,其筹集的条件、筹集的成本和筹集的风险也不同。因此,企业资金筹集管理的目标就是寻找、比较和选择对企业资金筹集条件最有利、资金筹集成本最低和资金筹集风险最小的资金来源。

2. 生产准备业务

生产准备业务是指企业为了保证日常生产的正常进行,为顺利实现生产作业计划所从事的各项准备工作。生产准备工作包括:技术准备、机械设备的准备、物资准备、劳动力的配备和调整、工作地准备等。

3. 产品生产业务

产品生产业务是指从原材料投入到成品出产的全过程,通常包括工艺过程、检验过程、运输过程、等待停歇过程和自然过程。

4. 产品销售业务

产品销售业务是指产成品、代制品、代修品、自制半成品等产品和工业性作业的销售。

5. 财务成果形成与分配业务

主要包括利润的形成和利润的分配。利润是企业在一定时期内全部经营活动反映在财务上的最终成果,它是综合反映企业经营成果的一项重要指标。

5.2 资金筹集业务的账务处理

企业的资金筹集业务按其资金来源通常分为所有者权益筹资和负债筹资。所有者权益筹资形成所有者的权益(通常称为权益资本),包括投资者的投资及其增值,这部分资本的所有者既享有企业的经营收益,也承担企业的经营风险;负债筹资形成债权人的权益(通常称为债务资本),主要包括企业向债权人借入的资金和结算形成的负债资金等,这部分资本的所有者享有按约收回本金和利息的权利。

5.2.1 所有者权益筹资业务

1. 所有者投入资本的构成

所有者投入资本是投资者实际投入企业从事生产经营活动的各种经济资源,就其形态而言,可以是现金、银行存款等货币形态的资金,也可以是存货、固定资产等实物形态的资金,也可以是专利权、商标权、有价证券等无实物形态的资金等。所有者投入资本按照投资主体的不同可以分为国家资本、法人资本、个人资本和外商资本等。

所有者投入的资本主要包括实收资本(或股本)和资本公积。实收资本(或股本)是指企业的投资者按照企业章程、合同或协议的约定,实际投入企业的资本金以及按照有关规定由资本公积、盈余公积等转增资本的资金。资本公积是企业收到投资者投入的超出其在企业注册资本(或股本)中所占份额的投资,以及直接计入所有者权益的利得和损失等。资本公积作为企业所有者权益的重要组成部分,主要用于转增资本。

2. 账户设置

企业通常设置以下账户对所有者权益筹资业务进行核算:

(1) 实收资本

"实收资本"账户(股份有限公司一般设置"股本"账户)属于所有者权益类账户,用以核算企业接受投资者投入的实收资本。该账户贷方登记所有者投入企业资本金的增加额,借方登记所有者投入企业资本金的减少额。期末余额在贷方,反映企业期末实收资本(或股本)总额。该账户可按投资者的不同设置明细账户,进行明细核算。

(2) 资本公积

"资本公积"账户属于所有者权益类账户,用以核算企业收到投资者出资额超出其在注册资本或股本中所占份额的部分,以及直接计入所有者权益的利得和损失等。该账户借方登记资本公积的减少额,贷方登记资本公积的增加额。期末余额在贷方,反映企业期末资本公积的结余数额。该账户可按资本公积的来源不同,分为"资本溢价(或股本溢价)""其他资本公积"进行明细核算。

3. 账务处理

企业接受投资者投入的资本,借记"银行存款""固定资产""无形资产""长期股权投资"等账户,按其在注册资本或股本中所占份额,贷记"实收资本(或股本)"账户,按其差额,贷记"资本公积——资本溢价(或股本溢价)"账户。

【例 5-1】 20××年7月1日,某企业(有限责任公司)注册成立,有关资金筹集业务如下:

(1) 收到国家投入资本 2 000 000 元,款项存入银行。

(2) 收到某自然人投入专利技术一项,评估确认价值 500 000 元。

(3) 收到某单位投入机器设备一套,该设备账面价值 1 000 000 元,已计提折旧 200 000 元,投资协议价值 500 000 元。

(4) 某外商投入资本 300 000 美元(美元记账汇率 6.80),协议投资比例为 39%(注册资本金为 5 000 000 元),款项已存入银行。

要求:分析经济业务,编制会计分录。

业务(1) 该项经济业务的发生,引起企业资产类的银行存款和所有者权益类的实收资本同时增加。所以,应借记"银行存款"账户,贷记"实收资本——国家资本"账户,金额为 2 000 000 元。会计分录如下:

借:银行存款　　　　　　　　　　　　2 000 000
　　贷:实收资本——国家资本　　　　　　　2 000 000

业务(2) 该项经济业务的发生,引起企业资产类的无形资产和所有者权益类的实收资本同时增加。所以,应借记"无形资产"账户,贷记"实收资本——个人资本"账户,金额为 500 000 元。会计分录如下:

借:无形资产　　　　　　　　　　　　500 000
　　贷:实收资本——个人资本　　　　　　　500 000

业务(3) 该项经济业务的发生,引起企业资产类的固定资产和所有者权益类的实收资本同时增加。所以,应借记"固定资产"账户,贷记"实收资本——法人资本"账户,金额按投资协议价值 500 000 元计量。会计分录如下:

借:固定资产　　　　　　　　　　　　500 000
　　贷:实收资本——法人资本　　　　　　　500 000

业务(4) 该项经济业务的发生,引起企业资产类的银行存款和所有者权益类的实收资本、资本公积同时增加。所以,应借记"银行存款"账户,金额按美元记账汇率计算价值 300 000×6.80=2 040 000 元($300 000)计量;贷记"实收资本——外商资本"账户,金额按协议投资比例为折算金额 5 000 000×39%=1 950 000 元计量;银行存款与实收资本之间的差额 2 040 000−1 950 000=90 000 元,贷记"资本公积——资本溢价"账户。会计分录如下:

借:银行存款　　　　　　　　　　　　2 040 000($300 000)
　　贷:实收资本——外商资本　　　　　　　1 950 000
　　　　资本公积——资本溢价　　　　　　　90 000

5.2.2　负债筹资业务

1. 负债筹资的构成

企业为了保持合理的资本结构并保证资金周转的正常需要,一部分资金需要以负债的方式筹集。企业通过负债筹集的资金主要来源于银行或其他金融机构的各种借款,除此之外,企业还可以利用结算来进行短期融资。

负债筹资主要包括短期借款、长期借款以及结算形成的负债等。短期借款是指企业为了满足其生产经营对资金的临时性需要而向银行或其他金融机构等借入的偿还期限在一年以内(含一年)的各种借款。长期借款是指企业向银行或其他金融机构等借入的偿还期限在一年以上(不含一年)的各种借款。结算形成的负债主要有应付账款、应付职工薪酬、应交税费等。本书中只介绍短期借款和长期借款的负债筹资业务。

2. 账户设置

企业通常设置以下账户对负债筹资业务进行会计核算：

（1）短期借款

"短期借款"账户属于负债类账户，用以核算企业的短期借款。该账户贷方登记短期借款本金的增加额，借方登记短期借款本金的减少额。期末余额在贷方，反映企业期末尚未归还的短期借款。该账户可按借款种类、贷款人和币种进行明细核算。

（2）长期借款

"长期借款"账户属于负债类账户，用以核算企业的长期借款。该账户贷方登记企业借入的长期借款本金和利息，借方登记归还的本金和利息。期末余额在贷方，反映企业期末尚未偿还的长期借款。该账户可按贷款单位和贷款种类，分"本金""利息调整"等进行明细核算。

（3）应付利息

"应付利息"账户属于负债类账户，用以核算企业按照合同约定应支付的利息，包括吸收存款、分期付息到期还本的长期借款、企业债券等应支付的利息。该账户贷方登记企业按合同利率计算确定的应付未付利息，借方登记归还的利息。期末余额在贷方，反映企业应付未付的利息。该账户可按贷款人或债权人进行明细核算。

（4）财务费用

"财务费用"账户属于损益类账户，用以核算企业为筹集生产经营所需资金等而发生的筹资费用，包括利息支出(减利息收入)、汇兑损益以及相关的手续费、企业发生的现金折扣或收到的现金折扣等。为购建或生产满足资本化条件的资产发生的应予资本化的借款费用，通过"在建工程""制造费用"等账户核算。该账户借方登记手续费、利息费用等的增加额，贷方登记应冲减财务费用的利息收入等。期末结转后，该账户无余额。该账户可按费用项目进行明细核算。

3. 账务处理

（1）短期借款的账务处理

企业借入的各种短期借款，借记"银行存款"账户，贷记"短期借款"账户；归还借款时做相反的会计分录。资产负债表日，应按计算确定的短期借款利息费用，借记"财务费用"账户，贷记"银行存款""应付利息"等账户。

【例5-2】 某企业于20××年7月1日取得一笔短期借款，金额为1 000 000元，年利率为6%，期限5个月，到期还本，分季付息。

要求：分析经济业务，编制取得借款、每月计提利息、支付利息和到期还本付息的会计分录。

（1）取得借款时(7月1日)，引起企业资产类的银行存款和负债类的短期借款同时增加。所以，应借记"银行存款"账户，贷记"短期借款"账户，金额为1 000 000元。会计分录如下：

借：银行存款　　　　　　　1 000 000
　　贷：短期借款　　　　　　　　1 000 000

(2) 每个月计提利息时(7~11月每月月末)，引起企业费用类的财务费用和负债类的应付利息同时增加。所以，应借记"财务费用"账户，贷记"应付利息"账户，金额为 1 000 000×6%÷12＝5 000 元。会计分录如下：

 借：财务费用   5 000
  贷：应付利息   5 000

(3) 第一次支付利息时(9月30日)，引起企业负债类的应付利息和资产类的银行存款同时减少。所以，应借记"应付利息"账户，贷记"银行存款"账户，金额为 5 000×3＝15 000 元。会计分录如下：

 借：应付利息   15 000
  贷：银行存款   15 000

(4) 到期还本付息时(11月30日)，引起企业资产类的银行存款和负债类的短期借款、应付利息同时减少。所以，应借记"短期借款""应付利息"账户，金额分别为 1 000 000 元和 10 000 元(10、11月利息)；贷记"银行存款"账户，金额为 1 000 000＋10 000＝1 010 000 元。会计分录如下：

 借：短期借款   1 000 000
  应付利息   10 000
  贷：银行存款   1 010 000

(2) 长期借款的账务处理

企业借入长期借款，应按实际收到的金额借记"银行存款"账户，按借款本金贷记"长期借款——本金"账户，如存在差额，还应借记"长期借款——利息调整"账户。资产负债表日，企业应按确定的长期借款利息费用借记"在建工程""财务费用"等账户，按确定的应付未付利息贷记"应付利息"账户，应按其差额贷记"长期借款——利息调整"等账户。

【例 5-3】 某企业于 20××年1月1日从银行借入资金 1 500 000 元，借款期限为3年，年利率为9%(到期一次还本付息，不计复利)，所借款项已存入银行。该企业用该借款全部投入某生产线建造，工程1年竣工，验收合格并投入使用。

要求：分析经济业务，编制取得借款、计提利息、到期还本付息会计分录。

(1) 取得借款时，引起企业资产类的银行存款和负债类的长期借款同时增加。所以，应借记"银行存款"账户，贷记"长期借款——本金"账户，金额为 1 500 000 元。会计分录如下：

 借：银行存款   1 500 000
  贷：长期借款——本金 1 500 000

(2) 第一年每月月末计提利息时，借款利息符合资本化条件，引起企业资产类的在建工程和负债类的长期借款同时增加。所以，应借记"在建工程"账户，贷记"长期借款——利息调整"账户，金额为 1 500 000×9%÷12＝11 250 元。会计分录如下：

 借：在建工程   11 250
  贷：长期借款——利息调整 11 250

(3) 第二、第三年每月月末计提利息时，借款利息不符合资本化条件，引起企业费用类的财务费用和负债类的长期借款同时增加。所以，应借记"财务费用"账户，贷记"长期借款——利息调整"账户，金额为 11 250 元。会计分录如下：

 借：财务费用   11 250
  贷：长期借款——利息调整 11 250

（4）到期还本付息时，引起企业资产类的银行存款和负债类的长期借款同时减少。所以，应借记"长期借款"的"本金"和"利息调整"账户，金额分别为 1 500 000 元和 11 250×36＝405 000 元；贷记"银行存款"账户，金额为 1 500 000＋405 000＝1 905 000 元。会计分录如下：

借：长期借款——本金　　　　　1 500 000
　　　　　——利息调整　　　　　405 000
　　贷：银行存款　　　　　　　　　　　　1 905 000

5.3　生产准备业务的账务处理

工业企业筹措了一定数量的资金之后，紧接着就是做好生产准备活动。其主要活动内容一方面是购建厂房、机器、设备等固定资产，另一方面是采购生产产品需要的各种原材料。因此，固定资产的购建业务和原材料的采购业务就是生产准备业务核算的主要内容。

5.3.1　固定资产购建业务

1. 固定资产的概念与特征

固定资产是指为生产商品、提供劳务、出租或者经营管理而持有、使用寿命超过一个会计年度的有形资产，包括房屋、建筑物、机器、机械、运输工具以及其他与生产经营活动有关的设备、器具、工具等。

固定资产同时具有以下特征：
① 属于一种有形资产；
② 为生产商品、提供劳务、出租或者经营管理而持有；
③ 使用寿命超过一个会计年度。

固定资产是企业的劳动手段，也是企业赖以生产经营的主要资产。从会计的角度划分，固定资产一般被分为生产用固定资产、非生产用固定资产、租出固定资产、未使用固定资产、不需用固定资产、融资租赁固定资产、接受捐赠固定资产等。

2. 固定资产的成本

固定资产的成本，是指企业购建某项固定资产达到预定可使用状态前所发生的一切合理、必要的支出。这些支出包括直接发生的价款、运杂费、包装费和安装成本等，也包括间接发生的，如应承担的借款利息、外币借款折算差额以及应分摊的其他间接费用。企业可以通过外购、自行建造、投资者投入、非货币性资产交换、债务重组、企业合并和融资租赁等方式取得固定资产。在不同的取得方式下，固定资产成本的具体构成内容及其确定方法也不尽相同。

外购固定资产的成本，包括购买价款、相关税费（不包括可以抵扣的增值税进项税额）、使固定资产达到预定可使用状态前所发生的可归属于该项资产的运输费、装卸费、安装费和专业人员服务费等。自行建造固定资产的成本，由建造该项资产达到预定可使用状态前所发生的必要的支出构成。投资者投入固定资产的成本，应当按照投资合同或协议约定的价值确定，但合同或协议约定的价值不公允的除外。非货币性资产交换、债务重组、企业合并、融资租赁取得的固定资产成本,以及应计入固定资产成本的借款费用,按照相应具体企业会计准则规定确定。

3. 账户设置

企业通常设置以下账户对固定资产购建业务进行会计核算:

(1) 在建工程

"在建工程"账户属于资产类账户,用以核算企业基建、更新改造等在建工程发生的支出。该账户借方登记企业各项在建工程的实际支出,贷方登记工程达到预定可使用状态时转出的成本等。期末余额在借方,反映企业期末尚未达到预定可使用状态的在建工程的成本。该账户可按"建筑工程""安装工程""在安装设备""待摊支出"以及单项工程等进行明细核算。

(2) 工程物资

"工程物资"账户属于资产类账户,用以核算企业为在建工程准备的各种物资的成本,包括工程用材料、尚未安装的设备以及为生产准备的工器具等。该账户借方登记企业购入工程物资的成本,贷方登记领用工程物资的成本。期末余额在借方,反映企业期末为在建工程准备的各种物资的成本。该账户可按"专用材料""专用设备""工器具"等进行明细核算。

(3) 固定资产

"固定资产"账户属于资产类账户,用以核算企业持有的固定资产原价。该账户的借方登记固定资产原价的增加,贷方登记固定资产原价的减少。期末余额在借方,反映企业期末固定资产的原价。该账户可按固定资产类别和项目进行明细核算。

(4) 应交税费

"应交税费"账户属于负债类账户,用以核算企业按照税法等规定计算应交纳的各种税费,包括增值税、消费税、所得税、资源税、土地增值税、城市维护建设税、房产税、土地使用税、车船使用税、教育费附加等。该账户贷方登记各种应交未交税费的增加额,借方登记实际缴纳的各种税费。期末余额在贷方,反映企业尚未交纳的税费;期末余额在借方,反映企业多交或尚未抵扣的税费。该账户可按应交的税费项目进行明细核算。

4. 账务处理

企业购建固定资产,在投入使用前,有的需要安装,有的则不需要安装,账务处理是不一样的。

(1) 不需要安装的固定资产

企业购建不需要安装的固定资产,按应计入固定资产成本和准予抵扣的增值税进项税额的金额,借记"固定资产""应交税费——应交增值税(进项税额)"账户,贷记"银行存款"等账户。

【例5-4】 某企业20××年9月4日购入不需安装的生产设备一台,发票上注明设备价款为500 000元,增值税率为13%,税额为65 000元,价税合计565 000元,另支付场地整理费、运输费、装卸费、保险费等合计15 000元,所有款项已用银行存款付讫。

要求:分析经济业务,编制会计分录。

该项经济业务的发生,引起企业资产类的固定资产增加、负债类的应交税费减少(进项税额为抵扣项),同时引起资产类的银行存款减少。所以,应借记"固定资产""应交税费——应交增值税(进项税额)"账户,金额分别为 500 000+15 000=515 000 元、65 000 元;贷记"银行存款"账户,金额为 515 000+65 000=580 000 元。会计分录如下:

```
借:固定资产                              515 000
    应交税费——应交增值税(进项税额)      65 000
  贷:银行存款                                     580 000
```

(2) 需要安装的固定资产

企业购建需要安装的固定资产,购入工程物资时,借记"工程物资""应交税费——应交增值税(进行税额)"账户,贷记"银行存款"等账户;安装固定资产时(达到预定可使用状态前),借记"在建工程"账户,贷记"工程物资""原材料""应付职工薪酬""银行存款"等账户;工程完工交付使用(达到预定可使用状态),借记"固定资产"账户,贷记"在建工程"账户。

【例5-5】 某企业20××年9月购建一项需要安装的固定资产,有关业务如下:

(1) 9月5日,购入需要安装设备,发票上注明设备价款100 000元,增值税率13%,税额13 000元,另外运杂费5 000元,设备已收到,款项已用银行存款付讫。

(2) 9月6日,设备投入安装,安装中耗用本企业原材料3 000元,同时用银行存款支付外单位安装费用12 000元。

(3) 9月25日,分配本月工资费用,其中设备安装工人工资10 000元。

(4) 9月30日,设备验收合格,正式交付使用。

要求:分析上述经济业务,编制会计分录。

业务(1) 该项经济业务的发生,引起企业资产类的工程物资增加、负债类的应交税费减少,同时引起资产类的银行存款减少。所以,应借记"工程物资""应交税费——应交增值税(进项税额)"账户,金额分别为100 000+5 000=105 000元、13 000元;贷记"银行存款"账户,金额为105 000+13 000=118 000元。会计分录如下:

```
借:工程物资                              105 000
    应交税费——应交增值税(进项税额)    13 000
  贷:银行存款                                     118 000
```

业务(2) 该项经济业务的发生,引起企业资产类的工程物资、原材料和银行存款减少,在建工程增加。所以,应贷记"工程物资""原材料""银行存款"账户,金额分别为105 000元、原材料为3 000元和12 000元;借记"在建工程"账户,金额为105 000+3 000+12 000=120 000元。会计分录如下:

```
借:在建工程                              120 000
  贷:工程物资                                     105 000
    原材料                                         3 000
    银行存款                                      12 000
```

业务(3) 该项经济业务的发生,引起企业资产类的在建工程和负债类的应付职工薪酬同时增加。所以,应借记"在建工程"账户,贷记"应付职工薪酬——工资"账户,金额为10 000元。会计分录如下:

```
借:在建工程                               10 000
  贷:应付职工薪酬——工资                         10 000
```

业务(4) 该项经济业务的发生,引起企业资产类的固定资产和在建工程一增一减。所以,应借记"固定资产"账户,贷记"在建工程"账户,金额为120 000+10 000=130 000元。会计分录如下:

借:固定资产	130 000
贷:在建工程	130 000

5.3.2 材料采购业务

1. 材料采购业务概述

材料是指企业在生产过程中经加工改变其形态或性质并构成产品主要实体的各种原料及主要材料、辅助材料、燃料、修理备用件、包装材料、外购半成品等。材料作为生产过程中必不可少的生产资料,投入生产过程后,经过加工而改变其原有的实物形态,并构成产品的实体,或被消耗而有助于生产的进行。

材料采购业务的核算,主要包括材料采购成本、材料验收入库和货款结算等业务的核算。材料采购成本,是指企业材料物资从采购到入库前所发生的全部支出,包括买价和采购费用。买价是进货发票所开列的金额,采购费用包括采购过程中所发生的相关税费(不含可抵扣的增值税进项税额)、运输费、装卸费、包装费、保险费、运输途中的合理损耗、入库前的挑选整理费以及其他可归属于采购成本的费用。采购费用凡能分清应由某种材料负担的,可以直接记入该种材料的采购成本;不能分清应由某种材料负担的,采用一定的方法,分摊记入各种材料的采购成本。为了正确、及时地核算和监督材料采购业务,必须根据货款结算方式和钱货两清时间的不同,设置相应的账户,采用相应的账务处理方法,进行总分类核算和明细分类核算。

2. 账户设置

企业通常设置以下账户对材料采购业务进行会计核算:

(1) 原材料

"原材料"账户属于资产类账户,用以核算企业库存的各种材料,包括原料及主要材料、辅助材料、外购半成品(外购件)、修理用备件(备品备件)、包装材料、燃料等的计划成本或实际成本。企业收到来料加工装配业务的原料、零件等,应当设置备查簿进行登记。该账户借方登记已验收入库材料的成本,贷方登记发出材料的成本。期末余额在借方,反映企业库存材料的计划成本或实际成本。该账户可按材料的保管地点(仓库)、材料的类别、品种和规格等进行明细核算。

(2) 材料采购

"材料采购"账户属于资产类账户,用以核算企业采用计划成本进行材料日常核算而购入材料的采购成本。该账户借方登记企业采用计划成本进行核算时,采购材料的实际成本以及材料入库时结转的节约差异,贷方登记入库材料的计划成本以及材料入库时结转的超支差异。期末余额在借方,反映企业在途材料的采购成本。该账户可按供应单位和材料品种进行明细核算。

(3) 材料成本差异

"材料成本差异"账户属于资产类账户,用以核算企业采用计划成本进行日常核算的材料计划成本与实际成本的差额。该账户借方登记入库材料形成的超支差异以及转出的发出材料应负担的节约差异,贷方登记入库材料形成的节约差异以及转出的发出材料应负担的超支差异。期末余额在借方,反映企业库存材料等的实际成本大于计划成本的差异;期末余额在贷方,反映企业库存材料等的实际成本小于计划成本的差异。该账户可以分别"原材料""周转材料"等,按照类别或品种进行明细核算。

(4) 在途物资

"在途物资"账户属于资产类账户,用以核算企业采用实际成本(或进价)进行材料、商品等物资的日常核算、货款已付尚未验收入库的在途物资的采购成本。该账户借方登记购入材料、商品等物资的买价和采购费用(采购实际成本),贷方登记已验收入库材料、商品等物资应结转的实际采购成本。期末余额在借方,反映企业期末在途材料、商品等物资的采购成本。该账户可按供应单位和物资品种进行明细核算。

(5) 应付账款

"应付账款"账户属于负债类账户,用以核算企业因购买材料、商品和接受劳务等经营活动应支付的款项。该账户贷方登记企业因购入材料、商品和接受劳务等尚未支付的款项,借方登记偿还的应付账款。期末余额一般在贷方,反映企业期末尚未支付的应付账款余额;如果在借方,反映企业期末预付账款余额。该账户可按债权人进行明细核算。

(6) 应付票据

"应付票据"账户属于负债类账户,用以核算企业购买材料、商品和接受劳务等开出、承兑的商业汇票,包括银行承兑汇票和商业承兑汇票。该账户贷方登记企业开出、承兑的商业汇票,借方登记企业已经支付或者到期无力支付的商业汇票。期末余额在贷方,反映企业尚未到期的商业汇票的票面金额。该账户可按债权人进行明细核算。

(7) 预付账款

"预付账款"账户属于资产类账户,用以核算企业按照合同规定预付的款项。预付款项情况不多的,也可以不设置该账户,将预付的款项直接记入"应付账款"账户。该账户的借方登记企业因购货等业务预付的款项,贷方登记企业收到货物后应支付的款项等。期末余额在借方,反映企业预付的款项;期末余额在贷方,反映企业尚需补付的款项。该账户可按供货单位进行明细核算。

3. 账务处理

材料的日常收发结存可以采用实际成本核算,也可以采用计划成本核算。

(1) 实际成本法

在实际成本法下,一般通过"原材料"和"在途物资"等账户进行核算。企业外购材料时,按材料是否验收入库分为以下两种情况:

① 材料已验收入库。如果货款已经支付,发票账单已到,材料已验收入库,按支付的实际金额,借记"原材料""应交税费——应交增值税(进项税额)"等账户,贷记"银行存款""预付账款"等账户。如果货款尚未支付,材料已经验收入库,按相关发票凭证上应付的金额,借记"原材料""应交税费——应交增值税(进项税额)"等账户,贷记"应付账款""应付票据"等账户。如果货款尚未支付,材料已经验收入库,但月末仍未收到相关发票凭证,按照暂估价入账,即借记"原材料"账户,贷记"应付账款"等账户。下月初作相反分录予以冲回,收到相关发票账单后再编制会计分录。

② 材料尚未验收入库。如果货款已经支付,发票账单已到,但材料尚未验收入库,按支付或应支付的金额,借记"在途物资""应交税费——应交增值税(进项税额)"等账户,贷记"银行存款""应付票据""应付账款""预付账款"等账户;验收入库时,借记"原材料"账户,贷记"在途物资"账户。

【例 5-6】 某企业原材料采用实际成本法进行核算,20××年9月发生下列材料采购相

关业务:

(1) 9月6日,从A企业购入甲材料5 000千克,每千克10元,发票上注明价款50 000元,增值税率13%,税额6 500元。材料已验收入库,货款以银行存款支付。

(2) 9月8日,从B企业购入乙材料100吨,每吨600元,发票上注明价款60 000元,增值税率13%,税额7 800元。材料尚未验收入库,货款未付。

(3) 9月10日,从C企业购入丙材料5 000千克,每千克8元,发票上注明价款40 000元,增值税率13%,税额5 200元。材料尚未验收入库,货款以商业承兑汇票结算。

(4) 9月15日,原签发给C企业的商业承兑汇票到期,以银行存款归还应付票据款67 800元。

(5) 9月16日,预付D单位材料采购款50 000元。

(6) 9月17日,D单位发出丁材料和戊材料,发票上注明:丁材料1 000千克,单价20元,价款20 000元;戊材料2 000千克,单价15元,价款30 000元;增值税率13%,税额合计6 500元。

(7) 9月17日,以银行存款支付丁材料、戊材料的运杂费,发票上注明价款6 000元,增值税率9%,税额540元(运杂费按材料重量分配)。

(8) 9月25日,乙材料、丙材料、丁材料、戊材料全部运抵验收入库。

(9) 9月26日,转账支付B单位的材料款和D单位材料尾款。

(10) 9月30日,原签发给C企业的商业承兑汇票45 200元到期,因资金周转困难无力支付,经协商转为应付账款。

要求:分析上述经济业务,编制会计分录。

业务(1) 该项经济业务的发生,引起企业资产类的原材料增加、负债类的应交税费减少,同时引起资产类的银行存款减少。所以,应借记"原材料——甲材料""应交税费——应交增值税(进项税额)"账户,金额分别为50 000元和6 500元;贷记"银行存款"账户,金额为50 000+6 500=56 500元。会计分录如下:

借:原材料——甲材料	50 000
应交税费——应交增值税(进项税额)	6 500
贷:银行存款	56 500

业务(2) 该经济业务的发生,引起企业资产类的在途物资增加、负债类的应交税费减少,同时引起负债类的应付账款增加。所以,应借记"在途物资——乙材料""应交税费——应交增值税(进项税额)"账户,金额分别为60 000元和7 800元;贷记"应付账款——B企业"账户,金额为60 000+7 800=67 800元。会计分录如下:

借:在途物资——乙材料	60 000
应交税费——应交增值税(进项税额)	7 800
贷:应付账款——B企业	67 800

业务(3) 该项经济业务的发生,引起企业资产类的在途物资增加、负债类的应交税费减少,同时引起负债类的应付票据增加。所以,应借记"在途物资——丙材料""应交税费——应交增值税(进项税额)"账户,金额分别为40 000元和5 200元;贷记"应付票据——C企业"账户,金额为40 000+5 200=45 200元。

会计分录如下:

借:在途物资——丙材料　　　　　　　　　　40 000
　　应交税费——应交增值税(进项税额)　　5 200
　　贷:应付票据——C企业　　　　　　　　　45 200

业务(4)　该项经济业务的发生,引起企业负债类的应付票据和资产类的银行存款同时减少。所以,应借记"应付票据——C企业"账户,贷记"银行存款"账户,金额为67 800元。会计分录如下:

借:应付票据——C企业　　　　　　　　　67 800
　　贷:银行存款　　　　　　　　　　　　　67 800

业务(5)　该项经济业务的发生,引起企业资产类的预付账款和银行存款一增一减。所以,应借记"预付账款——D企业"账户,贷记"银行存款"账户,金额为50 000元。会计分录如下:

借:预付账款——D企业　　　　　　　　　50 000
　　贷:银行存款　　　　　　　　　　　　　50 000

业务(6)　该经济业务的发生,引起企业资产类的在途物资增加、负债类的应交税费减少,同时引起资产类的预付账款减少。所以,应借记"在途物资"的"丁材料"和"戊材料"账户以及"应交税费——应交增值税(进项税额)"账户,金额分别为20 000元、30 000元和6 500元;贷记"预付账款——D企业"账户,金额为56 500元。会计分录如下:

借:在途物资——丁材料　　　　　　　　　20 000
　　　　　　——戊材料　　　　　　　　　30 000
　　应交税费——应交增值税(进项税额)　　6 500
　　贷:预付账款——D企业　　　　　　　　56 500

业务(7)　首先,计算分配丁材料、戊材料的运杂费:

运杂费分配率=6 000÷(1 000+2 000)=2(元/千克)

丁材料分配的运杂费=1 000×2=2 000(元)

戊材料分配的运杂费=2 000×2=4 000(元)

该项经济业务的发生,引起企业资产类的在途物资增加、负债类的应交税费减少,同时引起资产类的银行存款减少。所以,应借记"在途物资"的"丁材料"和"戊材料"、"应交税费——应交增值税(进项税额)"账户,金额分别为2 000元、4 000元和540元;贷记"银行存款"账户,金额为6 000+540=6 540元。会计分录如下:

借:在途物资——丁材料　　　　　　　　　2 000
　　　　　　——戊材料　　　　　　　　　4 000
　　应交税费——应交增值税(进项税额)　　540
　　贷:银行存款　　　　　　　　　　　　　6 540

业务(8)　首先,计算乙材料、丙材料、丁材料、戊材料的采购成本:

乙材料采购成本=60 000元

丙材料采购成本=40 000元

丁材料采购成本=20 000+2 000=22 000(元)

戊材料采购成本=30 000+4 000=34 000(元)

该项经济业务的发生,引起资产类的原材料和在途物资一增一减。所以,应借记"原材料"账户,贷记"在途物资"账户,且分别按"乙材料""丙材料""丁材料"和"戊材料"进行明细

核算,金额分别为 60 000 元、40 000 元、22 000 元和 34 000 元。会计分录如下:

  借:原材料——乙材料   60 000
     ——丙材料   40 000
     ——丁材料   22 000
     ——戊材料   34 000
   贷:在途物资——乙材料   60 000
      ——丙材料   40 000
      ——丁材料   22 000
      ——戊材料   34 000

  业务(9) 该经济业务的发生,引起负债类的应付账款减少,资产类的预付账款增加,同时引起资产类的银行存款减少。所以,应借记"应付账款——B 企业""预付账款——D 企业"账户,金额分别为 67 800 元和 56 500－50 000＝6 500 元;贷记"银行存款"账户,金额为 67 800＋6 500＝74 300 元。会计分录如下:

  借:应付账款——B 企业   67 800
   预付账款——D 企业   6 500
   贷:银行存款   74 300

  业务(10) 该经济业务的发生,引起负债类的应付账款和应付票据一增一减。所以,应借记"应付票据——D 企业"账户,贷记"应付账款——D 企业"账户,金额为 45 200 元。会计分录如下:

  借:应付票据——D 企业   45 200
   贷:应付账款——D 企业   45 200

(2) 计划成本法

  在计划成本法下,一般通过"材料采购""原材料""材料成本差异"等账户进行核算。企业外购材料时,按材料是否验收入库分为以下两种情况:

  ① 材料已验收入库。如果货款已经支付,发票账单已到,材料已验收入库,按支付的实际金额,借记"材料采购"账户,贷记"银行存款""预付账款"账户;按计划成本金额,借记"原材料"账户,贷记"材料采购"账户;按计划成本与实际成本之间的差额,借记(或贷记)"材料采购"账户,贷记(或借记)"材料成本差异"账户。如果货款尚未支付,材料已经验收入库,按相关发票凭证上应付的金额,借记"材料采购"账户,贷记"应付账款""应付票据"等账户;按计划成本金额,借记"原材料"账户,贷记"材料采购"账户;按计划成本与实际成本之间的差额,借记(或贷记)"材料采购"账户,贷记(或借记)"材料成本差异"账户。如果材料已经验收入库,货款尚未支付,月末仍未收到相关发票凭证,按照计划成本暂估入账,即借记"原材料"账户,贷记"应付账款"等账户。下月初作相反分录予以冲回,收到账单后再编制会计分录。

  ② 材料尚未验收入库。如果相关发票凭证已到,但材料尚未验收入库,按支付或应付的实际金额,借记"材料采购"账户,贷记"银行存款""应付账款"等账户。待验收入库时,按计划成本金额,借记"原材料"账户,贷记"材料采购"账户;按计划成本与实际成本之间的差额,借记(或贷记)"材料采购"账户,贷记(或借记)"材料成本差异"账户。

  【例 5-7】 某企业原材料采用计划成本法进行核算,甲材料单位计划成本 10 元/千克,乙材料单位计划成本 600 元/吨。

  20××年 9 月发生下列材料采购相关业务:

(1) 9月6日,从A企业购入甲种材料5 000千克,每千克12元,发票上注明价款60 000元,增值税率13%,税额7 800元,材料相关采购费用1 500元。材料已验收入库,款项以银行存款支付。

(2) 9月8日,从B企业购入乙材料100吨,每吨580元,发票上注明价款58 000元,增值税率13%,税额7 540元。材料尚未验收入库,货款未付。

(3) 9月10日,转账支付乙材料的运杂费1 000元。

(4) 9月12日,乙材料运抵验收入库。

要求:分析上述经济业务,编制会计分录。

业务(1) 该项经济业务应分两步处理:

第一步,采购材料时,引起企业资产类的材料采购增加、负债类的应交税费减少,同时引起资产类的银行存款减少。所以,应借记"材料采购——甲材料""应交税费——应交增值税(进项税额)"账户,金额分别为材料的实际采购成本60 000+1 500=61 500元和7 800元;贷记"银行存款"账户,金额为61 500+7 800=69 300元。会计分录如下:

 借:材料采购——甲材料   61 500
  应交税费——应交增值税(进项税额) 7 800
  贷:银行存款   69 300

第二步,验收入库时,引起企业资产类的原材料、材料成本差异和材料采购一增一减。所以,应借记"原材料——甲材料"账户,金额为原材料的计划成本5 000×10=50 000元;贷记"材料采购——甲材料"账户,金额为61 500元;实际成本与计划成本之间的差额为61 500−50 000=11 500元(超支差异),借记"材料成本差异"账户。会计分录如下:

 借:原材料——甲材料   50 000
  材料成本差异   11 500
  贷:材料采购——甲材料   61 500

业务(2) 该项经济业务的发生,引起资企业产类的材料采购增加、负债类的应交税费减少,同时引起负债类的应付账款增加。所以,应借记"材料采购——乙材料""应交税费——应交增值税(进项税额)"账户,金额分别为58 000元和7 540元;贷记"应付账款——B企业"账户,金额为58 000+7 540=65 540元。会计分录如下:

 借:材料采购——乙材料   58 000
  应交税费——应交增值税(进项税额) 7 540
  贷:应付账款——B企业   65 540

业务(3) 该项经济业务的发生,引起资产类的材料采购和银行存款一增一减。所以,应借记"材料采购——乙材料"账户,贷记"银行存款"账户,金额为1 000元。会计分录如下:

 借:材料采购——乙材料   1 000
  贷:银行存款   1 000

业务(4) 首先,计算乙材料实际采购成本、乙材料计划成本、材料成本差异:

乙材料实际采购成本=58 000+1 000=59 000(元)

乙材料计划成本=100×600=60 000(元)

材料成本差异=59 000−60 000=−1 000(元)

该项经济业务的发生,引起资产类的原材料和材料采购以及材料成本差异一增一减。所以,应借记"原材料——乙材料"账户,金额按材料的计划成本60 000元计量;贷记"材料采购——乙材料"账户,金额为材料的实际采购成本 59 000 元,实际成本与计划成本之间的差额 1 000 元(节约差异)记入"材料成本差异"账户的贷方。会计分录为:

  借:原材料——乙材料   60 000
   贷:材料采购——乙材料   59 000
    材料成本差异   1 000

5.4 生产业务的账务处理

  工业企业在完成生产准备工作之后,接下来就是组织产品生产。产品生产是工业企业基本经济业务的中心环节。产品的生产过程,也是各项生产要素的耗费过程。企业在生产过程中发生的各项生产费用,是企业为获得收入而预先垫支并需要得到补偿的资金耗费。这些费用最终都要归集、分配给特定的产品,形成产品的成本。产品成本的核算是指把一定时期内企业生产过程中所发生的费用,按其性质和发生地点,分类归集、汇总、核算,计算出该时期内生产费用发生总额,并按适当方法分别计算出各种产品的实际成本和单位成本等。各项生产费用的发生、归集和分配,以及产品成本的形成与计算,就是产品生产业务账务处理的主要内容。

5.4.1 生产费用的构成

  生产费用是指与企业日常生产经营活动有关的费用,按其经济用途可分为直接材料、直接人工和制造费用。

1. 直接材料

  直接材料是指企业生产产品和提供劳务的过程中所消耗的、直接用于产品生产、构成产品实体的各种材料及主要材料、外购半成品以及有助于产品形成的辅助材料等。

2. 直接人工

  直接人工是指企业在生产产品和提供劳务过程中,直接从事产品生产的工人的职工薪酬,包括工资、津贴、补贴和福利费以及社保等。

3. 制造费用

  制造费用是指企业为生产产品和提供劳务而发生的各项间接费用,包括企业生产部门(如生产车间)发生的水电费、固定资产折旧、无形资产摊销、管理人员的职工薪酬、劳动保护费、国家规定的有关环保费用、季节性和修理期间的停工损失等。

5.4.2 账户设置

  企业通常设置以下账户对生产业务进行会计核算:

1. 生产成本

  "生产成本"账户属于成本类账户,用以核算企业生产各种产品(产成品、自制半成品等)、自制材料、自制工具、自制设备等发生的各项生产成本。该账户借方登记应计入产品生产成本的各项费用,包括直接计入产品生产成本的直接材料费、直接人工费和其他直接支出,以及期末按照一定的方法分配计入产品生产成本的制造费用;贷方登记完工入库产成品应结转的生产成本。期末余额在借方,反映企业期末尚未加工完成的在产品成本。该账户可按基本生产成本和辅助生产成本进行明细分类核算。基本生产成本应当分别按照基本生产车间和成本核算对象(如产品的品种、类别、订单、批别、生产阶段等)设置明细账(或成本计算单),并按照规定的成本项目设置专栏。

2. 制造费用

"制造费用"账户属于成本类账户,用以核算企业生产车间(部门)为生产产品和提供劳务而发生的各项间接费用。该账户借方登记实际发生的各项制造费用,贷方登记期末按照一定标准分配转入"生产成本"账户借方的应计入产品成本的制造费用。期末分配结转后,该账户一般无余额。该账户可按不同的生产车间、部门和费用项目进行明细核算。

3. 库存商品

"库存商品"账户属于资产类账户,用以核算企业库存的各种商品的实际成本(或进价)或计划成本(或售价),包括库存产成品、外购商品、存放在门市部准备出售的商品、发出展览的商品以及寄存在外的商品等。该账户借方登记验收入库的库存商品成本,贷方登记发出的库存商品成本。期末余额在借方,反映企业期末库存商品的实际成本(或进价)或计划成本(或售价)。该账户可按库存商品的种类、品种和规格等进行明细核算。

4. 应付职工薪酬

"应付职工薪酬"账户属于负债类账户,用以核算企业根据有关规定应付给职工的各种薪酬。该账户借方登记本月实际支付的职工薪酬数额;贷方登记本月计算的应付职工薪酬总额,包括各种工资、奖金、津贴和福利费等。期末余额在贷方,反映企业应付未付的职工薪酬。该账户可按"工资""职工福利""社会保险费""住房公积金""工会经费""职工教育经费""非货币性福利""辞退福利""股份支付"等进行明细核算。

5. 累计折旧

"累计折旧"账户属于资产类账户,用来核算和监督企业账面现有固定资产原始价值的累积已减少价值,即累计折旧,或称累计已计提固定资产折旧。该账户贷方登记现有固定资产的已计提折旧额及增加固定资产而增加的折旧额;借方登记因为固定资产处置或盘亏而冲销的已提折旧额;期末余额在贷方,表示账面结存固定资产的累计折旧额。该账户一般不进行明细分类核算,只进行总分类核算。

所谓固定资产折旧,是指固定资产在使用过程中因为损耗而转移到成本费用中去的那部分价值。固定资产在使用过程中的损耗,具体包括有形损耗和无形损耗。其中,有形损耗是指固定资产在使用过程中不可避免地发生的物质损耗;无形损耗也称精神损耗,是指由于劳动生产力的提高或科学技术的进步,导致固定资产相对贬值或提前报废而发生的损耗。

5.4.3 账务处理

1. 材料费用的归集与分配

在确定材料费用时,应根据领料凭证区分车间、部门和不同用途后,按照确定的结果将发出材料的成本借记"生产成本""制造费用""管理费用""销售费用""在建工程"等账户,贷记"原材料"等账户。

对于直接用于某种产品生产的材料费用,应直接计入该产品生产成本明细账中的直接材料费用项目;对于由多种产品共同耗用、应由这些产品共同负担的材料费用,应选择适当的标准在这些产品之间进行分配,按分担的金额计入相应的成本计算对象(生产产品的品种、类别等);对于为提供生产条件等间接消耗的各种材料费用,应先通过"制造费用"账户进行归集,期末再同其他间接费用一起按照一定的标准分配计入有关产品成本;对于行政管理部门领用的材料费用,应记入"管理费用"账户;对于销售活动或专设销售机构领用的材料费用,应记入"销售费用"账户;对于购建固定资产领用的材料费用,应记入"在建工程"账户。

【例 5-8】 某企业 20××年 9 月共发出甲材料 50 000 元、乙材料 34 000 元,其中:生产 A 产品耗用 30 000 元,生产 B 产品耗用 20 000 元,生产车间一般耗用 14 000 元,行政管理部门耗用 7 000 元,专设销售机构耗用 8 000 元,安装设备耗用 5 000 元。

要求:分析经济业务,编制会计分录。

该经济业务的发生,引起企业资产类的原材料减少,成本类的生产成本、制造费用以及费用类的管理费用、销售费用和资产类的在建工程增加。所以,应借记"生产成本"的"A 产品"和"B 产品"、"制造费用"、"管理费用"、"销售费用"、"在建工程"账户,金额分别为 30 000 元、20 000 元、14 000 元、7 000 元、8 000 元、5 000 元;贷记"原材料"的"甲材料"和"乙材料"账户,金额分别为 50 000 元和 34 000 元。会计分录如下:

```
借:生产成本——A 产品              30 000
          ——B 产品              20 000
    制造费用                      14 000
    管理费用                       7 000
    销售费用                       8 000
    在建工程                       5 000
  贷:原材料——甲材料               50 000
          ——乙材料               34 000
```

2. 职工薪酬的归集与分配

职工薪酬是指企业为获得职工提供的服务或解除劳动关系而给予各种形式的报酬或补偿,具体包括:短期薪酬、离职后福利、辞退福利和其他长期职工福利。企业提供给职工配偶、子女、受赡养人、已故员工遗属及其他受益人等的福利,也属于职工薪酬。

对于短期职工薪酬,企业应当在职工为其提供服务的会计期间,按实际发生额确认为负债,并计入当期损益或相关资产成本。企业应当根据职工提供服务的受益对象,分别按下列情况处理:

① 应由生产产品、提供劳务负担的短期职工薪酬,计入产品成本或劳务成本。其中,生产工人的职工薪酬应借记"生产成本"账户,贷记"应付职工薪酬"账户;生产车间管理人员的短期职工薪酬属于间接费用,应借记"制造费用"账户,贷记"应付职工薪酬"账户。

② 应由在建工程、无形资产负担的短期职工薪酬,计入建造固定资产或无形资产成本,应借记"在建工程""研发支出"等账户,贷记"应付职工薪酬"账户。

③ 除上述两种情况之外的其他短期职工薪酬应计入当期损益。如企业行政管理部门人员和专设销售机构销售人员的职工薪酬均属于期间费用,应分别借记"管理费用""销售费用"等账户,贷记"应付职工薪酬"账户。

【例 5-9】 某企业 20××年 9 月有关职工薪酬业务如下:

(1) 本月工资费用共 100 000 元,其中:生产 A 产品工人工资 20 000 元,生产 B 产品工人工资 30 000 元,车间管理人员工资 15 000 元,行政管理人员工资 10 000 元,销售人员工资 15 000 元,安装设备人员工资 10 000 元。

(2) 按工资费用 14% 计提福利费。

(3) 提取现金以备发放工资。

(4) 以现金发放本月工资。

要求:分析上述经济业务,编制会计分录。

业务(1)　该经济业务的发生,引起企业成本类的生产成本、制造费用以及费用类的管理费用、销售费用和资产类的在建工程增加,同时引起负债类的应付职工薪酬增加。所以,应借记"生产成本"的"A 产品"和"B 产品"、"制造费用"、"管理费用"、"销售费用"、"在建工程"账户,金额分别为 20 000 元、30 000 元、15 000 元、10 000 元、15 000 元、10 000 元;贷记"应付职工薪酬——工资"账户,金额为 100 000 元。会计分录如下:

借:生产成本——A 产品　　　　　　　　　20 000
　　　　　——B 产品　　　　　　　　　　30 000
　　制造费用　　　　　　　　　　　　　　15 000
　　管理费用　　　　　　　　　　　　　　10 000
　　销售费用　　　　　　　　　　　　　　15 000
　　在建工程　　　　　　　　　　　　　　10 000
　　贷:应付职工薪酬——工资　　　　　　100 000

业务(2)　该经济业务的发生,引起企业成本类的生产成本、制造费用以及费用类的管理费用、销售费用和资产类的在建工程增加,同时引起负债类的应付职工薪酬增加。所以,应借记"生产成本"的"A 产品"和"B 产品"、"制造费用"、"管理费用"、"销售费用"、"在建工程"账户,金额分别为 20 000×14%=2 800 元、30 000×14%=4 200 元、15 000×14%=2 100 元、10 000×14%=1 400 元、15 000×14%=2 100 元、10 000×14%=1 400 元;贷记"应付职工薪酬——职工福利"账户,金额为 100 000×14%=14 000 元。会计分录如下:

借:生产成本——A 产品　　　　　　　　　2 800
　　　　　——B 产品　　　　　　　　　　4 200
　　制造费用　　　　　　　　　　　　　　2 100
　　管理费用　　　　　　　　　　　　　　1 400
　　销售费用　　　　　　　　　　　　　　2 100
　　在建工程　　　　　　　　　　　　　　1 400
　　贷:应付职工薪酬——职工福利　　　　14 000

业务(3)　该经济业务的发生,引起企业资产类的库存现金和银行存款一增一减。所以,应借记"库存现金"账户,贷记"银行存款"账户,金额为 100 000 元。会计分录如下:

借:库存现金　　　　　　　　　　　　　100 000
　　贷:银行存款　　　　　　　　　　　　100 000

业务(4)　该项经济业务的发生,引起企业负债类的应付职工薪酬和资产类的库存现金同减。所以,应借记"应付职工薪酬——工资"账户,贷记"库存现金"账户,金额为 100 000 元。会计分录如下:

借:应付职工薪酬——工资　　　　　　　100 000

| 贷：库存现金 | | 100 000 |

3. 制造费用的归集与分配

企业发生的制造费用,应当按照合理的分配标准按月分配计入各成本核算对象的生产成本。企业可以采取的分配标准包括机器工时、人工工时、计划分配率等。制造费用分配计算方法如下：

制造费用分配率 ＝ 制造费用总额 ÷ 分配标准总和　　　　　　　　　　（式 5-1）

某种产品应分配的制造费用 ＝ 该种产品分配标准 × 制造费用分配率　　（式 5-2）

【例 5-10】 某企业某月发生的制造费用总额为 32 800 元,以甲、乙产品生产工人的工资作为分配标准分配制造费用,其中：甲产品生产工时 100 000 小时,乙产品生产工时 60 000 小时。

解：

制造费用分配率＝32 800÷(100 000＋60 000)＝0.205(元/小时)

甲产品应分配的制造费用＝100 000×0.205＝20 500(元)

乙产品应分配的制造费用＝60 000×0.205＝12 300(元)

企业发生制造费用时,借记"制造费用"账户,贷记"累计折旧""银行存款""应付职工薪酬"等账户；结转或分摊时,借记"生产成本"等账户,贷记"制造费用"账户。

【例 5-11】 某企业 20××年 9 月发生下列经济业务：

(1) 银行转账支付本月水费 5 000 元,其中：生产车间领用 1 200 元,行政管理部门领用 3 000 元,专设销售机构领用 800 元。

(2) 预提生产车间本月固定资产大修理费 5 700 元。

(3) 计提本月固定资产折旧 20 000 元,其中：生产车间固定资产折旧 10 000 元,行政管理部门固定资产折旧 8 000 元,专设销售机构固定资产折旧 2 000 元。

(4) 归集本月制造费用(例 5-8、例 5-9、例 5-11 相关业务数据),按 A、B 产品生产工人工资分配并结转。

要求：分析经济业务,编制会计分录。

业务(1)　该经济业务的发生,引起企业成本类的制造费用、费用类的管理费用、销售费用增加,资产类的库存现金减少。所以,应借记"制造费用""管理费用""销售费用"账户,金额分别为 1 200 元、3 000 元、800 元；贷记"银行存款"账户,金额为 5 000 元。会计分录如下：

借：制造费用	1 200
管理费用	3 000
销售费用	800
贷：银行存款	5 000

业务(2)　该经济业务的发生,引起企业成本类的制造费用和负债类的其他应付款同增。所以,应借记"制造费用"账户,贷记"其他应付款"账户,金额为 5 700 元。会计分录如下：

| 借：制造费用 | 5 700 |
| 贷：其他应付款 | 5 700 |

业务(3)　该经济业务的发生,引起企业成本类的制造费用、费用类的管理费用、销售费用和资产类的累计折旧同增。所以,应借记"制造费用""管理费用""销售费用"账户,金额分别为 10 000 元、8 000 元、2 000 元；贷记"累计折旧"账户,金额为 20 000 元。会计分录如下：

```
借：制造费用                    10 000
    管理费用                     8 000
    销售费用                     2 000
    贷：累计折旧                         20 000
```

业务(4)　首先,归集和分配制造费用：

制造费用总额=14 000+15 000+2 100+1 200+5 700+10 000=48 000(元)

制造费用分配率=48 000÷(20 000+30 000)=0.96(元/小时)

A 产品分配的制造费用=0.96×20 000=19 200(元)

B 产品分配的制造费用=0.96×30 000=28 800(元)

该经济业务的发生,引起企业成本类的生产成本和制造费用一增一减。所以,应借记"生产成本"的"A 产品"和"B 产品"账户,金额分别为 19 200 元和 28 800 元;贷记"制造费用"账户,金额为 48 000 元。会计分录如下：

```
借：生产成本——A 产品           19 200
          ——B 产品           28 800
    贷：制造费用                       48 000
```

4. 完工产品生产成本的计算与结转

产品生产成本计算是指将企业生产过程中,为制造产品所发生的各种费用按照成本计算对象进行归集和分配,以便计算各种产品的总成本和单位成本。有关产品成本信息是进行库存商品计价和确定销售成本的依据,产品生产成本计算是会计核算的一项重要内容。

企业应设置产品生产成本明细账,用来归集应计入各种产品的生产费用。通过对材料费用、职工薪酬和制造费用的归集和分配,企业各月生产产品所发生的生产费用已记入"生产成本"账户中。如果月末某种产品全部完工,该种产品生产成本明细账所归集的费用总额,就是该种完工产品的总成本,用完工产品总成本除以该种产品的完工总产量即可计算出该种产品的单位成本。如果月末某种产品全部未完工,该种产品生产成本明细账所归集的费用总额就是该种产品在产品的总成本。如果月末某种产品一部分完工,一部分未完工,这时归集在产品成本明细账中的费用总额还要采取适当的分配方法在完工产品和在产品之间进行分配,然后才能计算出完工产品的总成本和单位成本。完工产品成本的基本计算公式为：

完工产品生产成本 = 期初在产品成本 + 本期生产费用 − 期末在产品成本

(式 5-3)

当产品生产完成并验收入库时,借记"库存商品"账户,贷记"生产成本"账户。

【例 5-12】　某企业生产 A、B 两种产品,20××年 9 月有关产品生产及成本信息如下：A 产品月初无在产品,本月投产 100 件月末全部完工,本月生产成本 72 000 元,其中直接材料费用 30 000 元、直接人工费用 22 800 元、制造费用 19 200 元。B 产品月初在产品 60 件,成本 41 800 元,其中直接材料费用 15 000 元、直接人工费用 11 400 元、制造费用 15 400 元;本月投产 140 件,成本 83 000 元,其中直接材料费用 20 000 元、直接人工费用 34 200 元、制造费用 28 800 元;月末,产品完工 120 件,完工产品与未完工产品成本按约当产量法进行分配(未完工产品约当产量为 0.5)。

要求：(1) 计算 A、B 产品的成本,填制产品成本计算单;

(2) 分析经济业务,编制会计分录。

(1) 计算 A、B 产品的成本：
A 产品完工产品生产成本＝0＋72 000－0＝72 000(元)
A 产品单位成本＝72 000÷100＝720(元/件)
A 产品成本计算单如表 5-1 所示。

表 5-1 产品成本计算单

产品名称：A 产品　　　　　　　　　　　　　　　　　　　　　　　　　　　单位：元

项　目	直接材料	直接人工	制造费用	合　计
月初在产品成本	—	—	—	—
本月生产费用	30 000	22 800	19 200	72 000
合　计	30 000	22 800	19 200	72 000
分配率	300	228	192	720
完工产品成本	30 000	22 800	19 200	72 000
单位成本	300	228	192	720
月末在产品成本	—	—	—	—

B 产品总生产费用＝41 800＋83 000＝124 800(元)
B 产品月末在产品约当产量＝(60＋140－120)×0.5＝40(件)
B 产品完工产品与在产品成本分配率＝124 800÷(120＋40)＝780(元/件)
B 产品完工产品总成本＝780×120＝93 600(元)
B 产品月末在产品成本＝124 800－93 600＝31 200(元)
B 产品成本计算单如表 5-2 所示。

表 5-2 产品成本计算单

产品名称：B 产品　　　　　　　　　　　　　　　　　　　　　　　　　　　单位：元

项　目	直接材料	直接人工	制造费用	合　计
月初在产品成本	15 000	11 400	15 400	41 800
本月生产费用	20 000	34 200	28 800	83 000
合　计	35 000	45 600	44 200	124 800
分配率	218.75	285	276.25	780
完工产品成本	26 250	34 200	33 150	93 600
单位成本	218.75	285	276.25	780
月末在产品成本	8 750	11 400	11 050	31 200

(2) 该经济业务的发生，引起企业资产类的库存商品和成本类的生产成本一增一减。所以，应借记"库存商品"的"A 产品"和"B 产品"账户，贷记"生产成本"的"A 产品"和"B 产品"账户，金额分别为 72 000 元和 88 800 元。会计分录如下：

　　借：库存商品——A 产品　　　　72 000
　　　　　　　　——B 产品　　　　88 800
　　　　贷：生产成本——A 产品　　　　72 000
　　　　　　　　　　——B 产品　　　　88 800

5.5 销售业务的账务处理

销售过程是企业日常生产经营活动的最后阶段,企业的生产经营资金从成品资金转化为货币资金,完成资金的一次循环。在销售过程中,企业一方面销售产品取得收入,办理货款结算,使企业的生产耗费得到补偿;另一方面支付各种销售费用,结转产品的销售成本,计算缴纳企业销售活动应负担的税金及附加。除此之外,企业还会发生一些其他销售业务,如材料销售、出租、出借等,取得其他业务收入和发生其他业务成本。因此,销售业务的账务处理涉及商品销售、其他销售等业务收入、成本、费用和相关税费的确认与计量等内容。

5.5.1 销售收入的确认与计量

一般情况下,企业销售收入应当在履行了合同中的履约义务,即在客户取得相关商品控制权时确认,并必须同时符合以下条件:

① 合同各方已批准该合同并承诺将履行各自义务。
② 该合同明确了合同各方与所转让商品或提供劳务(以下简称"转让商品")相关的权利和义务。
③ 该合同有明确的与所转让商品相关的支付条款。
④ 该合同具有商业实质,即履行该合同将改变企业未来现金流量的风险、时间分布或金额。
⑤ 企业因向客户转让商品而有权取得的对价很可能收回。

企业应当按照分摊至各单项履约义务的交易价格计量收入。交易价格,是指企业因向客户转让商品而预期有权收取的对价。企业代第三方收取的款项以及预期将退还给客户价金额,应当作为负债进行会计处理,不计入交易价格。

5.5.2 账户设置

企业通常设置以下账户对销售业务进行会计核算:

1. 主营业务收入

"主营业务收入"账户属于损益类账户,用以核算企业确认的销售商品、提供劳务等主营业务的收入。该账户贷方登记企业实现的主营业务收入,即主营业务收入的增加额;借方登记期末转入"本年利润"账户的主营业务收入(按净额结转),以及发生销售退回和销售折让时应冲减本期的主营业务收入。期末结转后,该账户无余额。该账户应按照主营业务的种类设置明细账户,进行明细分类核算。

2. 其他业务收入

"其他业务收入"账户属于损益类账户,用以核算企业确认的除主营业务活动以外的其他经营活动实现的收入,包括出租固定资产、出租无形资产、出租包装物和商品、销售材料等。该账户贷方登记企业实现的其他业务收入,即其他业务收入的增加额;借方登记期末转入"本年利润"账户的其他业务收入。期末结转后,该账户无余额。该账户可按其他业务的种类设置明细账户,进行明细分类核算。

3. 应收账款

"应收账款"账户属于资产类账户,用以核算企业因销售商品、提供劳务等经营活动应收取的款项。该账户借方登记由于销售商品以及提供劳务等发生的应收账款,包括应收取的价款、税款和代垫款等;贷方登记已经收回的应收账款。期末余额通常在借方,反映企业尚未收回的应收账款;期末余额如果在贷方,反映企业预收的账款。该账户应按不同的债务人进行明细分类核算。

4. 应收票据

"应收票据"账户属于资产类账户,用以核算企业因销售商品、提供劳务等而收到的商业汇票。该账户借方登记企业收到的应收票据,贷方登记票据到期收回的应收票据;期末余额在借方,反映企业持有的商业汇票的票面金额。该账户可按开出、承兑商业汇票的单位进行明细核算。

5. 预收账款

"预收账款"账户属于负债类账户,用以核算企业按照合同规定预收的款项。预收账款情况不多的,也可以不设置本账户,将预收的款项直接记入"应收账款"账户。该账户贷方登记企业向购货单位预收的款项等,借方登记销售实现时按实现的收入转销的预收款项等。期末余额在贷方,反映企业预收的款项;期末余额在借方,反映企业已转销但尚未收取的款项。该账户可按购货单位进行明细核算。

6. 主营业务成本

"主营业务成本"账户属于损益类账户,用以核算企业确认销售商品、提供劳务等主营业务收入时应结转的成本。该账户借方登记主营业务发生的实际成本,贷方登记期末转入"本年利润"账户的主营业务成本。期末结转后,该账户无余额。该账户可按主营业务的种类设置明细账户,进行明细分类核算。

7. 其他业务成本

"其他业务成本"账户属于损益类账户,用以核算企业确认的除主营业务活动以外的其他经营活动所发生的支出,包括销售材料的成本、出租固定资产的折旧额、出租无形资产的摊销额、出租包装物的成本或摊销额等。该账户借方登记其他业务的支出额,贷方登记期末转入"本年利润"账户的其他业务支出额。期末结转后,该账户无余额。该账户可按其他业务的种类设置明细账户,进行明细分类核算。

8. 税金及附加

"税金及附加"账户属于损益类账户,用以核算企业经营活动发生的消费税、城市维护建设税、资源税和教育费附加以及房产税、车船使用税、土地使用税、印花税等相关税费。该账户借方登记企业应按规定计算确定的与经营活动相关的税费,贷方登记期末转入"本年利润"账户的与经营活动相关的税费。期末结转后,该账户无余额。

5.5.3 账务处理

1. 主营业务收入的账务处理

企业销售商品或提供劳务实现的收入,应按实际收到、应收或者预收的金额,借记"银行存款""应收账款""应收票据""预收账款"等账户,按确认的营业收入,贷记"主营业务收入"账户。对于增值税销项税额,一般纳税人应贷记"应交税费——应交增值税(销项税额)"账户,小规模纳税人应贷记"应交税费——应交增值税"账户。

【例 5-13】 某企业为增值税一般纳税人,适用增值税税率为 13%。20××年 9 月 1 日向大江公司销售 A 产品 100 件,无税单价 2 000 元/件,用银行存款代垫运费 1 000 元,销售款项暂未收到。

要求:分析经济业务,编制会计分录。

该项经济业务发生,引起企业资产类的应收账款增加,同时引起收入损益类的主营业务收入和负债类的应交税费增加以及资产类的银行存款减少。所以,应贷记"主营业务收入——A 产品""应交税费——应交增值税(销项税额)""银行存款"账户,金额分别为 100×2 000=200 000 元、200 000×13%=26 000 元、1 000 元;借记"应收账款——大江公司"账户,金额为 200 000+26 000+1 000=227 000 元。会计分录如下:

借:应收账款——大江公司　　　　　　　　227 000
　　贷:主营业务收入——A 产品　　　　　　　　200 000
　　　　应交税费——应交增值税(销项税额)　　26 000
　　　　银行存款　　　　　　　　　　　　　　1 000

【例 5-14】 某超市为增值税小规模纳税人,适用增值税税率为 3%。20××年 9 月 10 日合计销售收入(含税)1 545 元,收入款全部存入银行。

要求:分析经济业务,编制会计分录。

首先,计算不含税销售收入和应纳增值税额:

不含税销售收入=1 545÷(1+3%)=1 500(元)

应纳增值税额=1 500×3%=45(元)

该项经济业务发生,引起资产类的银行存款和收入损益类的主营业务收入以及负债类的应交税费同增。所以,应借记"银行存款"账户,金额为 1 545 元;贷记"主营业务收入""应交税费——应交增值税"账户,金额分别为 1 500 元和 45 元。会计分录如下:

借:银行存款　　　　　　　　　　　　　　1 545
　　贷:主营业务收入　　　　　　　　　　　　1 500
　　　　应交税费——应交增值税　　　　　　　45

【例 5-15】 某企业为增值税一般纳税人,适用增值税税率为 13%,20××年发生下列销售相关经济业务:

(1) 收到大海公司预付购买 B 产品货款 360 000 元,存入银行。

(2) 发出 B 产品 120 件销售给大海公司,无税单价 3 000 元/件,另代垫运费 2 400 元。

(3) 收到大海公司签发期限 3 个月的商业承兑汇票一张,金额为 49 200 元,用以支付尾款。

(4) 应收大海公司的商业承兑汇票 49 200 元到期,未收到款项。

要求:分析上述经济业务,编制会计分录。

业务(1)　该项经济业务发生,引起企业资产类的银行存款和负债类的预收账款同增。所以,应借记"银行存款"账户,贷记"预收账款——大海公司"账户,金额为 360 000 元。会计分录如下:

借:银行存款　　　　　　　　　　　　　　360 000

贷:预收账款——大海公司　　　　　　　　　360 000
　　业务(2)　该项经济业务发生,引起企业负债类的预收账款减少,收入损益类的主营业务收入和负债类的应交税费增加以及资产类的银行存款减少。所以,应贷记"主营业务收入——B产品""应交税费——应交增值税(销项税额)""银行存款"账户,金额分别为120×3 000＝360 000元、360 000×13%＝46 800元、2 400元;借记"预收账款——大海公司",金额为360 000＋46 800＋2 400＝409 200元。会计分录如下:
　　　借:预收账款——大海公司　　　　　　　　　409 200
　　　　贷:主营业务收入——B产品　　　　　　　360 000
　　　　　　应交税费——应交增值税(销项税额)　46 800
　　　　　　银行存款　　　　　　　　　　　　　2 400
　　业务(3)　该项经济业务发生,引起企业资产类的应收票据和负债类的预付账款同增。所以,应借记"应收票据——大海公司"账户,贷记"预收账款——大海公司"账户,金额为49 200元。会计分录如下:
　　　借:应收票据——大海公司　　　　　　　　　49 200
　　　　贷:预收账款——大海公司　　　　　　　　49 200
　　业务(4)　该项经济业务发生,引起企业资产类的应收账款和应收票据一增一减。所以,应借记"应收账款——大海公司"账户,贷记"应收票据——大海公司"账户,金额为49 200元。会计分录如下:
　　　借:应收账款——大海公司　　　　　　　　　49 200
　　　　贷:应收票据——大海公司　　　　　　　　49 200

2. 主营业务成本的账务处理

　　期(月)末,企业应根据本期(月)销售各种商品、提供各种劳务等实际成本,计算应结转的主营业务成本,借记"主营业务成本"账户,贷记"库存商品""劳务成本"等账户。

【例5-16】 某企业20××年9月共销售A产品100件、B产品120件,A产品单位成本为720元/件,B产品单位成本为740元/件,结转本月销售A、B产品成本。

　　要求:分析经济业务,编制会计分录。

　　该项经济业务发生,引起企业费用损益类的主营业务成本和资产类的库存商品一增一减。所以,应贷记"主营业务成本"的"A产品"和"B产品"账户,贷记"库存商品"的"A产品"和"B产品"账户,金额分别为100×720＝72 000元、120×740＝88 800元。会计分录如下:
　　　借:主营业务成本——A产品　　　　　　　　72 000
　　　　　　　　　　——B产品　　　　　　　　88 800
　　　　贷:库存商品——A产品　　　　　　　　　72 000
　　　　　　　　　——B产品　　　　　　　　　88 800

3. 其他业务收入与成本的账务处理

　　主营业务和其他业务的划分并不是绝对的,一个企业的主营业务可能是另一个企业的其他业务,即便在同一个企业,不同期间的主营业务和其他业务的内容也不是固定不变的。当企业发生其他业务收入时,借记"银行存款""应收账款""应收票据"等账户,按确定的收入金额,贷记"其他业务收入"账户,同时确认有关税金;在结转其他业务收入的同一会计期间,企业应根据本期应结转的其他业务成本金额,借记"其他业务成本"账户,贷记"原材料""累计折旧""应付职工薪酬"等账户。

【例 5-17】 某企业为增值税一般纳税人,适用增值税税率为 13%,20××年 9 月发生下列销售相关经济业务:

(1) 对外出售多余的甲材料 500 千克,售价为 10 000 元,增值税为 1 300 元,款项已存入银行。甲材料的成本为 5 000 元。

(2) 出租闲置不用的机器设备一台套,每月含税租金 3 270 元,假设增值税率适用一般纳税人一般计税方法税率 9%,收到本月租金存入银行。

(3) 计提本月固定资产折旧,其中出租固定资产的折旧额为 2 000 元。

要求:分析上述经济业务,编制会计分录。

业务(1) 该项经济业务发生,引起企业资产类的银行存款和收入损益类的其他业务收入以及负债类的应交税费同增。所以,应借记"银行存款"账户,贷记"其他业务收入""应交税费——应交增值税(销项税额)"账户,金额分别为 11 300 元、10 000 元、1 300 元。会计分录如下:

借:银行存款   11 300
　　贷:其他业务收入   10 000
　　　　应交税费——应交增值税(销项税额)   1 300

同时,引起企业费用损益类的其他业务成本和资产类的原材料一增一减。所以,应借记"其他业务成本"账户,贷记"原材料——甲材料"账户,金额为 5 000 元。会计分录如下:

借:其他业务成本   5 000
　　贷:原材料——甲材料   5 000

业务(2) 首先,计算不含税租金收入和增值税销项税额:

不含税租金收入=3 270÷(1+9%)=3 000(元)
增值税销项税额=3 000×9%=270(元)

该项经济业务发生,引起企业资产类的银行存款和收入损益类的其他业务收入以及负债类的应交税费同增。所以,应借记"银行存款"账户,贷记"其他业务收入""应交税费——应交增值税(销项税额)"账户,金额分别为 3 270 元、3 000 元、270 元。会计分录如下:

借:银行存款   3 270
　　贷:其他业务收入   3 000
　　　　应交税费——应交增值税(销项税额)   270

业务(3) 该项经济业务发生,引起企业费用损益类其他业务成本和资产类的累计折旧同增。所以,应借记"其他业务成本"账户,贷记"累计折旧"账户,金额为 2 000 元。会计分录如下:

借:其他业务成本   2 000
　　贷:累计折旧   2 000

4. 税金及附加的账务处理

企业经营活动发生的消费税、城市维护建设税、资源税和教育费附加以及房产税、车船使用税、土地使用税、印花税等相关税费时,按确定的金额,借记"税金及附加"账户,贷记"应交税费""银行存款""库存现金"等账户。

【例 5-18】 某企业 20××年 9 月发生下列税费相关经济业务:

(1) 本月应交城市维护建设税 5 800 元,教育费附加 1 200 元。

(2) 用现金购买印花税票 500 元。

(3) 银行转账缴纳城市维护建设税 5 800 元,教育费附加 1 200 元。

要求:分析上述经济业务,编制会计分录。

业务(1) 该项经济业务发生,引起企业费用损益类的税金及附加和负债类的应交税费同增。所以,应借记"税金及附加"账户,贷记"应交税费"的"应交城市维护建设税""应交教育费附加"账户,金额分别为 5 800+1 200=7 000 元、5 800 元、1 200 元。会计分录如下:

借:税金及附加　　　　　　　　　　　7 000
　　贷:应交税费——应交城市维护建设税　　5 800
　　　　　　　　——应交教育费附加　　　　1 200

业务(2) 该项经济业务发生,引起企业费用损益类的税金及附加和资产类的库存现金一增一减。所以,应借记"税金及附加"账户,贷记"库存现金"账户,金额为 500 元。会计分录如下:

借:税金及附加　　　　　　　　　　　500
　　贷:库存现金　　　　　　　　　　　500

业务(3) 该项经济业务发生,引起企业负债类的应交税费和资产类的银行存款同减。所以,应借记"应交税费"的"应交城市维护建设税""应交教育费附加"账户,贷记"银行存款"账户,金额分别为 5 800 元、1 200 元、5 800+1 200=7 000 元。会计分录如下:

借:应交税费——应交城市维护建设税　　5 800
　　　　　　——应交教育费附加　　　　1 200
　　贷:银行存款　　　　　　　　　　　7 000

5.6　财务成果形成与分配业务的账务处理

工业企业在销售活动中实现销售收入,并发生销售成本、税金及附加,是实现生产经营成果的一个主要部分,但并不是最终的财务成果。财务成果是指企业在一定会计期间经营活动的成果,也是企业所实现的利润。企业一定时期实现的利润(或亏损)要按照税法和国家的有关规定,在国家和企业之间进行分配。上交国家的部分形成财政收入,留归企业的部分再按照规定的顺序进行分配。因此,确定企业的利润和对利润进行分配,是财务成果形成与分配业务核算的主要内容。

5.6.1　期间费用的账务处理

1. 期间费用的构成

期间费用是指企业日常活动中不能直接归属于某个特定成本核算对象的,在发生时应直接计入当期损益的各种费用。期间费用包括管理费用、销售费用和财务费用。

管理费用是指企业为组织和管理企业生产经营活动所发生的各种费用,包括企业在筹建期间内发生的开办费,行政管理部门人员的职工薪酬,行政管理部门发生的办公费、水电费、业务招待费、聘请中介机构费、咨询费、诉讼费、技术转让费、企业研究费用等。

销售费用是指企业销售商品和材料、提供劳务的过程中发生的各种费用,包括企业在销售过程中发生的包装费、保险费、展览费和广告费、运输费、装卸费等费用,以及企业发生的为销售本企业商品而专设的销售机构的职工薪酬、业务费、固定资产折旧等费用。

财务费用是指企业为筹集生产经营所需资金等而发生的筹资费用,包括利息支出(减利息收入)、汇兑损益以及相关的手续费、企业发生的现金折扣或收到的现金折扣等。

2. 账户设置

企业通常设置以下账户对期间费用业务进行会计核算:

(1) 管理费用

"管理费用"账户属于损益类账户,用以核算企业为组织和管理企业生产经营所发生的管理费用。该账户借方登记发生的各项管理费用,贷方登记冲减管理费用额和期末转入"本年利润"账户的管理费用额。期末结转后,该账户无余额。该账户可按费用项目设置明细账户,进行明细分类核算。

(2) 销售费用

"销售费用"账户属于损益类账户,用以核算企业发生的各项销售费用。该账户借方登记发生的各项销售费用,贷方登记期末转入"本年利润"账户的销售费用额。期末结转后,该账户无余额。该账户可按费用项目设置明细账户,进行明细分类核算。

(3) 财务费用

"财务费用"账户属于损益类账户,用以核算企业为筹集生产经营所需资金等而发生的筹资费用。为购建或生产满足资本化条件的资产发生的应予资本化的借款费用,通过"在建工程""制造费用"等账户核算。该账户借方登记发生的各项财务费用增加额,贷方登记冲减财务费用额和期末转入"本年利润"账户的财务费用额。期末结转后,该账户无余额。该账户可按费用项目设置明细账户,进行明细分类核算。

3. 账务处理

(1) 管理费用的账务处理

企业在筹建期间内发生的开办费,包括人员工资、办公费、培训费、差旅费、印刷费、注册登记费以及不计入固定资产成本的借款费用等在实际发生时,借记"管理费用"账户,贷记"应付利息""银行存款"等账户。行政管理部门人员的职工薪酬,借记"管理费用"账户,贷记"应付职工薪酬"账户。行政管理部门计提的固定资产折旧,借记"管理费用"账户,贷记"累计折旧"账户。行政管理部门发生的办公费、水电费、业务招待费、聘请中介机构费、咨询费、诉讼费、技术转让费、企业研究费用,借记"管理费用"账户,贷记"银行存款""研发支出"等账户。

【例 5-19】 某企业 20××年 9 月发生下列经济业务:

(1) 现金购买行政管理部门办公用品 500 元。
(2) 职工张平预借差旅费 3 000 元,以现金支付。
(3) 张平报销差旅费 2 800 元,余款 200 元退回。
(4) 本月行政管理人员工资 100 000 元,福利费 14 000 元。
(5) 本月行政管理部门固定资产折旧 5 000 元。

要求:分析上述经济业务,编制会计分录。

业务(1) 该项经济业务发生,引起企业费用损益类的管理费用和资产类的库存现金一增一减。所以,应借记"管理费用"账户,贷记"库存现金"账户,金额为 500 元。会计分录如下:

```
借:管理费用                                           500
    贷:库存现金                                       500
```

业务(2)　该项经济业务发生,引起企业资产类的其他应收款和库存现金一增一减。所以,应借记"其他应收款——张平"账户,贷记"库存现金"账户,金额为3 000元。会计分录如下:

```
借:其他应收款——张平                                3 000
    贷:库存现金                                     3 000
```

业务(3)　该项经济业务发生,引起企业费用损益类的管理费用和资产类的库存现金增加,以及资产类的其他应收款减少。所以,应借记"管理费用""库存现金"账户,金额分别为2 800元额200元;贷记"其他应收款——张平"账户,金额为3 000元。会计分录如下:

```
借:管理费用                                         2 800
    库存现金                                          200
    贷:其他应收款——张平                             3 000
```

业务(4)　该项经济业务发生,引起企业费用损益类的管理费用和负债类的应付职工薪酬同增。所以,应借记"管理费用"账户,金额为100 000+14 000=114 000元;贷记"应付职工薪酬"的"工资"和"职工福利"账户,金额分别为100 000元和14 000元。会计分录如下:

```
借:管理费用                                        114 000
    贷:应付职工薪酬——工资                          100 000
              ——职工福利                            14 000
```

业务(5)　该项经济业务发生,引起企业费用损益类的管理费用和资产类的累计折旧同增。所以,应借记"管理费用"账户,贷记"累计折旧"账户,金额为5 000元。会计分录如下:

```
借:管理费用                                         5 000
    贷:累计折旧                                     5 000
```

(2)销售费用的账务处理

企业在销售商品过程中发生的包装费、保险费、展览费和广告费、运输费、装卸费等费用,借记"销售费用"账户,贷记"库存现金""银行存款"等账户。企业发生的为销售本企业商品而专设的销售机构的职工薪酬、业务费、固定资产折旧等费用,借记"销售费用"账户,贷记"应付职工薪酬""银行存款""累计折旧"等账户。

【例5-20】　某企业20××年9月发生下列经济业务:

(1)银行转账支付电视台产品广告费50 000元。
(2)销售产品一批,转账支付产品运输费、装卸费2 000元。
(3)本月销售人员工资120 000元。
(4)本月专设销售机构固定资产折旧3 000元。

要求:分析上述经济业务,编制会计分录。

业务(1)　该项经济业务发生,引起企业费用损益类的销售费用和资产类的银行存款一增一减。所以,应借记"销售费用"账户,贷记"银行存款"账户,金额为2 000元。会计分录如下:

```
借:销售费用                                        50 000
    贷:银行存款                                    50 000
```

业务(2)　该项经济业务发生,引起企业费用损益类的销售费用和资产类的银行存款一

增一减。所以,应借记"销售费用"账户,贷记"银行存款"账户,金额为 2 000 元。会计分录如下:

  借:销售费用   2 000
    贷:银行存款   2 000

业务(3) 该项经济业务发生,引起企业费用损益类的销售费用和负债类的应付职工薪酬同增。所以,应借记"销售费用"账户,贷记"应付职工薪酬——工资"账户,金额为 120 000 元。会计分录如下:

  借:销售费用   120 000
    贷:应付职工薪酬——工资   120 000

业务(4) 该项经济业务发生,引起企业费用损益类的销售费用和资产类的累计折旧同增。所以,应借记"销售费用"账户,贷记"累计折旧"账户,金额为 3 000 元。会计分录如下:

  借:销售费用   3 000
    贷:累计折旧   3 000

(3) 财务费用的账务处理

企业发生的财务费用,借记"财务费用"账户,贷记"银行存款""应付利息"等账户。发生的应冲减财务费用的利息收入、汇兑损益、现金折扣,借记"银行存款""应付账款"等账户,贷记"财务费用"账户。

【例 5-21】 某企业 20××年 9 月发生下列经济业务:

(1) 取得 3 年期借款一笔,金额 50 000 元,借款手续费 500 元。
(2) 计提本月短期借款利息 1 000 元。
(3) 开户行发来入账通知,收到存款利息 500 元。

要求:分析上述经济业务,编制会计分录。

业务(1) 该项经济业务发生,引起企业负债类的长期借款、费用损益类的财务费用和资产类的银行存款同增。所以,应借记"银行存款""财务费用"账户,金额分别为 50 000－500＝49 500 元、500 元;贷记"长期借款——本金"账户,金额为 50 000 元。会计分录如下:

  借:银行存款   49 500
    财务费用   500
    贷:长期借款——本金   50 000

业务(2) 该项经济业务发生,引起企业费用损益类的财务费用和负债类的应付利息同增。所以,应借记"财务费用"账户,贷记"应付利息"账户,金额为 1 000 元。会计分录如下:

  借:财务费用   1 000
    贷:应付利息   1 000

业务(3) 该项经济业务发生,引起企业资产类的银行存款和费用损益类的财务费用一增一减。所以,应借记"银行存款"账户,贷记"财务费用"账户,金额为 500 元。会计分录如下:

  借:银行存款   500
    贷:财务费用   500

5.6.2 利润形成的账务处理

1. 利润的形成

利润是指企业在一定会计期间的经营成果,包括收入减去费用后的净额、直接计入当期损益的利得和损失等。利润由营业利润、利润总额和净利润三个层次构成。

(1) 营业利润

营业利润这一指标能够比较恰当地反映企业管理者的经营业绩,其计算公式如下:

$$营业利润 = 营业收入 - 营业成本 - 税金及附加 - 销售费用 - 管理费用 - 研发费用 \\ - 财务费用 - 资产减值损失 - 信用价值损失 + 投资收益(-投资损失) \\ + 净敞口套期收益(-净敞口套期损失) + 公允价值变动收益(-公允价值 \\ 变动损失) + 资产处置收益(-资产处置损失) + 其他收益 \quad (式5-4)$$

其中:

$$营业收入 = 主营业务收入 + 其他业务收入 \quad (式5-5)$$

$$营业成本 = 主营业务成本 + 其他业务成本 \quad (式5-6)$$

(2) 利润总额

利润总额,又称税前利润,是营业利润加上营业外收入减去营业外支出后的金额,其计算公式如下:

$$利润总额 = 营业利润 + 营业外收入 - 营业外支出 \quad (式5-7)$$

营业外收入是指企业发生的营业利润以外的收益,主要包括债务重组利得、与企业日常活动无关的政府补助、盘盈利得、捐赠利得等。

营业外支出是指企业发生的营业利润以外的支出,包括债务重组损失、公益性捐赠支出、非常损失、盘亏损失、非流动资产毁损报废损失等。

(3) 净利润

净利润,又称税后利润,是利润总额扣除所得税费用后的净额,其计算公式如下:

$$净利润 = 利润总额 - 所得税费用 \quad (式5-8)$$

所得税是指以纳税人的所得额为课税对象的各种税收的统称。所得税的纳税人可以是法人、自然人和其他经济组织;所得额是指纳税人在一定时期内,由于生产、经营等取得的可用货币计量的收入,扣除为取得这些收入所需各种耗费后的净额。根据我国税法规定,我国境内的企业(居民企业及非居民企业)和其他取得收入的组织,其生产经营所得应依照《中华人民共和国企业所得税法》缴纳企业所得税。企业应纳所得税额计算公式如下:

$$企业应纳所得税额 = 应纳税所得额 \times 适用税率 \quad (式5-9)$$

应纳税所得额是收入总额减去准予扣除项目的金额。在实际工作中,应纳税所得额是在利润总额的基础上调整计算确定的。其计算公式为:

$$应纳所得税额 = 利润总额 \pm 税前调整项目 \quad (式5-10)$$

在本书中,为了计算简便,在没有特别提示的情况下,税前调整项目为0,即应纳税所得额与利润总额金额相等,不需要调整。

根据现行税法规定,企业所得税法定税率为25%,国家重点扶持的高新技术企业为15%,小型微利企业为20%。

2. 账户设置

企业通常设置以下账户对利润形成业务进行会计核算：

（1）本年利润

"本年利润"账户属于所有者权益类账户，用以核算企业当期实现的净利润（或发生的净亏损）。企业期（月）末结转利润时，应将各损益类账户的金额转入本账户，结平各损益类账户。该账户贷方登记企业期（月）末转入的主营业务收入、其他业务收入、营业外收入和投资收益等；借方登记企业期（月）末转入的主营业务成本、税金及附加、其他业务成本、管理费用、财务费用、销售费用、营业外支出和所得税费用等。上述结转完成后，余额如在贷方，即为当期实现的净利润；余额如在借方，即为当期发生的净亏损。年度终了，应将本年收入和支出相抵后结出的本年实现的净利润（或发生的净亏损），转入"利润分配——未分配利润"账户贷方（或借方），结转后本账户无余额。

（2）投资收益

"投资收益"账户属于损益类账户，用以核算企业确认的投资收益或投资损失。该账户贷方登记实现的投资收益和期末转入"本年利润"账户的投资净损失；借方登记发生的投资损失和期末转入"本年利润"账户的投资净收益。期末结转后，该账户无余额。

该账户可按投资项目设置明细账户，进行明细分类核算。

（3）营业外收入

"营业外收入"账户属于损益类账户，用以核算企业发生的各项营业外收入。该账户贷方登记营业外收入的实现，即营业外收入的增加额；借方登记会计期末转入"本年利润"账户的营业外收入额。期末结转后，该账户无余额。该账户可按营业外收入项目设置明细账户，进行明细分类核算。

（4）营业外支出

"营业外支出"账户属于损益类账户，用以核算企业发生的各项营业外支出。该账户借方登记营业外支出的发生，即营业外支出的增加额；贷方登记期末转入"本年利润"账户的营业外支出额。期末结转后，该账户无余额。该账户可按支出项目设置明细账户，进行明细分类核算。

（5）所得税费用

"所得税费用"账户属于损益类账户，用以核算企业确认的应从当期利润总额中扣除的所得税费用。该账户借方登记企业应计入当期损益的所得税；贷方登记企业期末转入"本年利润"账户的所得税。期末结转后，该账户无余额。

3. 账务处理

（1）营业外收支的账务处理

企业取得营业外收入，借记"银行存款""应付账款""待处理财产损溢"等账户，贷记"营业外收入"账户；发生营业外支出，借记"营业外支出"账户，贷记"银行存款""应收账款""待处理财产损溢"等账户。

【例5-22】 某企业20××年9月发生下列经济业务：

（1）企业一笔应付账款50 000元，经与债权人协商免除债务。

（2）收到一笔罚款收入5 000元，存入银行。

（3）接受捐赠机器设备一台，价值10 000元，设备已投入使用。

（4）滞纳金5 000元，银行转账支付。

(5) 银行转账支付职工子弟学校经费 10 000 元。

要求：分析上述经济业务，编制会计分录。

业务(1) 该项经济业务发生，引起企业收入损益类的营业外收入和负债类的应付账款一增一减。所以，应借记"应付账款"账户，贷记"营业外收入"账户，金额为 50 000 元。会计分录如下：

借：应付账款　　　　　　　　　　　　50 000
　　贷：营业外收入　　　　　　　　　　　　50 000

业务(2) 该项经济业务发生，引起企业资产类的银行存款和收入损益类的营业外收入同增。所以，应借记"银行存款"账户，贷记"营业外收入"账户，金额为 5 000 元。会计分录如下：

借：银行存款　　　　　　　　　　　　5 000
　　贷：营业外收入　　　　　　　　　　　　5 000

业务(3) 该项经济业务发生，引起企业资产类的固定资产和收入损益类的营业外收入同增。所以，应借记"固定资产"账户，贷记"营业外收入"账户，金额为 10 000 元。会计分录如下：

借：固定资产　　　　　　　　　　　　10 000
　　贷：营业外收入　　　　　　　　　　　　10 000

业务(4) 该项经济业务发生，引起企业费用损益类的营业外支出和资产类的银行存款一增一减。所以，应借记"营业外支出"账户，贷记"银行存款"账户，金额为 5 000 元。会计分录如下：

借：营业外支出　　　　　　　　　　　5 000
　　贷：银行存款　　　　　　　　　　　　　5 000

业务(5) 该项经济业务发生，引起企业费用损益类的营业外支出和资产类的银行存款一增一减。所以，应借记"营业外支出"账户，贷记"银行存款"账户，金额为 10 000 元。会计分录如下：

借：营业外支出　　　　　　　　　　　10 000
　　贷：银行存款　　　　　　　　　　　　　10 000

(2) 损益结转的账务处理

会计期末(月末或年末)结转各项收入时，借记"主营业务收入""其他业务收入""营业外收入"等账户，贷记"本年利润"账户；结转各项支出时，借记"本年利润"账户，贷记"主营业务成本""税金及附加""其他业务成本""管理费用""财务费用""销售费用""资产减值损失""营业外支出"等账户。

【例 5-23】 某企业 20××年 9 月 30 日损益类账户发生额合计如表 5-3 所示：

表 5-3　损益类账户发生额合计

20××年 9 月 30 日　　　　　　　　　　　　　　　　　　　　　单位：元

账户名称	借方	贷方	账户名称	借方	贷方
主营业务收入		800 000	税金及附加	49 500	
其他业务收入		100 000	销售费用	20 000	

续表

账户名称	借方	贷方	账户名称	借方	贷方
投资收益		60 000	管理费用	50 000	
营业外收入		40 000	财务费用	1 500	
主营业务成本	300 000		营业外支出	39 000	
其他业务成本	40 000				

要求:分析经济业务,编制会计分录。

首先,结转各项收入,应借记"主营业务收入""其他业务收入""投资收益""营业外收入"账户,金额分别为 800 000 元、100 000 元、60 000 元、40 000 元;贷记"本年利润"账户,金额为 800 000+100 000+60 000+40 000=1 000 000 元。会计分录如下:

借:主营业务收入　　　　　　　　800 000
　　其他业务收入　　　　　　　　100 000
　　投资收益　　　　　　　　　　 60 000
　　营业外收入　　　　　　　　　 40 000
　　贷:本年利润　　　　　　　　1 000 000

其次,结转各项支出,应贷记"主营业务成本""其他业务成本""税金及附加""销售费用""管理费用""财务费用""营业外支出"账户,金额分别为 300 000 元、40 000 元、49 500 元、20 000 元、50 000 元、1 500 元、39 000 元;借记"本年利润"账户,金额为 300 000+40 000+49 500+20 000+50 000+1 500+39 000 元=500 000 元。会计分录如下:

借:本年利润　　　　　　　　　　500 000
　　贷:主营业务成本　　　　　　　300 000
　　　　其他业务成本　　　　　　　40 000
　　　　税金及附加　　　　　　　　49 500
　　　　销售费用　　　　　　　　　20 000
　　　　管理费用　　　　　　　　　50 000
　　　　财务费用　　　　　　　　　 1 500
　　　　营业外支出　　　　　　　　39 000

(3) 所得税费用的账务处理

企业计算当期应纳企业所得税时,借记"所得税费用"账户,贷记"应交税费——应交所得税"账户;期末结转所得税费用时,借记"本年利润"账户,贷记"所得税费用"账户;缴纳企业所得税时,借记"应交税费——应交所得税"账户,贷记"银行存款"账户。

【例 5-24】 接例 5-23。

要求:(1) 计算利润总额。

(2) 假设没有其他税前调整项目,计算应纳所得税额(适用税率 25%)。

(3) 编制计算和结转所得税费用会计分录。

(4) 计算净利润。

(1) 利润总额=(主营业务收入+其他业务收入+投资收益+营业外收入)-(主营业务成本+其他业务成本+税金及附加+销售费用+管理费用+财务费

用＋营业外支出）
　　　＝1 000 000－500 000
　　　＝500 000（元）

（2）应纳所得税额＝应纳税所得额×适用税率
　　　＝500 000×25％
　　　＝125 000（元）

（3）首先，计算应纳所得税，会计分录如下：
借：所得税费用　　　　　　　　　　　125 000
　　贷：应交税费——应交所得税　　　　　　　125 000
其次，结转所得税费用，会计分录如下：
借：本年利润　　　　　　　　　　　　125 000
　　贷：所得税费用　　　　　　　　　　　　　125 000

（4）净利润＝利润总额－所得税费用
　　　＝500 000－125 000
　　　＝375 000（元）

5.6.3　利润分配的账务处理

　　利润分配是指企业根据国家有关规定和企业章程、投资者协议等，对企业当年可供分配利润指定其特定用途和分配给投资者的行为。利润分配的过程和结果不仅关系到每个股东的合法权益是否得到保障，而且还关系到企业的未来发展。

1. 利润分配的顺序

　　企业向投资者分配利润，应按一定的顺序进行。按照我国《公司法》的有关规定，利润分配应按下列顺序进行：

（1）计算可供分配的利润

　　企业在利润分配前，应根据本年净利润（或亏损）与年初未分配利润（或亏损）、其他转入的金额（如盈余公积弥补的亏损）等项目，计算可供分配的利润，即：

　　　　可供分配的利润＝净利润（或亏损）＋年初未分配利润－弥补以前年度的亏损
　　　　　　　　　　　＋其他转入的金额　　　　　　　　　　　　　　　　　　（式5-11）

　　如果可供分配的利润为负数（即累计亏损），则不能进行后续分配；如果可供分配利润为正数（即累计盈利），则可进行后续分配。

（2）提取法定盈余公积

　　按照《公司法》的有关规定，公司应当按照当年净利润（抵减年初累计亏损后）的10％提取法定盈余公积，提取的法定盈余公积累计额超过注册资本50％以上的，可以不再提取。

（3）提取任意盈余公积

　　公司提取法定盈余公积后，经股东会或者股东大会决议，还可以从净利润中提取任意盈余公积。

（4）向投资者分配利润（或股利）

　　企业可供分配的利润扣除提取的盈余公积后，形成可供投资者分配的利润，即：

　　　　　　可供投资者分配的利润 ＝ 可供分配的利润 － 提取的盈余公积　　　（式5-12）

企业可采用现金股利、股票股利和财产股利等形式向投资者分配利润(或股利)。

2. 账户设置

企业通常设置以下账户对利润分配业务进行会计核算：

(1) 利润分配

"利润分配"账户属于所有者权益类账户，用以核算企业利润的分配(或亏损的弥补)和历年分配(或弥补)后的余额。该账户借方登记实际分配的利润额，包括提取的盈余公积和分配给投资者的利润，以及年末从"本年利润"账户转入的全年发生的净亏损；贷方登记用盈余公积弥补的亏损额等其他转入数，以及年末从"本年利润"账户转入的全年实现的净利润。年末，应将"利润分配"账户下的其他明细账户的余额转入"未分配利润"明细账户，结转后，除"未分配利润"明细账户可能有余额外，其他各个明细账户均无余额。"未分配利润"明细账户的贷方余额为历年累积的未分配利润(即可供以后年度分配的利润)，借方余额为历年累积的未弥补亏损(即留待以后年度弥补的亏损)。该账户应当分别"提取法定盈余公积""提取任意盈余公积""应付现金股利或利润""转作股本的股利""盈余公积补亏"和"未分配利润"等进行明细核算。

(2) 盈余公积

"盈余公积"账户属于所有者权益类账户，用以核算企业从净利润中提取的盈余公积。该账户贷方登记提取的盈余公积，即盈余公积的增加额，借方登记实际使用的盈余公积，即盈余公积的减少额。期末余额在贷方，反映企业结余的盈余公积。该账户应当分别按"法定盈余公积""任意盈余公积"进行明细核算。

(3) 应付股利

"应付股利"账户属于负债类账户，用以核算企业分配的现金股利或利润。该账户贷方登记应付给投资者股利或利润的增加额；借方登记实际支付给投资者的股利或利润，即应付股利的减少额。期末余额在贷方，反映企业应付未付的现金股利或利润。该账户可按投资者进行明细核算。

3. 账务处理

(1) 结转本年利润的账务处理

会计期末，企业应将当年实现的净利润转入"利润分配——未分配利润"账户，即借记"本年利润"账户，贷记"利润分配——未分配利润"账户，如为净亏损，则作相反会计分录。结转前，如果"利润分配——未分配利润"明细账户的余额在借方，上述结转当年所实现净利润的分录同时反映了当年实现的净利润自动弥补以前年度亏损的情况。因此，在用当年实现的净利润弥补以前年度亏损时，无需另行编制会计分录。

【例5-25】 某企业20××年12月1日"本年利润"账户期初贷方余额980 000元，12月份实现利润总额100 000元。假设没有其他税前调整项目，企业适用所得税率为25%。

要求：(1) 计算并结转12月份所得税费用。

(2) 计算12月份实现的净利润。

(3) 计算全年实现的净利润并结转。

(1) 应纳所得税额 = 应纳税所得额 × 适用税率
   = 100 000 × 25%
   = 25 000(元)

借：所得税费用　　　　　　　　　　　　　　　25 000

  贷:应交税费——应交所得税   25 000
 借:本年利润   25 000
  贷:所得税费用   25 000

(2) 净利润＝利润总额－所得税费用
    ＝100 000－25 000
    ＝75 000(元)

(3) 全年实现的净利润＝1～11月份实现的净利润＋12月份实现的净利润
         ＝980 000＋75 000
         ＝1 055 000(元)

 借:本年利润   1 055 000
  贷:利润分配——未分配利润   1 055 000

(2) 提取盈余公积的账务处理

  企业提取的法定盈余公积,借记"利润分配——提取法定盈余公积"账户,贷记"盈余公积——法定盈余公积"账户;提取的任意盈余公积,借记"利润分配——提取任意盈余公积"账户,贷记"盈余公积——任意盈余公积"账户。

 【例 5-26】 某企业 20××年全年实现净利润 1 055 000 元,根据规定按 10%计提法定盈余公积,股东大会决议按 5%计提任意盈余公积。

 要求:计算计提法定盈余公积、任意盈余公积金额,编制会计分录。

 应计提法定盈余公积金额＝1 055 000×10%＝105 500(元)

 应计提任意盈余公积金额＝1 055 000×5%＝52 750(元)

 借:利润分配——提取法定盈余公积   105 500
     ——提取任意盈余公积   52 750
  贷:盈余公积——法定盈余公积   105 500
     ——任意盈余公积   52 750

(3) 向投资者分配利润或股利的账务处理

  企业根据股东大会或类似机构审议批准的利润分配方案,按应支付的现金股利或利润,借记"利润分配——应付现金股利"账户,贷记"应付股利"等账户;以股票股利转作股本的金额,借记"利润分配——转作股本股利"账户,贷记"股本"等账户。董事会或类似机构通过的利润分配方案中拟分配的现金股利或利润,不做账务处理,但应在附注中披露。

 【例 5-27】 某企业 20××年 1 月 1 日"利润分配——未分配利润"账户期初余额 245 000元,全年实现净利润 1 055 000 元,提取法定盈余公积和任意盈余公积合计 158 250 元。经股东大会批准,按可供分配利润向投资者分配 60%现金股利。

 要求:计算应分配现金股利金额,编制会计分录。

 可供分配的利润＝净利润(或亏损)＋年初未分配利润－弥补以前年度的亏损
       ＋其他转入的金额
     ＝1 055 000＋245 000－0＋0
     ＝1 300 000(元)

 应分配现金股利金额＝1 300 000×60%＝780 000(元)

 借:利润分配——应付现金股利   780 000
  贷:应付股利   780 000

（4）盈余公积补亏的账务处理

企业发生的亏损，除用当年实现的净利润弥补外，还可使用累积的盈余公积弥补。以盈余公积弥补亏损时，借记"盈余公积"账户，贷记"利润分配——盈余公积补亏"账户。

【例5-28】 某企业20××年全年净亏损500 000元，经股东大会批准以盈余公积弥补亏损。

要求：编制会计分录。

借：盈余公积　　　　　　　　　　　　500 000
　　贷：利润分配——盈余公积补亏　　　　500 000

（5）结转利润分配的账务处理

年度终了，企业应将"利润分配"账户所属其他明细账户的余额转入该账户"未分配利润"明细账户，即借记"利润分配——未分配利润""利润分配——盈余公积补亏"等账户，贷记"利润分配——提取法定盈余公积""利润分配——提取任意盈余公积""利润分配——应付现金股利""利润分配——转作股本股利"等账户。结转后，"利润分配"账户中除"未分配利润"明细账户外，所属其他明细账户无余额。"未分配利润"明细账户的贷方余额表示累积未分配的利润，该账户如果出现借方余额，则表示累积未弥补的亏损。

【例5-29】 某企业20××年12月31日"利润分配"所属"提取法定盈余公积""提取任意盈余公积""应付现金股利"明细账户余额分别为105 500元、52 750元、780 000元，结转利润分配。

要求：编制会计分录。

借：利润分配——未分配利润　　　　　　938 250
　　贷：利润分配——提取法定盈余公积　　　105 500
　　　　　　　　——提取任意盈余公积　　　 52 750
　　　　　　　　——应付现金股利　　　　　780 000

【例5-30】 某企业20××年12月31日"利润分配——盈余公积补亏"账户余额为500 000元，结转利润分配。

要求：编制会计分录。

借：利润分配——盈余公积补亏　　　　　500 000
　　贷：利润分配——未分配利润　　　　　　500 000

5.7　工业企业主要经济业务的账务处理训练

5.7.1　案例资料及核算要求

1. 案例资料

某企业20××年11月30日有关账户余额如表5-4所示。

表 5-4 有关账户余额

20××年11月30日　　　　　　　　　　　　　　　　　　　　　单位:元

账户名称	借方余额	贷方余额	账户名称	借方余额	贷方余额
库存现金	10 000		短期借款		10 000
银行存款	200 000		应付账款		30 000
原材料	40 000		——大江公司		10 000
——甲材料	10 000		——大海公司		20 000
——乙材料	30 000		预收账款		20 000
库存商品	60 000		——大河公司		20 000
——丁产品	60 000		实收资本		500 000
固定资产	520 000		盈余公积		20 000
累计折旧		100 000	本年利润		150 000

20××年12月,该企业发生下列经济业务:

① 1日,收到A公司投入专利技术一项,协议价值100 000元。

② 1日,从大江公司购入需要安装设备一套,设备价款100 000元,增值税13 000元,设备保险费、运输费等5 000元,款未付。

③ 3日,对上述设备进行安装,领用乙材料10 000元,支付安装费用5 000元。

④ 5日,设备安装完工投入使用。

⑤ 5日,从大海公司采购材料一批,其中甲材料400千克,单价20元/千克,价款8 000元,增值税1 040元;乙材料600千克,单价15元/千克,价款9 000元,增值税1 170元。材料未运达,款未付。

⑥ 5日,银行转账支付材料运费2 180元,其中运费2 000元,增值税180元,材料运费按材料重量分配。

⑦ 6日,上述材料已运达,验收入库。

⑧ 6日,本月领用材料40 000元,其中甲材料10 000元,乙材料30 000元,生产丙产品领用10 000元,生产丁产品领用20 000元,车间一般耗用7 000元,行政管理部门领用3 000元。

⑨ 10日,销售给大河公司丁产品80件,单价2 000元/件,价款160 000元,增值税20 800元,商品已发出,货款已预收。

⑩ 15日,银行转账支付本月广告费用10 000元。

⑪ 16日,接收某社会组织捐赠设备一台,价值5 000元。

⑫ 18日,张鹤出差预借差旅费2 000元,以现金支付。

⑬ 20日,张鹤出差报销差旅费1 800元,余款以现金退回。

⑭ 22日,计提本月短期借款利息100元。

⑮ 25日,分配本月工资费用共50 000元,其中丙产品工人工资20 000元,丁产品工人工资15 000元,车间管理人员工资7 000元,行政管理人员工资8 000元。

⑯ 25日,计提本月固定资产折旧7 000元,其中生产车间固定资产折旧5 000元,行政

管理部门固定资产折旧 2 000 元。

⑰ 28 日,银行转账支付本月工资费用 50 000 元。

⑱ 30 日,按生产工时分配分配本月制造费用,丙产品生产工时 400 小时,丁产品生产工时 600 小时。

⑲ 30 日,本月投产丙产品 100 件全部生产完工,结转完工产品生产成本。

⑳ 30 日,结转本月丁产品销售成本,丁产品单位成本为 500 元。

㉑ 31 日,本月应交城市维护建设税 1 800 元,教育费附加 300 元。

㉒ 31 日,银行发来转账通知,支付本月短期借款利息 100 元。

㉓ 31 日,结转本月期间损益。

㉔ 31 日,按本月利润总额的 25% 计算并结转本月所得税费用。

㉕ 31 日,结转本年利润。

㉖ 31 日,按本年实现净利润的 10% 计提法定盈余公积。

㉗ 31 日,股东大会批准向投资者分配现金股利 100 000 元。

㉘ 31 日,结转利润分配。

2. 核算要求

根据上述资料,要求:

① 编制会计分录(写出有关明细账户,列出相关计算过程);
② 设置并登记总分类账户,结出本期发生额和期末余额;
③ 编制总分类账户试算平衡表。

5.7.2 账务处理

1. 会计分录

① 借:无形资产	100 000	
贷:实收资本——法人资本		100 000
② 借:工程物资	105 000	
应交税费——应交增值税(进行税额)	13 000	
贷:应付账款——大江公司		118 000
③ 借:在建工程	120 000	
贷:工程物资		105 000
原材料——乙材料		10 000
银行存款		5 000
④ 借:固定资产	120 000	
贷:在建工程		120 000
⑤ 借:在途物资——甲材料	8 000	
——乙材料	9 000	
应交税费——应交增值税(进项税额)	2 210	
贷:应付账款——大海公司		19 210

⑥ 运费分配率 = 2 000 ÷ (400 + 600) = 2(元/千克)

甲材料负担运费 = 2 × 400 = 800(元)

乙材料负担运费＝2×600＝1 200(元)

  借:在途物资——甲材料   800
      ——乙材料   1 200
   应交税费——应交增值税(进项税额) 180
   贷:银行存款   2 180

⑦ 甲材料采购成本＝8 000＋800＝8 800(元)
乙材料采购成本＝9 000＋1 200＝10 200(元)

  借:原材料——甲材料   8 800
     ——乙材料   10 200
   贷:在途物资——甲材料   8 800
      ——乙材料   10 200

⑧ 借:生产成本——丙产品   10 000
     ——丁产品   20 000
   制造费用   7 000
   管理费用   3 000
   贷:原材料——甲材料   10 000
     ——乙材料   30 000

⑨ 借:预收账款——大河公司   180 800
   贷:主营业务收入   160 000
    应交税费——应交增值税(销项税额) 20 800

⑩ 借:销售费用   10 000
   贷:银行存款   10 000

⑪ 借:固定资产   5 000
   贷:营业外收入   5 000

⑫ 借:其他应收款——张鹤   2 000
   贷:库存现金   2 000

⑬ 借:管理费用   1 800
   库存现金   200
   贷:其他应收款——张鹤   2 000

⑭ 借:财务费用   100
   贷:应付利息   100

⑮ 借:生产成本——丙产品   20 000
     ——丁产品   15 000
   制造费用   7 000
   管理费用   8 000
   贷:应付职工薪酬——工资   50 000

⑯ 借:制造费用   5 000
   管理费用   2 000
   贷:累计折旧   7 000

⑰ 借:应付职工薪酬——工资   50 000

    贷:银行存款 50 000
⑱ 制造费用总额＝7 000＋7 000＋5 000＝19 000(元)
分配率＝19 000÷(400＋600)＝19(元/小时)
丙产品分配的制造费用＝19×400＝7 600(元)
丁产品分配的制造费用＝19×600＝11 400(元)
    借:生产成本——丙产品 7 600
            ——丁产品 11 400
        贷:制造费用 19 000
⑲ 丙产品总成本＝10 000＋20 000＋7 600＝37 600(元)
    借:库存商品——丙产品 37 600
        贷:生产成本——丙产品 37 600
⑳ 丁产品销售成本＝500×80＝40 000(元)
    借:主营业务成本 40 000
        贷:库存商品——丁产品 40 000
㉑ 借:税金及附加 2 100
    贷:应交税费——应交城市维护建设税 1 800
            ——应交教育费附加 300
㉒ 借:应付利息 100
    贷:银行存款 100
㉓ 借:主营业务收入 160 000
        营业外收入 5 000
    贷:本年利润 165 000
    借:本年利润 67 000
        贷:主营业务成本 40 000
            税金及附加 2 100
            销售费用 10 000
            管理费用 14 800
            财务费用 100
管理费用总额＝3 000＋1 800＋8 000＋2 000＝14 800(元)
㉔ 应纳所得税额＝(165 000－67 000)×25％＝24 500(元)
    借:所得税费用 24 500
        贷:应交税费——应交所得税 24 500
    借:本年利润 24 500
        贷:所得税费用 24 500
㉕ 本年累计实现净利润＝150 000＋(165 000－67 000－24 500)
            ＝223 500(元)
    借:本年利润 223 500
        贷:利润分配——未分配利润 223 500
㉖ 提取法定盈余公积金额＝223 500×10％＝22 350(元)
    借:利润分配——提取法定盈余公积 22 350

	贷:盈余公积——法定盈余公积	22 350
㉗	借:利润分配——应付现金股利	100 000
	贷:应付股利	100 000
㉘	借:利润分配——未分配利润	122 350
	贷:利润分配——提取法定盈余公积	22 350
	——应付现金股利	100 000

2. 登记账户

登记账户如图 5-2～图 5-33 所示。

库存现金	
10 000	
⑬ 200	⑫ 2 000
200	2 000
8 200	

图 5-2

银行存款	
200 000	
	③ 5 000
	⑥ 2 180
	⑩ 10 000
	⑰ 50 000
	㉒ 100
	67 280
132 720	

图 5-3

其他应收款	
⑫ 2 000	⑬ 2 000
2 000	2 000

图 5-4

在途物资	
⑤ 17 000	⑦ 19 000
⑥ 2 000	
19 000	19 000

图 5-5

原材料	
40 000	
⑦ 19 000	③ 10 000
	⑧ 40 000
19 000	50 000
9 000	

图 5-6

库存商品	
60 000	
⑲ 37 600	⑳ 40 000
37 600	40 000
57 600	

图 5-7

工程物资	
② 105 000	③ 105 000
105 000	105 000

图 5-8

在建工程	
③ 120 000	④ 120 000
120 000	120 000

图 5-9

固定资产	
520 000	
④ 120 000	
⑪ 5 000	
125 000	
645 000	

图 5-10

累计折旧	
	100 000
	⑯ 7 000
	7 000
	107 000

图 5-11

无形资产	
① 100 000	
100 000	
100 000	

图 5-12

短期借款	
	10 000
	10 000

图 5-13

应付账款	
	30 000
② 118 000	
⑤ 19 210	
137 210	
	167 210

图 5-14

预收账款	
	20 000
⑨ 180 800	
180 800	
	160 800

图 5-15

应付利息	
㉒ 100	⑭ 100
100	100

图 5-16

应付股利	
	㉗ 100 000
	100 000
	100 000

图 5-17

应付职工薪酬	
⑰ 50 000	⑮ 50 000
50 000	50 000

图 5-18

应交税费	
② 13 000	⑨ 20 800
⑤ 2 210	㉑ 2 100
⑥ 180	㉕ 24 500
15 390	47 400
	32 010

图 5-19

实收资本	
	500 000
	① 100 000
	100 000
	600 000

图 5-20

盈余公积	
	20 000
	㉖ 22 350
	22 350
	42 350

图 5-21

本年利润	
㉓ 67 000	150 000
㉔ 24 500	㉓ 165 000
㉕ 223 500	
315 000	165 000

图 5-22

利润分配	
㉖ 22 350	㉕ 223 500
㉗ 100 000	㉘ 122 350
㉘ 122 350	
244 700	345 850
	101 150

图 5-23

生产成本	
⑧ 30 000	⑲ 37 600
⑮ 35 000	
⑱ 19 000	
84 000	37 600
46 400	

图 5-24

制造费用	
⑧ 7 000	⑱ 19 000
⑮ 7 000	
⑯ 5 000	
19 000	19 000

图 5-25

主营业务收入	
㉓ 160 000	⑨ 160 000
160 000	160 000

图 5-26

营业外收入	
㉓ 5 000	⑪ 5 000
5 000	5 000

图 5-27

主营业务成本	
⑳ 40 000	㉓ 40 000
40 000	40 000

图 5-28

税金及附加	
㉑ 2 100	㉓ 2 100
2 100	2 100

图 5-29

销售费用	
⑩ 10 000	㉓ 10 000
10 000	10 000

图 5-30

管理费用	
⑧ 3 000	㉓ 14 800
⑬ 1 800	
⑮ 8 000	
⑯ 2 000	
14 800	14 800

图 5-31

财务费用	
⑭ 100	㉓ 100
100	100

图 5-32

所得税费用	
㉔ 24 500	㉔ 24 500
24 500	24 500

图 5-33

3. 试算平衡

试算平衡表如表 5-5 所示。

表 5-5　试算平衡表

20ＸＸ年 12 月 31 日　　　　　　　　　　　　　　　　　　　　单位：元

账户名称	期初余额		本期发生额		期末余额	
	借方	贷方	借方	贷方	借方	贷方
库存现金	10 000		200	2 000	8 200	
银行存款	200 000			67 280	132 720	
其他应收款			2 000	2 000		
在途物资			19 000	19 000		
原材料	40 000		19 000	50 000	9 000	
库存商品	60 000		37 600	40 000	57 600	
工程物资			105 000	105 000		
在建工程			120 000	120 000		
固定资产	520 000		125 000		645 000	
累计折旧		100 000		7 000		107 000
无形资产			100 000		100 000	
短期借款		10 000				10 000

续表

账户名称	期初余额		本期发生额		期末余额	
	借方	贷方	借方	贷方	借方	贷方
应付账款		30 000		137 210		167 210
预收账款		20 000	180 800		160 800	
应付利息			100	100		
应付股利				100 000		100 000
应付职工薪酬			50 000	50 000		
应交税费			15 390	47 400		32 010
实收资本		500 000		100 000		600 000
盈余公积		20 000		22 350		42 350
本年利润		150 000	315 000	165 000		
利润分配			244 700	345 850		101 150
生产成本			84 000	37 600	46 400	
制造费用			19 000	19 000		
主营业务收入			160 000	160 000		
营业外收入			5 000	5 000		
主营业务成本			40 000	40 000		
税金及附加			2 100	2 100		
销售费用			10 000	10 000		
管理费用			14 800	14 800		
财务费用			100	100		
所得税费用			24 500	24 500		
合计	830 000	830 000	1 693 290	1 693 290	1 159 720	1 159 720

本章小结

工业企业是以产品的生产和销售为主要活动内容的经济组织，其主要经济业务内容包括资金筹集业务、生产准备业务、产品生产业务、产品销售业务、财务成果形成与分配业务等。资金筹集业务是工业企业资金运动的起点，是指企业从各种不同的来源，用各种不同的方式筹集其生产经营过程中所需要的资金，按资金来源通常分为所有者权益筹资和负债筹资。所有者权益筹资形成所有者的权益，包括投资者的投资及其增值，这部分资本的所有者既享有企业的经营收益，也承担企业的经营风险；负债筹资形成债权人的权益，主要包括企业向债权人借入的资金和结算形成的负债资金等，这部分资本的所有者享有按约收回本金和利息的权利。工业企业筹措了一定数量的资金之后，紧接着就是做好生产准备活动，主要活动内容一方面是购建厂房、机器、设备等固定资产，另一方面是采购生产产品需要的各种原材料。工业企业在完成生产准备工作之后,接下来就是组织产品生产,这是工业企业基本经济业务的中心环节,也是各项生产要素的耗费过程。各项生产费用的发生、归集和分配,以及产品成本的形成与计算,是产品生产业务账务处理的主要内容。销售过程是企业日常生产经营活动的最后阶段,企业一方面销售产品取得收入,办理货款结算,使企业的生产耗费得到补偿;另一方面支付各种销售费用,结转产品的销售成本,计算缴纳企业销售活动应负担的税金及附加;除此之外企业还会发生一些其他销售业务,如材料销售、出租出借等,取得其他业务收入和发生其他业务成本。工业企业在销售活动中实现销售收入,并发生销售成本、税金及附加,是实现生产经营成果的一个主要部分,但并不是最终的财务成果。财务成果是企业在一定会计期间经营活动的成果,是企业所实现的利润。确定企业的利润和对利润进行分配,是财务成果形成与分配业务核算的主要内容。工业企业的生产准备业务、产品生产业务、产品销售业务以及与之相联系的资金筹集业务和财务成果形成与分配业务,每一部分业务都要设置一些账户核算其内容,这些账户各自具有不同的性质、用途和结构,在每一部分业务核算中,这些账户形成了应借、应贷的对应关系。从企业的全部经济业务核算的角度看,所有账户形成了一个科学、完整的账户体系。工业企业从筹集资金开始,购买设备、材料,消耗材料,支付工资及各项费用,销售产品并取得收入,计算盈亏及对财务成果进行分配等一系列经济业务发生后,运用借贷记账法在各个账户中记录、计算、归集、分配和结转有关数据,完成对各项经济业务的账户处理。

思 考 题

1. 工业企业主要有哪些经济业务?
2. 资金筹集业务主要核算内容是什么?如何设置账户核算?
3. 生产准备业务主要核算内容是什么?如何设置账户核算?
4. 产品生产业务主要核算内容是什么?如何设置账户核算?
5. 销售业务主要核算内容是什么?如何设置账户核算?
6. 财务成果形成与分配业务主要核算内容是什么?如何设置账户核算?

第6章

会计凭证

学习目标

通过本章教学，要求学生了解会计凭证的概念，理解填制和审核会计凭证的意义，了解会计凭证的分类及相关概念，掌握各类会计凭证的填制要求和常用会计凭证的填制方法；理解会计凭证审核要求及审核要点；了解会计凭证传递和保管的概念和要求。

知识构图

会计凭证
- 会计凭证概述
  - 会计凭证的概念与作用
    - 会计凭证的概念
    - 会计凭证的作用
  - 会计凭证分类
    - 原始凭证
    - 记账凭证
    - 按凭证的用途分类
    - 按凭证包括的内容分类方式分类
- 原始凭证
  - 原始凭证的种类
    - 按格式分类
    - 按填制的手续和内容分类
    - 按取得的来源分类
    - 按用途分类
  - 原始凭证的基本内容
  - 原始凭证的填制
    - 常用原始凭证的填制
  - 原始凭证填制的基本要求
    - 正确性
    - 及时性
    - 完整性
    - 合理性
    - 合法性
    - 真实性
  - 原始凭证的审核
- 记账凭证
  - 记账凭证的种类
    - 记账凭证的用途分类
    - 按凭证包括的内容分类
  - 记账凭证的基本内容
  - 记账凭证的填制
    - 记账凭证填制的基本要求
    - 记账凭证填制的具体要求
    - 常用记账凭证的填制
    - 记账凭证中的常见错误
  - 记账凭证的审核
- 会计凭证的传递与保管
  - 会计凭证的传递
    - 传递路线
    - 传递时间
    - 衔接手续
  - 会计凭证的保管
    - 会计凭证的装订
    - 会计凭证的归档
    - 会计凭证的保管期限与销毁
  - 记账凭证错误的更正

6.1　会计凭证概述

6.1.1　会计凭证的概念与作用

会计记录必须如实反映会计主体的经营活动情况,做到有根有据。为此,会计工作要在经济业务发生时,由执行或完成该项经济业务的有关人员从外部取得或自行填制适当的证明文件,说明经济业务的内容、数量和金额,并在文件上签名、盖章,对经济业务的可靠性负责。这种证明文件即会计凭证。

1. 会计凭证的概念

会计凭证简称凭证,是记录经济业务、明确经济责任的书面证明,是登记账簿的依据。为了保证会计记录能如实反映企业的经济活动情况,保证账户记录的真实性、准确性,记账必须严格以会计凭证为依据。

一切单位每发生一项经济业务,都必须由执行和完成该项经济业务的有关人员取得或填制会计凭证,并在凭证上签名、盖章,以对凭证的真实性和合法性负责。会计凭证的内容和数字,经过有关人员严格审核、确认无误后,才能作为登记账簿的依据。

2. 会计凭证的作用

根据凭证记账、处理经济业务是会计核算的一个基本原则。填制和审核会计凭证,是会计核算方法之一,同时也是整个日常会计核算工作的起点和基础。认真填制和严格审核会计凭证,对于完成会计任务、发挥会计在经济管理中的作用具有重要的意义,主要包括以下几个方面:

① 填制和审核会计凭证,可以准确、及时地反映各项经济业务的完成情况。对于任何一项经济业务,首先要填制或取得凭证,对凭证进行严格的审核,然后才能记入账簿。这样,就能够把经常发生的各种各样经济业务准确、及时地反映出来,从而能够为账簿记录提供可靠的依据,为分析和检查经济活动和财务收支情况提供必要的原始资料。

② 填制和审核会计凭证,可以发挥会计的监督和检查作用。记账前对会计凭证的审核,可以查明各项经济业务是否符合各项政策和财经制度,查明各项经济业务中有无违法乱纪行为。从而促进各单位和经办人员树立遵纪守法的观念,促进各单位建立健全必要的规章制度,堵塞漏洞,确保资产所有者和债权人的财产安全和完整。

③ 填制和审核会计凭证,可以明确经济责任,加强岗位责任制。所有的会计凭证都必须经过有关单位和人员签章,因此可以加强经办人员的责任心,促使他们严格按照有关政策和制度办事,日后即使出现问题,也可及时查明责任,有利于岗位责任制的落实。同时,通过凭证的审核,能及时发现经营管理中存在的问题,有利于及时采取措施,改进工作,进一步完善岗位责任制。

6.1.2　会计凭证的种类

在会计工作中,一切账簿记录,都必须以会计凭证为依据。会计凭证是记载经济业务的,而各单位的经济业务是繁杂多样的。因此,会计凭证也就多种多样,其具体内容与格式也因各单位经济业务内容和管理要求的不同而有所区别。

会计凭证多种多样,可以按照不同的标准进行分类。为了便于研究、掌握和正确使用凭证,在会计理论和实践上,会计凭证按其填制程序和用途可分为原始凭证和记账凭证两大类。

1. 原始凭证

原始凭证,又称单据,是指在经济业务发生或完成时取得或填制的,用以记录和证明经济业务发生或完成情况的凭证。原始凭证主要起证明属于会计事项的经济业务实际发生和完成情况的作用,因此凡是不能起到这种作用的一切单据,如材料或商品请购单、经济合同、派工单等,不能作为进行会计核算的原始凭证,而只能作为原始凭证的附件。

原始凭证是填制记账凭证或登记账簿的原始依据,是重要的会计核算资料。各单位在发生或完成经济业务时,不但必须取得或填制原始凭证,还应及时地将原始凭证送交本单位会计机构或专职会计人员,以保证会计工作的顺利进行。

2. 记账凭证

记账凭证,又称记账凭单、传票,是指会计人员根据审核无误的原始凭证按照经济业务的内容加以归类,并据以确定会计分录后所填制的会计凭证。它是登记账簿的直接依据。

企业在日常经营管理中发生的经济业务繁杂多样,反映这些经济业务的原始凭证也千差万别、式样众多,并且原始凭证所记录经济业务的内容,不能明确记入账户的名称和借、贷方向,不能完全满足会计核算的需要。因此,必须在审核无误的基础上,对原始凭证进行归类、整理,然后填制记账凭证。在记账凭证中,要为有关原始凭证记载的某项经济业务确定会计分录,即确定记载该项经济业务的账户、方向和金额。这样,便于根据记账凭证,进行会计账簿的登记。原始凭证是记账凭证的重要附件和依据,由于两种凭证之间存在着依存和制约关系,填制记账凭证有利于防止和减少差错的发生,保证账簿记录的正确性。

6.2　原　始　凭　证

6.2.1　原始凭证的种类

原始凭证可以按照取得来源、格式、填制的手续和内容进行分类。

1. 按取得的来源分类

原始凭证按照取得的来源可分为自制原始凭证和外来原始凭证。

(1) 自制原始凭证

自制原始凭证是指由本单位有关部门和人员,在执行或完成某项经济业务时填制的,仅供本单位内部使用的原始凭证,如收料单、领料单、开工单、成本计算单、出库单等。

（2）外来原始凭证

外来原始凭证是指在经济业务发生或完成时,从其他单位或个人直接取得的原始凭证,如发票,飞机和火车的票据,银行收付款通知单,上缴税款的收据,企业购买商品、材料时从供货单位取得的发货票等。

2. 按填制的手续和内容分类

原始凭证按照填制的手续和内容可分为一次凭证、累计凭证和汇总凭证。

（1）一次凭证

一次凭证是指一次填制完成,只记录一笔经济业务且仅一次有效的原始凭证。如各种外来原始凭证都是一次凭证;企业有关部门领用材料的领料单、职工借款单、购进材料入库单以及根据账簿记录和经济业务的需要而编制的记账编制凭证,如材料费用分配表、固定资产折旧计算表等都是一次凭证。

（2）累计凭证

累计凭证是指在一定时期内多次记录发生的同类型经济业务且多次有效的原始凭证。累计凭证的填制手续并非一次完成,而是随着经济业务陆续发生而分次进行,如限额领料单,故称累计凭证。使用累计凭证可以减少原始凭证张数和简化填制手续,还能提供一些一次性凭证所不能提供的汇总指标。

（3）汇总凭证

汇总凭证是指根据一定时期内反映相同经济业务的多张原始凭证,汇总编制而成的自制原始凭证,以集中反映某项经济业务总括发生情况,如工资汇总表、现金收入汇总表、发料凭证汇总表等。汇总凭证既可以简化会计核算工作,又便于进行经济业务的分析比较。

3. 按照格式分类

原始凭证按照格式的不同可分为通用凭证和专用凭证。

（1）通用凭证

通用凭证是指由有关部门统一印制、在一定范围内使用的具有统一格式和使用方法的原始凭证,如增值税发票、银行结算凭证等。

（2）专用凭证

专用凭证是指由单位自行印制、仅在本单位内部使用的原始凭证,如收料单、领料单、工资费用分配表、折旧计算表等。

4. 按用途分类

原始凭证按照用途的不同,可分为通知凭证、执行凭证和计算凭证。

（1）通知凭证

通知凭证是指要求、指示或命令企业进行某些经济业务的原始凭证,如收款通知书、付款通知书、罚款通知书等。

（2）执行凭证

执行凭证是证明某些经济业务已经完成的原始凭证,如产品入库单、销货发票等。

（3）计算凭证

计算凭证是指是对已经进行或完成的经济业务进行计算而编制的原始凭证,如工资计算表、产品成本计算单、制造费用分配表等。

6.2.2 原始凭证的基本内容

原始凭证的格式和内容因经济业务和经营管理的不同而有所差异,但无论哪种原始凭证,都必须具备以下基本内容,这些内容我们称之为凭证要素。

① 凭证的名称。标明原始凭证所记录经济业务内容的种类,反映原始凭证的用途,如发票、收据、领料单等。

② 凭证的日期与编号。原始凭证填制的日期应为会计事项发生或完成的日期,以保证会计信息的及时性。如果企业因为种种原因未能在交易或事项发生时及时填制原始凭证,应以实际填制日期为准。

③ 填制凭证单位的名称、公章和有关人员签章。表明出具凭证的单位和有关人员信息,明确原始凭证签发主体和具体签发人的责任。

④ 经办人员的签名、盖章。经办人员签名、盖章是为了通过该项内容明确经济责任。

⑤ 接受凭证单位或个人名称。接收凭证单位与填制凭证单位或个人相联系,可以表明交易或事项的来龙去脉。

⑥ 经济业务内容。即经济业务摘要,表明经济业务的项目、名称及有关附注说明。

⑦ 数量、单价和金额。表明经济业务的计量,这是原始凭证的核心内容,因为会计信息主要是通过对与交易或事项有关的数据加工而成。

原始凭证的内容不仅应满足财务、会计工作的需要,还应满足计划、统计和其他业务方面的需要。因此,有些原始凭证记录的内容还要列入有关计划任务、预算项目等作为补充内容。

6.2.3 原始凭证的填制

原始凭证所提供的数据,是会计核算的原始资料和重要根据,是具有法律效力的证明材料。因此,填制凭证是一项严肃的工作,会计人员和有关经办人员必须按要求进行填制。

1. 原始凭证填制的基本要求

原始凭证的填制必须符合下列要求:

(1) 记录真实

原始凭证要依据真实的业务进行填制,内容和数字必须真实可靠,符合有关经济业务的实际情况,不得伪造、变造原始凭证。这是填制凭证的最基本要求。

(2) 内容完整

即原始凭证中规定的项目,必须逐项填写齐全,不得遗漏。尤其需要注意的是:年、月、日都要按照填制原始凭证的实际日期填写;名称要书写齐全,不能简化;品名或用途要填写明确,不能含糊不清;有关人员的签名和盖章要齐全。

(3) 手续完备

从外单位取得的原始凭证,必须盖有填制单位的公章;从个人处取得的原始凭证,必须有填制人员的签名或签章;自制原始凭证必须有经办部门负责人或其指定人员的签名或盖章;对外开出的原始凭证,必须加盖本单位的公章。所谓公章,是具有法律效力和规定用途、能够证明单位身份和性质的印鉴,如业务公章、财务专用章、发票专用章、收款专用章等。

（4）书写清楚、规范

原始凭证的填写一般要用蓝黑或碳素墨水书写，一式多联原始凭证可用蓝、黑色圆珠笔复写，字迹清晰、端正，易于辨认；文字不得使用未经国务院公布的简化字；一式多联的原始凭证需要一次套写清楚，各联字迹必须清晰。大小写金额书写要规范，需符合以下要求：

① 阿拉伯数字不得连笔书写，阿拉伯金额数字前面应填写人民币符号"￥"，人民币符号"￥"与阿拉伯金额数字之间不得留有空白。根据习惯，阿拉伯数字在书写时应有一定的斜度，即数码的中心斜线与底平线呈60度的夹角。

② 所有以"元"为单位的阿拉伯数字，除表示单价等情况外，一律填写到角分，无角分的，角位和分位可写"00"，或划符号"—"，有角无分的，分位应写"0"，不得用符号"—"代替。

③ 汉字大写金额数字，一律用正楷字或行书字书写，如壹、贰、叁、肆、伍、陆、柒、捌、玖、拾、佰、仟、万、亿、圆（元）、角、分、零、整（正）等易于辨认、不易涂改的字样。不得用一、二（两）、三、四、五、六、七、八、九、十、毛、另（或0）等字样代替，不得任意自造或简化汉字。

④ 大写金额数字前未印有货币名称的，应加填货币名称，货币名称与金额数字之间不得留有空白。

⑤ 大写金额数字到元或者角为止的，在"元"或者"角"字之后应当写"整"字；大写金额数字写到分位的，"分"字后面不写"整"字。

⑥ 阿拉伯金额数字中间有"0"时，汉字大写金额要写"零"字，如￥101.00，汉字大写金额应写成"人民币壹佰零壹圆整"。阿拉伯金额数字中间连续有几个"0"时，汉字大写金额中可以只写一个"零"字，如￥1 001.00，汉字大写金额应写成"人民币壹仟零壹圆整"。阿拉伯金额数字元位是"0"，或者数字中间连续有几个"0"，元位也是"0"，但角位不是"0"时，汉字大写金额可以只写一个"零"字，也可以不写"零"字，如￥57 000.60元，可以写成"人民币伍万柒仟元零陆角整"，也可以写成"人民币伍万柒仟元陆角整"。

⑦ 文字、数字的高度应占凭证横格高度的1/2为宜，使上方能留出一定空位，以便需要更正时可以再次书写。

（5）连续编号

各种凭证都必须连续编号，以备查考。一式几联的发票和收据，除本身具备复写功能以外的，必须用双面复写纸套写，并连续编号，作废时应加盖"作废"戳记，连同存根一起保存，不得撕毁。

（6）不得涂改、刮擦、挖补

原始凭证记载的各项内容均不得涂改，随意涂改的原始凭证为无效凭证，不得作为填制记账凭证或记录会计账簿的依据。原始凭证记载的内容有错误的，应当由出具单位重开或者更正，更正工作由原始凭证出具单位进行，并在更正处加盖出具单位印章，重新开具原始凭证也应由原始凭证开具单位进行；原始凭证金额有错误的，不得在原始凭证上更正，只能由出具单位重开。

（7）填制及时

会计核算的及时性原则要求原始凭证在经济业务发生或完成时应立即填制，不得提前或拖延，做到不误时、不积压，并按规定程序及时审核、传递，以便及时编制记账凭证、登记账簿，保证会计信息的时效性。

2. 常用原始凭证的填制

不同的原始凭证，具体填制内容、方法和要求也有所不同。

(1) 一次凭证的填制

一次凭证应在经济业务发生或完成时,由相关业务人员一次填制完成。该凭证往往只能反映一项经济业务,或者同时反映若干项同一性质的经济业务。下面介绍几种常用的一次性凭证的填制方法。

① 收料单。收料单是企业购进材料验收入库时,由仓库保管人员填制的一次性原始凭证。企业外购材料,都应履行入库手续,由仓库保管人员根据供应单位开来的发票账单严格审核,对运达的材料认真计量,并按实收数量认真填制。收料单通常是一料一单,格式如表6-1所示。

表 6-1 收料单

供应单位：　　　　　　　　　　　　　　　　　　　　　　凭证编号：
发票编号：　　　　　　　　　　年　月　日　　　　　　　收料仓库：

材料编号	材料名称及规格	计量单位	数量		实际成本			
			应收	实收	单价	发票价格	运杂费	合计
备注								

核算：　　　　主管：　　　　收料：　　　　交料：　　　　制单：

收料单一般一式三联：一联随发票账单到会计部门报账,会计据以进行材料增加的核算;一联留仓库,据以登记材料物资明细账、卡;一联交采购人员保存备查。

② 领料单。领料单是由领料车间、班组向仓库领取材料时填制的。仓库发料时,填写实发数量,并由领、发料等人签章,以明确责任。为了便于分类汇总,领料单通常一料一单地填制,格式如表6-2所示。

表 6-2 领料单

领料部门：　　　　　　　　　　年　月　日　　　　　　　凭证编号：

材料编号	材料名称及规格	计量单位	请领数量	实发数量	价格		备注
					单价	金额	
用途							

核算：　　　　主管：　　　　发料：　　　　领料：　　　　制单：

领料单一般一式三联：一联会计据以进行发出材料的核算；一联留仓库，据以登记材料物资明细账、卡；一联交领料人员保存备查。

③ 收据。收据是企业因相关业务而收取租金、押金、罚金时，由出纳人员负责填写的一次性原始凭证。收据应按编号顺序使用，格式如图 6-1 所示。

收 款 收 据　　№ 00000001

年　月　日

交款单位 ________	收款方式 ________
人民币（大写）________	¥
收款事由 ________	

主管：　　会计：　　记账：　　出纳：　　经办人：

图 6-1　收据

收据一般为一式三联：第一联为存根联；第二联为收据联，交给付款人记账；第三联为记账联，收款人据以进行记账。收据全部联次一次套写完成，并加盖单位财务专用章和收款人名章。

④ 支票。支票是企业常用的经济凭证。当企业因购买商品、接受劳务或其他事项而签发支票，委托开户银行在见票时无条件支付确定金额给收款人或持票人。支票由出纳人员负责填写，按编号顺序使用，下面以转账支票为例说明其填制方法。转账支票格式如图 6-2 所示。

中国建设银行 转账支票存根 （皖）合肥

$\frac{EJ}{02}$0818000088

附加信息________

出票日期　年　月　日

收款人:	
金　额:	
用　途:	

单位主管:　　会计:

本支票付款期限十天

中国建设银行　转账支票　（皖）合肥　$\frac{EJ}{02}$0818000088

出票日期(大写)　年　月　日　　付款行名称：

收款人：　　出票人账号：

人民币(大写)	亿	千	百	十	万	千	百	十	元	角	分

用途 ________　　科目(借) ....

上列款项请从我账户内支付　　对方科目(贷) ....

出票人签章　　转账日期　年　月　日

复核　　记账

图 6-2　转账支票

支票基本联次为二联，即支票存根联和支票正联。转账支票正联由付款单位填制并加盖印章后交给收款单位，由收款单位据以填制“进账单”后一并送存其开户银行，银行转账后作为转账的原始凭证。转账支票的存根联由付款单位作为贷记“银行存款”账户的原始凭证。

⑤ 进账单。进账单是企业经常使用的经济凭证。当企业因向开户行送交支票、银行本票等办理银行存款收入业务时，应当填写进账单。进账单由在银行开立存款账户单位的财会人员负责填写，格式如图 6-3 所示。

```
           中国建设银行 进账单 (回   单)            1
                        年   月   日
   出  全   称                收  全   称
   票  账   号                款  账   号
   人  开户银行               人  开户银行
                                          亿千百十万千百十元角分
      人民币
      (大写)

   票据种类         票据张数
   票据号码
            复核        记账           开户银行签章
```

图 6-3 进账单

进账单的基本联次为三联：第一联为回单联，此联是出票人开户行交给出票人的回执，说明银行已经受理了该项业务，企业不能将其作为记账的依据；第二联贷方凭证联，此联由收款人开户行作为增加收款人银行存款的贷方凭证；第三联为收账通知联，此联是收款人开户银行交给收款人的收款通知，收款人将其作为借记"银行存款"账户的原始凭证。

⑥ 发票。发票是单位和个人在购销商品、提供或者接受服务以及其他经营活动中，开具、取得的收付款凭证，是会计核算的原始依据。发票只能证明业务发生了，不能证明款项是否收付。我国有权征收税费的机关有财政、税务、海关及相关行业部门，财政及相关行业主管部门都使用行政专用收款收据；发票实行全国统一，发票联套印椭圆"发票监制章"，上环刻制"全国统一发票监制章"字样，下环刻有"税务局监制"字样，中间刻制监制税务机关所在地省(市、区)、市(县)的全称或简称。发票的种类繁多，主要是按行业特点和纳税人的生产经营项目分类，每种发票都有特定的使用范围。根据我国现行税制，发票可分为增值税专用发票和普通发票两大类。

a. 增值税专用发票

增值税专用发票是由国家税务总局监制设计印制的，只限于增值税一般纳税人领购使用的，既作为纳税人反映经济活动中的重要会计凭证，又是兼记销货方纳税义务和购货方进项税额的合法证明；是增值税计算和管理中重要的决定性的合法的专用发票。增值税专用发票由企业的财务部门负责填写，按编号顺序使用，格式如图 6-4、图 6-5 所示。

增值税专用发票由基本联次或者基本联次附加其他联次构成，基本联次为三联：发票联、抵扣联和记账联。发票联，作为购买方核算采购成本和增值税进项税额的记账凭证；抵扣联，作为购买方报送主管税务机关认证和留存备查的凭证；记账联，作为销售方核算销售收入和增值税销项税额的记账凭证。发票三联是具有复写功能的，一次开具。

货物运输业增值税专用发票分为三联票和六联票：第一联为记账联，承运人记账凭证；第二联为抵扣联，受票方扣税凭证；第三联为发票联，受票方记账凭证；第四联至第六联由发票使用单位自行安排使用。

b. 普通发票

普通发票是指在购销商品、提供或接受服务以及从事其他经营活动中，所开具和收取的收付款凭证。它是相对于增值税专用发票而言的，任何单位和个人在购销商品、提供或接受服务以及从事其他经营活动中，除增值税一般纳税人开具和收取的增值税专用发票之外，所

3400153350　　安徽增值税专用发票　　№

全国统一发票监制章 安徽 国家税务总局监制

发票联　　　　开票日期:

购买方	名　　称: 纳税人识别号: 地址、电话: 开户银行及账号:	密码区					
货物或应税劳务、服务名称	规格型号	单位	数　量	单　价	金　额	税率	税　额
合　　计							
价税合计（大写）				（小写）			
销售方	名　　称: 纳税人识别号: 地址、电话: 开户银行及账号:	备注					

收款人:　　　　复核:　　　　开票人:　　　　销售方:（章）

图 6-4　增值税专用发票

3400153388　　货物运输业增值税专用发票　　№

全国统一发票监制章 安徽 国家税务总局监制

发票联　　　　开票日期:

承运人及纳税人识别号		密码区	
实际受票方及纳税人识别号			
收货人及纳税人识别号		发货人及纳税人识别号	
起运地、经由、到达地			
费用项目及金额		运输货物信息	
合计金额	税率	税额	机器编号
价税合计（大写）		（小写）	
车种车号	车船吨位	备注	
主管税务机关及代码			

收款人:　　　　复核:　　　　开票人:　　　　销售方:（章）

图 6-5　货物运输业增值税专用发票

开具和收取的各种收付款凭证均为普通发票。普通发票由行业发票和专用发票组成，前者适用于某个行业和经营业务，如增值税普通发票等；后者仅适用于某一经营项目，如机动车统一销售发票、二手车销售统一发票等。格式如图 6-6、图 6-7、图 6-8 所示。

图 6-6　增值税普通发票

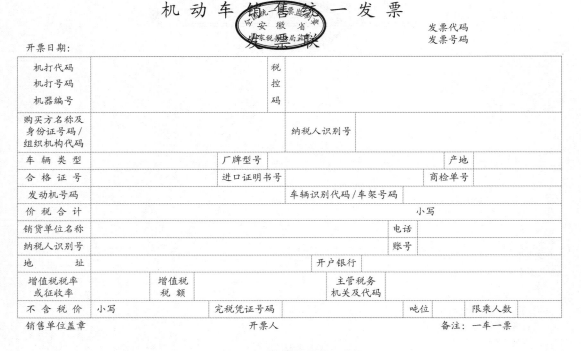

图 6-7　机动车销售统一发票

增值税普通发票分为二联票和五联票：第一联为记账联，销货方记账凭证；第二联为发票联，购货方扣税凭证；第三联至第五联由发票使用单位自行安排使用。

机动车销售统一发票为电脑六联式发票：第一联为发票联，购货单位付款凭证，印色为棕色；第二联为抵扣联，购货单位扣税凭证，印色为绿色；第三联为报税联，车购税征收单位

二手车销售统一发票

开票日期：　　　　　　　　　　　　　　　　　　　　　　　　　　　　发票代码
　　　　　　　　　　　　　　　　　　　　　　　　　　　　　　　　　发票号码

机打代码		税	
机打号码		控	
机器编号		码	

买方单位/个人		单位代码/身份证号码		
买方单位/个人住址			电话	
卖方单位/个人		单位代码/身份证号码		
卖方单位/个人住址			电话	
车牌照号		登记证号		车辆类型	
车架号/车辆识别代码		车牌型号		转入地车辆管理所名称	
车价合计（大写）				小写	
经营、拍卖单位					
经营、拍卖单位地址			纳税人识别号		
开户银行、账号				电话	
二手车市场		纳税人识别号			
		地　址			
开户银行、账号				电话	
备　注					

开票单位（盖章）　　　　　市场部门审核（盖章）　　　　　　开票人

图 6-8　二手车销售统一发票

留存，印色为紫色；第四联为注册登记联，车辆登记单位留存，印色为蓝色；第五联为记账联，销货单位记账凭证，印色为红色；第六联为存根联，销货单位留存，印色为黑色。

二手车销售统一发票为一式五联计算机票：第一联为发票联，购货单位付款凭证，印色为棕色；第二联为转移登记联，公安车辆管理部门留存，印色为蓝色；第三联为出入库联，销售出入库留存，印色为紫色；第四联为记账联，销货单位记账凭证，印色为红色；第五联为存根联，销货单位留存，印色为黑色。

② 累计凭证的填制

累计凭证是指在一定时期内多次记录发生的同类型经济业务且多次有效的原始凭证，如限额领料单，格式如表 6-3 所示。累计凭证的特点是在一张凭证内可以连续登记相同性质的经济业务，随时结出累计数和结余数，并按照费用限额进行费用制，期末按实际发生额记账。

限额领料单亦称定额领料单，是一种多次使用的累计领料凭证，在有效期间（一般为一个月）内，只要领用不超过限额，就可以连续使用。它用于经常领用、并规定有领用限额的材料领发业务。限额领料单应在每月开始前，由生产计划部门根据生产作业计划和材料消耗定额，按照每种材料、分别用途编制，通常一式两联：一联送交仓库据以发料；另一联送交领料部门据以领料。领发材料时，仓库应按单内所列材料品名、规格在限额内发放，同时把实发数量和限额结余数填写在仓库和领料单位持有的两份限额领料单内，并由领发料双方在两份限额领料单内签章。月末，结出实物数量和金额，交由会计部门据以记账。如有结余材料，应办理退料手续。采用限额领料单，应严格按照单内所列的材料品种、数量发料。由于增加产量需要追加限额,或使用不当等原因需要超额领料,以及采用其他材料代用时,都应经过审批程序,另编领料凭证,注明原因,才能据以发料。领发代用材料时,还应在限额领料单内填明代用数量,相应减少限额余额,同时注明领料单号数,以备查对。

表 6-3 限额领料单

领料部门:　　　　　　　　　　　　　　　　　　　　　　　　　　编　号:
领料用途:　　　　　　　　　　　年　月　日　　　　　　　　　　发料仓库:

材料编号	材料名称	规格	计量单位	单价	领用限额	全月实领	
						数量	金额

领用日期	请领数量	实发数量	领料人签章	发料人签章	限额结余

供应部门负责人:　　　　　　领料部门负责人:　　　　　　仓库负责人:

(3) 汇总凭证的填制

汇总凭证是根据许多同类经济业务的原始凭证汇总编制的会计凭证。它的特点是把若干同类的原始凭证结合在一起,以求得总括的指标。因为有些企业每天取得或填制的原始凭证为数甚多,如逐一填制记账凭证或逐一登记有关账簿,在手续上将不胜繁琐。为了简化会计核算手续,对于经济业务内容相同的各类原始凭证,如收料单、领料单等,常将它们按期(10天、15天或一个月)先行填制收料、发料凭证汇总表,然后再根据收料、发料凭证汇总表填制记账凭证,登记有关账簿。收料凭证汇总表、发料凭证汇总表格式如表6-4、表6-5所示。

表 6-4 收料凭证汇总表

年　月　日　　　　　　　　　　　　　　　　　　　　　　　　　　单位:元

发料地点	材料类别			合计
	原料及主要材料	辅助材料	燃料	
一仓库				
二仓库				
三仓库				
四仓库				
合计				

会计主管:　　　　　　记账:　　　　　　审核:　　　　　　制单:

表 6-5 发料凭证汇总表

年　月　日　　　　　　　　　　　　　　　　　　　　　　　单位:元

领料单位	领料用途	材料类型			合计
		原料及主要材料	辅助材料	燃料	
一车间	生产成本				
	制造费用				
	小　计				
二车间	生产成本				
	制造费用				
	小　计				
厂部	管理费用				
	小　计				
合　计					

会计主管：　　　　　　　记账：　　　　　　　审核：　　　　　　　制单：

汇总凭证只能将类型相同的经济业务进行汇总,不能汇总两类或两类以上的经济业务填列在一张汇总凭证上。

6.2.4　原始凭证的审核

为了如实反映经济业务的发生和完成情况,充分发挥会计的监督职能,保证会计信息的真实、合法、完整和准确,会计人员必须对原始凭证进行严格审核。审核的内容主要包括：

1. 审核原始凭证的真实性

原始凭证真实性审核,即审核原始凭证是否根据实际发生的经济业务而取得或填制,是否如实反映经济业务的发生或完成情况,是否有伪造、变造和涂改等弄虚作假行为。经济业务的经办单位和个人、经济业务发生的时间和地点、填制凭证的日期和内容、经济业务引起的实物量和价值量等各方面都必须是真实的,要做到时间及时、内容真实、数据准确。

2. 审核原始凭证的合法性

原始凭证合法性审核,即审核原始凭证所记载的经济业务是否符合有关财经纪律、政策法规等的规定,有无违法乱纪行为。原始凭证的合法性审核,是对原始凭证的实质性审核。

3. 审核原始凭证的合理性

原始凭证合理性审核,即审核经济业务的发生是否符合事先制订的计划、预算等要求,有无不讲经济效益、脱离目标的现象,是否符合费用开支标准,有无铺张浪费现象。审核原始凭证是否符合经济计划、经济效益,有无铺张浪费等不合理的行为。

4. 审核原始凭证的完整性

原始凭证完整性审核,即审核原始凭证的各构成要素是否齐全,手续是否完备,有无漏记项目,日期是否完整,各经办单位和有关人员的签名或盖章是否齐全,主管人员是否审核批准等。

5. 审核原始凭证的正确性

原始凭证正确性审核,即审核原始凭证各要素内容填制的是否正确、完整,书写是否规范清晰,特别是对原始凭证中所记的数量、金额的正确性要进行认真审核,检查金额计算是否有差错,大小写金额是否一致等。

6. 审核原始凭证的及时性

原始凭证及时性审核,即审查是否在经济业务发生或完成时及时填制有关原始凭证,没有提前或拖延,并按规定程序及时审核和传递。

在审核的过程中,对于完全符合要求的原始凭证,应及时据以编制记账凭证入账;对于不真实、不合法的原始凭证,会计机构和人员有权不予受理,并向单位负责人报告;对于真实、合法、合理但内容不够完善、填写有错误的原始凭证,应退回给有关经办人员,由其负责将有关凭证补充完整、更正错误或重开后,再办理正式会计手续。

6.3 记账凭证

6.3.1 记账凭证的种类

记账凭证也有多种划分方法,常见的分类方法如下:

1. 按凭证的用途分类

记账凭证按其用途可以分为专用记账凭证和通用记账凭证。

(1) 专用记账凭证

专用记账凭证,是指分类反映经济业务的记账凭证。这种记账凭证按其反映经济业务内容的不同,又可以分为收款凭证、付款凭证和转账凭证。

① 收款凭证。收款凭证是指用来记录库存现金或银行存款收款业务的记账凭证。收款凭证根据借方科目分为库存现金或银行存款,又具体分为库存现金收款凭证和银行存款收款凭证。收款凭证格式如图 6-9 所示。

收 款 凭 证

借方科目:…………………… 年 月 日 字第 号

摘 要	贷方科目		过账	金 额										
	一级科目	明细科目		亿	千	百	十	万	千	百	十	元	角	分
合 计														

附件 张

会计主管: 记账: 复核: 出纳: 制单:

图 6-9 收款凭证

② 付款凭证。付款凭证是指用来记录库存现金或银行存款付款业务的记账凭证。付款凭证根据贷方科目分为库存现金或银行存款，又具体分为库存现金付款凭证和银行存款付款凭证。付款凭证格式如图6-10所示。

图 6-10　付款凭证

③ 转账凭证。转账凭证是指用来记录非货币资金收付业务的记账凭证。凡是不涉及库存现金和银行存款收付的其他经济业务，均为转账业务，据此编制转账凭证。转账凭证格式如图6-11所示。

转 账 凭 证

年　月　日　　　　　　　　　　　　　　　字第　号

摘　要	会计科目		过账	借方金额	贷方金额
	一级科目	明细科目		亿千百十万千百十元角分	亿千百十万千百十元角分
合　计					

会计主管：　　　记账：　　　复核：　　　制单：

图 6-11　转账凭证

（2）通用记账凭证

通用记账凭证是指用来反映所有经济业务的记账凭证。通用记账凭证也称标准凭证，用来记录各类经济业务，具有统一格式。通用记账凭证的特点就是用一种格式的凭证记录全部经济业务，不再区分经济业务类别。通用记账凭证格式如图6-12所示。

2. 按凭证的填列方式分类

记账凭证按填列方式可分为单式记账凭证和复式记账凭证。

（1）单式记账凭证

单式记账凭证是指每一张记账凭证只填列经济业务事项所涉及的一个会计科目及其金

第6章　会计凭证　　129

额的记账凭证。若一项经济业务涉及几个会计科目,就需要分别填制几张单式记账凭证,填列借方科目的称为借项凭证,填列贷方科目的称为贷项凭证,格式如图 6-13、图 6-14 所示。单式记账凭证的优点是记录科目单一,便于分工记账,同时也便于科目汇总。其缺点是填制凭证张数多,工作量大,同时一张凭证也不能完整反映一项经济业务的全貌和账户对应关系,且不便于检查会计分录的正确性。

图 6-12　通用记账凭证

图 6-13　借项记账凭证

图 6-14　贷项记账凭证

（2）复式记账凭证

复式记账凭证是指将每一笔经济业务事项所涉及的全部会计科目及其发生额均在同一张记账凭证中反映的一种凭证。复式记账凭证把一项经济业务中所涉及的会计科目和金额都集中填列在同一张记账凭证中,其优点是可以通过一张凭证了解一项经济业务的来龙去脉和账户对应关系,同时减轻了填制凭证的工作量,也便于检查会计分录的正确性。其缺点是不便于分工记账和科目汇总。上述专用记账凭证和通用记账凭证都是复式记账凭证。

3. 按凭证包括的内容分类

记账凭证按其包括的内容可以分为单一记账凭证、汇总记账凭证和科目汇总表三类。

（1）单一记账凭证

单一记账凭证是指只包括一笔会计分录的记账凭证。上述的专用记账凭证和通用记账凭证，均为单一记账凭证。

（2）汇总记账凭证

汇总记账凭证是指根据一定时期内的同类单一记账凭证加以汇总而重新编制的记账凭证。汇总记账凭证又可以分为汇总收款凭证、汇总付款凭证和汇总转账凭证。

（3）科目汇总表

科目汇总表亦称记账凭证汇总表或账户汇总表，是指根据一定时期内所有的记账凭证定期加以汇总而重新编制的记账凭证，其目的是简化总分类账的登记手续。

6.3.2　记账凭证的基本内容

记账凭证是登记账簿的依据，因其所反映经济业务的内容不同、各单位规模大小及其对会计核算繁简程度的要求不同，其内容有所差异，但应当具备以下基本内容：

① 记账凭证的名称。标明记账凭证的种类。

② 填制凭证的日期。填制记账凭证的日期，不是填制原始凭证的日期，要符合及时性要求。

③ 凭证编号。记账凭证的标志，采用适当的编号方法进行编号。

④ 经济业务摘要。即经济业务的简要说明。

⑤ 会计科目名称、金额及记账方向。记账凭证的核心内容，即经济业务的会计分录。

⑥ 所附原始凭证张数。记账凭证所附原始凭证或汇总原始凭证的张数。

⑦ 填制凭证人员、稽核人员、记账人员、会计机构负责人、会计主管人员签名或者盖章，收款和付款记账凭证还应当由出纳人员签名或者盖章。

以自制的原始凭证或者原始凭证汇总表代替记账凭证的，也必须具备记账凭证应有的项目。

6.3.3　记账凭证的填制

记账凭证根据审核无误的原始凭证或汇总原始凭证表填制。记账凭证填制正确与否，直接影响整个会计信息系统最终提供的会计信息的质量。与原始凭证的填制相同，记账凭证也有记录真实、内容完整、手续齐全、填制及时等要求。

1. 记账凭证填制的基本要求

各种记账凭证填制，基本要求如下：

① 记账凭证各项内容必须完整。

② 记账凭证的书写应当清楚、规范。

③ 除结账和更正错误可以不附原始凭证外，其他记账凭证必须附原始凭证。

④ 记账凭证可以根据每一张原始凭证填制，或根据若干张同类原始凭证汇总填制，也可以根据原始凭证汇总表填制；但不得将不同内容和类别的原始凭证汇总填制在一张记账

凭证上。

⑤ 记账凭证应连续编号。凭证应由主管该项业务的会计人员，按业务发生的顺序并按不同种类的记账凭证采用"字号编号法"连续编号。如果一笔经济业务需要填制两张以上（含两张）记账凭证的，可以采用"分数编号法"编号。

⑥ 填制记账凭证时若发生错误，应当重新填制。

⑦ 记账凭证填制完成后，如有空行，应当自金额栏最后一笔金额数字下的空行处至合计数上的空行处划线注销。

2. 记账凭证填制的具体要求

记账凭证的填制，除满足基本要求外，具体项目的填写应满足下列要求：

① 记账凭证的日期。记账凭证的填写日期，一方面可以表明记账凭证所记载的交易事项应当记入哪一会计期间的账簿；另一方面与所附原始凭证的日期核对，可以判断企业会计信息是否符合及时性的要求。收款凭证和付款凭证的日期应该按照货币资金的实际收付日期填写，与原始凭证的记载日期不一定相同；而转账凭证的日期原则上是按照收到原始凭证的日期来填写，而经济业务实际发生的日期应在摘要栏中注明。

② 记账凭证的编号。会计人员对一个月的记账凭证应按照顺序连续编号，不得跳号、重号。对于通用记账凭证，可以按照经济业务发生的时间先后顺序进行统一编号，即"第×号"。对于专用记账凭证，可以采用"字号编号法"编号，按照收款凭证、付款凭证、转账凭证的类别分别按顺序编号，即"收字第×号""付字第×号""转字第×号"。其中现金收款凭证和银行存款收款凭证又可编号为"现收字第×号""银收字第×号"，现金付款凭证和银行存款付款凭证又可编号为"现付字第×号""银付字第×号"。如果一笔经济业务需要多张记账凭证时，可以采用"分数编号法"，如第28笔经济业务为转账业务，需要填制两张记账凭证，则两张凭证分别编号为"转字第28-1/2号""转字第28-2/2号"。其中分母"2"表示该业务所使用的记账凭证的总张数，分子"1""2"分别表示在总张数中属于第几张凭证。总之，无论采用哪一种编号方法，都应按月顺序连续编号，即每月都从1号开始编起，按顺序编至月末。

③ 记账凭证的摘要栏。摘要栏是对经济业务进行简要说明，便于对会计分录进行正确理解，同时也是登记账簿的重要依据。摘要的填写应简明、准确，与原始凭证内容一致。要求如下：真实确切，其内容与所附原始凭证的内容必须相符；对于收付款的业务要写明收付款对象的名称、款项内容；对于购买货物的业务，要写明供货单位以及货物品种、数量。

④ 会计分录的填写。会计分录包括会计科目、金额和记账方向的填写。首先，会计科目必须使用正确，应填写会计科目的全称，不得简写，需要填写明细科目的，应在"明细科目"栏中填写明细科目的名称。其次，金额的填写必须与原始凭证的金额相符，阿拉伯数字填写要规范，在"合计"行填列合计金额，数字前应填写货币符号。最后，会计科目登记方向要准确，应借、应贷账户的对应关系必须清楚，编制会计分录时要先借后贷，也可以填制一借多贷、一贷多借、多借多贷的会计分录。会计分录填制完成后，如有空行，应当自金额栏最后一笔数字下空行处的右上角至合计数上空行处的左下角划斜线注销。

⑤ 所附原始凭证的张数。记账凭证必须附有原始凭证，结账和更正错误的记账凭证可以不附。另外，记账凭证上必须注明所附原始凭证的张数。如果是根据一张原始凭证填制几张记账凭证的，可以将该原始凭证附在一张主要的记账凭证后面，在其他记账凭证上应注明"附件×张，见第×号记账凭证"。一张原始凭证所列支出需要两个以上的单位共同负担的，应当由保存该原始凭证的单位开具原始凭证分割单给其他应负担的单位。其中，原始凭

证分割单必须具备原始凭证的基本内容,包括凭证的名称、填制凭证的日期、填制凭证单位的名称或填制人的姓名、经办人员的签名或盖章、接受凭证单位的名称、经济业务内容、数量、单价、金额和费用的分担情况等。

⑥ 有关人员的签章。记账凭证填制完毕后,要进行检查与复核。有关人员均要签名盖章。出纳人员根据收款凭证收款,或根据付款凭证付款时,要在凭证上加盖"收讫"或"付讫"的戳记,以免重复收付,防止差错。

⑦ 错误记账凭证的更正必须符合规范。如果在填制记账凭证时发生错误,应当根据错误的时间和类型,采用恰当的更正方法进行更正。如果错误的记账凭证尚未登记入账,则应当重新填制一张正确的记账凭证;若已经登记入账的记账凭证,在当年内发现填写错误时,可以用红字金额填写一张与原内容相同的记账凭证,在摘要栏注明"注销×月×日×号凭证"字样,同时再用蓝字重新填制一张正确的记账凭证,在摘要栏注明"订正×月×日×号凭证"字样。如果会计科目没有错误,只是金额错误,也可以将正确数字之间的差额,另编一张调整的记账凭证,调增金额用蓝字,调减金额用红字(即红金额);发现以前年度记账凭证有错误,应当用蓝字填制一张更正的记账凭证。

⑧ 实行会计电算化的单位,其机制记账凭证应当符合对记账凭证的一般要求,并应认真审核,做到会计科目使用正确,数字准确无误。打印出来的机制记账凭证上,要加盖制单人员、审核人员、记账人员和会计主管人员的印章或者签字,以明确责任。

⑨ 如果一笔经济业务既涉及收、付款业务,也涉及转账业务,应对经济业务进行拆分,分别填制收、付款凭证和转账凭证;只涉及库存现金和银行存款之间相互划转业务,如存现或提现业务,应以付款业务为主,只填制付款凭证,不填制收款凭证,以免重复。

3. 常用记账凭证的填制

记账凭证的种类繁多,以下举例说明几种企业常用的记账凭证的填制方法。

(1) 收款凭证

收款凭证根据有关库存现金或银行存款收款业务的原始凭证或汇总原始凭证填制。凡涉及增加库存现金或者银行存款账户金额,都必须填制收款凭证。收款凭证左上方"借方科目"处,应视其反映经济业务的具体内容的不同,分别填写"库存现金"或"银行存款"科目;"年 月 日"处填写填制本凭证的日期;右上方"字第 号"的前面分别填"收"或"现收""银收"等字样,"第 号"二字之间分别以1,2,3,……顺序依次往后排列填写,直至月终为止,下个月再从1开始往后排列,多页凭证使用分数编号法;"摘要"栏填写对所记录的经济业务的简要说明;"贷方科目"栏填写与收入"库存现金"或"银行存款"相对应的总账科目及明细科目;"金额"栏填写对应账户的发生额,空行划线注销,"合计"行"金额"栏填合计金额,前面加"¥"符号;"附件 张"处填写本记账凭证所附原始凭证的张数。凭证填制完成,制单员在"制单"处签章;出纳在办理收款业务后,应在原始凭证上加盖"现金收讫""转账收讫"等戳记,以免重收或漏收,记账凭证审核无误,在"出纳"处签章;稽核人员审核无误后,在"复核"处签章;记账人员过账后,在"记账"处签章,并在"过账"栏打上"√"号,防止经济业务重记或漏记;会计主管人员在"会计主管"签章,以明确经济责任。

【例6-1】 20××年9月1日,收到开户银行的收款通知,收到长江公司前欠货款23 200元。

要求:填制记账凭证。

分析:这是一笔收款业务,应根据银行收款通知编制收款凭证,并经出纳签字、审核登记入账,凭证填制如图 6-15 所示。

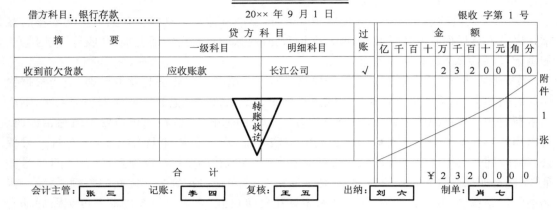

图 6-15 收款凭证填制

(2) 付款凭证

付款凭证是根据有关库存现金或银行存款付款业务的原始凭证或汇总原始凭证填制。凡涉及减少库存现金或银行存款账户金额,都必须填制付款凭证。对于涉及库存现金和银行存款之间的相互划转业务,为了避免重复记账,只填制付款凭证,不再填制收款凭证。付款凭证左上方"贷方科目"处,应视其反映经济业务的具体内容的不同,分别填写"库存现金"或"银行存款"科目;"借方科目"栏填写与支付"库存现金"或"银行存款"相对应的总账科目及明细科目;右上角"字第　号"前应填"付"或"现付""银付"等字样;出纳人员在办理付款业务后,应在原始凭证上加盖"现金付讫""转账付讫"等戳记,以免重付或漏付;其余的与收款凭证填制方法完全相同,不再赘述。

【例 6-2】 20××年 9 月 1 日,将现金 10 000 元存入开户银行。

要求:填制记账凭证。

分析:这是库存现金与银行存款相互划转业务,应根据进账单编制付款凭证,并经出纳签字、审核登记入账,凭证填制如图 6-16 所示。

(3) 转账凭证

转账凭证根据有关不涉及库存现金和银行存款收付的转账业务的原始凭证或汇总原始凭证填制。凡不涉及库存现金和银行存款增加或减少的业务,必须填制转账凭证。转账业务没有固定的账户对应关系,因此在转账凭证中全部总账科目和明细科目按借贷方向按顺序填在"一级科目"和"明细科目"栏内,金额填在"借方金额"栏表示借方科目,金额填在"贷方金额"栏表示贷方科目;凭证右上角"字第　号"前应填"转"字;因为转账凭证不涉及库存现金和银行存款收付,所以不需要出纳签字;其他项目的填列与收款凭证、付款凭证基本相同。

【例 6-3】 20××年 9 月 1 日,销售给大海公司商品一批,价款 20 000 元,增值税 2 600 元,价税合计 22 600 元,商品已发出,款未收。

要求:填制记账凭证。

分析:这是一笔转账业务,应根据销售合同、销售发票、销售发货单等编制转账凭证,并审核登记入账,凭证填制如图 6-17 所示。

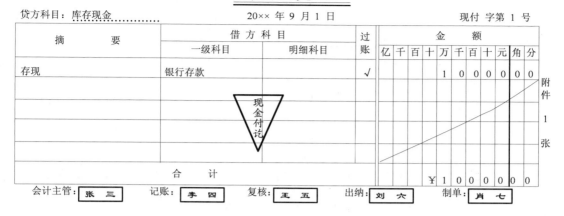

图 6-16　付款凭证填制

图 6-17　转账凭证填制

（4）通用记账凭证

通用记账凭证的名称为"记账凭证"或"记账凭单"。它集收款、付款和转账凭证于一身，通用于收款、付款和转账等各种类型的经济业务。其格式和填制方法与转账凭证的填制方法基本相同。

【例 6-3】　20××年 9 月 1 日，张鹏出差报销差旅费 1 800 元，余款 200 元现金退回。

要求：填制记账凭证。

分析：该笔经济业务应根据差旅费报销单、借款单等编制记账凭证，并经出纳签字，审核无误后登记入账，凭证填制如图 6-18 所示。

上述经济业务，若填制专用记账凭证，应进行拆分，分别填制一张收款凭证和一张转账凭证。

记 账 凭 证

20×× 年 9 月 1 日   记 字第 1 号

摘 要	会计科目		过账	借方金额	贷方金额
	一级科目	明细科目		亿千百十万千百十元角分	亿千百十万千百十元角分
报销差旅费	管理费用	差旅费	√	1 8 0 0 0 0	
	库存现金		√	2 0 0 0 0	
	其他应收款	张鹏	√		2 0 0 0 0 0
合　　计				￥ 2 0 0 0 0 0	￥ 2 0 0 0 0 0

（凭证中央："现金付讫"印章；附件 2 张）

会计主管：张 三　　记账：李 四　　复核：王 五　　出纳：刘 六　　制单：肖 七

图 6-18　通用记账凭证填制

6.3.4　记账凭证的审核

为了正确登记账簿和监督经济业务，除了编制记账凭证的人员应当认真负责、正确编制、加强自审以外，同时还应建立相应的审核制度，以保证会计信息的质量。

1. 记账凭证中的常见错误

记账凭证的错误在许多方面与原始凭证有类似之处，记账凭证也可能出现诸如日期、金额、计算、摘要、格式、编号等差错。因此，在进行记账凭证审核时，更应注意记账凭证错误的特点，寻找其特殊之处。记账凭证的常见错误主要有以下几个方面：

（1）摘要记录错误

记账凭证中有关的摘要过于简单，无法说明经济业务活动的情况；或者摘要的形式不规范，用语不准确，文字说明词不达意，与实际情况相距甚远，容易造成误解，甚至空出不写。

（2）科目运用错误

没有正确运用反映经济业务来龙去脉的有关会计科目，出现了科目运用错误，如将应收与应付、预收与预付等混淆，以及科目对应关系运用错误等。

（3）凭证格式错误

收款凭证、付款凭证和转账凭证用途不明，互相串用，特别是库存现金和银行存款相互划转业务，未按规定编制付款凭证，而是分别编制收款凭证和付款凭证，重复制单。

（4）金额和附件错误

原始凭证所记金额的合计数与记账凭证记录金额不符，记账凭证所附原始凭证的张数不符。

（5）印鉴错误

对已入账的记账凭证未加盖有关印章，或者加盖不齐，使已入账的凭证和未入账的凭证难以区分；有效的记账凭证与出错的凭证难以区分；记账凭证中没有记账、审核等人员的签章。

2. 记账凭证的审核

记账凭证由会计人员根据审核无误的原始凭证或汇总原始凭证填制，是登记账簿的依据。会计人员必须将各种原始凭证按其所反映的经济内容进行归类和整理,编制记账凭证,并在记账凭证中列明会计科目、方向和金额,即确定会计分录。因此,审核记账凭证时,应注意以下几个方面:

① 记账凭证是否附有原始凭证,原始凭证是否齐全,内容是否合法,记账凭证所记录的经济业务与所附原始凭证所反映的经济业务是否相符。

② 记账凭证应借、应贷会计科目是否正确,账户对应关系是否明晰,所使用的会计科目及其核算内容是否符合会计制度的规定,金额计算是否准确。

③ 摘要是否填写清楚,项目填写是否齐全,如日期、凭证编号、明细科目、附件张数以及有关人员签章等。

在记账凭证审核过程中,如果发现差错,应查明原因,按规定的方法及时处理和更正,只有经过审核无误的记账凭证,才能据以登记账簿。

3. 记账凭证错误的更正

如果在填制记账凭证时发现错误,应当重新填制。如果已经登记入账的记账凭证发现了错误,可根据不同情况,分别更正:

① 在当年内发现填制错误时,可以用红字填制一张与原内容相同的记账凭证,在摘要栏内注明"注销×年×月×号凭证"字样,同时再用蓝字重新填制一张正确的记账凭证,摘要栏内注明"订正×年×月×号凭证"字样。如果会计科目没有错误,只是金额错误,可以将正确数字与错误数字之间的差额,另编制一张调整的记账凭证,调增金额用蓝字,调减金额用红字,并在摘要栏内注明"更正×年×月×号凭证"字样。

② 发现以前年度记账凭证有错误的,应当用蓝字填制一张更正的记账凭证,并在摘要栏内注明"更正×年×月×号凭证"字样及更正的原因等。

6.4 会计凭证的传递与保管

6.4.1 会计凭证的传递

会计凭证的传递是指从会计凭证的取得或填制时起至归档保管过程中,在单位内部有关部门和人员之间的传送程序和停留时间。正确、合理地组织会计凭证的传递,有利于及时了解经济业务的内容,及时处理经济业务,对加强经济责任和实行会计监督,都具有十分重要的意义。

会计凭证的传递,应当满足内部控制制度的要求,使传递程序合理有效,同时尽量节约传递时间,减少传递的工作量。各单位应根据具体情况确定每一种会计凭证的传递程序和方法。不同单位生产经营组织不同,经济业务内容不同,经营管理要求也不尽相同。因此,在会计凭证的传递中,应根据本单位具体情况,制定凭证传递程序。合理组织会计凭证传递,应注意以下三个方面的问题:

1. 会计凭证的传递路线

各单位应根据自身情况,合理规定会计凭证填制的联数和必须经过的环节,既要保证严密完备,又要简便易行,使得会计凭证经过必要环节进行处理和审核,同时避免在不必要的环节停留,以提高工作效率。

2. 会计凭证的传递时间

各单位应考虑到有关部门和人员办理经济业务事项时对时间的需要,合理安排凭证在各环节停留时间,不宜过长或过短,对会计凭证的处理不得提前或拖后,必须在规定的报告期内完成,不允许跨期,以保证会计核算的及时性。

3. 会计凭证的衔接手续

会计凭证在各有关部门和人员之间进行传递,就需要办理凭证交接手续。应根据本单位的内部经济责任制,制定严密的凭证交接手续,即会计凭证的签收、交接制度,做到既完备严密,又简便易行。这样,一方面有利于加强岗位责任制;另一方面便于保证会计凭证的安全与完整。

6.4.2 会计凭证的保管

会计凭证的保管是指会计凭证记账后的整理、装订、归档和存查工作。会计凭证作为记账的依据,是重要的会计档案和经济资料。本单位以及其他有关单位,可能因为各种需要查阅会计凭证,特别是发生贪污、盗窃、违法乱纪行为时,会计凭证还是依法处理的有效证据。因此,任何单位在完成经济业务手续和记账后,必须将会计凭证按规定的立卷归档制度形成会计档案资料,妥善保管,防止丢失,不得任意销毁,以便日后随时查阅。

一般来说,会计凭证的保管要确保以下几个方面内容:

1. 会计凭证的装订

会计凭证登记入账后,会计人员应定期加以整理装订。会计人员须检查凭证编号是否连续和附件是否齐全,然后将各种记账凭证连同所附的原始凭证按照编号顺序排列,装订成册,加具封面,封面上应注明单位名称、所属年度和月份、起讫日期、凭证种类、起讫号数以及凭证的总计张数,同时在装订线上加贴封签,并由有关会计人员盖章。会计凭证格式如图6-19所示。

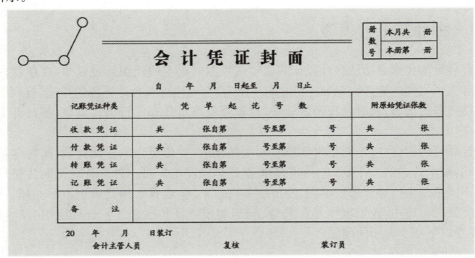

图 6-19 会计凭证封面

如果记账凭证所附原始凭证数量过多,可将原始凭证单独装订成册,但需在封面上注明所属记账凭证的日期、种类和编号,同时在有关记账凭证上注明"附件另订"以及原始凭证名称和编号。对于经济合同、存出保证金收据等重要原始凭证,应另编目录,单独保管,并在有关记账凭证和原始凭证中予以说明,以便查核。

2. 会计凭证的归档

会计凭证由会计部门按照归档要求装订成册之后,可由会计部门临时保管一年,最长不超过三年。保管期满后,应移交给档案管理部门,保管责任随之转移到档案保管人员身上,原则上应当保持原卷册的封装,不得随意拆封。未设立档案机构的,应当在会计机构内部指定专人保管,出纳人员不得兼管会计档案。会计凭证的查阅应有一定的手续制度,会计凭证不得外借,如其他单位因特殊原因需要使用时,经本单位领导批准之后可以查阅或复制,但必须办理登记手续,登记查阅人或复制人姓名、单位、查阅或复制档案的卷号和内容等,以便备查。

从外单位取得的原始凭证如有遗失,应当取得原开出单位盖有公章的证明,并注明原来凭证的号码、金额和内容等,由经办单位会计机构负责人、会计主管人员和单位领导人批准后,才能代作原始凭证。如果确实无法取得证明的,如火车票、轮船票、飞机票等凭证,由当事人写出详细情况,由经办单位领导人批准后,代作原始凭证。

3. 会计凭证的保管期限和销毁

按照我国《会计档案管理办法》的规定,一般原始凭证、记账凭证的保管期限为 30 年。单位要严格遵守会计凭证的保管期限要求,期满前不得任意销毁。对于保管期满需要销毁的会计凭证,必须编制销毁清册,经本单位领导审核,报上级主管部门批准后,方可按规定进行销毁。

本章小结

会计凭证是记录经济业务、明确经济责任、作为登记账簿依据的书面证明,是登记账簿的依据。会计凭证按其填制的程序和用途不同,分为原始凭证和记账凭证两大类。原始凭证是在经济业务发生或完成时由业务经办人员直接取得或填制的,用以记录经济业务具体内容,表明某项经济业务已经发生或完成,明确经济责任,具有法律效力的书面证明。原始凭证可按不同的标准进行分类,按照取得的来源分类可分为自制原始凭证和外来原始凭证,按照填制的手续和内容分类可分为一次凭证、累计凭证和汇总凭证,按照格式分类可分为通用凭证和专用凭证,按照用途分类可分为通知凭证、执行凭证和计算凭证。记账凭证是由会计人员根据审核无误的原始凭证或原始凭证汇总表加以归类整理编制的,是用来确定会计分录,并作为登记账簿直接依据的会计凭证。记账凭证按照凭证的用途不同可分为通用记账凭证和专用记账凭证,专用记账凭证又分为收款凭证、付款凭证和转账凭证;按凭证的填列方式分类可分为单式记账凭证和复式记账凭证;按包括的内容分类可分为单一记账凭证、汇总记账凭证和科目汇总表。会计凭证的填制必须符合有关的规定和要求。会计人员必须履行会计的监督职能,对原始凭证的真实性、合法性、合理性、完整性、正确性和及时性进行审核。只有审核无误的会计凭证才能作为登记账簿的依据。各单位还应规定会计凭证从取得或填制起至归档保管时止,在内部各有关部门和人员之间的传递路线和时间。会计凭证作为重要的经济档案,必须按规定妥善保管和销毁。

思考题

1. 什么是会计凭证？填制和审核会计凭证的重要作用有哪些？
2. 简述会计凭证的分类。
3. 原始凭证的基本内容有哪些？填制要求是什么？审核的内容包括哪几个方面？
4. 记账凭证的基本内容有哪些？填制有什么要求？
5. 收款凭证、付款凭证、转账凭证之间的主要区别是什么？
6. 什么是会计凭证传递？合理组织会计凭证传递应注意哪几个方面问题？
7. 如何保管会计凭证？

第7章

会计账簿

学习目标

通过本章教学，要求学生了解账簿的概念，理解设置和登记账簿的意义，掌握账簿的分类，理解和掌握序时账簿、总分类账和明细分类账的设置与登记方法以及平行登记原理，理解账簿的登记规则，了解错账的查找方法，掌握错账的更正方法，了解对账的内容、结账的程序与方法以及账簿的更换与保管的基本要求。

知识构图

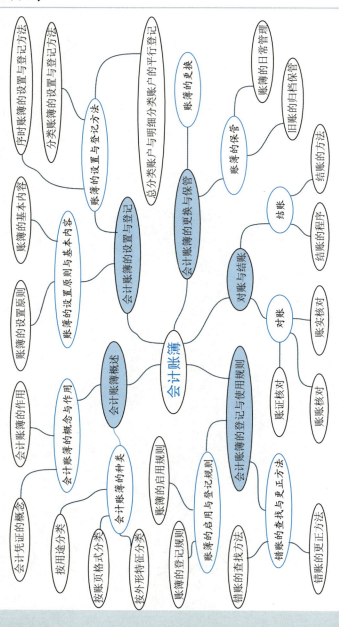

7.1 会计账簿概述

7.1.1 会计账簿的概念与作用

企业发生每一笔经济业务,都必须取得或填制会计凭证。每张会计凭证只能反映个别经济业务的内容,而不能反映企业全部经济活动的情况,会计凭证数量既多,也很分散。因此,把分散在会计凭证中的大量资料加以集中归类,全面、序时、分类地提供会计主体在某一时期内的全部经济业务的核算资料,就需要设置和登记账簿。

1. 会计账簿的概念

会计账簿,简称账簿,是指由一定格式的账页组成的,以经过审核的会计凭证为依据,全面、系统、连续地记录和反映各项经济业务的簿籍。

会计账簿由一定格式、相互联系的账页所组成,即为连接成整体的账户。账簿中的每一账页就是账户的具体存在形式和载体,没有账簿,账户就无法存在;账簿序时、分类地记录经济业务,是在各个具体的账户中完成的。因此,账簿只是一个外在形式,账户才是它的实质内容,账簿与账户的关系是形式和内容的关系。

2. 会计账簿的作用

设置和登记账簿是会计核算专门方法之一,是编制财务报表的基础,是连接会计凭证和财务报表的中间环节。科学地设置和正确地登记账簿,对于加强经济管理,发挥会计的职能作用有着重要的意义。

① 会计账簿可以提供系统、完整的会计信息。通过设置和登记账簿,可以对经济业务进行序时和分类核算,将分散的核算资料加以系统化,全面、系统地提供有关企业成本费用、财务状况和经营成果等方面的总括和明细的核算资料,为企业经营管理提供系统的、全面的会计信息。

② 会计账簿为编制会计报表提供依据。账簿记录的资料是企业编制会计报表的主要依据,企业会计报表包括各方面的情况,其中大部分项目、指标的数据来源于各种账簿的记录,如损益类账簿资料是企业会计期末编制利润表的依据。因此,合理设置和正确登记账簿是编制会计报表的保证。

③ 会计账簿是检查和分析单位经济活动的重要依据。通过登记账簿,保证企业正确地计算收入、费用、利润等指标,严格考核企业财务预算和计划完成情况以及企业的经营成果,促使企业加强经济核算,提高经济效益。账簿中积累的档案资料,也是日后会计检查的依据,通过会计检查,可以明确经济责任,对经济业务的合法性、合理性和会计资料的真实性进行评价。

7.1.2 会计账簿的种类

会计账簿的种类很多,不同类别的会计账簿可以提供不同的信息,满足不同的需要。为了对会计账簿的用途、结构内容、外表形式获得进一步认识,从而正确运用它们,就必须对会计账簿进行科学的分类。

1. 按用途分类

所谓账簿的用途,是指某一本账簿用来登记什么经济业务以及如何进行登记。账簿按其用途一般可分为序时账簿、分类账簿和备查账簿。

(1) 序时账簿

序时账簿,又称日记账,是按照经济业务发生时间的先后顺序逐日、逐笔登记的账簿。在会计核算中,序时账簿是根据会计部门收到的会计凭证的先后顺序,即记账凭证编号的先后顺序,逐日逐笔进行登记,每日结出余额。序时账簿可以用来及时、详细地反映经济业务的发生和完成情况,提供连续系统的会计资料,而且也可以用来和分类账簿的有关账户进行核对。

序时账簿按其记录的内容,可分为普通日记账和特种日记账。

① 普通日记账。普通日记账又称通用日记账,是用来登记全部经济业务发生或完成情况的日记账。它的特点是将每日发生的全部经济业务,按其发生的先后顺序,根据原始凭证在账簿中逐笔编制会计分录,也可称为分录日记账,简称分录簿。在会计实务中,由于经济业务的复杂多样性,采用一本账簿逐日逐笔序时记录全部经济业务,显然比较困难,也不利于分工记账,因此现在已很少采用,但这种账簿适用于会计电算化。

② 特种日记账。特种日记账是专门用来登记某一类经济业务发生或完成情况的日记账。它的特点是对某一类重要的、发生频繁的经济业务,按其发生的先后顺序,根据记账凭证登记在账簿中。例如,对企业中库存现金和银行存款的收付业务,各单位应设置现金日记账和银行存款日记账,以便对库存现金和银行存款加强管理。

(2) 分类账簿

分类账簿又称分类账,是指对全部经济业务按照会计要素的具体类别而设置的分类账户进行分类登记的账簿。分类账簿按其反映经济内容的详细程度不同,可分为总分类账簿和明细分类账簿。

① 总分类账簿。总分类账簿简称总账,是按照总分类账户进行分类登记经济业务的账簿,它是用来核算经济业务的总括内容的账簿。如银行存款总账、应收账款总账、原材料总账等。

② 明细分类账簿。明细分类账簿也称明细分类账,简称明细账,是按照明细分类账户进行分类登记经济业务的账簿,它是用来核算经济业务明细内容的账簿。如"应收账款"总账下设的"大海公司""大河公司"等明细账,"原材料"总账下设的"甲材料""乙材料"等明细账。

(3) 备查账簿

备查账簿又叫辅助账簿或补充登记簿,是对某些在序时账簿和分类账簿中未能记录或记录不全的经济事项,为了便于备查而进行补充登记的账簿。企业所设置的会计账簿必须对企业发生的全部经济业务进行全面、完整的记录,所以备查账簿是对序时账簿和分类账簿的补充,是会计账簿体系中不可缺少的一部分。备查账簿只是对其他账簿记录的一种补充,与其他账簿之间不存在严密的依存和勾稽关系。备查账簿根据企业的实际需要设置,没有固定的格式要求。如租入固定资产备查簿、应收票据备查簿、代销商品登记簿、受托加工材料备查簿等。

2. 按账页格式分类

账簿按其账页格式不同,可分为两栏式账簿、三栏式账簿、多栏式账簿、数量金额式账簿和横线登记式账簿。

(1) 两栏式账簿

两栏式账簿是指只有借方和贷方两个金额栏目的账簿。两栏式账簿只设借方和贷方两个金额栏,不设余额栏,普通日记账的格式一般采用两栏式。

(2) 三栏式账簿

三栏式账簿是指设有借方、贷方和余额三个金额栏目的账簿。这类账簿一般适用于只提供价值核算信息,不需要提供数量核算信息的账簿,如各种日记账、总分类账以及资本、债权、债务明细账都可采用三栏式账簿。

三栏式账簿又分为设对方科目和不设对方科目两种。区别是在摘要栏和借方金额栏之间是否有一栏"对方科目"。有"对方科目"栏的,称为设对方科目的三栏式账簿;不设"对方科目"栏的,称为不设对方科目的三栏式账簿。

(3) 多栏式账簿

多栏式账簿是指在账簿的两个金额栏目(借方、贷方)按需要分设若干专栏的账簿。这类账簿适用于核算项目较多且管理上要求提供各核算项目详细信息的账簿,如成本、费用、收入和利润等明细分类账。

多栏式账簿可以按"借方"和"贷方"分别设专栏,也可以只设"借方"或"贷方"专栏,设多少栏则根据需要确定。借方设置多栏称之为借方多栏账,贷方设置多栏称之为贷方多栏账,借方、贷方均设置多栏称之为借贷方多栏账。

(4) 数量金额式账簿

数量金额式账簿是指在账簿的借方、贷方和余额三个栏目内,每个栏目再分设数量、单价和金额三小栏,借以反映财产物资的实物数量和价值量的账簿。这类账簿可以全面反映经济业务的数量和金额,主要适用于既要进行金额核算,又要进行数量核算的各种财产物资账簿,如原材料、库存商品明细账等。

(5) 横线登记式账簿

横线登记式账簿,又称平行式账簿,是指将前后密切相关的经济业务登记在同一行上,以便检查每笔业务的发生和完成情况的账簿。横线登记式账簿特点是将前后密切相关的经济业务,于核销账时在同一横格内进行登记,以检查每笔业务的完成及变动情况,这种格式适用于物资采购和某些应收、应付款项的明细核算。

3. 按外形特征分类

账簿按其外形特征,可分为订本式账簿、活页式账簿和卡片式账簿。

(1) 订本式账簿

订本式账簿简称订本账,是在账簿启用前就将若干印有专门格式并连续编号的账页固定装订成册的账簿。其优点是可以避免账页散失,防止随意抽换;缺点是不能根据记账需要增减账页,不便于分工记账。订本式账簿一般适用于现金日记账、银行存款日记账等特种日记账和总分类账等重要的账簿。

(2) 活页式账簿

活页式账簿简称活页账,是将一定数量的账页置于活页夹内,可根据记账内容的变化而随时增加或减少部分账页的账簿。其优点是可以根据不同需要随时增减空白账页,便于分工记账,提高工作效率;缺点是账页容易散失和被人抽换。为了保证账簿资料的安全完整,在使用时应注意顺序编号,在使用完毕不再继续登记时,应装订成册并妥善保管。活页式账簿主要适用于各种明细分类账。

(3) 卡片式账簿

卡片式账簿简称卡片账,是将一定数量的卡片式账页存放于专设的卡片箱中,可以根据需要随时增添账页的账簿。卡片式账簿与活页式账簿的优缺点基本相同。卡片式账簿在使用之前不加装订,可根据需要随时增加卡片数量。为了防止账页散失和被人抽换,应按顺序编号,并由有关人员在卡片上签章,平时将卡片存放于卡片箱中由专人保管。在使用完毕更换新账后应予以封扎,妥善保管。卡片式账簿一般适应于账页需要随着物资使用或存放地点的转移而重新排列的明细账,如固定资产卡片、低值易耗品卡片,也有少数企业在材料核算中使用材料卡片。卡片式账簿可以跨年度使用,无需经常更换。

一般企业,不论规模大小、业务繁简,都应设置现金日记账和银行存款日记账、总分类账和明晰分类账,不能记入主要账簿的经济业务,可根据需要设置备查账簿。

7.2 会计账簿的设置与登记

7.2.1 账簿的设置原则与基本内容

会计账簿设置包括规定账簿的种类、内容、作用和登记方法,各单位应当按照国家统一会计制度的规定和会计业务的需要设置会计账簿。各类会计账簿记录的经济业务内容不同,账簿的外表形式也多种多样。

1. 账簿设置的原则

为了能够全面、系统地反映经济活动情况,任何单位都应根据经营活动的特点和经营管理上的需要设置一定种类和数量的账簿。一般来说,在设置账簿时应遵循以下原则。

(1) 依法原则

各单位必须按《会计法》和国家统一会计制度的规定设置会计账簿,包括总账、明细账、日记账和其他辅助性账簿,不允许不建账,不允许在法定的会计账簿之外建账。

(2) 全面系统、满足需要原则

设置的账簿要能全面、系统地反映企业的经济活动,为企业经营管理提供所需的会计核算资料,同时要符合各单位生产经营规模和经济业务的特点,使设置的账簿能够反映企业经济活动的全貌。

(3) 组织控制原则

设置的账簿要有利于账簿的组织、建账人员的分工,有利于加强岗位责任制和内部控制制度,有利于财产物资的管理,便于账实核对,以保证各项财产物资的安全完整和有效使用。

(4) 科学合理原则

设置账簿应在满足实际需要的前提下,考虑人力、物力的节约,避免重复设账和繁琐复杂。同时还应根据不同账簿的作用和特点,使账簿结构做到严密、科学,有关账簿之间要有统驭或平行制约的关系,以保证账簿资料的真实、正确和完整;账簿格式的设置及选择应力求简明、实用,以提高会计信息处理和利用的效率。

2. 账簿的基本内容

在实际工作中,由于各种会计账簿所记录的经济业务不同,账簿的格式也多种多样,但各种账簿都应具备以下基本内容。

(1) 封面

封面主要是用来标明会计账簿的名称和记账单位的名称,如银行存款日记账、总分类账、材料物资明细账、债权债务明细账等。

(2) 扉页

账簿扉页主要填列账簿启用的日期和截止日期、页数、册次,经管人员一览表和签章,账户目录等,主要由账簿启用和经管人员一览表和账户目录构成,格式与内容如表 7-1、表 7-2 所示。

表 7-1 账簿启用和经管人员一览表

机构名称								印鉴		
账簿名称	(第 册)									
账簿编号										
账簿页数	本账簿共计 页(本账簿页数 检点人员签章)									
启用日期	年 月 日									
经管人员	负责人		主办会计		复核		记账			
	姓名	盖章	姓名	盖章	姓名	盖章	姓名	盖章		
交接记录	经管人员		接管				交出			
	职别	姓名	年	月	日	盖章	年	月	日	盖章
备注										

表 7-2 账户目录

科目编号	账户名称	起讫页码	科目编号	账户名称	起讫页码

账户目录是由记账人员在账簿中开设账页户头后,按顺序将每个账户的名称和页数进行登记,以便于查阅账簿中登记的内容。如果是活页账簿,在账簿启用时无法确定页数,可先将账户名称填写好,待年终装订归档时,再填写页数。

(3) 账页

账页是账簿中用来记录经济业务的载体,其格式因记录经济业务的内容不同而有所不同,但账页都应载明下列基本内容:

① 账户名称,即会计科目;
② 登账日期栏;
③ 凭证种类和号数栏;
④ 摘要栏,记录经济业务内容的简要说明;
⑤ 金额栏,包括借方金额、贷方金额、余额方向及余额;
⑥ 总页次和分户页次。

(4) 封底

封底一般没有具体的内容,但它和封面一道起保护整个账簿记录完整的重要作用。

7.2.2 账簿的设置与登记方法

各种账簿由于反映经济业务内容和管理要求不一样,其格式和登记方法也不一样。

1. 序时账簿的设置与登记方法

序时账簿也称日记账,是按照经济业务发生或完成的时间先后顺序逐日逐笔进行登记的账簿。设置日记账的目的是为了使经济业务的时间顺序清晰地反映在账簿记录中。日记账按其所核算和监督经济业务的范围,可分为普通日记账和特种日记账。在我国,大多数企业一般只设现金日记账和银行存款日记账。

(1) 现金日记账的设置与登记方法

现金日记账是用来核算和监督库存现金日常收、付和结存情况的序时账簿。现金日记账一般由出纳人员根据审核无误的现金收款凭证、现金付款凭证以及从银行提取现金业务的银行存款付款凭证,按经济业务发生时间的先后顺序逐日逐笔进行登记,日清月结。现金日记账必须使用订本账,其账页格式有三栏式和多栏式两种,常用的是三栏式现金日记账。

① 三栏式现金日记账的设置与登记方法。三栏式现金日记账设借方、贷方和余额三个金额栏目,一般将其分别称为收入、支出和结余三个基本栏目,其一般格式如表 7-3 所示。

表 7-3　现金日记账(三栏式)

第 9 页

20××年		凭证		摘要	对方科目	收入	支出	结余
月	日	字	号					
9	1			期初余额				10 000
	1	银付	1	提取现金	银行存款	5 000		15 000
	1	现付	1	出差预借款	其他应收款		2 000	13 000
	1			本日合计		5 000	2 000	13 000
	……			……		……	……	……
	30			本月合计		135 000	130 000	15 000

三栏式现金日记账登记方法如下:

"日期""摘要"等栏目,根据有关记账凭证登记。

"凭证字号"栏,登记收款凭证或付款凭证的种类和编号,如银行存款付款凭证第 1 号,简写成"银付 1"。

"收入"栏,根据现金收款凭证或引起现金增加的银行存款付款凭证金额登记。

"支出"栏,根据现金付款凭证金额登记。

"对方科目"栏,登记库存现金收入、支出时的对应科目,以反映每笔经济业务的来龙去脉。

每笔业务登记完毕,结出结余;每日终了,分别计算每日收入金额和付出金额合计数,结出结余,做到日清;每月终了,分别合计本月收入金额、支出金额,结出余额,做到月结。

每日结余结出后,出纳人员应盘点库存现金实有数,将库存现金实有数与账面余额核对是否账实相符,如果不符,及时查明原因。

② 多栏式现金日记账的设置与登记方法。多栏式现金日记账是在三栏式现金日记账基础上发展起来的。这种日记账的借方(收入)和贷方(支出)金额栏都按对方科目设专栏,也就是按收入的来源和支出的用途设专栏。这种格式在月末结账时,可以结出各收入来源专栏和支出用途专栏的合计数,便于对现金收支的合理性、合法性进行审核分析,便于检查财务收支计划的执行情况,其全月发生额还可以作为登记总账的依据。多栏式现金日记账一般格式如表 7-4 所示。

表 7-4　现金日记账(多栏式)

第　　页

年		凭证		摘要	收入			支出			结余
月	日	字	号		对应贷方科目		收入合计	对应借方科目		支出合计	
					……	……		……	……		

如果会计科目较多,多栏式现金日记账就会形成账页过宽,登记时容易串行或串栏。因此,为避免这种错误的发生和便于账簿的保管,通常将多栏式库存现金日记账按收入、支出一分为二,分设收入和支出两本日记账,格式分别如表7-5、表7-6所示。

表7-5 现金收入日记账(多栏式)

第 页

年		凭证		摘要	对应贷方科目				支出合计	结余
月	日	字	号		……	……	……	收入合计		

表7-6 现金支出日记账(多栏式)

第 页

年		凭证		摘要	收入合计	对应借方科目			结余
月	日	字	号			……	……	支出合计	

多栏式现金日记账登记方法如下:

多栏式现金日记账由出纳人员根据审核无误的现金收、付款凭证和从银行提取现金业务的银行存款付款凭证逐日逐笔登记对应科目专栏,并结出每笔经济业务收入合计、支出合计和结余;每日终了,结出各专栏合计数及收入合计、支出合计,结出结余。

多栏式现金收入日记账由出纳人员根据审核无误的现金收款凭证和从银行提取现金业务的银行存款付款凭证逐日逐笔登记收入栏,并结出每笔经济业务收入合计;每日终了,结出各专栏合计数及收入合计,支出合计按现金支出日记账中每日计算出的支出合计数登记,然后结出结余。

多栏式现金支出日记账由出纳人员根据审核无误的现金付款凭证逐日逐笔登记支出栏,并结出每笔经济业务支出合计;每日终了,结出各专栏合计数及支出合计,收入合计按现金收入日记账中每日计算出的收入合计数登记,然后结出结余。多栏式现金日记账也需要日清月结。

(2)银行存款日记账的设置与登记方法

银行存款日记账是用来核算和监督银行存款每日的收入、支出和结余情况的账簿。银行存款日记账应按企业在银行开立的账户和币种分别设置,每个银行账户设置一本日记账。银行存款日记账必须使用订本账,其账页格式与现金日记账的格式类似,有三栏式和多栏式,但最常用的是三栏式。银行存款日记账一般格式如表7-7、表7-8、表7-9、表7-10所示。

表 7-7　银行存款日记账(三栏式)

第　页

年		凭证		摘要	结算凭证		对方科目	收入	支出	结余
月	日	字	号		种类	编号				

表 7-8　银行存款日记账(多栏式)

第　页

年		凭证		摘要	收入				支出				结余
月	日	字	号		对应贷方科目			收入合计	对应借方科目			支出合计	
					……	……	……		……	……	……		

表 7-9　银行存款收入日记账(多栏式)

第　页

年		凭证		摘要	对应贷方科目				支出合计	结余
月	日	字	号		……	……	……	收入合计		

表 7-10　银行存款支出日记账(多栏式)

第　页

年		凭证		摘要	收入合计	对应借方科目				结余
月	日	字	号			……	……	……	支出合计	

　　银行存款日记账一般由出纳人员根据审核无误的银行存款收款凭证、银行存款付款凭证和将现金存入银行业务的现金付款凭证，按经济业务发生时间的先后顺序逐日逐笔进行登记，日清月结。银行存款日记账的具体登记方法与现金日记账的登记方法基本相同，这里不再赘述。

(3) 普通日记账的设置与登记方法

普通日记账是用来登记全部经济业务发生或完成情况的日记账。设置普通日记账的企业，一般不再使用记账凭证，而是在经济业务发生后，根据原始凭证或汇总原始凭证，登记普通日记账（编制会计分录），故又称为"会计分录簿"。普通日记账账页格式有两栏式和多栏式两种，但最常用的是两栏式普通日记账。两栏式普通日记账一般格式如表 7-11 所示。

表 7-11　普通日记账（两栏式）

第 19 页

20××年		凭证	摘要	账户名称	借方金额	贷方金额	过账
月	日						
9	1	发票	报销差旅费	管理费用	1 500		√
				库存现金		1 500	√

普通日记账是按每天发生业务的顺序逐笔记录，然后再根据其记录逐日逐笔过入各有关分类账。凡已在分类账中登记过的数额均要在相应的过账栏内画"√"符号，以免重记和漏记。普通日记账具体登记方法如下：

"日期"栏，填写经济业务发生的时间；

"凭证"栏，填写经济业务的原始凭证名称；

"摘要"栏，填写经济业务的简要说明；

"账户名称"栏，填写会计分录所涉及的会计科目名称；

"借方金额"栏，填写应借账户的金额；

"贷方金额"栏，填写应贷账户的金额。

普通日记账也可设置多栏式格式，即在日记账中分设专栏，把经常重复发生的经济业务，如库存现金、银行存款、应收账款、库存商品等进行分栏登记，并将同类业务的发生额在专栏里汇总，然后一次过入分类账，就可以大大减少这类业务逐笔记账的工作。多栏式普通日记账一般格式如表 7-12 所示。

表 7-12　普通日记账（多栏式）

第　页

年		摘要	库存现金		银行存款		应收账款		管理费用		其他			过账
月	日		借方	贷方	借方	贷方	借方	贷方	借方	贷方	会计科目	借方	贷方	

2. 分类账的设置与登记方法

分类账簿是指按照分类账户设置登记的账簿，是会计账簿的主体。分类账簿按其反映经济业务的详略程度,可分为总分类账簿和明细分类账簿。总分类账簿简称总账,是根据总分类账户开设的,总括地反映某类经济活动;明细分类账簿简称明细账,是根据明细分类账户开设的,用来提供明细的核算资料。不同分类账簿其账页格式,账簿登记依据和登记方法均有所差异。

(1)总分类账的设置与登记方法

总分类账是指按照总分类账户分类登记以提供总括会计信息的账簿。它能全面、总括地反映经济业务的情况,并为编制会计报表提供总括核算资料,因而任何单位都必须设置总分类账。总分类账一般采用订本式账簿,其格式一般有三栏式和多栏式两种,但最常用的格式为三栏式。

三栏式总分类账设有借方、贷方和余额三个金额栏目,其一般格式如表7-13所示。

表7-13 总分类账(三栏式)

总第 30 页
分第 2 页

会计科目:短期借款

20××年		凭证		摘要	借方	贷方	借或贷	余额
月	日	字	号					
9	1			期初余额			贷	100 000
	10	记汇	1	1-10日发生额	60 000		贷	40 000
	20	记汇	5	11-20日发生额	10 000	30 000	贷	60 000
	……	……	……	……	……	……	……	……
	30			本月合计	80 000	50 000	贷	70 000

根据实际需要,在三栏式总分类账中还可以增设"对方科目"栏,以反映每笔经济业务的账户对应关系,直接从总分类账中了解经济业务的来龙去脉。其一般格式如表7-14所示。

表7-14 总分类账(三栏式)

总第 30 页
分第 2 页

会计科目:短期借款

20××年		凭证		摘要	对方科目	借方	贷方	借或贷	余额
月	日	字	号						
9	1			期初余额				贷	100 000
	2	银付	1	归还借款	银行存款	60 000		贷	40 000
	13	银收	18	取得借款	银行存款		30 000	贷	70 000
	……	……	……	……	……	……	……	……	……
	30			本月合计		80 000	50 000	贷	70 000

总分类账的登记方法因登记的依据不同而有所不同。经济业务少的小型单位的总分类账可以根据记账凭证逐笔登记,经济业务多的大中型单位的总分类账可以根据科目汇总表或汇总记账凭证等定期汇总登记。具体登记方法如下:

"会计科目"栏,填列所开设总账的会计科目;

"日期""凭证""摘要"等栏,根据有关记账凭证编制的先后顺序依次登记;

"借方"栏,登记有关记账凭证载明的应记入该账户的借方金额。

"贷方"栏,登记有关记账凭证载明的应记入该账户的贷方金额。

"借或贷"栏,登记该账户的余额方向,填写"借"或"贷"字,结出余额填写在"余额"栏;如期末余额为零,则填写"平"字,并在"余额"栏的元位写上"Ø"符号。

设有"对方科目"栏的,在"对方科目"栏填写对应的会计科目。

总分类账也可以设置成多栏式的。多栏式总分类账是在一张账页上,把一个会计主体所涉及的会计科目都设置专栏,并在各专栏内再分借方和贷方栏次,同时根据"有借必有贷,借贷必相等"的原理,在各专栏前设置"发生额"栏,起合计作用。这种账簿把序时账簿和总分类账簿结合在一起,变成了一种联合账簿,通常称为日记总账,其一般格式如表 7-15 所示。

表 7-15　日记总账(多栏式)

第　页

年		凭证		摘要	发生额	科目1		科目2		科目……	
月	日	字	号			借方	贷方	借方	贷方	借方	贷方

多栏式总分类账一般是根据记账凭证汇总后的数字定期进行登记。

采用多栏式总分类账,可以清晰地反映经济业务的来龙去脉,可以进行全部科目的试算平衡。但如果一个单位使用的会计科目较多,栏目也会增多,使得账簿篇幅较大,不便于使用和保管。因此,它主要适用于经济业务较少、规模不大的单位。

(2) 明细分类账簿的设置与登记方法

明细分类账是根据有关明细分类账户设置并登记的账簿。明细分类账是对总分类账的补充说明,为编制会计报表提供详细核算资料,各企业单位在设置总账的同时,还应设置必要的明细账。明细分类账一般采用活页式账簿,也有卡片式账簿,但其账页格式应根据它所反映经济业务内容的特点及管理要求不同进行设计,一般有三栏式、多栏式、数量金额式、横线登记式等账页格式。

各种明细分类账的登记方法,应根据各个单位业务量的大小和经营管理上的需要,以及记录的经济业务内容而定,可以直接根据原始凭证或汇总原始凭证、记账凭证逐日逐笔登记或逐日、定期汇总登记。一般来说,固定资产、债权债务等明细分类账应当逐笔登记;商品、材料物资明细分类账,如业务发生不是很多,可以逐笔登记,如业务发生较多,为了简化记账工作,也可以逐日汇总登记。各种明细分类账每次登记完毕后,都应结算出余额,以便及时进行核对和加强日常管理。

① 三栏式明细分类账的设置与登记方法。三栏式账页是设有借方、贷方和余额三个栏目,用以分类核算各项经济业务,提供详细核算资料的账簿。这种格式适用于那些只需要进行金额核算的债权、债务结算和资本增减变动等账户的明细核算,如"应收账款""应付账款""实收资本"等账户的明细分类核算,其格式与三栏式总分类账格式基本相同,如表 7-16

所示。

表 7-16　应付账款明细分类账（三栏式）

明细科目：大海公司

总第　　页
分第 5 页

20××年		凭证		摘要	借方	贷方	借或贷	余额
月	日	字	号					
9	1			期初余额			贷	23 200
	10	转字	3	采购材料欠款		11 600	贷	34 800
	20	银付	29	偿还前欠货款	23 200		贷	11 600
	……	……	……	……	……	……	……	……
	30			本月合计	23 200	23 200	贷	23 200

三栏式明细分类账由会计人员根据审核无误的记账凭证，按经济业务发生时间的先后顺序逐日逐笔进行登记。三栏式明细账需要在左上角"明细科目"处填列所开设的明细科目外，其余项目的填列方法与三栏式总分类账基本相同。

② 多栏式明细分类账的设置与登记方法。多栏式账页是将属于同一个总账科目的各个明细科目合并在一张账页上进行登记，即在这种格式账页的借方或贷方金额栏内按照明细项目设若干专栏。这种格式一般适用于只需要进行金额核算而不需要数量核算，并且管理上要求反映项目构成情况的成本、费用、收入和财务成果类等账户的明细分类核算。多栏式明细账按照登记的经济业务不同，其账页格式又可分为借方多栏、贷方多栏和借方贷方均多栏三种格式。

a. 借方多栏式明细分类账的设置与登记方法。借方多栏式账页中设有借方、贷方和余额三个金额栏，并在借方按照明细科目或明细项目分设若干栏目。这种格式适用于借方需要设置多个明细科目或明细项目的成本、费用类账户的明细核算，如"生产成本""制造费用""管理费用"等账户的明细账分类核算，其一般格式如表 7-17 所示。

表 7-17　生产成本明细分类账（借方多栏式）

明细科目：

总第　　页
分第　　页

年		凭证		摘要	借方（项目）				贷方	余额
月	日	字	号		原材料	工资及福利费	制造费用	合计		

借方多栏式明细分类账由会计人员根据审核无误的记账凭证，按经济业务发生时间的先后顺序逐日逐笔登记借方专栏，并进行合计、结出余额；若发生冲减事项则用红字在借方专栏登记。

b. 贷方多栏式明细分类账的设置与登记方法。贷方多栏式中设有借方、贷方和余额三个金额栏,并在贷方按照明细科目或明细项目分设若干栏目。这种格式适用于贷方需要设置多个明细科目或明细项目的收入类账户的明细核算,如"主营业务收入""营业外收入"等账户的明细账分类核算,其一般格式如表7-18所示。

表7-18 主营业务收入明细分类账(贷方多栏式)

总第　　页
分第　　页

明细科目：

年		凭证		摘要	借方	贷方(项目)			余额
月	日	字	号			产品销售收入	加工收入	合计	

贷方多栏式明细分类账由会计人员根据审核无误的记账凭证,按经济业务发生时间的先后顺序逐日逐笔登记贷方专栏,并进行合计、结出余额;若发生冲减事项则用红字在贷方专栏登记。

c. 借贷方多栏式明细分类账的设置与登记方法。借方贷方多栏式账页中设有借方、贷方和余额三个金额栏,并同时在借方和贷方按照明细科目或明细项目分设若干栏目。这种格式适用于借方贷方均需要设置多个明细科目或明细项目的账户的明细核算,如"本年利润""应交税费——应交增值税"等账户的明细账分类核算,其一般格式如表7-19所示。

表7-19 本年利润明细分类账(借贷方多栏式)

总第　　页
分第　　页

明细科目：本年利润

年		凭证		摘要	借方(项目)			贷方(项目)			借或贷	余额
月	日	字	号		主营业务成本	……	合计	主营业务收入	……	合计		

借贷方多栏式明细分类账由会计人员根据审核无误的记账凭证,按经济业务发生时间的先后顺序逐日逐笔登记相应专栏,并进行合计、结出余额;发生冲减事项则用红字在相应专栏登记。

③ 数量金额式明细分类账的设置与登记方法。数量金额式账页中分设收入(借方)、支出(贷方)和结存(余额)三大栏,并在每一大栏内分设数量、单价、金额三小栏。数量金额式账页提供了企业有关财产物资数量和金额收、发、存的详细资料,从而能加强财产物资的实物管理和使用监督,保证这些财产物资的安全完整。这种格式适用于既要进行金额核算,又要进行实物数量核算的各种财产物资的明细核算,如"原材料""库存商品"等账户的明细账分类核算,其一般格式如表7-20所示。

表 7-20　库存商品明细分类账(数量金额式)

品名：　　　　　规格：　　　　　计量单位：　　　　　　总第　　页
产地：　　　　　仓库：　　　　　储存定额：　　　　　　分第　　页

年		凭证		摘要	收入			支出			结存		
月	日	字	号		数量	单价	金额	数量	单价	金额	数量	单价	金额

数量金额式明细分类账由会计人员根据审核无误的原始凭证或汇总原始凭证和记账凭证逐日逐笔登记或定期汇总登记,具体登记方法如下:

"日期""凭证""摘要"等栏,根据有关记账凭证编制的先后顺序依次登记。

"数量"栏,根据有关原始凭证或汇总原始凭证填写实际入库、出库和计算出结存财产物资的数量。

"单价""金额"栏,收入中的单价和金额根据有关原始凭证或汇总原始凭证中的数字填写;支出和结存中的单价和金额,取决于企业所采用的期末存货计价方法。

④ 横线登记式明细分类账的设置与登记方法。横线登记式账页是采用横线登记,即将每一相关的业务登记在一行,从而可依据每一行各个栏目的登记是否齐全来判断该项业务的进展情况。这种格式适用于登记材料采购、在途物资、应收票据和一次性备用金业务,其一般格式如表 7-21 所示。

表 7-21　在途物资明细分类账(横线登记式)

总第　　页
明细科目:甲材料　　　　　　　　　　　　　　　　　　　　　　　　　分第 7 页

20××年		凭证		摘要	借方金额			20××年		凭证		摘要	贷方金额	余额
月	日	字	号		买价	采购费用	合计	月	日	字	号			
9	3	转	2	购入	500	50	550	9	10	转	7	入库	550	Ø
	7	银付	9	购入	300	20	320							

横线登记式明细分类账由会计人员根据审核无误的原始凭证或汇总原始凭证和记账凭证逐日逐笔登记,每一相关的业务登记在同一行。

3. 总分类账户与明细分类账户的平行登记

总分类账户与其所属明细分类账户所记录的经济业务内容相同,登记的依据相同,所不同的是提供的核算资料详细程度有差别,所起的作用不同。因此,在会计核算中,为了便于进行账户记录的核对,保证核算资料的完整性和正确性,总分类账户与其所属明细分类账户必须采取平行登记的方法。

(1) 总分类账户与明细分类账户的关系

总分类账户是根据总分类科目设置的,其所属明细分类账户是根据总分类科目所属的明细分类科目设置的,总分类账户与其所属的明细分类账户之间既具有内在联系,又有明显的区别。

① 总分类账户与明细分类账户的内在联系。总分类账户与其所属明细分类账户的内在联系表现在:

a. 两者所反映的经济业务的内容相同。如"原材料"总分类账户与其所属的"甲材料""乙材料"等明细分类账户都是用来反映原材料的收、发及结存业务的。

b. 两者登账的依据相同。登记总分类账户及其所属的明细分类账户的记账凭证或原始凭证是相同的。

c. 两者合计金额相等。总分类账户的借方(或贷方)本期发生额等于其所属明细分类账户借方(或贷方)本期发生额之和;总分类账户期末(期初)余额等于其所属明细分类账户期末(期初)余额之和。

② 总分类账户与明细分类账户的区别。总分类账户与其所属明细分类账户的区别表现在:

a. 两者反映经济业务内容的详细程度不同。总分类账户反映总分类科目核算内容增减变化的总括情况,提供总括资料;明细分类账户反映明细分类科目核算内容增减变化的详细情况,提供具体资料。

b. 两者的作用不同。总分类账户控制和统驭其所属明细分类账户,即总分类账户控制着其所属明细分类账户的核算内容和数据,明细分类账户则对其所隶属的总分类账户起着补充和说明的作用。

(2) 总分类账户与明细分类账户平行登记的要点

所谓平行登记,是指经济业务发生后,应根据有关会计凭证,一方面要登记有关总分类账户,另一方面要登记该总分类账户所属的各有关明细分类账户。

采用平行登记法,应注意以下几个要点:

① 依据相同。对于需要提供详细指标的每一项经济业务,应根据审核无误的原始凭证或汇总原始凭证、记账凭证,一方面记入有关的总分类账户,另一方面记入各有关明细分类账户。

② 期间相同。期间相同并非指同一时点,而是指在同一会计期间内完成。登记总分类账及其所属的明细分类账应在同一会计期间内完成。因为明细分类账户一般根据记账凭证及其所附的原始凭证或汇总原始凭证在平时登记,而总分类账由于采用的账务处理程序不同,可能在平时登记,也可能定期登记,两者登记时点可能不一致,但会计期间相同。

③ 方向相同。即对所发生的经济业务进行登记时,记入总分类账户的方向应与记入其所属明细分类账户的方向一致。如果在总分类账户记借方,则在其所属的明细分类账户中也应记借方;如果在总分类账户记贷方,则在其所属的明细分类账户中也应记贷方。

④ 金额相等。记入总分类账的金额与记入其所属各明细分类账的金额必须相等。但是,这种金额相等只表明其数量合计相等,而不一定都是借方发生额相等和贷方发生额相等的关系。

【例 7-1】 某公司 20××年 9 月"原材料"账户期初余额 21 000 元,其所属明细账户期初余额如下:

甲材料:数量 40 吨,单价 500 元/吨,金额 20 000 元

乙材料:数量 10 吨,单价 100 元/吨,金额 1 000 元

9 月 1 日,一批在途材料验收入库,收料单信息摘要如下:

甲材料:数量 30 吨,单价 500 元/吨,金额 15 000 元

乙材料:数量 25 吨,单价 100 元/吨,金额 2 500 元

要求:(1) 编制记账凭证(会计分录代替);

(2) 登记"原材料"总账和所属明细账。

(1) 编制记账凭证如下:

日期:20××年 9 月 1 日

凭证字号:转字第 1 号

摘要:入库

借:原材料——甲材料	15 000
——乙材料	2 500
贷:在途物资——甲材料	15 000
——乙材料	2 500

(2) 总账和明细账登记如表 7-22、表 7-23、表 7-24 所示。

表 7-22　总分类账

会计科目:原材料

| 20××年 | | 凭证 | | 摘要 | 借方 | 贷方 | 借或贷 | 余额 |
月	日	字	号					
9	1			期初余额			借	21 000
	1	转	1	入库	17 500		借	38 500

表 7-23　原材料明细分类账

明细科目:甲材料　　　　　　　　　　计量单位:吨

| 20××年 | | 凭证 | | 摘要 | 收入 | | | 支出 | | | 结存 | | |
月	日	字	号		数量	单价	金额	数量	单价	金额	数量	单价	金额
9	1			期初余额							40	500	20 000
	1	转	1	入库	30	500	15 000				70	500	35 000

表 7-24　原材料明细分类账

明细科目：乙材料　　　　　　　　　　计量单位：吨

20××年		凭证		摘要	收入			支出			结存		
月	日	字	号		数量	单价	金额	数量	单价	金额	数量	单价	金额
9	1			期初余额							10	100	1 000
	1	转	1	入库	25	100	2 500				35	100	3 500

7.3　会计账簿的登记与使用规则

7.3.1　账簿的启用与登记规则

为了保证账簿记录的真实、正确、完整、及时、清晰和明确经济责任等，会计人员在登记账簿时，必须遵循登记账簿的启用与登记规则。

1. 账簿的启用规则

启用会计账簿时，应当在账簿的有关位置记录以下相关信息。

（1）设置账簿的封面

除订本账不另设封面以外，各种活页账都应设置封面和封底，并登记单位名称、账簿名称和所属会计年度。

（2）登记账簿启用及经管人员一览表

在启用新会计账簿时，应首先填写印制在扉页上的"账簿启用及交接表"中的启用说明，其中包括单位名称、账簿名称、账簿编号、起止日期、单位负责人、主管会计、审计人员和记账人员等项目，并加盖单位公章。在会计人员发生变更时，应办理交接手续并填写"账簿启用及交接表"中的交接说明。

（3）填写账户目录

总账应按照会计科目的编号顺序填写科目名称及启用页码。在启用活页式明细分类账时，应按照所属会计科目填写科目名称和页码，在年度结账后，撤去空白账页，填写使用页码。

（4）粘贴印花税票

印花税票应粘贴在账簿的右上角，并且划线注销。在使用缴款书缴纳印花税时，应在右上角注明"印花税已缴"及缴款金额。

2. 账簿的登记规则

为了保证账簿记录的正确性，必须根据审核无误的会计凭证登记会计账簿，并符合有关法律、行政法规和国家统一的会计准则制度的规定，规则如下：

(1) 准确完整

登记会计账簿时,应当将会计凭证日期、编号、业务内容摘要、金额和其他有关资料逐项记入账内,做到数字准确、摘要清楚、登记及时、字迹工整。每一项会计事项,一方面要记入有关的总账,另一方面要记入该总账所属的明细账。账簿记录中的日期,应该填写记账凭证上的日期;以自制的原始凭证,如收料单、领料单等作为记账依据的,账簿记录中的日期应按有关自制凭证上的日期填列。登记账簿要及时,各种账簿的登记间隔应该多长,结合本单位所采用的具体账务处理程序而定。

(2) 注明记账符号

登记完毕后,要在记账凭证上签名或者盖章,并注明已经登账的符号,表示已经记账,以免重记或漏记。

(3) 文字和数字必须整洁清晰,准确无误

在登记书写时,不要滥造简化字,不得使用同音异义字,不得写怪字体;摘要文字紧靠左线;数字要写在金额栏内,不得越格错位、参差不齐;文字、数字字体大小适中,紧靠下线书写,上面要留有适当空距,一般应占格宽的1/2,以备按规定的方法改错。记录金额时,如为没有角分的整数,应分别在角分栏内写上"0",不得省略不写,或以"—"号代替。阿拉伯数字一般可自左向右适当倾斜,以使账簿记录整齐、清晰。为防止字迹模糊,墨迹未干时不要翻动账页;夏天记账时,可在手臂下垫一块软质布或纸板等再书写,以防汗浸。

(4) 正常记账使用蓝黑墨水

登记账簿要用蓝黑墨水或者碳素墨水书写,不得使用圆珠笔(银行的复写账簿除外)或者铅笔书写。

(5) 特殊记账使用红墨水

下列情况,可以用红色墨水记账:

① 按照红字冲账的记账凭证,冲销错误记录;
② 在不设借贷等栏的多栏式账页中,登记减少数;
③ 在三栏式账户的余额栏前,如未印明余额方向的,在余额栏内登记负数余额;
④ 根据国家统一会计制度的规定可以用红字登记的其他会计记录。

(6) 顺序连续登记

各种账簿按页次顺序连续登记,不得跳行、隔页。如果发生跳行、隔页,不得随便更换账页和撤出账页,应当将空行、空页划线注销,或者注明"此行空白""此页空白"字样,并由记账人员签名或者盖章。

(7) 结出余额

凡需要结出余额的账户,结出余额后,应当在"借或贷"等余额方向栏内写明"借"或"贷"等字样。没有余额的账户,应当在"借或贷"等余额方向栏内写"平"字,并在余额栏内"元"位用"Ø"表示。现金日记账和银行存款日记账必须逐日结出余额。

(8) 过次承前

每一账页登记完毕结转下页时,应当结出本页合计数及余额,写在本页最后一行和下页第一行有关栏内,并在摘要栏内注明"过次页"和"承前页"字样;也可以将本页合计数及金额只写在下页第一行有关栏内,并在摘要栏内注明"承前页"字样。

(9) 不得涂改、刮擦、挖补

账簿登记发生错误时,严禁刮、擦、挖、补,或使用化学药物清除字迹,也不能重抄,必须

按照规定的方法进行更正。

（10）定期打印

实行会计电算化的单位,总账和明细账应当定期打印;发生收款和付款业务的,在输入收款凭证和付款凭证的当天必须打印出现金日记账和银行存款日记账,并与库存现金核对无误。

7.3.2 错账的查找与更正方法

在账务处理过程中,往往会发生记账错误或登账错误,从而导致数字或文字记录错误的现象,即错账。错账在账务处理过程中是无法避免的,这就要求我们掌握错账查找和规范更正错账的方法。

1. 错账的查找方法

在庞大的账簿数据中,查找错账所在之处,是一件比较困难的事情。常用的方法有差数法、尾数法、除2法和除9法。

（1）差数法

差数法是指按照错账的差数查找错账的方法。在记账过程中只登记了会计分录的借方或贷方,漏记了另一方,从而形成试算平衡中借方合计与贷方合计不等。如借方金额遗漏,会使该金额在贷方超出;贷方金额遗漏,会使该金额在借方超出。对于这样的错误,会计人员可以通过查找与差数金额有关的记录来查找错账所在之处。

（2）尾数法

尾数法是指对于发生的差错只查找末位数,以提高查错效率的方法。这种方法适合于借贷方金额其他位数都一致,而只有末位数出现差错的情况。

（3）除2法

除2法是指以差数除以2来查找错账的方法。当某个借方金额错记入贷方（或相反）时,出现错账的差数表现为错误的2倍,将此差数用2去除,得出的商即是反向的金额。

（4）除9法

除9法是指以差数除以9来查找错账的方法,适用于以下三种情况:

① 将数字写小。查找的方法是以差数除以9,得出的商即为写错的数字,商乘以10即为正确的数字。

② 将数字写大。查找的方法是以差数除以9,得出的商为正确的数字,商乘以10即为错误的数字。

③ 邻数颠倒。查找的方法是以差数除以9,得出的商连续加11,直到找出颠倒的数字为止。

2. 错账的更正方法

账簿记录如果发生错误,不能挖、擦、涂、补或用药水消除字迹,应按照规定的方法进行更正。常用的错账更正方法有划线更正法、红字更正法和补充登记法。

（1）划线更正法

划线更正法又称红线更正法,是指对账簿记录中的错误文字或数字,采用划红线注销,并进行更正的一种方法。这种方法适用于期末结账前发现账簿记录有错误,而其所依据的记账凭证没有错误,即纯属记账时文字或数字的笔误情况。

具体的更正方法是：先在错误的文字或数字上划一条红色单横线表示注销，但必须使原来的字迹仍可清晰辨认，以备查考；然后在划线上方空白处用蓝色字迹写上正确的文字或数字，并由更正人在更正处签章，以明确责任。需要注意的是，对于文字错误，可只划去错误的部分；但数字发生差错时，应将整笔数字全部划去，不能只划去其中一个或几个写错的数字。

【例7-2】 期末对账发现，记账人员在登记"应付账款"总账时，将贷方的金额6 835.72 误写为6 885.72。

要求：采用正确的方法更正错账。

分析：这是在结账前发现的纯属数字笔误情况，应采用划线更正法。其更正方法是将错误的数字6 885.72全部划红色单横线注销，然后在其上方空白处用蓝字填写上正确的数字6 835.72，并由更正人员在更正处签章，更正记录如图7-1所示。

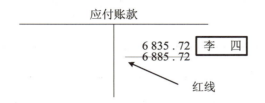

图7-1 划线更正法

如记账凭证中的文字或数字发生错误，在未登账之前，也可以采用划线更正法进行更正。

(2) 红字更正法

红字更正法又称为红字冲销法，是指由于记账凭证错误而使账簿记录发生错误，用红字金额冲销原有错误的科目和金额的记账凭证，并据以更正账簿记录的一种方法。这种方法适用于过账、结账前清账过程中发现的，由于记账凭证错误而使账簿记录发生错误的情况，适用于以下两种情形：

① 记账后发现记账凭证中的应借、应贷会计科目有错误所引起的记账错误。更正方法：首先用红字填制一张与原错误记账凭证内容完全相同的记账凭证，其摘要栏内注明"冲销×年×月×日×号凭证"，并据以用红字登记入账，冲销原有错误的账簿记录；然后，在用蓝字填制一张正确的记账凭证，在其摘要栏内注明"更正×年×月×日×号凭证"，并据以用蓝字登记入账。

【例7-3】 企业接受投资人投入资本10 000元，款项存入银行。

上述经济业务编制会计分录如下：

借：银行存款　　　　　　　　10 000
　贷：资本公积　　　　　　　　10 000

并已登记入账。

要求：采用正确的方法更正错账。

分析：这是记账凭证错误而导致账簿记录错误的情形，应采用红字更正法。

首先，编制红字冲销凭证，并据以登记入账。

借：银行存款　　　　　　　　10 000
　贷：资本公积　　　　　　　　10 000

注:☐内数字表示红字,下同。

然后,用蓝字填制一张正确的记账凭证,并据以登记入账。

借:银行存款　　　　　　　　10 000
　　贷:实收资本　　　　　　　　10 000

以上有关账簿记录如图 7-2 所示。

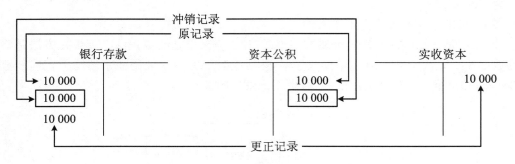

图 7-2　红字更正法 1

② 记账后发现记账凭证和账簿记录中应借、应贷会计科目无误,只是所记金额大于应记金额所引起的记账错误。更正方法:将多记的金额用红字填制一张与原错误记账凭证的会计科目、记账方向相同的记账凭证,在其摘要栏注明"冲销×年×月×日×号凭证多记金额",并据以用红字登记入账。

【例 7-4】　用银行存款 4 500 元支付产品销售广告费。

上述经济业务编制会计分录如下:

借:销售费用　　　　　　　　5 400
　　贷:银行存款　　　　　　　　5 400

并已登记入账。

要求:采用正确的方法更正错账。

分析:这是金额多记而导致账簿记录错误的情形,应采用红字更正法。

编制红字冲销凭证,并据以登记入账。

借:销售费用　　　　　　　　☐900
　　贷:银行存款　　　　　　　　☐900

以上有关账簿记录如图 7-3 所示。

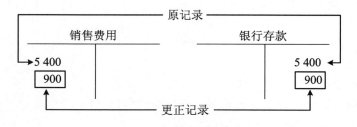

图 7-3　红字更正法 2

红字更正法的优点:在不直接改动账簿错误分录的情况下,保持账户正确的对应关系;在不直接改动账簿错误数字的情况下,保证账户发生额合计的正确。

（3）补充登记法

补充登记法也称蓝字补充法，是根据记账凭证所记录的内容记账后，结账前清账过程中，发现已入账的记账凭证中应借、应贷会计科目和记账方向都没有错误，只是所记金额小于应记的正确金额，应采用补充登记法。这种方法适用于期末结账前发现记账凭证中会计科目和借、贷方向均无错误，但实记金额小于应记金额而导致登账错误的更正。

具体的更正方法：首先计算出少记的金额，然后将少记金额用蓝字填制一张与原错误记账凭证应借、应贷会计科目完全相同的记账凭证，在摘要栏内注明"补记×年×月×日×号凭证少记金额"，并据以登记入账。

【例7-5】 企业向银行取得短期借款40 000元存入银行。

上述经济业务编制会计分录如下：

借：银行存款　　　　　　　　4 000
　　贷：短期借款　　　　　　4 000

并已登记入账。

要求：采用正确的方法更正错账。

分析：这是金额少记而导致账簿记录错误的情形，应采用补充登记法。

少记金额36 000元，用蓝字编制补充登记凭证，并据以登记入账。

借：银行存款　　　　　　　　36 000
　　贷：短期借款　　　　　　36 000

以上有关账簿记录如图7-4所示。

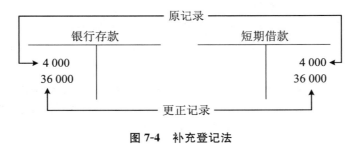

图7-4 补充登记法

7.4 对账与结账

7.4.1 对　　账

在会计工作中，由于种种原因，难免发生记账、计算等差错，也难免出现账实不符的现象，为了保证会计核算资料真实可靠，能够确切说明会计主体财务状况和经营状况，必须建立定期的对账制度。

对账，是对各种账簿记录所进行的检查和核对工作，即核对账目。它是会计核算的一项重要的内容，也是审计常用的一种查账方法。通过对账，可以及时发现记账过程中的错误，做到账证相符、账账相符和账实相符,保证记录的完整和正确,为编制会计报表提供真实可靠的会计核算资料。对账的时间通常是在月末、季末、年末结出各账户的期末余额之后、结账之前进行。

对账的主要内容包括账证核对、账账核对和账实核对。

1. 账证核对

账证核对,是指将账簿记录与其据以过账的有关会计凭证之间进行相互核对。由于原始凭证和记账凭证种类多、数量大,因此账证核对工作一般在日常编制凭证和记账过程中的"复核"环节进行。如果在月末发现账账不符时,为查找原因,也要进行账证核对。

账证核对主要包括:总账、明细账以及现金日记账、银行存款日记账的记录与记账凭证及其所附的原始凭证或汇总原始凭证核对,主要是检查其时间、凭证字号、业务内容、金额是否一致,即账簿记录是否按照记账凭证的账户、方向和金额进行登记;账簿与原始凭证或汇总原始凭证核对,主要是对账簿记录的经济业务的真实性、合法性进行检查。如果发现错误,应逐步核对至最初的凭证,直到查出差错的原因为止。

2. 账账核对

账账核对是指将各种账簿记录之间的有关记录进行相互核对。账账核对工作一般在结账前进行,主要内容包括以下几项:

① 总分类账簿之间的核对。主要核对总分类账各账户借方期末余额合计数与贷方期末余额合计数是否相等,借方本期发生额合计数与贷方本期发生额合计数是否相等,它一般采用编制试算平衡表的方法进行。

② 总分类账簿与所属明细分类账簿之间的核对。主要核对总分类账各账户的期末余额与所属各明细分类账户的期末余额之和是否相等,总分类账各账户的本期发生额与所属各明细分类账户的本期发生额之和是否相等,方向是否一致,它一般采用编制本期发生额及余额表等方法进行。

③ 总分类账簿与序时账簿之间的核对。主要核对现金日记账和银行存款日记账本期借方、贷方发生额合计数及期末余额与相对应的总分类账中的"库存现金""银行存款"账户的本期借方、贷方发生额合计数及期末余额是否相等。

④ 明细分类账簿之间的核对。主要核对会计部门的各种财产物资明细账期末余额与财产物资保管和使用部门的有关财产物资明细账期末余额是否相等,它可以将有关账户余额直接与保管账(卡)的余额核对。

3. 账实核对

账实核对是指将各种财产物资、债权债务等的账面余额与其实际结存数之间进行核对。账实核对是在账账核对的基础上进行的,其目的是保证账实相符,具体内容包括:

① 逐日核对现金日记账账面余额与库存现金实际库存数是否相符。此项核对应每日进行,并且还应进行不定期的抽查。

② 定期核对银行存款日记账账面余额与银行对账单的余额是否相符。银行存款一般至少每月核对一次,主要通过编制"银行存款余额调节表"进行。

③ 定期核对各项财产物资明细账账面余额与财产物资的实有数额是否相符。原材料、库存商品等明细账的账面余额应定期与库存数相核对,其他财产物资账户也要定期或不定期核对,各项财产物资年终要进行一次全面的清查和核对。

④ 核对有关债权债务明细账账面余额与对方单位的账面记录是否相符。此项核对应

定期或不定期进行,每年至少核对一至两次。

在实际工作中,账实核对一般是通过财产清查进行的,有关内容将在财产清查章节中进行详细介绍。

7.4.2 结　　账

为了总结企业一定会计期间经济活动的全面情况,便于编制会计报表和指导未来的经济活动,必须按月、季、年对各种账簿记录进行结算,做好结账工作。

结账,就是把在一定时期内企业发生的经济业务全部登记入账,并在已核对相符的基础上,结算出各种账簿的本期发生额合计数和期末余额,并将期末余额结转至下期或转入新的账簿内的一系列账务处理工作。通过结账,能够全面、系统地反映一定时期内发生的经济活动所引起的资产、负债及所有者权益等方面的增减变动及其结果;可以合理确定各期间的经营成果,有利于企业定期编制会计报表。

1. 结账的程序

结账是一项细致而复杂的工作,必须做好充分准备,按照下列程序进行:

① 结账前,将本期发生的经济业务全部登记入账,并保证其正确性。对于漏记的账项应及时补记,但不得提前入账,也不得将本期发生的经济业务延至下期入账;对于发现的错误,应采用适当的方法进行更正。

② 按权责发生制的原则进行期末账项调整。在本期经济业务全面入账的基础上,根据权责发生制的要求,调整收支期与归属期不一致的收入与费用,合理确定应计入本期的收入和费用,以真实地反映各会计期间的财务成果。

③ 期末分配结转有关成本费用。按照配比原则对有关成本费用进行分配,并结转损益,主要有:

　　a. 成本类账户的结转。如制造费用的分配、完工产品生产成本的结转。

　　b. 其他转账业务的结转。如财产物资的盘盈、盘亏,应按有关规定登记入账并结转。

　　c. 损益类账户的结转。如期末结转收入损益类和费用损益类至"本年利润"账户,计算本期利润。

　　d. 年末利润的清算。如计算本年实现的净利润,并结转至"利润分配"账户。

④ 计算各账户本期发生额及期末余额。在期末全部经济业务已登记入账的基础上,分别计算出现金日记账、银行存款日记账、总分类账和明细分类账的本期发生额和期末余额,并将期末余额结转至下期。

⑤ 试算平衡。根据结出的各账户的分期发生额和期末余额,编制"本期发生额试算平衡表""总账余额试算平衡表"和"明细账本期发生额明细表"。

根据借贷记账法试算平衡原理,本期发生额的借方合计必然等于贷方合计,本期期末余额的借方合计必然等于贷方合计。如果借、贷方不等,说明账户记录发生了错误,要及时查明原因,按规定方法予以更正、处理。但需要注意的是,即使试算平衡,也不足以说明账户的记录完全正确无误,要配合其他方法予以检查、验证。

2. 结账的方法

结账,是指把一定时期内应记入账簿的经济业务全部登记入账后,计算、记录本期发生额及期末余额,并将余额结转下期或新的账簿。结账工作一般在会计期末进行,主要采用划线法,即在本会计期间最后一笔业务下面划通栏红线,表示开始结账,结出本期发生额合计数及余额。

会计人员应按照规定,对现金、银行存款日记账按日结账,对其他账户按日、月、季、年结账。具体方法如下:

① 日结。对于现金、银行存款等日记账,一般都需要日清月结。日结时,应在该日最后一笔经济业务下"摘要"栏内注明"本日合计"或"本日发生额及余额"字样,在"借方"栏、"贷方"栏和"余额"栏分别填入本日合计数及余额,同时在"借或贷"栏内注明余额方向。日结时,不需要划红线。

② 月结。月结时,应在该月最后一笔经济业务下面划一条通栏单红线,在红线下"摘要"栏内注明"本月合计"或"本月发生额及余额"字样,在"借方"栏、"贷方"栏和"余额"栏分别填入本月合计数和月末余额,同时在"借或贷"栏内注明余额方向。然后,在这一行下面再划一条通栏单红线,以便与下月发生额划清。

③ 季结。季结时,通常在每季度的最后一个月月结的下一行"摘要"栏内注明"本季合计"或"本季度发生额及余额"字样,同时结出本季度借、贷方发生总额及季末余额。然后,在这一行下面划一条通栏单红线,表示季结的结束。

④ 年结。年结时,在第四季度季结的下一行"摘要"栏注明"本年合计"或"本年发生额及余额"字样,同时结出本年度借、贷方发生总额及年末余额。然后,在这一行下面划上通栏双红线,以示封账。

年度结账后,总账和日记账应当更换新账,明细账一般也应更换。但有些明细账,如固定资产明细账等可以连续使用,不必每年更换。年终时,要把各账户的余额结转到下一会计年度,只在"摘要"栏注明"结转下年"字样,结转金额不再抄写。如果账页的"结转下年"行以下还有空行,应当自余额栏的右上角至日期栏的左下角用红笔划对角斜线注销。在下一会计年度新建有关会计账簿的第一行"余额"栏内填写上年结转的余额,并在"摘要"栏注明"上年结转"字样。

进行结账时,需要注意的是:

① 对不需按月结计本期发生额的账户,每次记账以后,都要随时结出余额,每月最后一笔余额是月末余额,即月末余额就是本月最后一笔经济业务记录的同一行内余额。月末结账时,只需要在最后一笔经济业务记录之下划通栏单红线,不需要再次结计余额。

② 现金、银行存款日记账和需要按月结计发生额的收入、费用等明细账,每月结账时,要在最后一笔经济业务记录下面划通栏单红线,结出本月发生额和余额,在"摘要"栏内注明"本月合计"等字样,并在下面划通栏单红线。

③ 对于需要结计本年累计发生额的明细账户,每月结账时,应在"本月合计"行下结出自年初起至本月末止的累计发生额,登记在月份发生额下面,在"摘要"栏内注明"本年累计"等字样,并在下面划通栏单红线。12月月末的"本年累计"就是全年累计发生额,在全年累计发生额下划通栏双红线。

④ 总账账户平时只需结出月末余额。年终结账时,为了总括地反映全年各项资金运动情况的全貌,核对账目,要将所有总账账户结出全年发生额和年末余额,在"摘要"栏内注明"本年合计"等字样,并在合计数下划通栏双红线。

⑤ 年度终了结账时,有余额的账户,应将其余额结转下年,并在"摘要"栏注明"结转下年"字样;在下一会计年度新建有关账户的第一行"余额"栏内填写上年结转的余额,并在"摘

要"栏注明"上年结转"字样。结转下年时,既不需要编制记账凭证,也不必将余额再记入本年账户的借方或贷方,使本年有余额的账户的余额变为零,而是使有余额的账户的余额如实反映在账户中,以免混淆有余额账户和无余额账户的区别。

7.5 会计账簿的更换与保管

7.5.1 账簿的更换

为了反映每个会计年度的财务状况和经营情况,保持会计账簿资料的连续性,企业通常在每个会计年度结束、新的会计年度开始时,按会计制度的规定启用新账,即进行账簿的更换,并把上个会计年度的会计账簿归档保管。账簿的更换,是指在年度结账后,将本年度旧账更换为下年度新账。

一般来说,在新的会计年度,总分类账、库存现金日记账、银行存款日记账和大部分明细分类账应每年更换一次。有些财产物资明细账和债权、债务明细账,由于材料品种、规格繁杂,往来单位较多,更换新账,重抄一遍,工作量较大,因此可以跨年度使用,不必每年更换一次;还有个别采用卡片式的明细分类账,如固定资产明细账或固定资产卡片,由于变动情况很少,不必每年更换,可连续使用;各种备查账簿也可以连续使用。

因会计制度改变而需要变更账户名称、核算内容的,应在上年度结账时,编制余额调整分录,按本会计年度的账户名称、核算内容,将上年度有关账户的余额进行合并或分解,过渡到新账中的各个有关账户。或者在上年度结账后,通过编制余额调整工作底稿(格式如表7-25所示)的方式,将上年度有关账户余额合并或分解,归并为本年度有关账户的余额,然后开设本年度新账。新旧账簿更换时,账户余额的结转不需编制记账凭证。

表 7-25 余额调整工作底稿

年　月　日

| 序号 | 会计科目 | | 余额 | | 说明 | 序号 | 会计科目 | | 余额 | | 说明 |
	总账科目	明细科目	借方	贷方			总账科目	明细科目	借方	贷方	
合　计						合　计					
借贷差额						借贷差额					

更换账簿时,首先检查本年度账簿记录在年终结账时是否全部结清,然后在新账中有关账户的第一行"日期"栏内注明"1月1日",在"摘要"栏注明"上年结转"或"年初余额"字样,将上年的年末余额以同方向记入新账中的"余额"栏内,并在"借或贷"栏内注明余额的方向。上年年末编制的余额调整分录,应与上年度会计凭证一并归档保管;编制余额调整工作底稿,应与上年度的账簿一并归档保管。

7.5.2 账簿的保管

会计账簿是单位重要的会计资料,并且有些需要保密,必须妥善保管,不得丢失和任意销毁。否则,原有的债权、债务将无法清理,重要的经济资料和经济信息将丢失,经济责任将无法明确。因此,各单位必须健全账簿管理制度,妥善保管各种账簿。

会计账簿的保管,既要安全、完善、机密,又要保证使用时能及时迅速查到所需的资料。对会计账簿的管理主要包括日常管理和旧账归档管理。

1. 账簿的日常管理

会计账簿日常管理,要点如下:

① 各种账簿要分工明确,指定专人管理。账簿经管人员既要负责记账、对账、结账等工作,又要负责保证账簿安全、完整。

② 账簿未经领导和会计负责人或者有关人员批准,非经管人员不能随意翻阅查看。

③ 账簿除需要与外单位核对外,一般不能携带外出。对携带外出的账簿,必须经领导和会计主管人员批准,并指定专人负责,不得随意交于其他人员管理,以保证账簿安全、完整和防止任意涂改、毁坏账簿等问题发生。

2. 旧账的归档保管

年度终了更换并启用新账后,对更换下来的旧账要整理装订,造册归档,按照统一规定进行管理。

① 整理。首先检查应归档的旧账是否收集齐全,再检查各种账簿应办理的会计手续是否完备。对于手续不完备的应补办手续,如改错盖章、结账划线、结转余额、注销空行或空页等。活页账应抽出未使用的空白账页,并注明各账页的总页码和分页码,完善账簿启用和经管人员一览表、账目目录等,填写账簿封面。

② 装订成册。旧账装订时,应注意以下事项:

首先,检查账簿扉页的内容是否填列齐全,并将账簿启用和经管人员一览表、账目目录附在账页前面,加具封面底线。

其次,检查订本式账簿从第一页到最后一页是否按顺序编写页数,有无缺页或跳页;活页账或卡片账是否按顺序编号,是否加具封面。

具体装订时,一般按账户分类装订成册,一个账户装订一册或数册;某些账户账页较少,也可以将几个账户合并装订成一册;合并装订应按同类业务、同类账页装订在一起,多栏式活页账、三栏式活页账、数量金额式活页账等不同账页不得混装。

装订后的账簿应牢固、平整,不得有折角、缺角、错页、掉页、加空白纸的现象;账簿的封口要严密,封口处要加盖印章;封面应齐全、平整,并注明所属年度及账簿名称和编号等。

③ 归档保管。账簿装订成册后,要在账簿的封面上填写账簿的种类,编上卷号,由会计主管人员、装订人或经办人签章;然后编制目录、填写移交清单,办理交接手续,归档保存。归档后的账簿可暂由本单位会计机构保管一年,期满后应移交本单位档案机构保管。各单位必须严格按照会计档案保管的有关规定履行账簿的保管、借阅和销毁手续,且要注意防火、防盗,库房通风良好,以防毁损、霉烂等。账簿保管期满,按照规定的审批程序经批准后方能销毁;销毁账簿,应按有关规定进行。

本章小结

账簿是由一定格式的、相互联系的账页组成的,以会计凭证为依据,序时、分类、全面地记录和反映各项经济业务的会计簿籍。设置和登记账簿是会计核算的一种专门方法,也是会计核算工作的一个重要环节,它对加强经济核算,提高经营管理水平有着重要的意义。账簿按用途分类,可以分为序时账簿、分类账簿和备查账簿;按其外表形式分类,可以分为订本式账簿、活页式账簿和卡片式账簿;按其账页格式分类,可以分为两栏式账簿、三栏式账簿、多栏式账簿、数量金额式账簿和横线登记式账簿等。序时账簿又称日记账,是按照经济业务发生或完成时间的先后顺序逐日逐笔进行记录的账簿。各单位都应设置现金日记账和银行存款日记账,用于序时核算现金和银行存款的收入、付出和结存情况,借以加强对货币资金的管理。现金日记账的格式有三栏式和多栏式两种,但最常用的是三栏式;银行存款日记账的格式与库存现金日记账的格式相同。总分类账是按照总分类账户进行分类登记全部经济业务的账簿,它能全面、总括地反映经济业务的情况,并为编制会计报表提供总括核算资料,因而任何单位都必须设置总分类账,其格式有三栏式和多栏式两种,一般采用三栏式。明细分类账是按照明细分类账户进行分类登记经济业务的账簿,是对总分类账的补充说明,为编制会计报表提供详细核算资料。明细分类账的格式通常有三栏式、多栏式和数量金额式等格式。总分类账与明细分类账既有内在联系,又有区别。其内在联系表现为:两者所反映的经济业务的内容相同,两者登账的依据相同,两者的金额相等;其区别表现为:两者反映经济业务内容的详细程度不同,两者的作用不同。总分类账户和所属明细分类账户要进行平行登记。所谓平行登记法是指经济业务发生后,根据会计凭证,一方面要登记有关总分类账户,另一方面要登记该总分类账户所属的有关明细分类账户的一种登记方法。平行登记法的要点包括:依据相同、期间相同、方向相同、金额相等。登记账簿是会计核算的一种专门方法,必须遵循账簿启用规则、账簿登记规则和错账更正的规则。常用的错账更正方法有划线更正法、红字更正法和补充登记法三种方法。为了保证会计资料的可靠性,会计人员还应做好对账工作,对账的内容包括:账证核对、账账核对和账实核对。在会计期末会计人员应按规定进行结账,并按规定对账簿进行更换和保管。

思考题

1. 什么是账簿?设置和登记账簿有何意义?
2. 简述账簿的分类及其内容。
3. 如何设置和登记各类账簿?
4. 什么是账簿的平行登记?其要点是什么?
5. 简述对账的内容。
6. 简述结账的程序与方法。

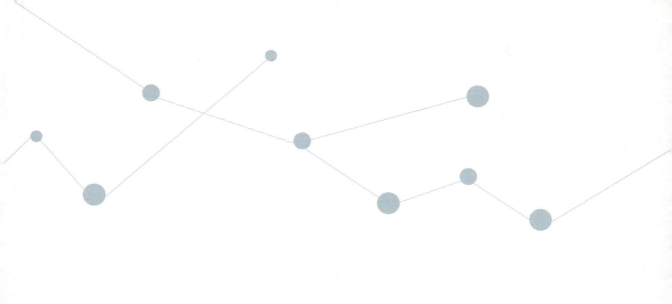

第8章

财产清查

学习目标

通过本章教学，要求学生了解财产清查的概念、种类、程序，理解财产清查的作用，理解和掌握财产物资的盘存制度，掌握财产清查的内容和方法，了解财产清查结果处理流程、基本要求，掌握库存现金、银行存款、存货、固定资产、往来款项的清查及结果处理。

知识构图

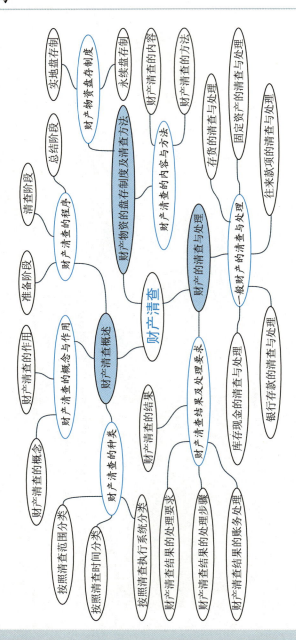

8.1 财产清查概述

8.1.1 财产清查的概念与作用

在实际工作中,会计凭证和账簿中记录的正确性并不足以说明各项财产物资实际结存情况的正确性。所以,要通过财产清查的方法,及时发现各项财产物资实存账存是否相符,并查找原因,进行调整。

1. 财产清查的概念

经济管理需要客观真实的会计核算资料,会计信息的真实性是最基本的要求,是会计工作的生命。会计核算虽然对会计凭证和账簿进行了严格审核、试算平衡和对账,保证了会计记录的正确性和完整性。但是,账簿记录的正确性并不能保证会计核算资料的客观真实。因为,会计核算工作与货币资金及实物资产等的保管工作是分开进行的,可能会出现账簿登记的结存数与实存数不相符的现象。一般来说,账实不符包括以下几种情况:

① 财产物资在保管过程中发生的自然损耗,如蒸发、霉变、干耗等;

② 在收发财产物资时,由于计量、计算、检验的不准确而发生的品种、数量、质量上的差错;

③ 账务处理中出现的漏记、错记或计算上的错误;

④ 由于管理不善、工作人员失职,以及不法分子的营私舞弊、贪污失职而造成财产物资的损坏、变质、丢失、短缺等;

⑤ 发生自然灾害和意外事故,导致财产物资产生非常损失;

⑥ 由于凭证传递时间形成的未达账项,引起的账账、账实不符等;

⑦ 其他原因。

综上所述,无论是哪一种原因所造成的账实不符,都要通过财产清查发现问题,并进行调整。

财产清查亦称财产检查,是指通过对货币资金、实物资产和往来款项等财产物资进行盘点或核对,确定其实存数,查明账存数与实存数是否相符的一种专门方法。通过财产清查,可以查明各项财产物资、债权债务、所有者权益情况,加强物资管理,监督财产是否完整,并为正确核算损益提供正确的资料。

2. 财产清查的作用

财产清查是查明账存数与实存数是否相符的一种专门方法,对于保护企业财产的安全、完整,加速资金周转等具有重要的意义。

① 保证账实相符,提高会计资料的准确性。通过财产清查,可以查明各项财产物资的实有数量,确定实有数量与账面数量之间的差异,查明原因和责任,以便采取有效措施,消除差异,改进工作,从而保证账实相符,提高会计资料的准确性。

② 切实保障各项财产物资的安全、完整。通过财产清查,可以查明各项财产物资的保管情况是否良好,有无因管理不善,造成霉烂、变质、浪费,或者被非法挪用、贪污盗窃的情

况,以便采取有效措施,改善管理,切实保障各项财产物资的安全、完整。

③ 加速资金周转,提高资金使用效益。通过财产清查,可以查明各项财产物资的库存和使用情况,合理安排生产经营活动,充分利用各项财产物资,加速资金周转,提高资金使用效果。

8.1.2 财产清查的种类

各种财产清查在对象和范围上各不相同,时间上也有区别,财产清查可以按不同的标准进行分类。

1. 按照清查范围分类

财产清查按照被清查的对象范围来分类,可以分为全面清查和局部清查。

(1) 全面清查

全面清查是指对本单位的所有财产物资进行全面盘点和核对。由于全面清查具有范围广、时间长、工作量大、参与部门多等特点,一般在下列情况下进行:

① 年终决算之前;
② 开展清产核资或资产评估前;
③ 企业撤销、合并、破产清算或改变隶属关系前;
④ 中外合资、国内合资前;
⑤ 企业股份制改制之前;
⑥ 单位主要负责人调离工作前。

(2) 局部清查

局部清查是指根据需要只对部分财产物资进行的盘点和核对。局部清查具有范围小、时间短、工作量小、参与部门少等特点,一般针对流动性较大的财产和重要财产来进行清查。

一般情况下,对于库存现金,应由出纳人员在当日业务终了时清点核对,做到日清月结;对于银行存款,应由出纳员每月至少同银行核对一次;对于债权、债务,每年至少与对方核对一至两次;对于流动性较大的材料物资,除年度清查外,年内还要有计划地轮流盘点或重点抽查;对于贵重的财产物资,应每月清查盘点一次。

2. 按照清查的时间分类

按清查时间的不同,财产清查可以分为定期清查和不定期清查。

(1) 定期清查

定期清查是指按照管理制度的规定或预先计划安排的时间对财产物资、债权债务进行的清查。例如,每日结账时,要对库存现金进行账实核对;每月结账时,要对银行存款日记账进行对账等。定期清查一般在期末进行,如年末、季末、月末。定期清查的范围和对象不定,可以是全面清查,也可以是局部清查。

(2) 不定期清查

不定期清查是指事先无计划安排,而是根据实际需要所进行的临时性清查。不定期清查多为局部清查。如更换出纳员时,对库存现金、银行存款进行的清查;更换仓库保管员时,对其所保管的材料物资进行的清查;发生自然灾害意外事故时,对损失财产的清查等。

3. 按照清查的执行系统分类

按照清查的执行单位分类,财产清查可以分为内部清查和外部清查。

(1) 内部清查

内部清查是指由本单位内部自行组织清查工作小组所进行的财产清查工作。大多数财产清查都是内部清查。

(2) 外部清查

外部清查是指由上级主管部门、审计机关、司法部门、注册会计师根据国家有关规定或情况需要对本单位所进行的财产清查。如注册会计师对企业验资、查账，审计、司法机关对企业检查、监督中所进行的清查工作等。一般来讲，进行外部清查时应有本单位相关人员参加。

8.1.3 财产清查的程序

财产清查是一项涉及面广、工作量大、复杂而又细致的工作。企业的财产清查工作不仅是会计部门的一项重要工作，而且还涉及财产物资管理部门、生产部门，其他各职能部门以及个人的管理职责。各有关部门应该主动、积极配合，并按科学合理的程序组织进行。财产清查一般包括准备阶段、清查阶段和总结阶段。

1. 准备阶段

在清查前，尤其是全面清查前，要按以下步骤做好清查的各项准备工作：

(1) 成立清查小组

根据清查的目的、种类、对象和范围，成立专门的财产清查小组，负责财产清查的组织和实施。通常财产清查小组的成员应包括单位有关负责人、会计人员以及与清查内容相关的职能部门的主管人员、技术人员、保管人员、内部审计人员和职工代表等。财产清查小组的主要职责是：实施清查以前，合理安排清查工作；清查过程中，实施清查，进行监督、检查和指导；清查结束后，提出处理意见和建议。

(2) 制订清查计划

清查小组应根据财产清查的目的和要求，拟订财产清查计划，包括财产清查的对象范围、时间进度以及解决清查过程中出现问题的原则、方法等，明确清查人员的具体分工和职责。

(3) 清查前的业务准备

在财产清查前业务上必须做好以下几项准备工作：

① 账簿记录准备。有关财务会计人员应该在财产清查前，把发生的各项经济业务全部登记入账，将有关账目结算清楚，并进行账簿记录与凭证记录、总账与明细账之间的核对，保证账证相符、账账相符，为清查工作提供可靠的会计数据资料。对于银行存款和往来款项等，在清查前应准备好对账单。

② 实物整理准备。财产物资保管部门和有关人员应在清查日期截止前，将发生的各项财产物资的收、发业务填好凭证手续，登记入账，结出余额；并将准备清查的各项财产物资整理清楚，按类别摆放整齐，标明编号、品种、规格及结存数量，以便进行实地盘点清查。

③ 工具器具准备。财产清查开始前，应准备好各种必要的计量器具，并校对准确。清查人员要准备好清查盘点所需要的表册、单据、文具等，以便清查时使用。

2. 清查阶段

财产清查的重要环节是盘点财产物资的实存数量。在做好各项准备工作以后，就可以由清查人员按照清查的计划和步骤,实施财产清查工作。在财产清查过程中,为明确责任,实物保管人员、出纳人员、往来账户经管人员以及内部审计人员等都必须在场,并参加盘点工作。盘点时,清查人员要做好盘存记录,在盘存单中详细说明各项财产物资的编号、名称、规格、计量单位、数量、单价、金额等,并由盘点人员和实物保管人员分别签字盖章。对于不能进行盘点清查的财产物资,清查人员要做好核对或查询工作。

3. 总结阶段

盘点清查完毕,会计部门应根据盘存单上所列财产物资的实际结存数量与账面结存记录进行核对,若发现某些财产物资账实不符时,填制"实存账存对比表",确定财产物资盘盈或盘亏的数额,并分析产生差异原因,明确经济责任,提出处理意见,报请批准,据以进行账务处理。通过财产清查,要总结经验教训,以便在以后的工作中建立健全有关财产物资管理制度。

8.2 财产物资的盘存制度及清查方法

8.2.1 财产物资的盘存制度

财产清查的重要环节是确定财产物资的结存数量,以便进行账实核对。确定财产物资结存数量的核算方法,即财产物资的盘存制度,通常有实地盘存制和永续盘存制两种。

1. 实地盘存制

实地盘存制也称以存计耗制,是指平时在账簿中只登记各项财产物资的增加数,不登记减少数,期末通过对财产物资的实地盘点来确定其实存数,从而计算出本期减少数的一种财产物资盘存制度。采用这种方法,平时根据有关会计凭证只登记财产物资的增加数,不登记减少数,月末或一定时期可根据期末盘点资料弄清各种财物的实有数额,这样就可以倒推出本期财产物资的减少数。即:

$$本期减少数 = 期初账面结存数 + 本期增加数 - 期末实际结存数 \quad (式\ 8\text{-}1)$$

实地盘存制的优点是核算工作比较简单,工作量较小。实地盘存制的缺点是手续不够严密,不能通过账簿随时反映和监督各项财产物资的收、发、结存情况,反映的数字不精确,仓库管理中尚有多发、少发及物资毁损、盗窃、丢失等情况,在账面上均无反映,而全部隐藏在本期的发出数内,不利于财产物资的管理,也不利于监督检查。因此,实地盘存制只适用于数量大、价值低、收发频繁的财产物资,一般只是用于核算那些价值低、数量不稳定、损耗大的鲜活商品。

2. 永续盘存制

永续盘存制也称账面盘存制,是指平时对各项财产物资分别设立明细账,连续记载其增减变化并随时结出余额的一种财产物资盘存制度。采用这种方法时,平时对财产物资的增加数、减少数,都要根据会计凭证在有关账簿中连续登记,并且随时根据账簿记录结出账面结存数量。即:

$$期末账面结存数 = 期初账面结存数 + 本期增加数 - 本期减少数 \quad (式\ 8\text{-}2)$$

永续盘存制的优点是可以连续登记财产物资的收入和发出情况,随时结出账面结存数,随时了解财产物资的变动情况,有利于加强单位对财产物资的管理。其缺点是对财产物资的明细分类核算工作量大,需要耗用较多的人力和物力;另外,采用这种方法时,账簿中关于财产物资增减及结存情况的变动,是根据会计凭证登记的,由于记录不当,可能发生账实不符的情况。因此,采用永续盘存制时,要对各项财产物资进行定期或不定期的盘点,以便查明账实是否相符。从加强存货的管理、提供管理所需会计信息的角度出发,除在特殊情况下采用实地盘存制外,应尽量采用永续盘存制。

8.2.2 财产清查的内容与方法

库存现金的清查是采用实地盘点法来确定库存现金的实存数,然后与库存现金日记账的账面余额相核对,确定账实是否相符。

1. 财产清查的内容

财产清查不仅包括实物的清点,而且也包括各种债权、债务等往来款项的查询核对。另外,财产清查范围不仅包括存放于本单位的各项财产物资,也包括属于但未存放于本单位的财产物资,也可以包括存放但不属于本单位的财产物资。财产清查的主要内容如下:

① 货币资金的清查,包括库存现金、银行存款、其他货币资金;
② 存货的清查,包括各种材料、在产品、半成品、库存商品等;
③ 固定资产的清查,包括房屋、建筑物、机器设备、工器具、运输工具等;
④ 在建工程的清查,包括自营工程和发包工程;
⑤ 对金融资产投资的清查,包括交易性金融资产、债权投资、长期股权投资等;
⑥ 无形资产和其他资产的清查;
⑦ 应收、应付款项的清查,包括应收账款、其他应收款、应付账款和其他应付款等。

2. 财产清查的方法

进行财产清查,就是要清查其实存数量和金额,确定其账存数量和金额,将实存与账存进行比较,查明实存数与账存数是否相符。所以,财产清查涉及实物量的清查和价值量的清查两个方面,使用不同的方法。

(1) 实物量的清查方法

对于各项财产物资的数量即实物量的清查,常使用实地盘点法和技术推算法。

① 实地盘点法。实地盘点法是通过实地逐一点数或用计量器具确定实存数量的一种常用方法。这种方法适用范围比较广,大部分财产物资都采用这种方法,如对企业的机器设备进行逐一清点等。

② 技术推算法。技术推算法是通过量方、计尺等技术方法推算有关财产物资实存数量的一种方法。这种方法适用于大量成堆、价值低、数量大的材料物资,如堆放的煤、沙子等。不便于逐一清查点数的财产物资,还可以在抽样盘点的基础上,进行技术推算,从而确定其实存数量。

(2) 价值量的清查方法

对于各项财产物资的金额即价值量的清查和核对,常使用账面价值法、评估确认法、协商议价法和查询核实法。

① 账面价值法。账面价值法是根据财产物资的账面单位价值来确定实存金额的方法,

即根据各项财产物资的实存数量乘以账面单位价值,计算出各项财产物资的实存金额。

② 评估确认法。评估确认法是根据资产评估的价值确定财产物资实存金额的方法。这种方法根据资产的特点,由专门的评估机构依据资产评估方法对有关财产物资进行评估,以评估确认的价值作为财产物资实存金额。这种方法适用于企业改组、改变隶属关系、联营、撤销、清产核资等情况。

③ 协商议价法。协商议价法是根据涉及资产利益的有关方面,按照互惠互利的原则,参考目前市场价格,协商确定财产物资的实存金额的方法。这种方法根据协商议价作为财产物资的价值,适用于企业联营投资,或以资产对外投资时的财产清查。

④ 查询核实法。查询核实法是依据账簿记录,以一定的查询方式,清查财产物资、货币资金、债权债务数量及其价值量的方法。这种方法根据查询结果进行分析,来确定有关财产物资、货币资金、债权债务的实物数量和价值量。适用于债权债务、出租出借的财产物资以及外埠存款的查询核实。

8.3 财产的清查与处理

8.3.1 财产清查结果及处理要求

如实反映、妥善处理财产清查中发现的管理和核算中的各种问题,是财产清查中的重要环节和内容,也是能否发挥财产清查作用的关键。

1. 财产清查的结果

财产清查的结果即财产实存数与账存数的比较结果,有三种情况:

① 实存数大于账存数,即盘盈。
② 实存数小于账存数,即盘亏。
③ 实存数等于账存数,账实相符。

2. 财产清查结果的处理要求

财产清查结果的处理一般指的是对账实不符——盘盈、盘亏情况的处理。但对账实相符中如财产物资发生变质、霉烂及毁损时,也是其处理的对象。对于财产清查中发现的问题,如财产物资的盘盈、盘亏、毁损或其他各种损失,应核实情况,调查分析产生的原因,按照国家有关法律法规的规定,进行相应的处理。具体要求有:

① 分析产生差异的原因和性质,提出处理建议。
② 积极处理多余积压财产,清理往来款项。
③ 总结经验教训,建立和健全各项管理制度。
④ 及时调整账簿记录,保证账实相符。

3. 财产清查结果的处理步骤

对于财产清查结果的处理可分为两步:

① 审批之前的处理。根据清查结果报告表、盘点报告表等已经查实的数据资料,填制记账凭证,记入有关账簿,使账簿记录与实际盘存数相符。同时根据权限,将处理建议报股

东大会或董事会,或经理(厂长)会议或类似机构批准。

② 审批之后的处理。企业清查的各种财产的损溢,应于期末前查明原因,并根据企业的管理权限,经股东大会或董事会,或经理(厂长)会议或类似机构批准后,在期末结账前处理完毕。企业应严格按照有关部门对财产清查结果提出的处理意见进行账务处理,填制有关记账凭证,登记有关账簿,并追回由于责任者原因造成的财产损失。企业清查的各种财产的损溢,如果在期末结账前尚未经批准,在对外提供财务报表时,先按上述规定进行处理,并在附注中作出说明;其后批准处理的金额与已处理金额不一致的,调整财务报表相关项目的年初数。

4. 财产清查结果的账务处理

为了反映和监督企业在财产清查过程中查明的各种财产物资的盘盈、盘亏、毁损及其处理情况,应设置"待处理财产损溢"账户(但固定资产盘盈和毁损分别通过"以前年度损益调整""固定资产清理"账户核算)。该账户属于双重性质的资产类账户,下设"待处理流动资产损溢"和"待处理非流动资产损溢"两个明细分类账户进行明细分类核算。该账户的借方登记财产物资的盘亏数、毁损数和批准转销的财产物资盘盈数;贷方登记财产物资的盘盈数和批准转销的财产物资盘亏及毁损数。企业清查的各种财产的盘盈、盘亏和毁损应在期末结账前处理完毕,所以"待处理财产损溢"账户在期末结账后一般没有余额。

8.3.2 一般财产的清查与处理

财产清查的对象不同,清查的步骤、方法与结果的处理也不一样。

1. 库存现金的清查与处理

库存现金是指存放于企业财会部门、由出纳人员经管的货币。库存现金是企业流动性最强的资产,企业应当严格遵守国家有关现金管理制度,正确进行现金收支的核算,监督现金使用的合法性与合理性。

(1) 库存现金的清查

要确保库存现金的安全,企业除实行钱账分管制度外,出纳员还应在每日和每月终了时根据现金日记账的合计数,结出库存现金余额,并与库存现金实有数核对,必须做到账款相符。主管会计还应随机抽查盘点出纳的库存现金,加强监督。

库存现金清查的主要方法是通过实地盘点库存现金的实存数,然后与现金日记账余额相核对,确定账存与实存是否相等。其步骤如下:

① 盘点前,出纳人员应先将现金收、付业务全部登记入账,并结出余额。

② 盘点时,出纳人员必须在场,库存现金由出纳人员经手盘点,清查人员从旁监督。库存现金清查除查明账实是否相符外,还要查明有无违反现金管理规定,如有无以"白条"抵冲现金,现金库存是否超过核定的限额,有无"坐支"现金,有无挪用公款等。

③ 盘点结束,应根据盘点结果编制"库存现金盘点报告表",并由检查人员和出纳人员签名盖章,作为重要的原始凭证。库存现金盘点报告表具有"盘存单"和"实存账存对比表"的作用,格式如表 8-1 所示。

表 8-1　库存现金点报告表

年　月　日

币别	实存金额	账存金额	对比结果		备注
			盘盈	盘亏	

现金使用情况	(1) 库存现金限额： (2) 白条抵库情况： (3) 违反规定的现金支出情况： (4) 其他违规行为：

处理意见：

批准人：

会计机构负责人：　　　　　盘点人：　　　　　出纳：

（2）库存现金清查结果的处理

库存现金发生账款不符的情况是比较常见的，但一般金额较小。为了及时反馈、监督现金的短缺、溢余，可以在"库存现金"总分类账户下，增设"现金长款""现金短款"明细分类账户进行核算。

① 库存现金盘盈的处理。当库存现金实存数大于账存数，即库存现金盘盈，也称现金溢余或现金长款，应及时办理库存现金的入账手续，调整库存现金账簿记录，即按盘盈的金额借记"库存现金"账户，贷记"待处理财产损溢——待处理流动资产损溢"账户。对于盘盈的库存现金，应及时查明原因，按管理权限报经批准后，按盘盈的金额借记"待处理财产损溢——待处理流动资产损溢"账户，按需要支付或退还他人的金额贷记"其他应付款"账户，按无法查明原因的金额贷记"营业外收入"账户。

【例 8-1】　某企业 20××年 9 月 1 日，出纳员清查库存现金发现现金长款 102 元，原因待查。

要求：编制上述经济业务会计分录。

借：库存现金　　　　　　　　　　　　　　　　　　102
　　贷：待处理财产损溢——待处理流动资产损溢　　　　102

【例 8-2】　9 月 2 日，经查明 9 月 1 日现金长款有 100 元系张鹏报销差旅费少支付款项，2 元无法查明原因。经批准，少支付款项应支付给报销人，无法查明原因款项作营业外收入处理。

要求：编制上述经济业务会计分录。

借：待处理财产损溢——待处理流动资产损溢　　　　102

　　　　贷:其他应付款——张鹏　　　　　　　　　　　　　100
　　　　　营业外收入　　　　　　　　　　　　　　　　　2

② 库存现金盘亏的处理。当库存现金实存数小于账存数,即库存现金盘亏,也称现金短缺或现金短款,应及时办理盘亏的确认手续,调整库存现金账簿记录,即按盘亏的金额借记"待处理财产损溢——待处理流动资产损溢"账户,贷记"库存现金"账户。对于盘亏的库存现金,应及时查明原因,按管理权限报经批准后,按可收回的保险赔偿和过失人赔偿的金额借记"其他应收款"账户,按管理不善等原因造成净损失的金额借记"管理费用"账户,按自然灾害等原因造成净损失的金额借记"营业外支出"账户,按原记入"待处理财产损溢——待处理流动资产损溢"账户借方的金额贷记本科目。

【例 8-3】 某企业 20××年 9 月 2 日,出纳员清查库存现金发现现金短款 200 元,原因待查。

要求:编制上述经济业务会计分录。
　　　借:待处理财产损溢——待处理流动资产损溢　　　　200
　　　　贷:库存现金　　　　　　　　　　　　　　　　　200

【例 8-4】 9 月 3 日,无法查明 9 月 2 日现金短款原因。经批准,出纳员肖七赔偿 50 元,其余 150 元作管理费用处理。
　　　借:其他应收款——肖七　　　　　　　　　　　　　50
　　　　管理费用　　　　　　　　　　　　　　　　　　150
　　　　贷:待处理财产损溢——待处理流动资产损溢　　　200

2. 银行存款的清查与处理

银行存款是企业存入银行或其他金融机构的货币资金。企业根据业务需要,在其所在地银行开设账户,运用所开设的账户,进行存款、取款以及各种收支转账业务的结算。银行存款的收支业务由出纳员负责办理,每笔银行存款收入和支出业务,都须及时编制记账凭证登记银行存款日记账,做到日清月结。

(1) 银行存款的清查

银行存款清查也称银行对账,主要采用与开户银行核对账目的方法进行。即将本单位银行存款日记账的账簿记录与开户银行转来的对账单逐笔进行核对,以查明账实是否相符。

银行对账一般在月末进行,由会计人员将银行存款的账面余额与开户银行转来的对账单的余额核对一次。如果二者余额相符,通常说明没有错误。如果二者余额不相符,主要原因有两方面:一是企业与银行一方或双方记账出现了差错,如错记、漏记、重记或串户等,属于银行方的差错,由银行检查更正;属于企业的差错,由企业及时更正。二是在企业与银行双方的记账均无差错的情况下,未达账项的存在会造成双方余额不一致。所谓未达账项,是指企业和银行双方在凭证传递的过程中,由于凭证接收时间不同,造成记账时间不一致,从而发生一方已经入账,而另一方尚未入账的事项。未达账项一般有以下四种情况:

① 企业已收款记账,银行未收款未记账的款项,简述为"企业已收,银行未收",如企业送存银行的委托收款票据。

② 企业已付款记账,银行未付款未记账的款项,简述为"企业已付,银行未付",如企业开出的支票,收款人尚未到银行提款或办理转账。

③ 银行已收款记账,企业未收款未记账的款项,简述为"银行已收,企业未收",如银行存款利息。

④ 银行已付款记账,企业未付款未记账的款项,简述为"银行已付,企业未付",如企业委托银行代付的款项,银行已付款入账,而企业尚未收到银行付款通知,尚未入账。

上述任何一种未达账项的存在,都会使企业银行存款日记账的余额与银行开出的对账单的余额不符。所以,在与银行对账时首先应查明是否存在未达账项,如果存在未达账项,就应该编制"银行存款余额调节表",据以调节双方的账面余额,确定企业银行存款实有数。

(2) 银行存款余额调节表的编制

银行存款余额调节表,是在企业银行存款日记账账面余额与银行对账单余额的基础上,各自加上对方已收、本单位未收账项数额,减去对方已付、本单位未付账项数额,以调整双方余额使其一致的一种调节方法。银行存款余额调节表的编制方法一般是在双方账面余额的基础上,分别补记对方已记账而本方未记账的账项金额,然后验证调节后的双方账目是否相符。其原理公式如下:

企业银行存款日记账余额＋银行已收,企业未收－银行已付,企业未付
　　＝银行对账单存款余额＋企业已收,银行未收－企业已付,银行未付　　(式8-3)

【**例 8-5**】 某企业 20××年9月30日银行存款日记账账面余额 67 600 元,开户银行送来的对账单所列存款余额 71 100 元,经核对发现下列未达账项:

(1) 9月27日,企业收到购货单位转账支票 16 000 元,企业已记账,但支票尚未送银行,银行尚未记账;

(2) 9月28日,企业开出现金支票支付职工差旅费 1 500 元,企业已记账,但持票人尚未到银行取款,银行尚未记账;

(3) 9月29日,银行代企业收到甲公司款项 21 000 元,银行已收存,但企业尚未收到收款通知,企业尚未记账;

(4) 9月30日,银行代企业支付本月水电费 3 000 元,银行已划账,但企业尚未收到付款通知,企业尚未记账。

要求:编制该企业 20××年9月30日银行存款余额调节表。

分析:上述未达账,第1笔属于企业已收,银行未收;第2笔属于企业已付,银行未付;第3笔属于银行已收,企业未收;第4笔属于银行已付,企业未付。编制的银行存款余额调节表如表 8-2 所示。

表 8-2　银行存款余额调节表

账户:　　　　　　　　　　　20××年9月30日　　　　　　　　　　　单位:元

项　目	金　额	项　目	金　额
银行存款日记账余额	67 600	银行对账单余额	71 100
加:银行已收,企业未收	21 000	加:企业已收,银行未收	16 000
减:银行已付,企业未付	3 000	减:企业已付,银行未付	1 500
调整后余额	85 600	调整后余额	85 600

银行存款余额调节表应按银行存款账户户头编制。凡有几个银行户头,应分别按存款户头开设银行存款日记账;每月月底,应分别将各户头的银行存款日记账与各户头的银行对账单核对,并分别编制各户头的银行存款余额调节表。

调节后,如果双方余额相等,一般可以认为双方记账没有差错。调节后双方余额仍然不

相等时,原因还是两个,要么是未达账项未全部查出,要么是一方或双方账簿记录还有差错。无论是什么原因,都要进一步查清楚并加以更正,一定要调节到表中双方余额相等为止。调节后的余额既不是企业银行存款日记账的余额,也不是银行对账单的余额,它是企业银行存款的真实数字,也是企业当日可以动用的银行存款的极大值。银行存款余额调节表是一种对账工具,不能作为调整账面记录的依据,即不能根据银行存款余额调节表中的未达账项来调整银行存款账面记录,未达账项只有在收到有关凭证后才能进行有关的账务处理。

3. 存货的清查与处理

存货,是指企业在日常活动中持有以备出售的产成品或商品、处在生产过程中的在产品、在生产过程或提供劳务过程中耗用的材料或物料等,包括各类材料、在产品、半成品、产成品或库存商品以及包装物、低值易耗品、委托加工物资等。存货是企业一项重要的流动资产,为保证存货核算的真实性、安全和完整,挖掘资金使用潜力,企业应定期或不定期开展存货清查。

(1) 存货的清查

存货的清查,是指对各类材料、商品、在产品、半成品、产成品、低值易耗品、包装物等的清查。由于其实物形态不同,体积重量、码放方式各异,需要采用不同的方法进行清查。一般而言,存货清查方法有实地盘点法和技术推算法两种,但大多采用实地盘点法。对于流动性较大的存货,除年度清查外,年内还要有计划地轮流盘点或重点抽查;对于贵重的存货,应每月清查盘点一次。

存货清查应按如下步骤进行:

首先,要由清查人员协同存货保管人员在现场对存货采用上述相应的清查方法进行盘点,确定其实有数量,并同时检查其质量情况。为明确经济责任和便于查询,各项存货的保管人必须在场,并参加盘点工作。

其次,对盘点的结果要如实地登记在"盘存单"上,并由盘点人员和实物保管人员签章,以明确经济责任。盘存单既是记录实物盘点结果的书面证明,又是反映存货实有数的原始凭证,格式如表8-3所示。

表8-3 盘存单

单位名称: 盘点时间: 编号:
财产类别: 存放地点:

编号	名称及规格	计量单位	实存数量	单价	金额	备注

盘点人签章: 保管人签章:

最后,根据"盘存单"和相应存货的账簿记录填制"实存账存对比表"。该报告单是调整账簿记录的重要原始凭证,也是分析差异原因、明确经济责任的依据,格式如表8-4所示。

表 8-4　实存账存对比表

单位名称：　　　　　　　　　　　　　年　月　日　　　　　　　　编号：

编号	名称及规格	计量单位	单价	实存		账存		对比结果				备注
								盘盈		盘亏		
				数量	金额	数量	金额	数量	金额	数量	金额	

单位负责人签章：　　　　　　　　　　　　　　　　　　　　填表人签章：

（2）存货清查结果的处理

造成存货账实不符的原因很多，应根据不同情况分别做出处理。一般的处理办法是：定额内的盘盈、盘亏，应冲减或增加费用；责任事故造成的损失，应由过失人负责赔偿；非常事故，如自然灾害，在扣除保险公司赔款和残料价值后，经批准列作损失处理。

① 存货盘盈的处理。存货盘盈时，应及时办理存货入账手续，调整存货账簿的实存数。盘盈的存货应按其重置成本作为入账价值借记"原材料""库存商品"等账户，贷记"待处理财产损溢——待处理流动资产损溢"账户。对于盘盈的存货，应及时查明原因，按管理权限报经批准后，应冲减管理费用，即按其入账价值，借记"待处理财产损溢——待处理流动资产损溢"账户，贷记"管理费用"账户。

【例 8-6】 某企业 20××年 9 月 30 日对存货清查中发现：甲材料盘盈 1 吨，单价 1 000 元/吨，原因待查。

要求：编制上述经济业务会计分录。

借：原材料——甲材料　　　　　　　　　　　　1 000
　　贷：待处理财产损溢——待处理流动资产损溢　　　1 000

【例 8-7】 上述材料盘盈因计量器具不准，发生定额内收发计量溢余差错，经批准冲减管理费用。

要求：编制上述经济业务会计分录。

借：待处理财产损溢——待处理流动资产损溢　　1 000
　　贷：管理费用　　　　　　　　　　　　　　　　1 000

② 存货盘亏的处理。存货盘亏时，应按盘亏的金额借记"待处理财产损溢——待处理流动资产损溢"账户，贷记"原材料""库存商品"等账户。材料、产成品、商品采用计划成本（或售价）核算的，还应同时结转成本差异（或商品进销差价）。涉及增值税的，还应进行相应处理。对于盘亏的存货，应及时查明原因，按管理权限报经批准后，按可收回的保险赔偿和过失人赔偿的金额借记"其他应收款"账户，按管理不善等原因造成净损失的金额借记"管理费用"账户，按自然灾害等原因造成净损失的金额借记"营业外支出"账户，按原记入"待处理财产损溢——待处理流动资产损溢"账户借方的金额贷记本科目。

【例 8-8】 某企业 20××年 9 月 30 日对存货清查中发现：盘亏乙材料 1 吨，单价 500 元/吨；盘亏丙材料 10 吨，单价 600 元/吨。经查明，盘亏乙材料属正常计量差错，经批准记入管理费用；盘亏丙材料属保管员李强管理不善，发生偷盗，经批准由责任人李强赔偿1 000元，其余记入管理费用。

要求：编制上述经济业务会计分录。

批准前：

借：待处理财产损溢——待处理流动资产损溢　　　　6 500
　　贷：原材料——乙材料　　　　　　　　　　　　　　　500
　　　　　　　——丙材料　　　　　　　　　　　　　　　6 000

批准后：

借：其他应收款——李强　　　　　　　　　　　　　　1 000
　　管理费用　　　　　　　　　　　　　　　　　　　　5 500
　　贷：待处理财产损溢——待处理流动资产损溢　　　　6 500

【例8-9】 某企业20××年9月3日材料库发生火灾，经清查，丁材料烧毁50吨，单价800元/吨。经查明，仓库失火属自然灾害造成，平安保险公司负责赔偿30 000元，其余经批准记入非常损失。

要求：编制上述经济业务会计分录。

批准前：

借：待处理财产损溢——待处理流动资产损溢　　　　40 000
　　贷：原材料——丁材料　　　　　　　　　　　　　　40 000

批准后：

借：其他应收款——平安保险　　　　　　　　　　　30 000
　　营业外支出　　　　　　　　　　　　　　　　　10 000
　　贷：待处理财产损溢——待处理流动资产损溢　　　40 000

需要注意的是，对于购进的存货发生非正常损失（管理不善造成的被盗、丢失、霉烂变质、自然灾害）引起盘亏，存货负担的增值税应予以转出。

4. 固定资产的清查与处理

固定资产是指企业为生产产品、提供劳务、出租或者经营管理而持有的、使用时间超过12个月的，价值达到一定标准的非货币性资产，包括房屋、建筑物、机器、机械、运输工具以及其他与生产经营活动有关的设备、器具、工具等。固定资产是企业的劳动手段，也是企业赖以生产经营的主要资产。为保证固定资产核算的真实性、安全和完整，挖掘现有固定资产潜力，企业应定期或不定期进行固定资产清查。

（1）固定资产的清查

固定资产清查是对固定资产实物进行的清点盘查，通常采用实地盘点的方法。固定资产清查，每年至少进行一次，应按下列步骤进行：

首先，在清查之前应将固定资产总账的期末余额同固定资产明细账核对，保证固定资产总账余额与其所属的固定资产明细账余额相一致。

其次，进行实地盘点，对固定资产的状况进行清查，要按固定资产明细账上所列明的固定资产名称、固定资产类别、固定资产编号等内容与固定资产实物进行逐一核对，确认账实是否相符，根据盘点情况编制"固定资产清查盘点表"。固定资产清查盘点表既是记录实物盘点结果的书面证明，又是反映固定资产实有数和状态的原始凭证，格式如表8-5所示。

表 8-5　固定资产清查盘点表

单位名称：　　　　　　　　　盘点日期：　　　　　　　　　编号：

资产编号	资产名称及规格型号	计量单位	领用数量	实际数量	盘盈(+)盘亏(-)	领用日期	已使用年限	资产现状					存放地点	使用(保管)人签字	盘盈(盘亏)原因
								完好	闲置	待修	毁损	待报废			

审批人：　　　　　清查小组负责人：　　　　　部门负责人：　　　　　制表人：

最后，根据"固定资产清查盘点表"和相应的账簿记录，了解固定资产盘盈、盘亏和毁损情况，在查明原因的基础上，编制"固定资产清查盘盈盘亏报告表"。该报告表是调整账簿记录的重要原始凭证，也是分析差异原因、明确经济责任的依据，格式如表 8-6 所示。

表 8-6　固定资产清查盘盈盘亏报告表

单位名称：　　　　　　　　　年　月　日　　　　　　　　　编号：

资产编号	资产名称及规格型号	盘盈			盘亏			毁损			原因
		数量	重置价格	累计折旧	数量	单价	已提折旧	数量	单价	已提折旧	
处理意见	审批部门				清查小组				使用保管部门			

盘点人签章：　　　　　　　　　　　　　　　　　　保管人签章：

（2）固定资产清查结果的处理

固定资产清查结果一般是盘亏或毁损，盘盈情况比较少见。对于不同的结果，处理方法是不一样的，固定资产盘盈应作为前期差错处理，固定资产盘亏通过"待处理财产损溢"处理，固定资产毁损应按固定清理办法处理。固定资产毁损、报废将在其他课程中介绍。

① 固定资产盘盈的处理。企业在财产清查过程中盘盈的固定资产，经查明确属企业所有，按管理权限报经批准后，应根据盘存凭证填制固定资产交接凭证，经有关人员签字后送交企业会计部门，填写固定资产卡片账，并作为前期差错处理，通过"以前年度损益调整"科目核算。盘盈的固定资产通常按其重置成本作为入账价值借记"固定资产"账户，贷记"以前年度损益调整"账户。涉及增值税、所得税和盈余公积的，还应按相关规定处理。

【例 8-10】 某企业 20××年 9 月 30 日对企业的全部固定资产进行盘查,盘盈一台八成新的机器设备,该设备同类产品市场价格为 100 000 元。企业所得税税率为 25%,法定盈余公积提取比例为 10%。

要求:编制企业盘盈固定资产相关会计分录。

前期差错更正:

固定资产入账价值=100 000×80%=80 000(元)

借:固定资产	80 000	
贷:以前年度损益调整		80 000

计提企业所得税:

应纳所得税额=80 000×25%=20 000(元)

借:以前年度损益调整	20 000	
贷:应交税费——应交所得税		20 000

进行利润分配:

应提取法定盈余公积=(80 000−20 000)×10%=6 000(元)

借:以前年度损益调整	6 000	
贷:盈余公积——法定盈余公积		6 000

结转利润分配:

以前年度损益调整余额=80 000−20 000−6 000=54 000(元)

借:以前年度损益调整	54 000	
贷:利润分配——未分配利润		54 000

② 固定资产盘亏的处理。固定资产盘亏时,应及时办理固定资产注销手续,按盘亏固定资产的账面价值,借记"待处理财产损溢——待处理非流动资产损溢"账户,按已提折旧额,借记"累计折旧"账户,按其原价,贷记"固定资产"账户。涉及增值税和递延所得税的,还应按相关规定处理。对于盘亏的固定资产,应及时查明原因,按管理权限报经批准后,按过失人及保险公司应赔偿额,借记"其他应收款"账户,按盘亏固定资产的原价扣除累计折旧和过失人及保险公司赔偿后的差额,借记"营业外支出"账户,按盘亏固定资产的账面价值,贷记"待处理财产损溢——待处理非流动资产损溢"账户。

【例 8-11】 某企业 20××年 9 月 10 日失窃笔记本电脑一台,该电脑原始价值 5 400 元,已计提折旧 2 120 元。该失窃电脑保险公司财产险赔偿 2 000 元,其余经批准作为营业外支出处理。

要求:编制上述经济业务相关会计分录。

批准前:

借:累计折旧	2 120	
待处理财产损溢——待处理非流动资产损溢	3 280	
贷:固定资产		5 400

批准后:

借:其他应收款——保险公司	2 000	
营业外支出	1 280	
贷:待处理财产损溢——待处理非流动资产损溢		3 280

5. 往来款项的清查与处理

往来款项是指企业在生产经营过程中发生的各种应收、应付款项及预收、预付款项。它可能会存在各种问题，需要做好内部控制，并在给予准确认定时做好把关。

(1) 往来款项的清查

往来款项的清查，包括各种应收款、应付款、预收款、预付款、其他应收和其他应付款的清查。往来款项的清查与银行存款清查一样，也是采用与对方核对账目的方法，通常采用发函询证的方式与对方核对账目。对于往来款项，不需要像银行存款那样每月与有关单位核对，视具体情况而定，企业应当定期或者至少每年年度终了时，对往来款项进行全面清查。往来款项清查程序如下：

首先，将各项应收、应付等往来款项正确、完整地登记入账。

然后，逐户编制一式两联的对账单（一般格式如表 8-7 所示），送交对方单位进行核对，如对方单位核对无误，应在回单上盖章后退回发出单位；如对方单位发现数字不符，应在回单上注明不符原因后退回发出单位，或者另抄对账单退回，作为进一步核对的依据。

表 8-7　往来款项对账单

单位名称：　　　　　　　　　年　月　日　　　　　　　编号：

本企业入账时间	发票或凭证号	摘要	应收金额	已收金额	结欠金额	贵企业入账时间	备注

（盖章）
年　月　日

最后，发出单位收到对方的回单后，编制"往来款项清查报告单"（一般格式如表 8-8 所示），填列各项往来款项的余额。对于有争执的款项以及无法收回的款项，应在报告单上详细列明情况，以便及时采取措施进行处理，避免或减少坏账损失。

表 8-8　往来款项清查报告单

单位名称：　　　　　　　　　年　月　日　　　　　　　编号：

总分类账		明细分类账		清查结果		核对不符的原因分析			备注
户名	账户余额	户名	账户余额	核对相符金额	核对不符金额	有争议款项金额	无法收回或偿还款项	其他原因	

清查人员：　　　　　　　　　　　　　　　　　　会计人员：

（2）往来款项清查结果的处理

在财产清查过程中，发现的长期未结算的往来款项，应及时处理，对于无法收回的应收款项则作为坏账进行处理。坏账是指企业无法收回或收回的可能性极小的应收款项。企业通常应将符合下列条件之一的应收款项确认为坏账：

① 债务人死亡，以其遗产清偿后仍然无法收回；
② 债务人破产，以其破产财产清偿后仍然无法收回；
③ 债务人较长时间内未履行其偿债义务，并有足够的证据表明无法收回或者收回的可能性极小。

企业对有确凿证据表明确实无法收回的应收款项，经批准后作为坏账损失。对于坏账损失的账务处理，将在后续课程中介绍。对于已确认为坏账的应收款项，并不意味着企业放弃了追索权，一旦重新收回，应及时入账。

本章小结

财产清查，是指通过对各项财产物资进行盘点和核对，确定其实存数，查明实存数与其账存数是否相等的一种专门方法。财产清查是查明账存数与实存数是否相符的一种专门方法，对于保护企业财产的安全、完整，加速资金周转等具有重要的意义。财产清查可以按不同的标志进行分类，按照清查的范围分为全面清查和局部清查；按照清查的时间分为定期清查和不定期清查；按照清查的执行单位分为内部清查和外部清查。确定财产物资结存数量的核算方法，即财产物资的盘存制度，通常有永续盘存制和实地盘存制两种。财产清查的内容主要包括货币资金、存货、固定资产、应收、应付款项等。对于各项财产物资的数量即实物量的清查，常使用实地盘点法和技术推算法；对于各项财产物资的金额即价值量的清查和核对，常使用账面价值法、评估确认法、协商议价法和查询核实法。财产清查的结果即财产实存数与账存数的比较结果，有盘盈、盘亏和账实相符三种情况。财产清查结果的处理一般指的是对账实不符情况的处理，一般分为审批前和批准后两步，设置"待处理财产损溢"账户进行账务处理。财产清查的对象不同，清查的步骤、方法与结果的处理也不一样：库存现金通过实地盘点库存现金的实存数，盘点结果编制"库存现金点报告表"，作为重要的原始凭证进行盘盈、盘亏处理；银行存款清主要采用核对账目法，将银行存款日记账与对账单逐笔核对，发现差错和未达账项，编制"银行存款余额调节表"；存货有实地盘点法和技术推算法两种，但大多采用实地盘点法，清查结果编制"盘存单"和"实存账存对比表"，作为原始凭证，进行相应账务处理；固定资产通常采用实地盘点的方法，编制"固定资产清查盘点表"和"固定资产清查盘盈盘亏报告表"，盘盈应作为前期差错处理，盘亏通过"待处理财产损溢"处理，毁损应按固定清理办法处理；往来款项的清查通常采用发函询证的方式与对方核对账目，发现长期未结算的往来款项和坏账，及时处理。

思考题

1. 什么是财产清查？有什么作用？

2. 财产清查的分类有哪些?
3. 什么是实地盘存制、永续盘存制?两者有何区别?
4. 什么是未达账项?包括哪些情况?
5. 财产清查方法有哪些?适用于哪些项目清查?
6. 简述财产清查结果的处理。

第9章

账务处理程序

学习目标

通过本章教学，要求学生了解账务处理程序的概念、意义和种类，理解和掌握记账凭证账务处理程序、科目汇总表账务处理程序、汇总记账凭证账务处理程序的概念、特点、步骤、优缺点及适用范围，掌握科目汇总表、汇总记账凭证的编制方法。

知识构图

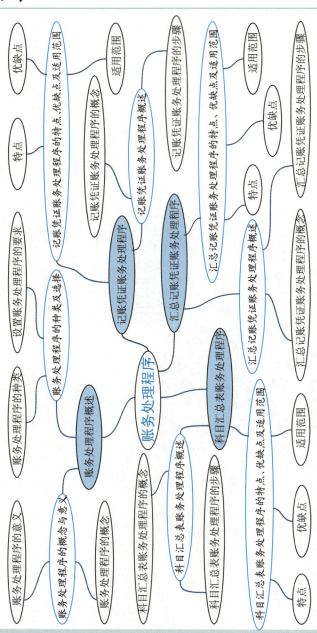

9.1 账务处理程序概述

9.1.1 账务处理程序的概念与意义

在实际会计工作中,不仅要填制会计凭证、设置和登记会计账簿以及编制财务报告,还需要明确规定各种会计凭证、会计账簿和财务报告之间的关系,将这些科学地组织成为一个有机的整体,才能发挥会计系统、全面、综合地收集、分析、整理及披露会计信息的职能。会计凭证、会计账簿及财务报告之间的结合方式不同,就会形成不同的会计核算组织形式,即账务处理程序。

1. 账务处理程序的概念

账务处理程序,又称会计核算组织程序或会计核算形式,是指会计凭证、会计账簿、财务报表相结合的方式,包括账簿组织和记账程序。账簿组织是指会计凭证和会计账簿的种类、格式,会计凭证与账簿之间的联系方法;记账程序是指由填制、审核原始凭证到填制、审核记账凭证,登记日记账、明细分类账和总分类账,编制财务报表的工作程序和方法等。具体地说,账务处理程序就是从原始凭证的取得开始,整理、汇总、审核原始凭证,填制、汇总记账凭证,登记日记账、明细分类账、总分类账等各种账簿,编制会计报表的一系列业务处理的步骤和方法。

会计核算工作涉及填制会计凭证、登记会计账簿、编制会计报表等业务处理环节。不同的会计主体在会计核算工作中,应该使用哪些凭证,应该设置哪些账簿;怎样设计凭证和账簿的种类及格式;如何确定各种凭证之间、账簿之间、会计报表之间的相互关系,并使之协调配合;如何根据凭证登记账簿,尤其是登记总分类账;如何确定从填制凭证到登记账簿再到编制会计报表的程序和步骤,这些都是正确组织会计核算工作必须首先解决的重要问题。

2. 账务处理程序的意义

不同的账务处理程序有不同的业务处理步骤和方法。因此,为了确保会计工作顺利地进行,提高会计工作的质量和效率,会计主体应该选择适合本单位的账务处理程序。科学、合理地选择账务处理程序,对于有效地组织会计核算工作具有十分重要的意义。

① 有利于会计工作程序的规范化,确定合理的凭证、账簿与报表之间的联系方式,保证会计信息加工过程的严密性,提高会计信息的质量;

② 有利于保证会计记录的完整性、正确性,通过凭证、账簿及报表之间的牵制作用,增强会计信息的可靠性;

③ 有利于减少不必要的会计核算环节,提高会计工作效率,保证会计信息的及时性。

9.1.2 账务处理程序的种类及选择

设置账务处理程序是做好会计工作的重要前提。账务处理程序有多种形式,企业可根据自身实际情况科学、合理地制定账务处理程序。

1. 账务处理程序的种类

会计凭证、账簿组织和会计报表相互组合的方式不同,就形成了不同的账务处理程序。

在我国,常用的账务处理程序主要有:
① 记账凭证账务处理程序。
② 汇总记账凭证账务处理程序。
③ 科目汇总表账务处理程序。
④ 多栏式日记账账务处理程序。
⑤ 日记总账账务处理程序。

各种核算组织程序之间的主要区别在于登记总分类账的依据和方法不同,它们各有优缺点和适用范围。

2. 设置账务处理程序的要求

由于各企业的业务性质不同,组织规模大小各异,经济业务有繁简之别,所以设置的凭证、账簿及报表的种类和格式会有所不同,记账程序也会有差异。因此,采用的账务处理程序不尽相同,但设置合理、适用的账务处理程序,一般符合以下基本要求:

① 必须满足经营管理的需要。整个账务处理程序的建立,从填制会计凭证开始,经过登记账簿,到编制会计报表止,均应按照经营管理的需要设计,提供必要的会计核算信息。

② 必须符合本单位的实际情况。选择账务处理程序,要同本单位经济业务的特点、经营规模、业务繁简及会计部门技术力量相适应:经营业务单一、企业规模较小、会计部门技术力量比较薄弱的企业,可以采用比较简单的账务处理程序;反之,可以采用较复杂的账务处理程序。这样,才便于科学地分工协作,落实岗位责任制。

③ 在保证会计核算工作质量的前提下,力求简化核算手续。适当的会计账务处理程序还应当力求简化,减少不必要的环节,节约人力、物力和财力,不断地提高会计工作的效率。

9.2 记账凭证账务处理程序

9.2.1 记账凭证账务处理程序概述

记账凭证账务处理程序是基本的账务处理程序。

1. 记账凭证账务处理程序的概念

记账凭证账务处理程序是指对所发生的经济业务事项,根据原始凭证或汇总原始凭证编制记账凭证,然后直接根据记账凭证逐笔登记总分类账,并定期编制会计报表的一种账务处理程序。

记账凭证账务处理程序是最基本的账务处理程序,其他各种账务处理程序基本上是在这种账务处理程序的基础上发展和演变而形成的。

2. 记账凭证账务处理程序的步骤

记账凭证账务处理程序的一般步骤是:
① 根据原始凭证填制汇总原始凭证。
② 根据原始凭证或汇总原始凭证,填制收款凭证、付款凭证和转账凭证,也可以填制通用记账凭证。

③ 根据收款凭证和付款凭证逐笔登记现金日记账和银行存款日记账。
④ 根据原始凭证、汇总原始凭证和记账凭证,登记各种明细分类账。
⑤ 根据记账凭证逐笔登记总分类账。
⑥ 期末,将库存现金日记账、银行存款日记账和明细分类账的余额与有关总分类账的余额核对相符。
⑦ 期末,根据总分类账和明细分类账的记录,编制财务报表。

记账凭证账务处理程序流程如图 9-1 所示。

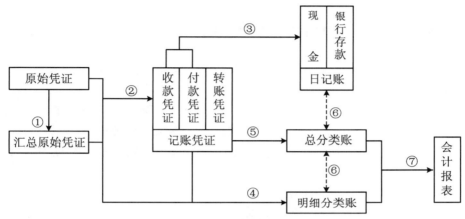

图 9-1 记账凭证账务处理程序

9.2.2 记账凭证账务处理程序的特点、优缺点及适用范围

1. 特点

记账凭证账务处理程序特点主要表现在以下几个方面：

（1）主要特点

记账凭证账务处理程序的主要特点是直接根据记账凭证对总分类账进行逐笔登记,是最基本的账务处理程序。

（2）凭证设置

在记账凭证账务处理程序中,记账凭证可采用一种通用记账凭证的格式,也可以采用收款凭证、付款凭证和转账凭证三种并存的专用记账凭证的格式。

（3）账簿设置

记账凭证账务处理程序设置的账簿一般包括：现金日记账、银行存款日记账、总分类账和明细分类账。其中,现金日记账和银行存款日记账一般采用三栏式格式；总分类账一般按规定的会计科目开设账页,格式也采用三栏式；明细分类账则应根据企业管理上的需要,格式可采用三栏式、多栏式或数量金额式等。

2. 优缺点

记账凭证账务处理程序的优点是简单明了,易于理解和掌握,账户之间的对应关系清晰,总分类账反映详细；其缺点则是登记总分类账的工作量较大,特别是与现金、银行存款日记账明显地存在重复登记的现象,账页耗用多。

3. 适用范围

记账凭证账务处理程序适用于规模较小、经济业务量较少的单位。

9.3 科目汇总表账务处理程序

9.3.1 科目汇总表账务处理程序概述

科目汇总表账务处理程序是在记账凭证账务程序基础上发展和演变而来的。

1. 科目汇总表账务处理程序的概念

科目汇总表账务处理程序又称记账凭证汇总表账务处理程序,它是根据记账凭证定期编制科目汇总表,再根据科目汇总表登记总分类账的一种账务处理程序。

科目汇总表账务处理程序是在记账凭证账务处理程序的基础上形成的,主要是克服记账凭证账务处理程序的缺点。

2. 科目汇总表账务处理程序的步骤

科目汇总表账务处理程序的一般步骤是:

① 根据原始凭证填制汇总原始凭证。
② 根据原始凭证或汇总原始凭证填制记账凭证。
③ 根据收款凭证、付款凭证逐笔登记现金日记账和银行存款日记账。
④ 根据原始凭证、汇总原始凭证和记账凭证,登记各种明细分类账。
⑤ 根据各种记账凭证编制科目汇总表。
⑥ 根据科目汇总表登记总分类账。
⑦ 期末,将现金日记账、银行存款日记账和明细分类账的余额同有关总分类账的余额核对相符。
⑧ 期末,根据总分类账和明细分类账的记录,编制财务报表。

科目汇总表账务处理程序流程如图 9-2 所示。

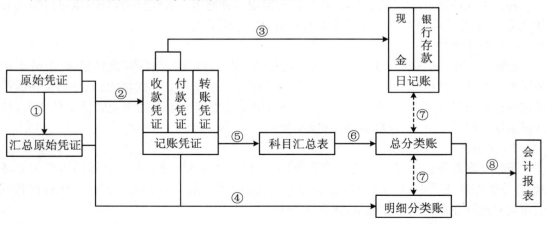

图 9-2 科目汇总表账务处理程序

9.3.2 科目汇总表账务处理程序的特点、优缺点及适用范围

1. 特点

(1) 主要特点

科目汇总表账务处理程序的主要特点是先将所有记账凭证汇总编制成科目汇总表，然后以科目汇总表为依据登记总分类账。

(2) 凭证设置

科目汇总表账务处理程序下记账凭证设置与记账凭证账务处理程序基本相同，不同的是需要编制科目汇总表。科目汇总表，又称记账凭证汇总表，是指企业通常定期对全部记账凭证进行汇总后，按照不同的会计科目分别列示各账户借方发生额和贷方发生额的一种汇总凭证。科目汇总表的编制方法是，根据一定时期内的全部记账凭证，按照会计科目进行归类，定期汇总出每一个账户的借方本期发生额和贷方本期发生额，填写在科目汇总表的相关栏内。科目汇总表可每月编制一张，按旬汇总，也可每旬汇总一次编制一张。

在实际工作中，科目汇总表可以根据需要设计，采用不同的格式，但任何格式的科目汇总表，都只反映各个账户的借方本期发生额和贷方本期发生额，不反映各个账户之间的对应关系。科目汇总表常用格式如图 9-3 所示。

编号：
凭证 共 张

科 目 汇 总 表

年 月 日至 年 月 日

字第 号至 字第 号共 张
字第 号至 字第 号共 张
字第 号至 字第 号共 张

会计科目	借方金额	贷方金额	账页	会计科目	借方金额	贷方金额	账页
合计				合计			

会计主管： 记账： 复核： 制表：

图 9-3 科目汇总表

（3）账簿设置

科目汇总表账务处理程序下账簿设置与记账凭证账务处理程序基本相同。但是科目汇总表只反映各账户借、贷方本期发生额,不反映各个账户的对应关系,因而总分类账的格式可采用普通三栏式,不必设置对方科目栏。

2. 优缺点

科目汇总表账务处理程序的优点是:根据科目汇总表来登记总分类账,与记账凭证账务处理程序相比大大减轻了登记总分类账的工作量;利用科目汇总表可以对全部会计科目的借方发生额、贷方发生额进行试算平衡,并及时发现、纠正记账过程中的差错,保证会计记录的质量;该程序简明易懂,方便易学。其缺点是:由于科目汇总表只提供全部账户本期的借方和贷方发生额合计数,不能反映账户对应关系,在登记总账时不能了解经济业务的来龙去脉,不便于查对账目,而且编制科目汇总表的工作量较大。

3. 适用范围

科目汇总表账务处理程序适用于规模较大、经济业务量较多、凭证数量较多的企业。

9.4 汇总记账凭证账务处理程序

9.4.1 汇总记账凭证账务处理程序概述

汇总记账凭证账务处理程序是在记账凭证账务处理程序基础上发展和演变而来的。

1. 汇总记账凭证账务处理程序的概念

汇总记账凭证账务处理程序是定期根据记账凭证分类编制汇总记账凭证,再根据汇总记账凭证登记总分类账,依据账簿记录定期编制会计报表的一种核算组织程序。

汇总记账凭证账务处理程序是在科目汇总表核算程序的基础上对汇总记账凭证加以改进而形成的,其目的是为了克服科目汇总表核算程序的不足之处,明确账户之间的对应关系,提高总分类账的清晰性。

2. 汇总记账凭证账务处理程序的步骤

汇总记账凭证账务处理程序的一般步骤是:

① 根据原始凭证填制汇总原始凭证。

② 根据原始凭证或汇总原始凭证,填制收款凭证、付款凭证和转账凭证,也可以填制通用记账凭证。

③ 根据收款凭证、付款凭证逐笔登记现金日记账和银行存款日记账。

④ 根据原始凭证、汇总原始凭证和记账凭证,登记各种明细分类账。

⑤ 根据各种记账凭证编制有关汇总记账凭证。

⑥ 根据各种汇总记账凭证登记总分类账。

⑦ 期末,将现金日记账、银行存款日记账和明细分类账的余额与有关总分类账的余额核对相符。

⑧ 期末,根据总分类账和明细分类账的记录,编制财务报表。

汇总记账凭证账务处理程序流程如图 9-4 所示。

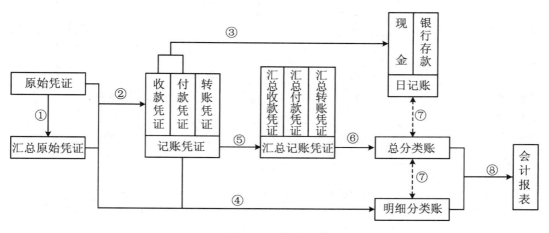

图 9-4　汇总记账凭证账务处理程序

9.4.2　汇总记账凭证账务处理程序的特点、优缺点及适用范围

1. 特点

汇总记账凭证账务处理程序特点主要表现在以下几个方面：

（1）主要特点

汇总记账凭证账务处理程序的主要特点是先根据记账凭证编制汇总记账凭证，再根据汇总记账凭证登记总分类账。

（2）凭证设置

在汇总记账凭证账务处理程序下，设置有记账凭证和汇总记账凭证两种类型，记账凭证可分为收款凭证、付款凭证和转账凭证，据以登记日记账和明细分类账；汇总记账凭证据以登记总分类账。汇总记账凭证是指对一段时期内同类记账凭证进行定期汇总而编制的记账凭证，可以分为汇总收款凭证、汇总付款凭证和汇总转账凭证。

① 汇总收款凭证。汇总收款凭证是根据一定时期的全部收款凭证，按期汇总编制而成的记账凭证。汇总收款凭证分别按"库存现金"和"银行存款"账户的借方，对其相对应的贷方账户加以归类，定期汇总，按期编制。总分类账根据各汇总收款凭证的合计数进行登记，分别记入"库存现金""银行存款"总分类账户的借方，并将汇总收款凭证上各账户贷方的合计数分别记入有关总分类账户的贷方。汇总收款凭证格式如图 9-5 所示。

② 汇总付款凭证。汇总付款凭证是根据一定时期的全部付款凭证，按期汇总编制而成的记账凭证。汇总付款凭证分别按"库存现金"和"银行存款"账户的贷方，对其相对应的借方账户加以归类，定期汇总，按期编制。总分类账根据各汇总付款凭证的合计数进行登记，分别记入"库存现金""银行存款"总分类账户的贷方，并将汇总付款凭证上各账户借方的合计数分别记入有关总分类账户的借方。汇总付款凭证格式如图 9-6 所示。

③ 汇总转账凭证。汇总转账凭证是根据一定时期的全部转账凭证，按期汇总编制而成的记账凭证。转账凭证的借、贷方科目均无规律性，为避免混乱，规定汇总转账凭证一律按转账凭证的贷方账户分别设置，按与设置账户相对应的借方账户加以归类，定期汇总，按期

汇 总 收 款 凭 证

借方科目：银行存款　　　　　　　　　20××年9月　　　　　　　　　汇银收　字第 1 号

贷方科目	金　　额				总账页数	
	1-10日汇总 银收第1-18号	11-20日汇总 银收第19-27号	21-30日汇总 银收第28-32号	合　计	借方	贷方
主营业务收入	125 000	110 000		235 000		
应收账款		80 000		80 000		
其他应收款			5 000	5 000		
合　　计	125 000	190 000	5 000	320 000		

会计主管：　　　　记账：　　　　复核：　　　　　　　制单：肖七

图 9-5　汇总收款凭证

汇 总 付 款 凭 证

贷方科目：库存现金　　　　　　　　　20××年9月　　　　　　　　　汇现付　字第 1 号

借方科目	金　　额				总账页数	
	1-10日汇总 现付第1-1号	11-20日汇总 现付第2-5号	21-30日汇总 现付第6-6号	合　计	借方	贷方
其他应收款	5 000			5 000		
管理费用		12 000		12 000		
应付职工薪酬			200 000	200 000		
合　　计	5 000	12 000	200 000	217 000		

会计主管：　　　　记账：　　　　复核：　　　　　　　制单：肖七

图 9-6　汇总付款凭证

编制。总分类账根据各汇总转账凭证的合计数进行登记，分别记入对应账户的总分类账户的贷方，并将汇总转账凭证上各账户借方的合计数分别记入有关总分类账户的借方。汇总转账凭证格式如图 9-7 所示。

应当指出，汇总转账凭证只能是一贷一借或一贷多借，而不能相反。所以，在编制转账凭证的过程中贷方账户必须唯一，借方账户可一个或多个，即转账凭证必须一借一贷或多借一贷。如果在汇总转账凭证中，科目对应关系是多贷多借或一借多贷，应分解为几个简单会计分录，然后再予以汇总记账。

如果在一个月内某一贷方账户的转账凭证不多，可不编制汇总转账凭证，直接根据单个的转账凭证登记总分类账。

（3）账簿设置

采用汇总记账凭证账务处理程序，主要设置现金日记账、银行存款日记账、总分类账和明细分类账。现金日记账和银行存款日记账采用三栏式；总分类账可以是设置对应科目的三栏式，也可以是多栏式；明细分类账可采用三栏式、数量金额式或多栏式等。

汇 总 转 账 凭 证

贷方科目：主营业务收入　　　　　20×× 年 9 月　　　　　汇转 字第 1 号

借方科目	金额				总账页数	
	1-10日汇总 转第1-10号	11-20日汇总 转第11-25号	21-30日汇总 转第26-33号	合　计	借方	贷方
应收账款	125 000			125 000		
预收账款		100 000		100 000		
合　　计	125 000	100 000		225 000		

会计主管：　　　　记账：　　　　复核：　　　　制单：肖七

图 9-7　汇总转账凭证

2. 优缺点

汇总记账凭证账务处理程序的优点是：可以将日常发生的大量记账凭证分散在平时整理，通过汇总归类，月末时一次登记总分类账，减轻了登记总分类账的工作量，为及时地编制会计报表提供方便；汇总记账凭证是按照科目对应关系归类、汇总编制的，能够明确地反映账户之间的对应关系，便于日常分析、检查经济活动的发生情况。其缺点是：汇总转账凭证按每一贷方科目归类汇总，不考虑经济业务的性质，不利于会计核算工作的分工，而且当转账凭证较多时，编制汇总转账凭证的工作量也较大。

3. 适用范围

汇总记账凭证账务处理程序适用于规模较大、经济业务较多的单位。

本章小结

账务处理程序是指会计凭证、会计账簿、财务报表相结合的方式，包括账簿组织和记账程序。各企业的业务性质不同，组织规模大小各异，经济业务有繁简之别，所以采用的账务处理程序不尽相同。科学、合理地选择账务处理程序，对于有效地组织会计核算工作具有十分重要的意义。常用的账务处理程序主要有记账凭证账务处理程序、汇总记账凭证账务处理程序、科目汇总表账务处理程序、多栏式日记账账务处理程序、日记总账账务处理程序。记账凭证账务处理程序是指直接根据记账凭证逐笔登记总分类账的一种账务处理程序；它是最基本的账务处理程序，其他各种账务处理程序基本上是在这种账务处理程序的基础上发展和演变而形成的；其优点是简单明了，易于理解和掌握，账户之间的对应关系清晰，总分类账反映详细；其缺点则是登记总分类账的工作量较大，存在重复登记的现象，账页耗用多；适用于规模较小、经济业务量较少的单位。科目汇总表账务处理程序是根据记账凭证定期编制科目汇总表，再根据科目汇总表登记总分类账的一种账务处理程序；其优点是减轻了登记总分类账的工作量，科目汇总表起到试算平衡作用；缺点是不能反映账户对应关系，不能了解经济业务的来龙去脉，不便于查对账目，而且编制科目汇总表的工作量较大；适用于规模较大、经济业务量较多、凭证数量较多的企业。汇总记账凭证账务处理程序是定期根据记账凭证分类编制汇总记账凭证,再根据汇总记账凭证登记总分类账,依据账簿记录定期编制会计报表的一种核算组织程序;其优点是减轻了登记总分类账的工作量,能够明确地反映账户之间的对应关系;缺点是不利于会计核算工作的分工,编制汇总转账凭证的工作量也较大;适用于规模较大、经济业务较多的单位。

思考题

1. 什么是账务处理程序?建立科学、合理的账务处理程序有何意义?
2. 建立科学、合理的账务处理程序有哪些要求?
3. 常见的账务处理程序有哪些?
4. 简述记账凭证账务处理程序、科目汇总表账务处理程序、汇总记账凭证账务处理程序的特点、优缺点和适用范围。
5. 简述科目汇总表、汇总记账凭证的编制方法。

第10章

会计报表

学习目标

通过本章教学，要求学生了解财务会计报告的概念、构成和体系，了解会计报表的概念、分类，理解各类会计报表的作用，掌握会计报表的编制要求，掌握资产负债表和利润表的概念、结构和列报，了解现金流量表、所有者权益变动表的结构和内容、编制原理，了解会计报表附注的概念、作用及主要内容。

知识构图

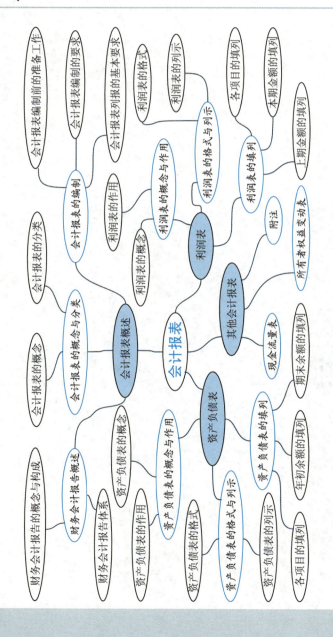

10.1 会计报表概述

10.1.1 财务会计报告概述

企业会计核算的主要目标是提供决策有用的会计信息,这些会计信息主要是通过财务会计报告进行披露和反映的。

1. 财务会计报告的概念与构成

财务会计报告,是指企业对外提供的反映企业某一特定日期财务状况和某一会计期间经营成果、现金流量的文件。财务会计报告的目标是向财务会计报告使用者提供与企业财务状况、经营成果和现金流量等有关的会计信息,反映企业管理层受托责任履行情况,有助于财务会计报告使用者做出经济决策。

财务会计报告分为年度、半年度、季度和月度财务会计报告。年度、半年度财务会计报告应当包括会计报表、会计报表附注和财务情况说明书。季度、月度财务会计报告通常仅指会计报表,会计报表至少应当包括资产负债表和利润表。国家统一的会计制度规定季度、月度财务会计报告需要编制会计报表附注的,按规定执行。

财务会计报告作为企业正式对外信息交流的主要工具和对外信息披露的主要载体,在维持和发展企业与相关利益集团之间的关系、完善资本市场、促进资源有效配置等方面发挥着重要的作用。

2. 财务会计报告体系

随着经济全球化和会计国际化进程的加快,会计目标逐渐从"受托责任观"向"决策有用观"转变,提供高质量的财务报告显得尤为重要。财务报告体系是指从不同的侧面提供企业财务状况、经营业绩和现金流量情况信息的较为完整的系统,财务报告体系的完整性直接影响财务报告信息质量的高低。

目前,我国财务会计报告由会计报表、会计报表附注和财务情况说明书组成。

(1) 会计报表

会计报表是对企业财务状况、经营成果和现金流量的结构性表述,是财务会计报告的主体和核心部分,包括资产负债表、利润表、现金流量表、所有者权益变动表和附注。

(2) 会计报表附注

会计报表附注是为了便于会计报表使用者理解会计报表的内容而对会计报表的编制基础、编制依据、编制原则和方法及主要项目等所作的解释。

(3) 财务情况说明书

财务情况说明书是企业对一定时期财务、成本等情况进行分析、总结所作的书面文字说明,是会计报表的补充及决算报告的组成部分。

10.1.2 会计报表的概念与分类

由于日常核算资料具有零星、分散、量大等特点,为了便于各级管理人员一目了然地掌握企业、单位一定时期的经济活动情况及其效益,必须将日常核算的资料按统一规定的格式和口径进行汇总和综合,即编制会计报表。

1. 会计报表的概念与作用

会计报表,也称财务报表,是对企业财务状况、经营成果和现金流量的结构性表述。会计报表是以日常核算为主要依据编制的,用来集中、概括地反映企业某一特定日期财务状况和某一会计期间经营成果及成本费用情况的书面文件。

会计报表的雏形是一些由企业自行设计的财务记录和分类账簿,它们反映了编制会计报表的最初目的是为企业的业主记录和反映每天的业务活动情况,这些财务记录随意地、偶然地、时断时续地保持着和进步着。当时的银行并不信任这些成堆的,一无标准二无质量控制的财务记录和分类账簿,一直到税收出现,定期公布标准化的会计报表才被提到日程上来。随着会计准则的颁布和政府干预的加强,早期的财务记录和分类账演变成了今天广为采用的几种基本的会计报表,根据这些浓缩的会计信息可以有效地判断一个企业的财务状况。

会计报表是财务会计报告的主体和核心,其重要作用主要有以下几点:

① 会计报表是与企业有经济利害关系的外部单位和个人了解企业的财务状况和经营成果,并据以做出决策的重要依据。与企业有经济利害关系的外部单位和个人主要包括投资者、债权债务人和社会公众,他们关心投资风险和报酬,需要通过会计报表及时了解企业的财务状况、经营成果和现金流量,以便做出正确的决策。

② 会计报表是国家经济管理部门进行宏观调控和管理的信息源。财政、税务、审计、市场以及行业、部门、地区等行政管理部门或组织履行宏观调控和管理职能,检查企业的资金使用情况、成本计算情况、利润的形成和分配情况以及税金的计算和缴纳情况,检查企业财经法纪的遵守情况,统计各种经济信息,其重要的信息来源即各单位报送的会计报表。

③ 会计报表提供的经济信息是企业内部加强和改善经营管理的重要依据。各企业的经营管理者,需要不断地了解、分析和考核本企业的财务状况、经营成果以及成本费用等情况,评价本企业的经营管理工作,进行经营决策。这些工作都需要会计报表提供的信息才能进行。

2. 会计报表的分类

会计报表至少应当包括:资产负债表、利润表、现金流量表、所有者权益变动表和附注,各组成部分具有同等的重要程度。会计报表还可以按不同标准进行分类。

(1) 按照报送对象划分

可以分为对外会计报表和对内会计报表。对外会计报表是指企业向外提供的,向外部报表使用者报送的会计报表,有统一的格式和编制要求,如资产负债表、利润表、现金流量表以及有关的附表。对内会计报表是指为适应企业内部经营管理的需要而编制的会计报表,一般不对外公开,没有统一的编制要求和格式,如主要产品单位成本表。

(2) 按反映的内容划分

可以分为动态会计报表和静态会计报表。动态会计报表是指反映一定时期内资金耗费和资金收回情况的报表,如利润表和现金流量表。静态报表是综合反映企业在某一特定日期终了时,经济指标处于相对静止状态的报表,如资产负债表。

(3) 按照编报主体划分

可以分为个别会计报表和合并会计报表。个别会计报表是由企业在自身会计核算基础上对账簿记录进行加工而编制的财务编报,它主要用以反映企业自身的财务状况、经营成果和现金流量情况。合并会计报表是以母公司和子公司组成的企业集团为会计主体,根据母公司和所属子公司的会计报表,由母公司编制的综合反映企业集团财务状况、经营成果及现金流量的会计报表。

(4) 按编报期间划分

可以分为中期会计报表和年度会计报表。中期会计报表是以短于一个完整会计年度的报告期间为基础编制的会计报表,包括月报、季报和半年报等。中期会计报表包括资产负债表、利润表,与年度会计报表相比,中期会计报表中的附注披露可适当简略。年度会计报表是年度终了编报的,全面反映年度财务状况、经营成果以及现金流量的会计报表,主要包括资产负债表、利润表、现金流量表、所有者权益变动表等。

(5) 按照编制单位划分

可以分为单位会计报表和汇总会计报表。单位会计报表是指由企业在自身会计核算的基础上,对账簿记录进行加工而编制的报表,反映的是企业本身的财务状况和经营成果。汇总会计报表是指由企业主管部门或上级单位,根据所属单位报送的会计报表连同本单位报表汇总编制的综合性报表。

(6) 按照反映的经济内容划分

可以分为财务状况报表、反映经营成果报表和反映成本费用报表。财务状况报表是反映企业在一定日期财务状况的会计报表或某一期间现金流量的会计报表,如资产负债表、现金流量表。反映经营成果报表是反映企业在一定时期内的收入实现、成本耗费和利润形成及分配情况的会计报表,如利润表、所有者权益变动表等。反映成本费用报表是反映企业在一定期间内成本、费用形成及支出情况的会计报表,如管理费用明细表、制造费用明细表、产品生产成本表和主要产品单位成本表。

(7) 按照主从关系划分

可以分为主表和附表。主表即主要会计报表,是指所提供的会计信息比较全面、完整,能基本满足各种信息需要者的不同要求的会计报表,如资产负债表、利润表、现金流量表和所有者权益变动表。附表即从属报表,是指对主表中不能或难以详细反映的一些重要信息所做补充说明的报表,如利润分配表和分部报表,是利润表的附表;应交增值税明细表和资产减值准备明细表,是资产负债表的附表。主表与有关附表之间存在着勾稽关系,主表反映企业的主要财务状况、经营成果和现金流量,附表则对主表进一步补充说明。

10.1.3 会计报表的编制

会计报表的编制就是将一定时期的财务状况、经营成果和现金流量,总括地反映在具有一定格式的表格之中,是会计核算的一种专门方法,也是会计工作的一项重要内容。会计报表的种类、内容、格式、编报时间和方法,都由统一的会计制度所规定,各单位应按照统一的规定,正确、完整、及时地编制各种会计报表,以满足各有关方面会计信息的需求。

1. 会计报表编制前的准备工作

在编制会计报表前,需要完成下列工作:

① 严格审核会计账簿的记录和有关资料;

② 进行全面财产清查,核实债务,并按规定程序报批,进行相应的会计处理;

③ 按规定的结账日进行结账,结出有关会计账簿的余额和发生额,并核对各会计账簿之间的余额;

④ 检查相关的会计核算是否按照国家统一的会计制度的规定进行;

⑤ 检查是否存在因会计差错、会计政策变更等原因需要调整前期或本期相关项目的情况等。

2. 会计报表列报的基本要求

会计报表列报,是指经济业务在会计报表中的列示和在附注中的披露。其中,列示通常反映资产负债表、利润表、现金流量表和所有者权益变动表等报表中的信息,披露通常反映附注中的信息。

(1) 会计报表的列报基础

企业应当以持续经营为基础,根据实际发生的交易和事项,按照会计准则和其他各项具体会计准则的规定进行确认和计量,在此基础上编制会计报表。以持续经营为基础编制会计报表不再合理,企业应当采用其他基础编制会计报表,并在附注中声明会计报表未以持续经营为基础编制的事实、披露未以持续经营为基础编制的原因和会计报表的编制基础。

(2) 会计报表项目列报的一致性

会计报表项目的列报应当在各个会计期间保持一致,除会计准则要求改变会计报表项目的列报或企业经营业务的性质发生重大变化后,变更会计报表项目的列报能够提供更可靠、更相关的会计信息外,不得随意变更。

(3) 会计报表项目列报的重要性原则

关于项目在会计报表中是单独列报还是合并列报,应当依据重要性原则来判断。重要性是指在合理预期下,会计报表某项目的省略或错报会影响使用者据此做出经济决策,该项目具有重要性。重要性应当根据企业所处的具体环境,从项目的性质和金额两方面予以判断,且对各项目重要性的判断标准一经确定,不得随意变更。具体而言,项目在会计报表中如何列报,应当遵循以下原则:

第一,性质或功能不同的项目,应当在会计报表中单独列报,但不具有重要性的项目除外。

第二,性质或功能类似的项目,其所属类别具有重要性的,应当按其类别在会计报表中单独列报。

第三,某些项目的重要性程度不足以在资产负债表、利润表、所有者权益变动表或现金流量表中单独列示,但对附注却具有重要性,则应当在附注中单独披露。

第四,其他具体会计准则规定单独列报的项目,企业都应当予以单独列报。

(4) 会计报表各项目之间的金额不得相互抵消

会计报表中的资产项目和负债项目的金额、收入项目和费用项目的金额、直接计入当期利润的利得项目和损失项目的金额不得相互抵消,但其他会计准则另有规定的除外。这里需要说明的是:资产或负债项目按扣除备抵项目后的净额列示,不属于抵消;非日常活动产生的利得和损失,以同一交易形成的收益扣减相关费用后的净额列示更能反映交易实质的,不属于抵消。

（5）会计报表列报项目的比较数据

当期会计报表的列报，至少应当提供所有列报项目上一个可比会计期间的比较数据，以及与理解当期会计报表相关的说明，但其他会计准则另有规定的除外。会计报表的列报项目发生变更的，应当至少对可比期间的数据按照当期的列报要求进行调整，并在附注中披露调整的原因和性质，以及调整的各项目金额。对可比数据进行调整不切实可行的，应当在附注中披露不能调整的原因。

（6）会计报表的显著位置披露信息

企业应当在会计报表的显著位置（如表首）至少披露编报企业的名称、资产负债表日或会计报表涵盖的会计期间、人民币金额单位；会计报表是合并会计报表的，应当予以标明。

（7）会计报表的期间

企业至少应当按年编制会计报表，年度会计报表涵盖的期间短于一年的，应当披露年度会计报表的涵盖期间、短于一年的原因以及报表数据不具可比性的事实。

3. 会计报表的编制要求

会计报表作为企业对外提供信息的主要形式，要起到为决策者服务的作用，必须具备一定的质量特征。在编制会计报表时，应当按照国家统一的会计制度规定的编制基础、编制依据、编制原则和方法进行，做到数字真实、内容完整、计算准确、报送及时、手续完备。

（1）数字真实

如实反映是对信息的基本要求，会计作为一个信息系统，输出的会计报表必须做到数字真实、编制准确，以利于报表使用者做出正确的决策。虚假的会计信息不但不能起到应有的作用，还会误导信息使用者，造成决策失误。为此，在企业编制会计报表之前必须做好按期结账、认真对账，进行财产清查，正确进行期末账项调整等工作，做到账证相符、账账相符、账实相符。

（2）内容完整

为了满足信息使用者的要求，会计报表所提供的信息必须全面完整，任何疏漏都可能引起报表使用者的误解，给决策造成不必要的损失。为此，企业在编制会计报表时，应当按照国家统一规定的报表种类、格式和内容编制，做到项目齐全、内容完整。

（3）计算准确

编制会计报表时，有些报表项目不能直接从账簿记录中获取，需要分析、计算、整理后才能填列。这就要求企业会计人员在编制报表时采用正确的计算方法，保证计算结果准确无误。

（4）报送及时

及时性是信息的重要特征，会计报表信息只有及时地传递给信息使用者，才能为使用者的决策提供依据。否则，即使是真实可靠、内容完整的财务报告，由于编制和报送不及时，对报告使用者来说，就大大降低了会计信息的使用价值。

（5）手续完备

企业对外提供的会计报表应加具封面、装订成册、加盖公章。会计报表封面上应当注明企业名称、企业统一代码、组织形式、地址、报表所属年度或者月份、报出日期，并由企业负责人和主管会计工作的负责人、会计机构负责人（会计主管人员）签名并盖章；设置总会计师的企业，还应当由总会计师签名并盖章。

10.2 资产负债表

10.2.1 资产负债表的概念与作用

1. 资产负债表的概念

资产负债表是总括反映企业某一特定日期(月末、季末、半年末或年末)全部资产、负债及所有者权益情况的会计报表。资产负债表主要提供有关企业财务状况方面的信息,即某一特定日期关于企业资产、负债、所有者权益及其相互关系,表明企业在某一特定日期所拥有或控制的经济资源、所承担的现时义务和所有者对净资产的要求权。

资产负债表是根据"资产=负债+所有者权益"这一会计恒等式,按照一定的标准和顺序把企业一定日期的资产、负债和所有者权益适当排列,并对企业日常核算所形成的数据进行分析、整理后编制而成的,是一张静态的会计报表。

2. 资产负债表的作用

资产负债表是企业最基本和最重要的会计报表之一,任何企业和单位都应按有关部门的规定定期编制和报送资产负债表。资产负债表具有以下作用:

① 资产负债表提供了企业所掌握的经济资源及其分布的情况,经营者据此可以分析企业资产分布是否合理。

② 资产负债表总体反映了企业资金的来源渠道和构成情况,投资者和债权人据此可以分析企业资本结构的合理性及其所面临的财务风险。

③ 通过对资产负债表的分析,可以了解企业的财务实力、偿债能力和支付能力,投资者和债权人据此可以做出相应的决策。

④ 通过对前后各期资产负债表的对比分析,可以了解企业资本结构及其变化情况,经营者、投资者和债权人据此可以掌握企业财务状况的变化情况和变化趋势。

10.2.2 资产负债表的格式与列示

1. 资产负债表的格式

资产负债表由表头和表体两部分组成。表头部分应列明报表名称、编表单位名称、资产负债表日和人民币金额单位;表体部分反映资产、负债和所有者权益的内容。表体部分是资产负债表的主体和核心,列报格式一般有两种:报告式资产负债表和账户式资产负债表。

报告式资产负债表依据"资产—负债=所有者权益"的顺序将资产、负债、所有者权益项目上下依次排列,全部资产项目合计数减去全部负债项目合计数的差额为所有者权益项目的合计数,其基本格式如表 10-1 所示。

表 10-1　资产负债表（报告式）

编制单位：　　　　　　　　　　　年　月　日　　　　　　　　　　　　单位：元

项　目	期末余额	年初余额
资产		
……		
资产合计		
负债		
……		
负债合计		
所有者权益		
……		
所有者权益合计		

账户式资产负债表是根据"资产＝负债＋所有者权益"这一会计恒等式，将资产负债表分为左、右两方。左方列示企业所拥有的全部资产项目，右方列示企业的负债及所有者权益项目，根据会计恒等式原理，左方的资产总额等于右方的负债及所有者权益总额，其基本格式如表10-2所示。

表 10-2　资产负债表

会企 01 表

编制单位：　　　　　　　　　　　年　月　日　　　　　　　　　　　　单位：元

资　产	期末余额	上年年末余额	负债和所有者权益（或股东权益）	期末余额	上年年末余额
流动资产：			流动负债：		
货币资金			短期借款		
交易性金融资产			交易性金融负债		
衍生金融资产			衍生金融负债		
应收票据			应付票据		
应收账款			应付账款		
应收款项融资			预收款项		
预付款项			合同负债		
其他应收款			应付职工薪酬		
存货			应交税费		
合同资产			其他应付款		
持有待售资产			持有待售负债		
一年内到期的非流动资产			一年内到期的非流动负债		
其他流动资产			其他流动负债		

续表

资　产	期末余额	上年年末余额	负债和所有者权益（或股东权益）	期末余额	上年年末余额
流动资产合计			流动负债合计		
非流动资产：			非流动负债：		
债权投资			长期借款		
其他债权投资			应付债券		
长期应收款			其中：优先股		
长期股权投资			永续债		
其他权益工具投资			租赁负债		
其他非流动金融资产			长期应付款		
投资性房地产			预计负债		
固定资产			递延收益		
在建工程			递延所得税负债		
生产性生物物资			其他非流动负债		
油气资产			非流动负债合计		
使用权资产			负债合计		
无形资产			所有者权益（或股东权益）：		
开发支出			实收资本（或股本）		
商誉			其他权益工具		
长期待摊费用			其中：优先股		
递延所得税资产			永续债		
其他非流动资产			资本公积		
非流动资产合计			减：库存股		
			其他综合收益		
			专项储备		
			盈余公积		
			未分配利润		
			所有者权益（或股东权益）合计		
资产总计			负债和所有者权益（或股东权益）总计		

资料来源：财政部2019年4月30日发布的《关于修订印发2019年度一般企业财务报表格式的通知》（财会〔2019〕6号）中一般企业财务报表格式（适用于已执行新金融准则或新收入准则的企业）；企业可对不存在相应业务的报表项目结合本企业的实际情况进行必要删减，根据重要性原则并结合本企业的实际情况可以对确需单独列示的内容增加报表项目。

我国资产负债表采用账户式的格式。

2. 资产负债表的列示

编制资产负债表的根本目标是如实反映企业在资产负债表日所拥有的资源、承担的负债以及所有者拥有的权益。因此,资产负债表应当按照资产、负债和所有者权益(或股东权益)三大类别分类列示。

(1) 资产项目的列示

在资产负债表中,资产应当按照其流动性按流动资产和非流动资产两大类别进行列示,并在此基础上进一步按性质分项列示。在资产负债表中,常见的流动资产排列顺序:货币资金、交易性金融资产、应收票据及应收账款、预付款项、其他应收款、存货、合同资产、持有待售资产等;常见的非流动资产排列顺序:债权投资、长期应收款、长期股权投资、其他权益工具投资、投资性房地产、固定资产、在建工程、无形资产、商誉、长期待摊费用等。

(2) 负债项目的列示

资产负债表中,负债应当按照债务偿还期分流动负债和非流动负债两大类别进行列示,并在此基础上进一步按性质分项列示。资产负债表中,常见的流动负债排列顺序:短期借款、交易性金融负债、应付票据及应付账款、预收款项、合同负债、应付职工薪酬、应交税费、其他应付款、持有待售负债等;常见的非流动负债排列顺序:长期借款、应付债券、长期应付款、递延收益等。

(3) 所有者权益项目的列示

资产负债表中,所有者权益类项目一般按照净资产的不同来源和特定用途进行分类列示,通常排列顺序:实收资本(或股本)、其他权益工具、资本公积、(减)库存股、其他综合收益、盈余公积、未分配利润。

10.2.3 资产负债表的填列

资产负债表中,有"期末余额"和"上年年末余额"两栏,主要数字来源于有关总分类账和明细分类账,应根据具体项目内容进行分析计算填列,以保证数字真实、计算准确。

1. 上年年末余额的填列

资产负债表中,"上年年末余额"栏通常根据上年年末有关项目的"期末余额"填列,且与上年年末资产负债表"期末余额"栏一致。如果企业上年度资产负债表规定的项目名称和内容与本年度不一致,应当对上年年末资产负债表相关项目的名称和数字按照本年度的规定进行调整,填入"上年年末余额"栏。

2. 期末余额的填列

资产负债表"期末余额"栏内各项数字,一般应根据资产、负债和所有者权益类账户的期末余额填列,具体方法如下:

(1) 根据总分类账户余额直接填列

资产负债表中大部分项目可以根据总分类账户余额直接填列,如交易性金融资产、短期借款、应付职工薪酬、应交税费、实收资本(或股本)、资本公积、盈余公积等项目。

(2) 根据总分类账户余额计算填列

资产负债表中某些项目需要根据若干总分类账户的期末余额计算填列,如货币资金应根据"库存现金""银行存款""其他货币资金"账户的期末余额合计填列;年度中间的未分配利润应根据"本年利润"和"利润分配"账户的期末余额合计填列。

(3) 根据明细分类账户余额计算填列

资产负债表中某些项目，不能根据总分类账户的期末余额直接填列或根据若干个总分类账户余额计算填列，需要根据有关账户所属的明细分类账户的期末余额计算填列，如应收账款根据"应收账款"和"预收账款"账户所属明细账户的期末借方余额合计数填列；预收账款根据"预收账款"和"应收账款"账户所属明细账户的期末贷方余额合计数填列；应付账款根据"应付账款"和"预付账款"账户所属明细账户的期末贷方余额合计数填列；预付账款根据"预付账款"和"应付账款"账户所属明细账户的期末借方余额合计数填列。

(4) 根据总分类账户和明细分类账户余额分析计算填列

资产负债表中某些项目需要根据总分类账户和明细分类账户的期末余额分析计算填列，如长期借款项目，应根据"长期借款"总账余额扣除"长期借款"所属明细账户中将于一年内到期的部分分析计算填列。

(5) 根据有关账户与其备抵账户抵消后的净额填列

资产负债表中某些项目根据总分账账户与其备抵账户抵消后的净额填列，如应收账款需要抵消"坏账准备"，长期股权投资需要抵消"长期股权投资减值准备"，固定资产需要抵消"固定资产减值准备"和"累计折旧"，无形资产需要抵消"累计摊销"等。

(6) 综合运用上述方法分析填列

如存货项目，需要根据"材料采购""在途物资""原材料""库存商品""周转材料""发出商品""委托加工物资""生产成本"等账户以及"材料成本差异""商品进销差价""存货跌价准备"等账户的余额分析计算填列。

3. 各项目的填列

一般工业企业资产负债表主要项目内容及填列方法如下：

(1) 资产类项目

① 货币资金：反映企业库存现金、银行结算户存款、外埠存款、银行汇票存款、银行本票存款、信用卡存款、信用证保证金存款等的合计数。该项目应根据"库存现金""银行存款""其他货币资金"账户的期末余额合计填列。

② 交易性金融资产：反映资产负债表日企业分类为以公允价值计量且其变动计入当期损益的金融资产，以及企业持有的直接指定为以公允价值计量且其变动计入当期损益的金融资产的期末账面价值。该项目应根据"交易性金融资产"相关明细账户期末余额分析填列。自资产负债表日起超过一年到期且预期持有超过一年的以公允价值计量且其变动计入当期损益的非流动金融资产的期末账面价值，在"其他非流动金融资产"行项目反映。

③ 应收票据：反映资产负债表日以摊余成本计量的，企业因销售商品、提供服务等经营活动收到的商业汇票，包括银行承兑汇票和商业承兑汇票。该项目应根据"应收票据"账户的期末余额，减去"坏账准备"账户中相关坏账准备期末余额后的金额填列。

④ 应收账款：反映资产负债表日以摊余成本计量的，企业因销售商品、提供服务等经营活动应收取的款项。该项目应根据"应收账款"和"预收账款"账户所属各明细账户的期末借方余额合计数，减去"坏账准备"账户中相关坏账准备期末余额后的金额填列。

⑤ 应收款项融资：反映资产负债表日以公允价值计量且其变动计入其他综合收益的应收票据和应收账款等。

⑥ 预付款项：反映企业按照购货合同规定预付给供应单位的款项。该项目应根据"预付账款"和"应付账款"账户所属各明细账户的期末借方余额合计数减去"坏账准备"账户中

有关预付账款计提的坏账准备期末余额后的金额填列。若"预付账款"账户所属明细账户期末有贷方余额,应在资产负债表"应付账款"项目内填列。

⑦ 其他应收款:反映应收票据、应收账款和预付款项等经营活动以外的其他各种应收款、暂付的款项。该项目应根据"应收利息""应收股利"和"其他应收款"账户的期末余额合计数,减去"坏账准备"账户中相关坏账准备期末余额后的金额填列。

⑧ 存货:反映企业期末在库、在途和在加工中的各项存货的可变现净值,包括各种材料、商品、在产品、半成品、包装物、低值易耗品、分期收款发出商品、委托代销品、受托代销品等。该项目应根据"材料采购""在途物资""原材料""库存商品""发出商品""委托加工物资""周转材料""生产成本"等账户的期末余额合计数减去"存货跌价准备"账户的期末余额后的金额填列。若材料采用计划成本核算以及库存商品采用计划成本核算或售价核算的企业,还应按加减"材料成本差异""商品进销差价"后的金额填列。

⑨ 合同资产:反映企业按照《企业会计准则第14号——收入》(2017年修订)的相关规定,根据本企业履行履约义务与客户付款之间的关系在资产负债表中列示合同资产。该项目应根据"合同资产"的相关明细账户期末余额分析填列。

⑩ 持有待售资产:反映资产负债表日划分为持有待售类别的非流动资产及划分为持有待售类别的处置组中的流动资产和非流动资产的期末账面价值。该项目应根据"持有待售资产"账户的期末余额,减去"持有待售资产减值准备"账户的期末余额后的金额填列。

⑪ 一年内到期的非流动资产:反映企业将于一年内到期的非流动资产项目金额。该项目应根据有关非流动资产账户的期末余额分析计算填列。

⑫ 其他流动资产:反映企业除货币资金、交易性金融资产、应收票据、应收账款、存货等流动资产以外的其他流动资产。该项目应根据有关流动资产账户的期末余额填列。

⑬ 债权投资:反映资产负债表日企业以摊余成本计量的长期债权投资的期末账面价值。该项目应根据"债权投资"账户的相关明细账户期末余额,减去"债权投资减值准备"账户中相关减值准备的期末余额后的金额分析填列。自资产负债表日起一年内到期的长期债权投资的期末账面价值,在"一年内到期的非流动资产"行项目反映。企业购入的以摊余成本计量的一年内到期的债权投资的期末账面价值,在"其他流动资产"行项目反映。

⑭ 其他债权投资:反映资产负债表日企业分类为以公允价值计量且其变动计入其他综合收益的长期债权投资的期末账面价值。该项目应根据"其他债权投资"账户所属明细账户期末余额分析填列。自资产负债表日起一年内到期的长期债权投资的期末账面价值,在"一年内到期的非流动资产"行项目反映。企业购入的以公允价值计量且其变动计入其他综合收益的一年内到期的债权投资的期末账面价值,在"其他流动资产"行项目反映。

⑮ 长期应收款:反映企业融资租赁产生的应收款项、采用递延方式具有融资性质的销售商品和提供劳务等产生的长期应收款项等。该项目应根据"长期应收款"账户的期末余额减去"坏账准备"账户中有关长期应收款计提的坏账准备期末余额,再减去相应的"未确认融资收益"账户期末余额后的金额分析计算填列。

⑯ 长期股权投资:反映企业持有的对子公司、联营企业和合营企业的长期股权投资。该项目应根据"长期股权投资"账户的期末余额减去"长期股权投资减值准备"账户的期末余额后的金额填列。

⑰ 其他权益工具投资:反映资产负债表日企业指定为以公允价值计量且其变动计入其他综合收益的非交易性权益工具投资的期末账面价值。该项目应根据"其他权益工具投资"

账户的期末余额填列。

⑱ 投资性房地产：反映企业持有的投资性房地产。企业采用成本模式计量的，该项目应根据"投资性房地产"账户的期末余额减去"投资性房地产累计折旧（摊销）"账户的期末余额，再减去"投资性房地产减值准备"账户的期末余额后的金额分析计算填列。企业采用公允价值模式计量的，该项目应根据"投资性房地产"账户的期末余额填列。

⑲ 固定资产：反映资产负债表日企业固定资产的期末账面价值和企业尚未清理完毕的固定资产清理净损益。该项目应根据"固定资产"账户的期末余额，减去"累计折旧"和"固定资产减值准备"账户的期末余额后的金额，以及"固定资产清理"账户的期末余额填列。

⑳ 在建工程：反映资产负债表日企业尚未达到预定可使用状态的在建工程的期末账面价值和企业为在建工程准备的各种物资的期末账面价值。该项目应根据"在建工程"账户的期末余额，减去"在建工程减值准备"账户的期末余额后的金额，以及"工程物资"账户的期末余额，减去"工程物资减值准备"账户的期末余额后的金额填列。

㉑ 使用权资产：反映资产负债表日承租人企业持有的使用权资产的期末账面价值。该项目应根据"使用权资产"账户的期末余额，减去"使用权资产累计折旧"和"使用权资产减值准备"账户的期末余额后的金额填列。

㉒ 无形资产：反映企业持有的无形资产，包括专利权、非专利技术、商标权、著作权、土地使用权等。该项目应根据"无形资产"账户的期末余额减去"累计摊销"账户的期末余额，再减去"无形资产减值准备"账户的期末余额后的金额填列。

㉓ 开发支出：反映企业开发无形资产过程中能够资本化形成无形资产成本的支出部分。该项目应根据"研发支出"账户中所属的"资本化支出"明细账户期末余额填列。

㉔ 长期待摊费用：反映企业已经发生但应由本期和以后各期负担的分摊期限在一年以上（不含一年）的各种费用。该项目应根据"长期待摊费用"账户的期末余额减去将于一年内（含一年）摊销完的数额后的金额填列。长期待摊费用中在一年内（含一年）摊销的部分，在资产负债表"一年内到期的非流动资产"项目中填列。

㉕ 递延所得税资产：反映企业确认的可抵扣暂时性差异产生的递延所得税资产。该项目应根据"递延所得税资产"账户的期末余额分析填列。

㉖ 其他非流动资产：反映企业除长期股权投资、固定资产、在建工程、无形资产等资产以外的其他非流动资产。该项目应根据有关账户的期末余额填列。

（2）负债类项目

① 短期借款：反映企业向银行或其他金融机构等借入的期限在一年以下（含一年）的各种借款。该项目应根据"短期借款"账户的期末余额填列。

② 交易性金融负债：反映资产负债表日企业承担的交易性金融负债，以及企业持有的直接指定为以公允价值计量且其变动计入当期损益的金融负债的期末账面价值。该项目应根据"交易性金融负债"账户的相关明细账户期末余额填列。

③ 应付票据：反映资产负债表日企业因购买材料、商品和接受服务等开出、承兑的商业汇票，包括银行承兑汇票和商业承兑汇票。该项目应根据"应付票据"账户的期末余额填列。

④ 应付账款：反映资产负债表日企业因购买材料、商品和接受服务等经营活动应支付的款项。该项目应根据"应付账款"和"预付账款"账户所属的相关明细账户的期末贷方余额合计数填列。

⑤ 预收款项：反映企业按照购货合同规定预收购买单位的账款。该项目应根据"预收

账款"和"应收账款"账户所属各有关明细账户的期末贷方余额合计数填列。若"预收账款"账户所属有关明细账户有借方余额的,应在资产负债表表"应收账款"项目内填列。

⑥ 合同负债:反映企业按照《企业会计准则第14号——收入》(2017年修订)的相关规定,根据本企业履行履约义务与客户付款之间的关系在资产负债表中列示合同负债。该项目应根据"合同负债"的相关明细账户期末余额分析填列。

⑦ 应付职工薪酬:反映企业根据有关规定应付给职工的工资、职工福利、社会保险费、住房公积金、工会经费、职工教育经费、非货币性福利、辞退福利等应付未付的薪酬。该项目应根据"应付职工薪酬"账户的期末贷方余额填列。若"应付职工薪酬"账户期末为借方余额,以"—"号填列。

⑧ 应交税费:反映企业按照税法规定计算应交纳的各种税费,包括增值税、消费税、营业税、所得税、资源税、土地增值税、城市维护建设税、房产税、土地使用税、车船使用税、教育费附加等各种税费。该项目应根据"应交税费"账户的期末贷方余额填列。若"应交税费"账户期末为借方余额,以"—"号填列。企业所交纳的税金不需要预计应交税的,如印花税、耕地占用税等,不在该项目列示。

⑨ 其他应付款:反映企业除应付票据、应付账款、预收账款、应付职工薪酬、应交税费等经营活动以外的其他各项应付、暂收的款项。该项目应根据"应付利息""应付股利"和"其他应付款"账户的期末余额合计数填列。

⑩ 持有待售负债:反映资产负债表日处置组中与划分为持有待售类别的资产直接相关的负债的期末账面价值。该项目应根据"持有待售负债"账户的期末余额填列。

⑪ 一年内到期的非流动负债:反映企业非流动负债中将与资产负债表日后一年内到期部分的金额,如将于一年内偿还的长期借款。该项目应根据有关非流动负债账户的期末余额分析计算填列。

⑫ 其他流动负债:反映企业除短期借款、交易性金融负债、应付票据、应付账款、应付职工薪酬、应交税费等流动负债以外的其他流动负债。该项目应根据有关账户的期末余额填列。

⑬ 长期借款:反映企业向银行或其他金融机构借入的尚未归还的一年期以上(不含一年)的各项借款。该项目应根据"长期借款"账户的期末余额填列。

⑭ 应付债券:反映企业为筹集长期资金而发行的尚未偿还的各种债券的本金和利息。该项目应根据"应付债券"账户的期末余额填列。

⑮ 租赁负债:反映资产负债表日承租人企业尚未支付的租赁付款额的期末账面价值。该项目应根据"租赁负债"账户的期末余额填列。自资产负债表日起一年内到期应予以清偿的租赁负债的期末账面价值,在"一年内到期的非流动负债"项目反映。

⑯ 长期应付款:反映资产负债表日企业除长期借款和应付债券以外的其他各种长期应付款项的期末账面价值。该项目应根据"长期应付款"账户的期末余额,减去相关的"未确认融资费用"账户的期末余额后的金额,以及"专项应付款"账户的期末余额填列。

⑰ 预计负债:反映企业确认的对外提供担保、未决诉讼、产品质量保证、重组义务、亏损性合同等预计负债。该项目应根据"预计负债"账户的期末余额填列。

⑱ 递延收益:反映尚待确认的收入或收益。该项目包括企业根据政府补助准则确认的应在以后期间计入当期损益的政府补助金额、售后租回形成融资租赁的售价与资产账面价值差额等其他递延性收入。该项目应根据"递延收益"账户的期末余额填列。

⑲ 递延所得税负债:反映企业确认的应纳税暂时性差异产生的所得税负债。该项目应根据"递延所得税负债"账户的期末余额分析填列。

⑳ 其他非流动负债:反映企业除长期借款、应付债券以外的其他非流动负债。该项目应根据有关账户的期末余额减去将于一年内(含一年)到期偿还数后的余额填列。非流动负债各项目将于一年内(含一年)到期的非流动负债,应在"一年内到期的非流动负债"项目中单独反映。

(3) 所有者权益项目

① 实收资本(或股本):反映企业各投资者实际投入的资本(或股本)总额。该项目应根据"实收资本(或股本)"账户的期末余额填列。

② 其他权益工具:反映企业发行的除普通股以外分类为权益工具的金融工具的账面价值,并下设"优先股"和"永续债"两个项目,分别反映企业发行的分类为权益工具的优先股和永续债的账面价值。

③ 资本公积:反映企业资本公积的期末余额。该项目应根据"资本公积"账户的期末余额填列。

④ 库存股:反映企业持有尚未转让或注销的本公司股份金额。该项目应根据"库存股"账户的期末余额填列。

⑤ 其他综合收益:反映企业其他综合收益的期末余额。该项目应根据"其他综合收益"账户的期末余额填列。

⑥ 盈余公积:反映企业盈余公积的期末余额。该项目应根据"盈余公积"账户的期末余额填列。

⑦ 未分配利润:反映企业尚未分配的利润。该项目应根据"本年利润"账户和"利润分配"账户的期末余额计算填列。未弥补的亏损,在该项目内以"—"号填列。

【例 10-1】 某公司 20××年 12 月 31 日有关账户的期末余额如表 10-3 所示。

表 10-3 账户期末余额表

单位:元

账户名称	期末余额	账户名称	期末余额
库存现金	3 000	短期借款	75 000
银行存款	93 000	应付票据	75 000
其他货币资金	18 000	应付账款	52 200
交易性金融资产	60 600	其中:贷方余额合计	54 000
应收票据	45 000	借方余额合计	1 800
应收账款	152 100	预收账款	7 200
其中:借方余额合计	180 600	其中:贷方余额合计	11 100
贷方余额合计	28 500	借方余额合计	3 900
坏账准备(贷)	10 500	应付职工薪酬	64 800
预付账款	10 800	应交税费	45 000
其中:借方余额合计	12 000	应付股利	25 800

续表

账户名称	期末余额	账户名称	期末余额
贷方余额合计	1 200	其他应付款	2 400
其他应收款	2 400	长期借款	480 000
在途物资	15 000	其中:将于一年内到期	60 000
原材料	45 000	实收资本	1 200 000
库存商品	24 000	资本公积	90 000
生产成本	42 600	盈余公积	84 000
长期股权投资	120 000	未分配利润	138 600
固定资产	1 944 000		
累计折旧(贷)	648 000		
在建工程	360 000		
无形资产	35 400		
长期待摊费用	27 600		
其中:将于一年内摊销	600		
合　计	2 340 000	合计	2 340 000

要求:根据上述资料,填制表10-4所示资产负债表。

表10-4　资产负债表

编制单位:某单位　　　　　　　20××年12月31日

会企01表

单位:元

资　产	期末余额	年初余额	负债和所有者权益 (或股东权益)	期末余额	年初余额
流动资产:			流动负债:		
货币资金	114 000		短期借款	75 000	
交易性金融资产	60 600		交易性金融负债		
衍生金融资产			衍生金融负债		
应收票据	45 000		应付票据	75 000	
应收账款	174 000		应付账款	55 200	
应收款项融资			预收款项	39 600	
预付款项	13 800		合同负债		
其他应收款	2 400		应付职工薪酬	64 800	
存货	126 600		应交税费	45 000	
合同资产			其他应付款	28 200	
持有待售资产			持有待售负债		

第10章　会计报表

续表

资　产	期末余额	年初余额	负债和所有者权益（或股东权益）	期末余额	年初余额
一年内到期的非流动资产	600		一年内到期的非流动负债	60 000	
其他流动资产			其他流动负债		
流动资产合计	537 000		流动负债合计	442 800	
非流动资产：			非流动负债：		
债权投资			长期借款	420 000	
其他债权投资			应付债券		
长期应收款			其中：优先股		
长期股权投资	120 000		永续债		
其他权益工具投资			租赁负债		
其他非流动金融资产			长期应付款		
投资性房地产			预计负债		
固定资产	1 296 000		递延收益		
在建工程	360 000		递延所得税负债		
生产性生物资产			其他非流动负债		
油气资产			非流动负债合计	420 000	
使用权资产			负债合计	862 800	
无形资产	35 400		所有者权益（或股东权益）：		
开发支出			实收资本（或股本）	1 200 000	
商誉			其他权益工具		
长期待摊费用	27 000		其中：优先股		
递延所得税资产			永续债		
其他非流动资产			资本公积	90 000	
非流动资产合计	1 838 400		减：库存股		
			其他综合收益		
			专项储备		
			盈余公积	84 000	
			未分配利润	138 600	
			所有者权益（或股东权益）合计	1 512 600	
资产总计	2 375 400		负债和所有者权益（或股东权益）总计	2 375 400	

10.3 利润表

10.3.1 利润表的概念与作用

1. 利润表的概念

利润表,也称损益表,是反映企业在一定会计期间的经营成果的会计报表。

利润表是根据"利润＝收入－费用"这一会计等式,按照一定的标准和顺序,将一定期间的营业收入和同一会计期间相关的营业费用进行配比,计算出企业一定时期的净利润(或净亏损),它是一张动态会计报表。

2. 利润表的作用

依据利润表可以评估企业盈利水平,预测盈利趋势,分析企业利润增减变化的原因,其作用表现为以下几个方面。

① 可以反映企业在一定时期内收入的实现情况、费用耗费情况以及生产经营活动的成果。

② 反映企业资金周转情况以及企业的盈利能力和水平,便于报表使用者判断企业未来的发展趋势及获利能力,使投资者了解投入资本的安全和完整性,便于其做出正确的经济决策。

③ 企业一定时期的经营成果影响该期的财务状况,因而利润表又成为资产负债表和现金流量表不可缺少的相关资料。

④ 通过利润表提供的资料可以考核和评价企业管理部门的工作业绩。

10.3.2 利润表的格式与列示

1. 利润表的格式

利润表一般包括表首、正表两部分。其中,表首概括说明报表名称、编制单位、日期、编号、货币名称、计量单位等;正表是利润表的主体,反映形成经营成果的各个项目和计算过程。

利润表的正表的结构一般有两种:单步式利润表和多步式利润表。

单步式利润表是将本期发生的所有收入汇集在一起,将所有的成本、费用也汇集在一起,然后将收入合计减去成本费用合计,计算出本期净利润,格式如表 10-5 所示。单步式利润表编制简单,易于理解,但不能反映利润的形成情况。

表 10-5　利润表(单步式)

编制单位：　　　　　　　　　　　年　月　　　　　　　　　　　　　单位：元

项　　目	本期金额	上期金额
一、收入		
主营业务收入		
其他业务收入		
……		
收入合计		
二、费用		
主营业务成本		
税金及附加		
……		
费用合计		
三、净利润		

多步式利润表是将利润表的内容作多项分类，通过对当期的收入、费用、支出项目按性质加以分类，按利润形成的主要环节列示一些中间性利润指标，分步计算当期净损益。其格式如表 10-6 所示。

表 10-6　利润表(多步式)

会企 02 表

编制单位：　　　　　　　　　　　年　月　　　　　　　　　　　　　单位：元

项　　目	本期金额	上期金额
一、营业收入		
减：营业成本		
税金及附加		
销售费用		
管理费用		
研发费用		
财务费用		
其中：利息费用		
利息收入		
加：其他收益		
投资收益(损失以"－"号填列)		
其中：对联营企业和合营企业的投资收益		
以摊余成本计量的金融资产终止确认收益 　　　　　　(损失以"－"号填列)		

续表

项　　目	本期金额	上期金额
净敞口套期收益（损失以"－"号填列）		
公允价值变动收益（损失以"－"号填列）		
信用减值损失（损失以"－"号填列）		
资产减值损失（损失以"－"号填列）		
资产处置收益（损失以"－"号填列）		
二、营业利润（亏损以"－"号填列）		
加：营业外收入		
减：营业外支出		
三、利润总额（亏损总额以"－"号填列）		
减：所得税费用		
四、净利润（净亏损以"－"号填列）		
（一）持续经营净利润（净亏损以"－"号填列）		
（二）终止经营净利润（净亏损以"－"号填列）		
五、其他综合收益的税后净额		
（一）不能重分类进损益的其他综合收益		
1. 重新计量设定受益计划变动额		
2. 权益法下不能转损益的其他综合收益		
3. 其他权益工具投资公允价值变动		
4. 企业自身信用风险公允价值变动		
……		
（二）将重分类进损益的其他综合收益		
1. 权益法下可转损益的其他综合收益		
2. 其他债权投资公允价值变动		
3. 金融资产重分类计入其他综合收益的金额		
4. 其他债权投资信用减值准备		
5. 现金流量套期储备		
6. 外币财务报表折算差额		
……		
六、综合收益总额		
七、每股收益：		
（一）基本每股收益		
（二）稀释每股收益		

多步式利润表的优点在于,它比单步式利润表能够提供更为丰富的信息,有利于预测有关企业盈利方面的能力,也便于对企业生产经营情况进行分析,有利于不同企业之间进行比较。

我国企业编制的利润表采用多步式。企业可以分如下三个步骤编制利润表:

第一步,以营业收入为基础,减去营业成本、税金及附加、销售费用、管理费用、财务费用、资产减值损失等,加上公允价值变动损益(减去公允价值变动损失),加上投资收益(减去投资损失)等,计算出营业利润。

第二步,以营业利润为基础,加上营业外收入,减去营业外支出,计算出利润总额(或亏损总额)。

第三步,以利润总额为基础,减去所得税费用,计算出净利润(或净亏损)。

2. 利润表的列示

利润表中,不同项目列示要求如下:

① 企业在利润表中应当对费用按照功能分类,分为从事经营业务发生的成本、管理费用、销售费用和财务费用等。

② 利润表至少应当单独列示反映下列信息的项目,但其他会计准则另有规定的除外:营业收入、营业成本、税金及附加、管理费用、销售费用、财务费用、投资收益、公允价值变动损益、资产减值损失、资产处置损益、所得税费用、净利润、其他综合收益各项目分别扣除所得税影响后的净额、综合收益总额,金融企业可以根据其特殊性列示利润表项目。

③ 其他综合收益项目应当根据其他相关会计准则的规定分为以后会计期间不能重分类进损益的其他综合收益项目和以后会计期间在满足规定条件时将重分类进损益的其他综合收益项目两类列报。

④ 在合并利润表中,企业应当在净利润项目之下单独列示归属于母公司所有者的损益和归属于少数股东的损益,在综合收益总额项目之下单独列示归属于母公司所有者的综合收益总额和归属于少数股东的综合收益总额。

10.3.3 利润表的填列

资产负债表中,有"本期金额"和"上期金额"两栏,主要数字来源于有关损益类账户的发生额,应根据具体项目内容进行分析计算填列,以保证数字真实、计算准确。

1. 上期金额的填列

"上期金额"栏应根据上年该期利润表"本期金额"栏内所列数字填列。如果上年该期利润表规定的各个项目的名称和内容同本期不一致,应对上年该期利润表各项目的名称和数字按本期的规定进行调整,填入利润表"上期金额"栏内。

2. 本期金额的填列

"本期金额"栏根据"主营业务收入""主营业务成本""税金及附加""销售费用""管理费用""财务费用""资产减值损失""公允价值变动损益""投资收益""营业外收入""营业外支出""所得税费用"等损益类账户的本期发生额分析填列。其中,"营业利润""利润总额""净利润"等项目根据该表中相关项目计算填列。

3. 各项目的填列

一般工业企业利润表主要项目内容及填列方法如下:

① 营业收入：反映企业经营主要业务和其他业务所确认的收入总额。该项目应根据"主营业务收入"和"其他业务收入"账户的发生额分析填列。

② 营业成本：反映企业经营主要业务和其他业务发生的成本总额。该项目应根据"主营业务成本"和"其他业务成本"账户的发生额分析填列。

③ 税金及附加：反映企业经营业务应负担的营业税、消费税、城市维护建设税、资源税、土地增值税、印花税和教育费附加等。该项目应根据"税金及附加"账户的发生额分析填列。

④ 销售费用：反映企业在销售商品过程中发生的包装费、广告费等费用和为销售本企业商品而专设的销售机构的职工薪酬、业务费等经营费用。该项目应根据"销售费用"账户的发生额分析填列。

⑤ 管理费用：反映企业为组织和管理生产经营发生的管理费用。该项目应根据"管理费用"账户的发生额分析填列。

⑥ 研发费用：反映企业进行研究与开发过程中发生的费用化支出，以及计入管理费用的自行开发无形资产的摊销。该项目应根据"管理费用"账户下的"研究费用"明细账户的发生额，以及"管理费用"账户下的"无形资产摊销"明细账户的发生额分析填列。

⑦ 财务费用：反映企业筹集生产经营所需资金等而发生的筹资费用。该项目应根据"财务费用"账户的发生额分析填列。其中，利息费用行项目，反映企业为筹集生产经营所需资金等而发生的应予费用化的利息支出，应根据"财务费用"账户所属相关明细账户的发生额分析填列；利息收入行项目，反映企业确认的利息收入，应根据"财务费用"账户所属相关明细账户的发生额分析填列。

⑧ 其他收益：反映计入其他收益的政府补助，以及其他与日常活动相关且计入其他收益的项目。该项目应根据"其他收益"账户的发生额分析填列。企业作为个人所得税的扣缴义务人，根据《中华人民共和国个人所得税法》收到的扣缴税款手续费，应作为其他与日常活动相关的收益在该项目中填列。

⑨ 投资收益：反映企业以各种方式对外投资所取得的收益。该项目应根据"投资收益"账户的发生额分析填列；如为投资损失，以"一"号填列。其中"以摊余成本计量的金融资产终止确认收益"项目，反映企业因转让等情形导致终止确认以摊余成本计量的金融资产而产生的利得或损失。该项目应根据"投资收益"账户的相关明细账户的发生额分析填列；如为损失，以"一"号填列。

⑩ 净敞口套期收益：反映净敞口套期下被套期项目累计公允价值变动转入当期损益的金额或现金流量套期储备转入当期损益的金额。该项目应根据"净敞口套期损益"账户的发生额分析填列；如为套期损失，以"一"号填列。

⑪ 公允价值变动收益：反映企业按照相关准则规定应当计入当期损益的资产或负债公允价值变动收益，该项目应根据"公允价值变动损益"账户的发生额分析填列。如为净损失，以"一"号填列。

⑫ 资产减值损失：反映企业各项资产发生的减值损失。该项目应根据"资产减值损失"账户的发生额分析填列。

⑬ 信用减值损失：反映企业按照《企业会计准则第22号——金融工具确认和计量》的要求计提的各项金融工具减值准备所形成的预期信用损失。该项目应根据"信用减值损失"账户的发生额分析填列。

⑭ 资产处置收益：反映企业出售划分为持有待售的非流动资产（金融工具、长期股权投

资和投资性房地产除外)或处置组(子公司和业务除外)时确认的处置利得或损失,以及处置未划分为持有待售的固定资产、在建工程、生产性生物资产及无形资产而产生的处置利得或损失。债务重组中因处置非流动资产产生的利得或损失和非货币性资产交换中换出非流动资产产生的利得或损失也包括在该项目内。该项目应根据"资产处置损益"账户的发生额分析填列;如为处置损失,以"—"号填列。

⑮ 营业利润:反映企业实现的营业利润。如为亏损,以"—"号填列。

⑯ 营业外收入:反映企业发生的除营业利润以外的收益,主要包括债务重组利得、与企业日常活动无关的政府补助、盘盈利得、捐赠利得(企业接受股东或股东的子公司直接或间接的捐赠,经济实质属于股东对企业的资本性投入的除外)等。该项目应根据"营业外收入"账户的发生额分析填列。

⑰ 营业外支出:反映企业发生的除营业利润以外的支出,主要包括债务重组损失、公益性捐赠支出、非常损失、盘亏损失、非流动资产毁损报废损失等。该项目应根据"营业外支出"账户的发生额分析填列。

⑱ 利润总额:反映企业实现的利润总额。如为亏损总额,以"—"号填列。

⑲ 所得税费用:反映企业根据所得税准则确认的应从当期利润总额中扣除的所得税费用。该项目应根据"所得税费用"账户的发生额分析填列。

⑳ 持续经营净利润、终止经营净利润:分别反映净利润中与持续经营相关的净利润和与终止经营相关的净利润;如为净亏损,以"—"号填列。该两个项目应按照《企业会计准则第42号——持有待售的非流动资产、处置组和终止经营》的相关规定分别列报。

㉑ 其他权益工具投资公允价值变动:反映企业指定为以公允价值计量且其变动计入其他综合收益的非交易性权益工具投资发生的公允价值变动。该项目应根据"其他综合收益"账户的相关明细账户的发生额分析填列。

㉒ 企业自身信用风险公允价值变动:反映企业指定为以公允价值计量且其变动计入当期损益的金融负债,由企业自身信用风险变动引起的公允价值变动而计入其他综合收益的金额。该项目应根据"其他综合收益"账户的相关明细账户的发生额分析填列。

㉓ 其他债权投资公允价值变动:反映企业分类为以公允价值计量且其变动计入其他综合收益的债权投资发生的公允价值变动。企业将一项以公允价值计量且其变动计入其他综合收益的金融资产重分类为以摊余成本计量的金融资产,或重分类为以公允价值计量且其变动计入当期损益的金融资产时,之前计入其他综合收益的累计利得或损失从其他综合收益中转出的金额作为该项目的减项。该项目应根据"其他综合收益"账户下的相关明细账户的发生额分析填列。

㉔ 金融资产重分类计入其他综合收益的金额:反映企业将一项以摊余成本计量的金融资产重分类为以公允价值计量且其变动计入其他综合收益的金融资产时,计入其他综合收益的原账面价值与公允价值之间的差额。该项目应根据"其他综合收益"账户下的相关明细账户目的发生额分析填列。

㉕ 其他债权投资信用减值准备:反映企业按照《企业会计准则第22号——金融工具确认和计量》(财会〔2017〕7号)第十八条分类为以公允价值计量且其变动计入其他综合收益的金融资产的损失准备。该项目应根据"其他综合收益"账户下的"信用减值准备"明细账户目的发生额分析填列。

㉖ 现金流量套期储备:反映企业套期工具产生的利得或损失中属于套期有效的部分。

该项目应根据"其他综合收益"账户下的"套期储备"明细账户的发生额分析填列。

【例 10-2】 某公司 20××年 9 月有关损益类账户发生额资料如表 10-7 所示。

表 10-7　损益类账户发生额

20××年 9 月　　　　　　　　　　　　　　　　　　单位:元

账户名称	借方发生额	贷方发生额
主营业务收入		1 500 000
主营业务成本	850 000	
税金及附加	3 000	
销售费用	24 000	
管理费用	170 000	
财务费用	20 000	
投资收益		100 000
营业外收入		60 000
营业外支出	37 000	
所得税费用	93 000	

要求:根据上述资料填制该公司 20××年 9 月如表 10-8 所示的利润表。

表 10-8　利润表(简化)

会企 02 表

编制单位:某公司　　　　　20××年 9 月　　　　　　　　　　单位:元

项　　目	本期金额	上期金额
一、营业收入	1 500 000	
减:营业成本	850 000	
税金及附加	3 000	
销售费用	24 000	
管理费用	170 000	
研发费用		
财务费用	20 000	
其中:利息费用		
利息收入		
资产减值损失		
信用减值损失		
加:其他收益		
投资收益(损失以"—"号填列)	100 000	
其中:对联营企业和合营企业的投资收益		

续表

项　　目	本期金额	上期金额
净敞口套期收益（损失以"－"填列）		
公允价值变动收益（损失以"－"号填列）		
资产处置收益（损失以"－"号填列）		
二、营业利润（亏损以"－"号填列）	500 000	
加：营业外收入	60 000	
减：营业外支出	37 000	
三、利润总额（亏损总额以"－"号填列）	556 000	
减：所得税费用	93 000	
四、净利润（净亏损以"－"号填列）	463 000	

10.4　其他会计报表

10.4.1　现金流量表

1. 现金流量表的概念和作用

资产负债表、利润表和现金流量表，这三张报表分别从不同的角度反映企业的财务状况、经营成果和现金流量。资产负债表反映企业某一特定日期所拥有的资产、需要偿还的债务以及投资者所拥有的净资产的情况；利润表反映企业一定期间的经营成果，即获取利润或发生亏损的情况，表明企业运用资产的获利能力；现金流量表则反映企业一定期间内现金的流入、流出情况，表明企业获取现金和现金等价物的能力。

现金流量表是以现金为基础编制的财务状况变动表，它以现金的流入和流出来反映企业一定期间内的经营活动、投资活动和筹资活动的动态情况。

作为一个分析的工具，现金流量表的主要作用是反映企业短期生存能力，特别是缴付账单的能力。通过现金流量表，可以概括反映经营活动、投资活动和筹资活动对企业现金流入、流出的影响，对于评价企业的实现利润、财务状况及财务管理，能比传统的损益表提供更好的评价基础。现金流量表具有以下作用：

① 有助于投资者和债权人评价企业支付能力、偿债能力和周转能力。
② 有助于预测企业未来现金流量和企业未来的发展情况。
③ 有助于分析企业收益质量及影响现金净流量的因素，掌握企业经营活动、投资活动和筹资活动的现金流量，可以从现金流量的角度了解净利润的质量，对企业整体财务状况做出客观评价，为分析和判断企业的财务前景提供信息。

2. 现金流量表的编制基础

现金流量表是以现金为基础编制的，这里的现金是指库存现金、可以随时用于支付的存款及现金等价物。

(1)库存现金

库存现金,是指企业可以随时用于支付的现金限额,与会计核算中"库存现金"账户所包含的内容一致。

(2)银行存款

银行存款,是指企业存放于银行或其他金融机构的可以随时用于支付的存款,与会计核算中"银行存款"账户包含的内容基本一致。但对于不能随时支取的定期存款,不能作为现金流量表中的现金,如果该项定期存款企业提前通知银行便可以支取,则应包含在现金流量表中的现金范围内。

(3)其他货币资金

其他货币资金,是指企业存在金融机构的有特定用途的资金,包括外埠存款、银行本票存款、银行汇票存款、信用证保证金存款、信用卡存款等。

(4)现金等价物

现金等价物,是指企业持有期限短、流动性高、易于转换成已知金额的现金、价值变动风险很小的短期投资。现金等价物虽然不是现金,但其支付能力与现金差别不大,可视为现金。一项投资被确认为现金等价物,一般是从购买日起至到期日止,不超过三个月。由于不同企业的经营范围不同,现金等价物的范围也可能不同。

3. 现金流量的分类

现金流量表首先要对企业各项经营业务产生或运用的现金流量进行合理地分类,《企业会计准则第 31 号——现金流量表》将现金流量分为三类,即经营活动产生的现金流量、投资活动产生的现金流量和筹资活动产生的现金流量。

(1)经营活动产生的现金流量

经营活动是指企业投资活动和筹资活动以外的所有的交易和事项,包括销售商品或提供劳务、经营性租赁、购买商品或接受劳务、制造产品、广告宣传、推销产品、缴纳税款等。经营活动产生的现金流量是企业通过所拥有的资产自身创造的现金流量,主要是与企业净利润有关的现金流量。通过分析经营活动的现金流量,可以了解企业的收益质量,说明企业在不动用外部筹得资金的情况下是否足以偿还负债、支付股利和对外投资。

(2)投资活动产生的现金流量

投资活动是指企业长期资产的购建以及不包括在现金等价物范围内的投资及其处置活动。这里所指的长期资产是指固定资产、在建工程、无形资产、其他资产等持有期限在一年或超过一年的一个营业周期以上的资产。投资活动主要包括取得和收回投资,购建和处置固定资产、无形资产和其他长期资产等。通过分析投资活动产生的现金流量,可以了解企业为获得未来收益和现金流量而导致资源转出的程度,以及以前资源转出带来的现金流入信息。

(3)筹资活动产生的现金流量

筹资活动是指导致企业资本结构以及债务规模和构成发生变化的活动,包括吸收投资、发行股票和债券、支付股利、偿还利息等。通过分析筹资活动产生的现金流量,可以了解企业通过筹资获取现金流量的能力以及企业为前期筹集资金而付出的代价。

4. 现金流量表的结构

现金流量表的基本结构分为两大部分,即正表和补充资料。一般企业现金流量表主表格式如表10-9所示。

表10-9　现金流量表

会企03表
编制单位：　　　　　　　　　　　　　年度　　　　　　　　　　　　　单位：元

项　　目	本期金额	上期金额
一、经营活动产生的现金流量		
销售商品、提供劳务收到的现金		
收到税费返还		
收到的其他与经营活动有关的现金		
经营活动现金流入小计		
购买商品、接受劳务支付的现金		
支付给职工以及为职工支付的现金		
支付的各项税费		
支付的其他与经营活动有关的现金		
经营活动现金流出小计		
经营活动产生的现金流量净额		
二、投资活动产生的现金流量		
收回投资收到的现金		
取得投资收益收到的现金		
处置固定资产、无形资产和其他长期资产收回的现金净额		
处置子公司及其他营业单位收到的现金净额		
收到其他与投资活动有关的现金		
投资活动现金流入小计		
购置固定资产、无形资产和其他长期资产支付的现金		
投资支付的现金		
取得子公司及其他经营单位支付的现金净额		
支付其他与投资活动有关的现金		
投资活动现金流出小计		
投资活动产生的现金流量净额		
三、筹资活动产生的现金流量		
吸收投资收到的现金		
取得借款收到的现金		
收到的其他筹资活动有关的现金		
筹资活动现金流入小计		
偿还债务支付的现金		
分配股利、利润或偿付利息支付的现金		

续表

项　　目	本期金额	上期金额
支付的其他与筹资活动有关的现金		
经营活动现金流出小计		
筹资活动产生的现金流量净额		
四、汇率变动对现金及现金等价物的影响		
五、现金及现金等价物净增加额		
加：期初现金及现金等价物余额		
六、期末现金及现金等价物余额		

现金流量表主表的各项目金额实际上就是每笔现金流入、流出的归属，附表（即补充资料）是现金流量表中不可或缺的一部分，各项目金额则是相应会计账户的当期发生额或期末与期初余额的差额。现金流量表附表一般格式如表 10-10 所示。

表 10-10　现金流量表（附表）

编制单位：　　　　　　　　　　　　年度　　　　　　　　　　　　单位：元

项　　目	金　　额
补充资料：	
1. 将净利润调节为经营活动的现金流量：	
净利润	
资产减值准备	
固定资产折旧、油气资产折耗、生产性生物资产折旧	
无形资产摊销	
长期待摊费用摊销	
处置固定资产、无形资产和其他长期资产的损失	
固定资产报废损失	
公允价值变动损益	
财务费用	
投资损失	
递延所得税资产减少	
递延所得税负债增加	
存货的减少	
经营性应收项目的减少	
经营性应付项目的增加	
其他	
经营活动产生的现金流量净额	

第10章　会计报表

续表

项 目	金 额
2. 不涉及现金收支的投资和筹资活动:	
债务转为资本	
一年内到期的可转换公司债券	
融资租入固定资产	
3. 现金及现金等价物净增加情况:	
现金的期末余额	
减:现金的期初余额	
加:现金等价物的期末余额	
减:现金等价物的期初余额	
现金及现金等价物净增加额	

5. 现金流量表的编制方法

现金流量表编制以收付实现制为基础,方法较为复杂,主要有直接法和间接法两种方法。直接法是指直接确定每笔涉及现金收支业务的属性,归入按现金流动属性分类形成经营、投资、筹资三部分的现金收支项目,二者的现金流入流出净额合计就得到一个企业整个期间的现金净流量。间接法是将直接法中的一部分现金流通过间接的方法倒推出来,以分析这部分现金流在会计核算上的来龙去脉,即将直接法下的经营现金流量单独拿出来,以企业当期的净利润为起点根据不同的调整项目倒推出当期的经营活动现金净流量。在采用间接法时可以从另外一个会计职业角度(在直接法下现金流量项目是从收支业务本身划分的)看出企业期间内的经营现金流量来源。

根据要求,企业现金流量表应以直接法编制,同时在补充资料中运用间接法,以本期净利润为起算点,调整不涉及现金的收入、费用、营业外收支以及有关项目的增减变动,计算并列示经营活动的现金流量。采用直接法编制现金流量表时,可以采用工作底稿法或T型账户法,也可以根据有关账户记录分析填列。

(1) 工作底稿法

采用工作底稿法编制现金流量表,就是以工作底稿为手段,以利润表和资产负债表数据为基础,对每一项目进行分析并编制调整分录,从而编制出现金流量表。在采用直接法时,整个工作底稿纵向分成三段,第一段是资产负债表项目,其中又分为借方项目和贷方项目两部分;第二段是利润表项目;第三段是现金流量表项目。工作底稿横向分为五栏,在资产负债表部分,第一栏是项目栏,填列资产负债表各项目名称;第二栏是期初数,用来填列资产负债表项目的期初数;第三栏是调整分录的借方;第四栏是调整分录的贷方;第五栏是期末数,用来填列资产负债表各项目的期末数。在利润表和现金流量表部分,第一栏也是项目栏,用来填列利润表和现金流量表项目名称;第二栏空置不填;第三、第四栏分别是调整分录的借方和贷方;第五栏是本期数,利润表部分这一栏数字应和本期利润表数字核对相符,现金流量表部分这一栏的数字可直接用来编制正式的现金流量表。采用工作底稿法编制现金流量表的程序是:

第一步,将资产负债表的期初数和期末数过入工作底稿的期初数栏和期末数栏。

第二步,对当期业务进行分析并编制调整分录。调整分录大体有这样几类:第一类涉及利润表中的收入、成本和费用项目以及资产负债表中的资产、负债及所有者权益项目,通过调整,将权责发生制下的收入费用转换为现金基础;第二类是涉及资产负债表和现金流量表中的投资、筹资项目,反映投资和筹资活动的现金流量;第三类是涉及利润表和现金流量表中的投资和筹资项目,目的是将利润表中有关投资和筹资方面的收入和费用列入现金流量表投资、筹资现金流量中去。此外,还有一些调整分录并不涉及现金收支,只是为了核对资产负债表项目的期末期初变动。在调整分录中,有关现金和现金等价物的事项,并不直接借记或贷记现金,而是分别记入"经营活动产生的现金流量""投资活动产生的现金流量""筹资活动产生的现金流量"有关项目,借记表明现金流入,贷记表明现金流出。

第三步,将调整分录过入工作底稿中的相应部分。

第四步,核对调整分录,借贷合计应当相等,资产负债表项目期初数加减调整分录中的借贷金额以后,应当等于期末数。

第五步,根据工作底稿中的现金流量表项目部分编制正式的现金流量表。

(2) T型账户法

T型账户法,就是以T型账户为手段,以利润表和资产负债表数据为基础,对每一项目进行分析并编制出调整分录,从而编制出现金流量表。采用T型账户法编制现金流量表的程序如下:

第一步,为所有的非现金项目(包括资产负债表项目和利润表项目)分别开设T型账户,并将各自的期末期初变动数过入各该账户。

第二步,开设一个大的"现金及现金等价物"T型账户,每边分为经营活动、投资活动和筹资活动三个部分,左边记现金流入,右边记现金流出。与其他账户一样,过入期末期初变动数。

第三步,以利润表项目为基础,结合资产负债表分析每一个非现金项目的增减变动,并据此编制调整分录。

第四步,将调整分录过入各T型账户,并进行核对,该账户借贷相抵后的余额与原先过入的期末期初变动数应当一致。

第五步,根据大的"现金及现金等价物"T型账户编制正式的现金流量表。

10.4.2 所有者权益变动表

1. 所有者权益变动表概述

所有者权益变动表是反映企业本期(年度或中期)内至截至期末所有者权益变动情况的报表。其中,所有者权益变动表应当全面反映一定时期所有者权益变动的情况。通过所有者权益变动表,既可以为报表使用者提供所有者权益总量增减变动的信息,也能为其提供所有者权益增减变动的结构性信息,特别是能够让报表使用者理解所有者权益增减变动的根源。

2. 所有者权益变动表的结构

在所有者权益变动表中,企业至少应当单独列示下列信息的项目:

① 综合收益总额。

② 会计政策变更和差错更正的累积影响金额。

③ 所有者投入资本和向所有者分配利润等。
④ 提取的盈余公积。
⑤ 实收资本或股本、资本公积、盈余公积、未分配利润的期初和期末余额及其调节情况。

所有者权益变动表以矩阵的形式列示：一方面，列示导致所有者权益变动的交易或事项，即所有者权益变动的来源，对一定时期所有者权益的变动情况进行全面反映；另一方面，按照所有者权益各组成部分（即实收资本、其他权益工具、资本公积、库存股、其他综合收益、盈余公积、未分配利润）列示交易或事项对所有者权益各部分的影响。我国企业所有者权益变动表格式如表 10-11 所示。

3. 所有者权益变动表的编制

所有者权益变动表各项目均需填列"本年金额"和"上年金额"两栏。"上年金额"栏内各项数字，应根据上年度所有者权益变动表"本年金额"内所列数字填列。上年度所有者权益变动表规定的各个项目的名称和内容同本年度不一致的，应对上年度所有者权益变动表各项目的名称和数字按照本年度的规定进行调整，填入所有者权益变动表的"上年金额"栏内。"本年金额"栏内各项数字一般应根据"实收资本（或股本）""其他权益工具""资本公积""库存股""其他综合收益""盈余公积""利润分配""以前年度损益调整"等账户的发生额分析填列。所有者权益变动表各项目的列报说明：

（1）上年年末余额

反映企业上年资产负债表中实收资本（或股本）、其他权益工具、资本公积、库存股、其他综合收益、盈余公积、未分配利润的年末余额。

（2）会计政策变更和前期差错更正

分别反映企业采用追溯调整法处理的会计政策变更的累积影响金额和采用追溯重述法处理的会计差错更正的累积影响金额。

（3）本年增减变动额

① 综合收益总额：反映净利润和其他综合收益扣除所得税影响后的净额相加后的合计金额。

② 所有者投入和减少资本：反映企业所有者当年投入的资本和减少的资本。其中：

a. 所有者投入的普通股：反映企业接受投资者投入形成的实收资本（或股本）和资本溢价或股本溢价。

b. 其他权益工具持有者投入资本：反映企业发行的除普通股以外分类为权益工具的金融工具持有者投入资本的金额。

c. 股份支付计入所有者权益的金额：反映企业处于等待期中的权益结算的股份支付当年计入资本公积的金额。

③ 利润分配：反映企业当年的利润分配金额。其中：

a. 提取的盈余公积：反映按照规定提取的盈余公积的金额。

b. 对所有者（或股东）的分配，反映企业对所有者（或股东）分配的利润（或股利）的金额。

④ 所有者权益内部结转：反映企业构成所有者权益的组成部分之间当年的增减变动情况。其中：

a. 资本公积转增资本（或股本）：反映企业当年以资本公积转增资本或股本的金额。

表 10-11 **所有者权益变动表**

会企 04 表

编制单位：　　　　　　　　　　　　年度　　　　　　　　　　　　单位：元

项目	本年金额									上年金额								
	实收资本（或股本）	其他权益工具			资本公积	减：库存股	其他综合收益	专项储备	盈余公积	未分配利润	所有者权益合计	实收资本（或股本）	其他权益工具			资本公积	减：库存股	其他综合收益	专项储备	盈余公积	未分配利润	所有者权益合计
		优先股	永续债	其他									优先股	永续债	其他							
一、上年年末余额																						
加：会计政策变更																						
前期差错更正																						
其他																						
二、本年年初余额																						
三、本年增减变动金额（减少以"－"号填列）																						
（一）综合收益总额																						
（二）所有者投入和减少资本																						
1. 所有者投入的普通股																						
2. 其他权益工具持有者投入资本																						
3. 股份支付计入所有者权益的金额																						
4. 其他																						
（三）利润分配																						
1. 提取盈余公积																						

续表

项目	本年金额											上年金额										
	实收资本（或股本）	其他权益工具			资本公积	减:库存股	其他综合收益	专项储备	盈余公积	未分配利润	所有者权益合计	实收资本（或股本）	其他权益工具			资本公积	减:库存股	其他综合收益	专项储备	盈余公积	未分配利润	所有者权益合计
		优先股	永续债	其他									优先股	永续债	其他							
2. 对所有者（或股东）的分配																						
3. 其他																						
（四）所有者权益内部结转																						
1. 资本公积转增资本（或股本）																						
2. 盈余公积转增资本（或股本）																						
3. 盈余公积弥补亏损																						
4. 设定受益计划变动额结转留存收益																						
5. 其他综合收益结转留存收益																						
6. 其他																						
四、本年年末余额																						

b. 盈余公积转增资本(或股本)：反映企业当年以盈余公积转增资本或股本的金额。

c. 盈余公积弥补亏损：反映企业当年以盈余公积弥补亏损的金额。

d. 设定受益计划变动额结转留存收益：反映企业因重新计量设定受益计划净负债或净资产所产生的变动计入其他综合收益，结转至留存收益的金额。

e. 其他综合收益结转留存收益：一是企业指定为以公允价值计量且其变动计入其他综合收益的非交易性权益工具投资终止确认时，之前计入其他综合收益的累积利得或损益从其他综合收益中转入留存收益的金额；二是企业指定为以公允价值计量且其变动计入当期损益的金融负债终止确认时，之前由企业自身信用风险变动引起而计入其他综合收益的累积利得或损失从其他综合收益中转入留存收益的金额等。

（4）本年年末余额

各项目的年末余额。

10.4.3 附　　注

1. 附注概述

附注是对资产负债表、利润表、现金流量表和所有者权益变动表等报表中列示项目的文字描述或明细资料，以及对未能在这些报表中列示项目的说明等。附注主要起到两个方面的作用：第一，附注的披露，是对资产负债表、利润表、现金流量表和所有者权益变动表列示项目含义的补充说明，以帮助会计报表使用者更准确地把握其含义；第二，附注提供了对资产负债表、利润表、现金流量表和所有者权益变动表中未列示项目的详细或明细说明。通过附注与资产负债表、利润表、现金流量表和所有者权益变动表列示项目的相互参照关系，以及对未能在会计报表列示项目的说明，可以使会计报表使用者全面了解企业的财务状况、经营成果、现金流量以及所有者权益的情况。

2. 附注的主要内容

附注是会计报表的重要组成部分，根据企业会计准则规定，企业应该按照下列顺序披露附注的内容：

① 企业的基本情况：包括企业注册地、组织形式和总部地址；企业的业务性质和主要经营活动；母公司以及集团公司最终母公司的名称；财务报告的批准报出者和财务报告批准报出日；有关营业期限的信息等。

② 会计报表的编制基础：指会计报表是在持续经营基础上还是非持续经营基础上编制的。企业一般是在持续经营基础上编制会计报表，清算、破产属于非持续经营基础。

③ 遵循企业会计准则的声明：企业应当声明编制的会计报表符合企业会计准则的要求，真实、完整地反映了企业的财务状况、经营成果和现金流量等有关信息，以此明确企业编制会计报表所依据的制度基础。

④ 重要会计政策和会计估计：企业应当披露采用的重要会计政策和会计估计，不重要的会计政策和会计估计可以不披露。在披露重要会计政策和会计估计时，企业应当披露重要会计政策的确定依据和会计报表会计项目的计量基础，以及会计估计中所采用的关键假设和不确定性。

⑤ 会计政策和会计估计变更以及差错更正的说明：企业应当按照会计政策、会计估计变更和差错更正等会计准则的规定，披露会计政策和会计估计变更以及差错更正的有关

情况。

⑥ 报表重要项目的说明：企业对报表重要项目的说明，应当按照资产负债表、利润表、现金流量表、所有者权益变动表及其项目列示的顺序，采用文字和数字描述相结合的方式进行披露。报表重要项目的明细金额合计应当与报表项目金额相衔接，主要包括应收款项、存货、长期股权投资、投资性房地产、固定资产、职工薪酬、应交税费、短期借款、长期借款、应付债券、长期应付款、营业收入、公允价值变动收益、投资收益、资产减值损失、营业外收入、营业外支出、所得税费用、其他综合收益、政府补助、借款费用等重要项目。

⑦ 或有和承诺事项、资产负债表日后非调整事项、关联方关系及其交易等需要说明的事项。

⑧ 有助于会计报表使用者评价企业管理资本的目标、政策及程序的信息。

本章小结

企业会计核算的主要目标是提供对决策有用的会计信息，这些会计信息主要通过财务会计报告进行披露和反映。财务会计报告是指企业对外提供的反映企业某一特定日期财务状况和某一会计期间经营成果、现金流量的文件。财务会计报告分为年度、半年度、季度和月度财务会计报告。我国财务会计报告由会计报表、会计报表附注和财务情况说明书组成。其中，会计报表是财务会计报告的主体和核心部分，包括资产负债表、利润表、现金流量表和附注。会计报表是对企业财务状况、经营成果和现金流量的结构性表述。会计报表按照不同标准，有不同的分类。会计报表编制需要做好事前准备，并遵循持续经营、一致性、重要性、金额不得相互抵消、比较数据、显著位置披露信息、编制期间等列报基本要求，做到数字真实、内容完整、计算准确、报送及时、手续完备。资产负债表是反映企业某一特定日期财务状况的会计报表。它是根据"资产＝负债＋所有者权益"这一会计恒等式，按照一定的标准和顺序把企业一定日期的资产、负债和所有者权益适当排列，并对企业日常核算所形成的数据进行分析、整理后编制而成的，是一张静态会计报表。该表中各项目主要是根据资产、负债、所有者权益类账户的期末余额直接填列，或分析、计算填列。利润表是总括反映企业在一定时期内生产经营成果的会计报表。它按照"收入－费用＝利润"这一平衡公式，将一定期间的收入和同一会计期间的费用进行配比，计算出企业一定期间内的净利润（或净亏损），它是一张动态会计报表。利润表中各项目主要是根据损益类账户的本期发生额直接或计算填列。除资产负债表和利润表外，还有现金流量表、所有者权益变动表和附注。

思考题

1. 什么是会计报表？编制会计报表有哪些要求？
2. 会计报表是如何分类的？
3. 什么是资产负债表？资产负债表的结构如何？报表中的项目如何填列？
4. 什么是利润表？利润表的结构如何？报表中的项目如何填列？
5. 现金流量表的编制基础是什么？反映哪些现金流量情况？
6. 简述所有者权益变动表的结构。
7. 附注的主要内容有哪些？

参 考 文 献

[1] 中华人民共和国财政部,企业会计准则编审委员会.企业会计准则:2019年版[M].上海:立信会计出版社,2019.

[2] 中华人民共和国财政部,企业会计准则编审委员会.企业会计准则应用指南:2019年版[M].上海:立信会计出版社,2019.

[3] 企业会计准则编审委员会.企业会计准则案例讲解:2019年版[M].上海:立信会计出版社,2019.

[4] 财政部.关于修订印发2019年度一般企业财务报表格式的通知[EB/OL].(2019-05-10). http://kjs.mof.gov.cn/zhengwuxinxi/zhengcefabu/201905/t20190510_3254992.html.

[5] 陈国辉,迟旭升.基础会计[M].6版.大连:东北财经大学出版社,2018.

[6] 陈文铭.基础会计习题与案例[M].6版.大连:东北财经大学出版社,2018.

[7] 朱虹,周雪艳.基础会计:原理、实务、案例、实训[M].5版.大连:东北财经大学出版社,2019.

[8] 周雪艳,汪行光.《基础会计:原理、实务、案例、实训》训练手册[M].5版.大连:东北财经大学出版社,2019.

[9] 徐泓.基础会计学[M].北京:中国人民大学出版社,2014.

[10] 李海波,蒋瑛.新编会计学原理:基础会计[M].19版.上海:立信会计出版社,2019.

[11] 李海波,蒋瑛.新编会计学原理:基础会计习题集[M].19版.上海:立信会计出版社,2019.

[12] 朱小平,周华,秦玉熙.初级会计学[M].9版.北京:中国人民大学出版社,2019.

[13] 崔智敏,陈爱玲.会计学基础[M].6版.北京:中国人民大学出版社,2018.

[14] 李占国.基础会计学[M].3版.北京:高等教育出版社,2017.

[15] 李占国.基础会计学专项实训与习题集[M].3版.北京:高等教育出版社,2017.

[16] 财政部会计资格评价中心.初级会计实务[M].北京:经济科学出版社,2018.

[17] 刘忠.2019年会计专业技术资格考试应试指导及全真模拟测试:初级会计实务[M].北京:北京科学技术出版社,2018.

安徽省高等学校"十三五"省级规划教材
安徽省高等学校一流教材
安徽省高等学校精品课程教材

《会计学基础》同步练习与题解

主　审　金美莲　陈　宁
主　编　蔡文芬　张家胜
副主编　范莹莹　南玮玮
编　委（按姓氏笔画排列）
　　　　王甜甜　朱友祥　吴义凤　何永国
　　　　张全心　张家胜　范莹莹　南玮玮
　　　　徐贤亮　蔡文芬

中国科学技术大学出版社

目　　录

第 1 章　总论 ·· （ 1 ）
 1.1　内容框架 ·· （ 1 ）
 1.2　同步练习 ·· （ 2 ）
 1.3　参考答案 ·· （ 10 ）

第 2 章　会计对象、会计要素与会计等式 ··· （ 12 ）
 2.1　内容框架 ·· （ 12 ）
 2.2　同步练习 ·· （ 13 ）
 2.3　参考答案 ·· （ 22 ）

第 3 章　会计科目与账户 ·· （ 25 ）
 3.1　内容框架 ·· （ 25 ）
 3.2　同步练习 ·· （ 26 ）
 3.3　参考答案 ·· （ 33 ）

第 4 章　记账方法 ·· （ 35 ）
 4.1　内容框架 ·· （ 35 ）
 4.2　同步练习 ·· （ 36 ）
 4.3　参考答案 ·· （ 44 ）

第 5 章　工业企业主要经济业务的账务处理 ··· （ 48 ）
 5.1　内容框架 ·· （ 48 ）
 5.2　同步练习 ·· （ 49 ）
 5.3　参考答案 ·· （ 68 ）

第 6 章　会计凭证 ·· （ 79 ）
 6.1　内容框架 ·· （ 79 ）
 6.2　同步练习 ·· （ 80 ）
 6.3　参考答案 ·· （ 92 ）

第 7 章　会计账簿 ·· （ 95 ）
 7.1　内容框架 ·· （ 95 ）
 7.2　同步练习 ·· （ 96 ）
 7.3　参考答案 ·· （109）

第8章 财产清查 (114)
- 8.1 内容框架 (114)
- 8.2 同步练习 (115)
- 8.3 参考答案 (128)

第9章 账务处理程序 (132)
- 9.1 内容框架 (132)
- 9.2 同步练习 (133)
- 9.3 参考答案 (147)

第10章 会计报表 (155)
- 10.1 内容框架 (155)
- 10.2 同步练习 (156)
- 10.3 参考答案 (169)

附录 自测试卷及参考答案 (173)
- 附录1 阶段测试1 (173)
- 附录2 阶段测试2 (179)
- 附录3 综合测试1 (186)
- 附录4 综合测试2 (193)

第 1 章 总 论

1.1 内容框架

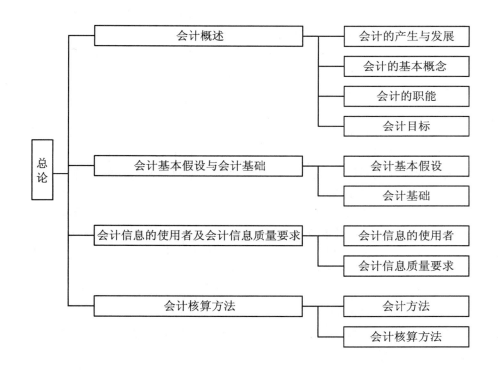

1.2 同步练习

一、单项选择题

1. 会计的产生和发展是由于(   )。
   A. 社会分工的需要   B. 科学技术进步的需要
   C. 商品经济产生和发展的需要   D. 社会生产的发展和加强经济管理的需要
2. 下列关于会计的发展历程中,表述不正确的是(   )。
   A. 会计最早可追溯到原始社会

B. 古代会计以复式记账法的产生和"簿记论"的问世为标志
C. 现代会计阶段,会计正式划分为财务会计和管理会计
D. 会计是随着社会生产力的不断发展而形成的

3. 下列选项中属于近代会计史上的两个里程碑的是(　　　)。
   A. 复式簿记著作的出版和会计职业的出现
   B. 生产活动中出现了剩余产品和会计萌芽阶段的产生
   C. 会计学基础理论的创立和会计理论与方法的逐渐分化
   D. 首次出现"会计"二字构词连用和设置了"司会"官职

4. 我国早在(　　　)时期就出现了"会计"一词。
   A. 西周　　　　B. 西汉　　　　C. 南北朝　　　　D. 唐朝

5. 近代会计学之父是(　　　)。
   A. 苏绰　　　　B. 卢卡·帕乔利　　C. 詹姆斯·麦肯锡　　D. 潘序伦

6. (　　　)掀起了我国的第三次会计改革浪潮。
   A. 西式簿记方法的引入与应用　　B. 会计法律法规的颁布与实施
   C. 新企业会计准则的发布与实施　　D. 会计信息化的推广与应用

7. 下列有关会计方面的表述中,不正确的是(　　　)。
   A. 经济越发展,会计越重要
   B. 会计按其报告对象不同,分为财务会计和管理会计
   C. 会计就是记账、算账和报账
   D. 会计是以货币为主要计量单位,反映和监督一个单位经济活动的一种经济管理活动

8. 会计以(　　　)为基本计量形式。
   A. 实物计量　　B. 货币计量　　C. 时间计量　　D. 劳动计量

9. 会计是以货币为主要计量单位,核算和监督一个单位经济活动的一种(　　　)。
   A. 方法　　　　B. 手段　　　　C. 信息工具　　　D. 经济管理工作

10. 下列选项中符合会计管理活动论观点的是(　　　)。
    A. 会计是一种经济信息活动　　B. 会计是一个经济信息系统
    C. 会计是一种管理经济系统的工具
    D. 会计是以提供经济信息、提高经济效益为目的的一种管理活动

11. 会计具有双重属性,即(　　　)。
    A. 社会性与综合性　B. 综合性与系统性　C. 系统性与技术性　D. 技术性与社会性

12. 会计的基本职能是(　　　)。
    A. 反映与分析　　B. 核算与监督　　C. 反映与核算　　D. 控制与监督

13. 会计的反映职能不具有(　　　)。
    A. 连续性　　　　B. 主观性　　　　C. 系统性　　　　D. 全面性

14. 下列不属于会计核算的环节的是(　　　)。
    A. 确认　　　　B. 记录　　　　C. 报告　　　　D. 报账

15. 会计人员在进行会计核算的同时,对特定主体经济活动的合法性和合理性进行审查称为(　　　)。
    A. 会计反映　　B. 会计核算　　C. 会计监督　　D. 会计分析

16. 会计监督依据的指标是(　　　)。
    A. 实物量指标　B. 数量指标　　C. 价值指标　　D. 计划指标

17. 下列选项中会计作用的发挥取决于两个重要因素( )。
    A. 外部环境因素和内部环境因素　　　B. 外部环境和社会政治
    C. 内部环境和认识　　　　　　　　　D. 正面作用和负面作用
18. 关于会计的职能的表述正确的是( )。
    A. 一成不变的　　　　　　　　　　　B. 随着生产关系的变更而发展
    C. 只有在社会主义制度下才能发展
    D. 随着社会的发展、技术的进步、经济关系的复杂化和管理理论的提高而不断变化
19. 下列选项中属于会计目标的两种主要学术观点的是( )。
    A. 决策有用观与受托责任观　　　　　B. 决策有用观与信息系统观
    C. 信息系统观与管理活动观　　　　　D. 管理活动观与决策有用观
20. 会计的目标是( )。
    A. 提供会计信息　B. 参与经济决策　C. 控制经济活动　D. 进行价值管理
21. 确定会计核算工作空间范围的前提条件是( )。
    A. 会计主体　　　B. 持续经营　　　C. 会计分期　　　D. 货币计量
22. 会计主体是( )。
    A. 企业单位　　　　　　　　　　　　B. 法律主体
    C. 企业法人　　　　　　　　　　　　D. 会计为之服务的特定单位
23. 企业一切经济行为的前提是( )。
    A. 会计主体　　　B. 持续经营　　　C. 会计分期　　　D. 货币计量
24. 企业固定资产可以按照其价值和使用情况,确定采用某一方法计提折旧,它所依据的会计核算前提是( )。
    A. 会计主体　　　B. 持续经营　　　C. 会计分期　　　D. 货币计量
25. ( )作为会计核算的基本前提,就是将一个会计主体持续的生产经营活动划分为若干个相等的会计期间。
    A. 会计主体　　　B. 持续经营　　　C. 会计分期　　　D. 货币计量
26. 企业的会计期间是( )。
    A. 自然形成的　　B. 人为划分的　　C. 一个周转过程　D. 营业年度
27. 基于会计分期假设运用的特殊会计方法包括应收、应付和( )等。
    A. 购入、售出　　B. 投入、产出　　C. 预收、预付　　D. 收入、支出
28. ( )假设为会计核算提供了必要手段。
    A. 会计主体　　　B. 持续经营　　　C. 会计分期　　　D. 货币计量
29. 在货币计量前提下,我国企业的会计核算可以选用一种外币作为记账本位币,但其编制的财务会计报告应折算为( )反映。
    A. 记账本位币　　B. 功能货币　　　C. 人民币　　　　D. 某种外币
30. 强调经营成果计算的企业适合采用( )。
    A. 收付实现制　　B. 权责发生制　　C. 永续盘存制　　D. 实地盘存制
31. 按照收付实现制的要求,确定各项收入和费用归属期的标准是( )。
    A. 实际发生的收支　B. 实际收付的业务　C. 实际款项的收付　D. 实现的经营成果
32. 采用权责发生制基础时,下列业务中不能确认为当期收入的有( )。
    A. 收到当期销货款　　　　　　　　　B. 销售商品,货款尚未收到
    C. 销售商品,同时收到货款　　　　　D. 收到以前月份的销货款

33. 在收付实现制下不能确认为当期费用的项目是（　　）。
   A. 支付下年报纸杂志费   B. 预提本月短期借款利息
   C. 支付全年的财产保险费   D. 支付当月管理部门用房屋租金
34. 企业于4月初用银行存款1 200元支付第2季度房租，4月末仅将其中的400元计入本月费用，这符合（　　）。
   A. 配比原则   B. 权责发生制   C. 收付实现制   D. 历史成本
35. 对外财务报告主要面向的两个团体是（　　）。
   A. 投资者和政府机关   B. 投资者和职工
   C. 债权人和顾客   D. 投资者和债权人
36. 下面属于会计信息内部使用者的是（　　）。
   A. 股东   B. 董事会   C. 债权人   D. 政府机关
37. 会计信息的最高层次的质量要求是（　　）。
   A. 有用性   B. 可理解性   C. 重要性   D. 可靠性
38. 进行会计核算提供的信息应当以实际发生的经济业务为依据，如实反映财务状况和经营成果，这符合（　　）。
   A. 相关性   B. 实质重于形式   C. 可靠性   D. 可比性
39. 相关性是指会计核算所提供的信息资料应与（　　）。
   A. 会计信息使用者的决策相关   B. 运用会计核算方法的选择相关
   C. 企业内部设置管理机构的需要相关 D. 企业会计人员的水平相关
40. 相关性的核心是（　　）。
   A. 可靠性   B. 及时性   C. 对决策有用   D. 与企业相关
41. 首要的会计信息质量特征是（　　）。
   A. 可靠性   B. 可理解性   C. 及时性   D. 重要性
42. 会计信息的可理解性要求会计信息必须（　　）。
   A. 清晰易懂   B. 真实可靠   C. 及时提供   D. 简化缩略
43. 各企业单位处理会计业务的方法和程序在不同会计期间要保持前后一致，不得随意变更，这符合（　　）。
   A. 相关性   B. 可比性   C. 可理解性   D. 重要性
44. 企业按照交易或事项的经济实质进行会计处理，不应仅以交易或事项的法律形式为依据，其体现的会计信息质量要求是（　　）。
   A. 谨慎性   B. 重要性   C. 可靠性   D. 实质重于形式
45. 对应收账款在会计期末提取坏账准备金这一做法体现的是（　　）。
   A. 可比性   B. 重要性   C. 谨慎性   D. 可靠性
46. 下列各项中，体现谨慎性信息质量要求的是（　　）。
   A. 无形资产摊销   B. 应收账款计提坏账准备
   C. 存货采用历史成本计价   D. 当期销售收入与费用配比
47. 下列各项会计信息质量要求中，对相关性和可靠性起着制约作用的是（　　）。
   A. 及时性   B. 谨慎性   C. 重要性   D. 实质重于形式
48. 会计方法体系的基本环节是（　　）。
   A. 会计预测方法   B. 会计监督方法   C. 会计分析方法   D. 会计核算方法
49. 下列选项中不属于会计核算专门方法的是（　　）。

A. 成本计算与复式记账 B. 错账更正与评估预测
C. 设置账户与填制、审核会计凭证 D. 编制报表与登记账簿

50. 会计核算工作的起点是（　　）。
A. 设置会计科目和账户 B. 复式记账
C. 填制和审核会计凭证 D. 登记账簿

二、多项选择题
1. 下列说法中正确的有（　　）。
A. 会计是适应生产活动发展的需要而产生的
B. 会计是生产活动发展到一定阶段的产物
C. 会计从产生、发展到现在经历了一个漫长的发展历史
D. 近代会计史将复式簿记著作的出版和会计职业的出现视为两个里程碑
2. 会计发展经历了（　　）阶段。
A. 会计萌芽 B. 古代会计 C. 近代会计 D. 现代会计
3. 现代会计将会计学分化为（　　）。
A. 财务会计 B. 企业会计 C. 政府会计 D. 管理会计
4. 我国完整的会计准则体系包括（　　）。
A. 基本准则 B. 具体准则 C. 应用指南 D. 解释公告
5. 我国目前已经发布实施的会计准则有（　　）。
A. 企业会计准则 B. 小企业会计准则
C. 事业单位会计准则 D. 政府会计准则
6. 下列有关会计的说法中，正确的包括（　　）。
A. 本质上是一种经济管理活动 B. 对经济活动进行核算和监督
C. 以货币为主要计量单位 D. 核算特定主体的经济活动
7. 会计为了核算和监督各单位错综复杂的经济活动，必然要运用的量度有（　　）。
A. 实物量度 B. 劳动量度 C. 货币量度 D. 时间量度
8. 会计的职能有（　　）。
A. 反映经济情况、监督经济活动 B. 核算经济状况、评价财务成果
C. 控制经济过程、分析经济效益 D. 预测经济前景、参与经济决策
9. 会计的基本职能是（　　）。
A. 会计核算 B. 会计监督 C. 会计预测 D. 会计分析
10. 会计核算职能是指会计以货币为主要计量单位，通过（　　）等环节，对特定主体的经济活动进行记账、算账、报账。
A. 确认 B. 记录 C. 计算 D. 报告
11. 下列选项中属于会计核算职能一般特征的有（　　）。
A. 核算过去已经发生的经济活动 B. 以货币为主要计量单位
C. 具有连续性、系统性、全面性 D. 体现在记账、算账、报账三个阶段上
12. 会计监督职能是指会计人员在进行会计核算的同时，对经济活动的（　　）进行审查。
A. 合法性 B. 合理性 C. 时效性 D. 真实性
13. 下列选项中属于会计监督职能显著特征的有（　　）。
A. 谨慎性和及时性 B. 强制性和严肃性 C. 连续性 D. 完整性
14. 会计各方面的作用综合起来说，包括（　　）。

A. 为投资者提供财务报告　　　　　　　　B. 保证企业投入资产的安全和完整
C. 加强经济核算,为企业经营管理提供数据　D. 有时会导致会计信息失真

15. 下列有关会计基本职能的关系的说法中,正确的有(　　　)。
A. 核算职能是监督职能的基础　　　　　B. 监督职能是核算职能的保证
C. 没有核算职能提供可靠的信息,监督职能就没有客观依据
D. 没有监督职能进行控制,也不可能提供真实可靠的会计信息

16. 下列关于会计目标的表述中,正确的有(　　　)。
A. 会计目标也称会计目的
B. 会计目标是要求会计工作完成的任务或达到的标准
C. 会计目标反映企业管理层受托责任履行情况
D. 会计目标是向财务会计报告使用者提供决策有关信息

17. 会计基本假设包括(　　　)。
A. 会计主体　　B. 持续经营　　C. 会计分期　　D. 货币计量

18. 会计主体前提条件解决并确定了(　　　)。
A. 会计核算的空间范围　　　　　　　B. 会计核算的时间范围
C. 会计核算的计量问题　　　　　　　D. 会计为谁记账问题

19. 下列组织可以作为一个会计主体进行会计核算的有(　　　)。
A. 企业集团　　B. 民间非营利组织　　C. 分公司　　D. 子公司

20. 下列组织中既是一个会计主体又是一个法律主体的有(　　　)。
A. 有限责任公司　　B. 合营企业　　C. 子公司　　D. 母子集团

21. 在会计上,明确界定持续经营假设的意义在于(　　　)。
A. 划定会计所要处理的各项交易或事项的空间范围
B. 将本会计主体的交易或事项与其他会计主体的交易或事项区别开来
C. 划定会计所要处理的各项交易或事项的时间范围
D. 为会计分期假设提供必要基础

22. 会计分期假设(　　　)。
A. 划定会计所要处理的各项交易或事项的时间范围
B. 有利于建立有条不紊的会计工作基本程序
C. 将本会计主体的交易或事项与其他会计主体的交易或事项区别开来
D. 合理处理那些可能跨越若干会计期间的交易或事项

23. 会计期间通常分为会计年度和会计中期,中期财务会计报告包括(　　　)。
A. 年报　　B. 月报　　C. 季报　　D. 半年报

24. 货币计量假设(　　　)。
A. 能够统一会计计量的基本方法　　　B. 建立有条不紊的会计工作基本程序
C. 方便进行会计汇总和对比分析　　　D. 隐含币值稳定假设

25. 下列说法正确的是(　　　)。
A. 会计核算过程中采用货币为主要计量单位
B. 我国企业的会计核算只能以人民币为记账本位币
C. 业务收支以外币为主的单位可以选择某种外币为记账本位币
D. 在境外设立的中国企业向国内报送的财务报告,应当折算为人民币

26. 会计确认基础主要有(　　　)。

A. 实地盘存制　　　　B. 永续盘存制　　　　C. 权责发生制　　　　D. 收付实现制

27. 按权责发生制，下列项目中关于收入确认正确的是（　　）。
A. 本月销售产品一批，价值20 000元，货款尚未收到，已确认为收入
B. 本月收到上月产品销售收入30 000元，已存入银行，确认为本月收入
C. 本月签订一份销售合同，规定下月销售货物一批，价值50 000元，确认为本月收入
D. 本月预收了下季度的闲置厂房租赁收入30 000元，未确认收入

28. 采用收付实现制基础时，下列业务中能确认为当期费用的有（　　）。
A. 支付下年的报纸杂志费　　　　　　B. 预提本月短期借款利息
C. 预付下季度房租　　　　　　　　　D. 支付上月电费

29. 下列不属于会计信息内部使用者的有（　　）。
A. 投资者　　　　B. 债权人　　　　C. 公司董事　　　　D. 公司总经理

30. 下列属于保证会计信息质量要求的有（　　）。
A. 可靠性　　　　B. 相关性　　　　C. 权责发生制　　　D. 合法性

31. 在下列各项中，属于对会计信息质量次级要求的有（　　）。
A. 实质重于形式　B. 重要性　　　　C. 及时性　　　　　D. 谨慎性

32. 可靠性要求（　　）。
A. 企业应当以实际发生的交易或事项为依据进行会计确认、计量和报告
B. 如实反映符合确认和计量要求的各项会计要素及其他相关信息
C. 保证会计信息真实可靠、内容完整
D. 企业提供的会计信息应当清晰明了，便于财务报告使用者理解和使用

33. 会计信息是否可靠的决定因素包括（　　）。
A. 及时性　　　　B. 真实性　　　　C. 中立性　　　　　D. 可核性

34. 衡量一项会计信息是否有相关性，主要体现在该信息是否具有（　　）。
A. 预测价值　　　B. 反馈价值　　　C. 谨慎性　　　　　D. 可核性

35. 下列属于会计信息可比性质量要求的是（　　）。
A. 同一行业的企业同一时期的会计政策、会计程序和方法应相互可比
B. 企业必须在报表使用者需要信息的时间内将信息提供给使用者
C. 企业需要变更会计处理方法时，应将变更原因及其对企业财务状况、经营成果的影响在变更当期的报表附注中说明
D. 信息使用者需要什么信息，企业必须无条件提供

36. 下列各项中，需要运用实质重于形式进行判断的有（　　）。
A. 收入实现的确定　　　　　　　　　B. 长期股权投资核算中成本法与权益法的选择
C. 合并报表范围的确定　　　　　　　D. 固定资产折旧方法的确定

37. 根据谨慎性原则的要求对企业可能发生的损失和费用作出合理预计，通常的做法有（　　）。
A. 对应收账款计提坏账准备　　　　　B. 固定资产加速折旧
C. 对财产物资按历史成本计价　　　　D. 存货计价采用成本与可变现净值孰低法

38. 及时性要求（　　）。
A. 及时收集会计信息　　　　　　　　B. 及时处理会计信息
C. 及时传递会计信息　　　　　　　　D. 及时销毁会计信息

39. 会计方法是反映和监督会计对象的各种技术方法，一般包括（　　）。

A. 会计核算方法　　B. 会计分析方法　　C. 会计检查方法　　D. 会计监督方法
40. 会计核算方法包括(　　)。
A. 成本计算和财产清查　　　　　　B. 设置会计科目和复式记账
C. 填制和审核会计凭证　　　　　　D. 登记账簿和编制会计报表

三、判断题

1. 会计在产生的初期,只是作为生产职能的附带部分,之后随着剩余产品的不断减少,会计逐渐从生产职能中分离出来,成为一种特殊的专门委托当事人的独立的职能。(　　)
2. 一般认为,在会计学说史上,将帕乔利复式簿记著作的出版视为近代会计的开端。(　　)
3. 主要利用货币计量,从数量方面综合反映各单位的经济活动情况,是现代会计的一个重要特征。(　　)
4. 会计是以货币为主要计量单位,运用专门方法,核算和监督一个单位经济活动的一种行政管理工作。(　　)
5. 会计只能以货币为计量单位。(　　)
6. 会计是一种经济管理活动。(　　)
7. 财务会计作为一个会计信息系统,以复式簿记作为数据处理和信息加工的基本方法,以公认会计原则作为组织会计工作、处理会计业务的基本规范。(　　)
8. 会计的职能构建了会计的信息系统和会计的反映系统。(　　)
9. 会计的职能只有两个,即会计核算与会计监督。(　　)
10. 会计核算职能是会计的最基本职能。(　　)
11. 会计可反映过去已经发生的经济活动,也可反映未来可能发生的经济活动。(　　)
12. 会计的反映职能具体体现在记账、算账、报账三个阶段。(　　)
13. 会计的监督职能是会计人员在进行会计核算之后,对特定会计主体经济活动的合法性、合理性进行审查。(　　)
14. 会计反映具有连续性,而会计监督只具有强制性。(　　)
15. 会计目标是近代财务会计理论体系中的核心概念。(　　)
16. 会计目标的决策有用观要求两权分离必须通过资本市场进行。(　　)
17. 财务会计主要承担向企业内部的管理层提供企业相关信息的责任。(　　)
18. 会计的目标是向会计信息使用者提供与企业财务状况、经营成果和现金流量等有关的会计信息,反映企业管理层受托责任履行情况,有利于会计信息使用者作出经济决策。(　　)
19. 会计假设也称会计核算基本前提。(　　)
20. 会计主体应该是独立核算的经济实体。(　　)
21. 会计主体可以是独立法人,也可以是非法人。(　　)
22. 我国企业会计准则体系适用于非持续经营企业的会计确认、计量和报告。(　　)
23. 我国会计准则规定,企业必须分期结算账目,编制财务会计报告。(　　)
24. 我国所有企业的会计核算都必须以人民币作为记账本位币。(　　)
25. 收付实现制和权责发生制的主要区别是确认收入和费用的标准不同。(　　)
26. 我国所有单位包括企业、行政事业单位的会计确认、计量和报告均应以权责发生制为基础。(　　)
27. 企业会计信息质量要求是指使财务报告所提供的会计信息对包括投资者在内的各类使用者的经济决策有用应具备的基本特征。(　　)

28. 会计核算必须以实际发生的经济业务及证明经济业务发生的合法性凭证为依据,表明会计核算应当遵循可靠性原则。(   )
29. 同一企业不同期间会计信息的可比也称横向可比。(   )
30. 会计信息质量特征的可比性要求企业对会计方法或原则的选用应慎重,一旦选中就不得再变动。(   )
31. 企业进入破产清算时,按照可比性会计信息质量要求,应仍坚持原有的会计程序与方法。(   )
32. 使用电子计算机进行核算时,不一定要符合国家统一的会计制度的规定。(   )
33. 融资租入固定资产因为所有权不属于企业,故不能确认为企业的资产。(   )
34. 实质重于形式要求中的实质指的是交易或事项所具有的经济性质。(   )
35. 谨慎性会计信息质量要求企业不仅要核算可能发生的收入,也要核算可能发生的费用和损失,以对未来的风险进行充分核算。(   )
36. 企业为了减少本年度亏损而调减计提资产减值准备金额,体现了会计核算的谨慎性要求。(   )
37. 会计信息质量及时性要求为了及时提供会计信息,可以进行合理预测,提前进行会计业务处理。(   )
38. 狭义的会计方法是指会计核算方法。(   )
39. 填制和审核会计凭证是会计核算的起点。(   )
40. 会计七大核算方法是一个完整的方法体系。(   )

四、核算分析题

1. 某公司 7 月份发生下列经济业务:
(1) 销售产品 5 000 元,货款存入银行。
(2) 销售产品 10 000 元,货款尚未收到。
(3) 付 7~12 月份的租金 3 000 元。
(4) 收到 6 月份应收的销货款 8 000 元。
(5) 收到购货单位预付货款 4 000 元,下月交货。
(6) 本月应付水电费 400 元,下月支付。
要求:分别根据权责发生制和收付实现制确认该企业 7 月份的收入和费用,填入表 1-1 中。

表 1-1 收入与费用的确认与计量

单位:元

业务号	权责发生制		收付实现制	
	收入	费用	收入	费用
(1)				
(2)				
(3)				
(4)				
(5)				
(6)				
合计				

2. 某会计师事务所是由张新、李安合伙创建的,最近发生了下列经济业务,并由会计进行了相应的处理:

(1) 6月10日,张新从事务所出纳处拿了380元现金给自己的孩子购买玩具,会计将380元记为事务所的办公费支出,理由是:张新是事务所的合伙人,事务所的钱也有张新的一部分。

(2) 6月15日,会计将6月1日至15日的收入、费用汇总后计算出半个月的利润,并编制了财务报表。

(3) 6月20日,事务所收到某外资企业支付的业务咨询费2 000美元,会计没有将其折算为人民币反映,而直接记到美元账户中。

(4) 6月30日,计提固定资产折旧,采用年数总和法,而本月前计提折旧均采用直线法。

(5) 6月30日,事务所购买了一台电脑,价值12 000元,为了少计利润少缴税,将12 000元一次性全部记入当期管理费用。

(6) 6月30日,收到达成公司的预付审计费用3 000元,会计将其作为6月份的收入处理。

(7) 6月30日,在事务所编制的对外报表中显示"应收账款"60 000元,但没有"坏账准备"项目。

(8) 6月30日,预付下季度报刊费300元,会计将其作为6月份的管理费用处理。

要求:根据上述资料,分析该事务所的会计对这些经济业务的处理是否完全正确;若有错误,主要是违背了哪项会计假设、会计基础或会计信息质量要求。

1.3 参 考 答 案

一、单项选择题

1. D 2. B 3. A 4. A 5. B 6. C 7. C 8. B 9. D 10. D 11. D
12. B 13. B 14. D 15. C 16. C 17. A 18. D 19. A 20. A 21. A 22. D
23. B 24. B 25. C 26. B 27. C 28. D 29. C 30. B 31. C 32. D 33. B
34. B 35. D 36. B 37. D 38. C 39. A 40. C 41. A 42. A 43. B 44. D
45. C 46. B 47. A 48. D 49. B 50. C

二、多项选择题

1. ABCD 2. BCD 3. AD 4. ABCD 5. ABCD 6. ABCD 7. ABC
8. ABCD 9. AB 10. ABD 11. ABCD 12. ABD 13. BCD 14. ABC
15. ABCD 16. ABCD 17. ABCD 18. AD 19. ABCD 20. ABC 21. CD
22. BD 23. BCD 24. ACD 25. ACD 26. CD 27. AD 28. ACD
29. AB 30. AB 31. ABCD 32. ABC 33. BCD 34. AB 35. AC
36. ABC 37. ABD 38. ABC 39. ABC 40. ABCD

三、判断题

1. × 2. √ 3. √ 4. × 5. × 6. √ 7. √ 8. × 9. × 10. √
11. × 12. √ 13. × 14. × 15. √ 16. × 17. × 18. √ 19. √ 20. √
21. √ 22. × 23. √ 24. × 25. √ 26. √ 27. × 28. √ 29. × 30. ×
31. × 32. × 33. × 34. √ 35. × 36. × 37. × 38. √ 39. √ 40. √

四、核算分析题

1.

表 1-2　收入与费用的确认与计量

单位：元

业务号	权责发生制		收付实现制	
	收入	费用	收入	费用
(1)	5 000		5 000	
(2)	10 000			
(3)		500		3 000
(4)			8 000	
(5)			4 000	
(6)		400		
合计	15 000	900	17 000	3 000

2.

(1) 违反会计主体假设；

(2) 违反会计分期假设；

(3) 违反货币计量假设；

(4) 违反持续经营假设和可比性会计信息质量要求；

(5) 违反权责发生制会计基础；

(6) 违反权责发生制会计基础；

(7) 违反谨慎性会计信息质量要求；

(8) 违反权责发生制会计基础。

第 2 章 会计对象、会计要素与会计等式

2.1 内容框架

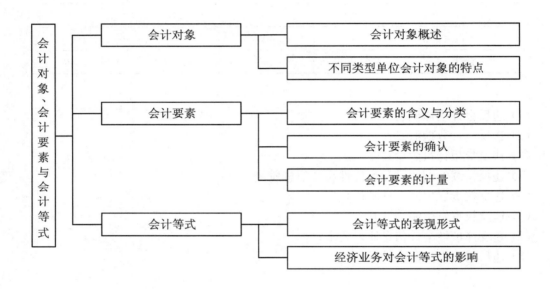

2.2 同步练习

一、单项选择题

1. 会计对象是( )。
   A. 生产经营过程 B. 企业所有的以货币表现的经济活动
   C. 会计主体 D. 资金运动的数量方面

2. 下面关于会计对象说法不正确的是( )。
   A. 会计对象是指会计所要核算与监督的内容
   B. 特定主体能够以货币表现的经济活动,都是会计核算和监督的内容
   C. 会计对象是指企业日常进行的所有经济活动
   D. 会计对象就是社会再生产过程中的资金运动

3. 企业用货币资金购买材料以后,货币资金即转化为( )。

A. 储备资金　　　　B. 生产资金　　　　C. 成品资金　　　　D. 固定资金
4. 在下列各项中,属于生产资金的是(　　)。
A. 应收账款　　　　B. 原材料　　　　　C. 生产成本　　　　D. 固定资产
5. 资金运动从货币资金形态开始又回到货币资金形态,我们称之为完成了(　　)。
A. 资金循环　　　　B. 资金周转　　　　C. 资金运动　　　　D. 资金投入和退出
6. 对会计对象的具体划分称为(　　)。
A. 会计科目　　　　B. 会计原则　　　　C. 会计要素　　　　D. 会计方法
7. 下列会计要素中,反映企业财务状况的要素是(　　)。
A. 资产　　　　　　B. 收入　　　　　　C. 费用　　　　　　D. 利润
8. 下列会计要素中,不属于反映企业经营成果的要素是(　　)。
A. 收入　　　　　　B. 费用　　　　　　C. 负债　　　　　　D. 利润
9. 会计要素中的资产、负债和所有者权益是企业财务状况的(　　)
A. 动态反映　　　　B. 直接反映　　　　C. 静态反映　　　　D. 一般反映
10. 企业的原材料属于会计要素中的(　　)。
A. 资产　　　　　　B. 负债　　　　　　C. 所有者权益　　　D. 权益
11. 企业生产的产品属于企业的(　　)。
A. 长期资产　　　　B. 流动资产　　　　C. 固定资产　　　　D. 长期待摊费用
12. 下列选项中属于企业流动资产的是(　　)。
A. 长期股权投资　　B. 固定资产　　　　C. 应收账款　　　　D. 无形资产
13. 下列不属于流动资产的是(　　)。
A. 存货　　　　　　B. 应收账款　　　　C. 库存现金　　　　D. 长期股权投资
14. 负债是指由于过去的交易、事项形成的企业需要以(　　)等偿付的现时义务。
A. 资产或劳务　　　B. 资本或劳务　　　C. 资产或债权　　　D. 收入或劳务
15. 下列各项中属于流动负债的是(　　)。
A. 应付债券　　　　B. 预收账款　　　　C. 应收及预付款　　D. 存货
16. 下列不属于流动负债的是(　　)。
A. 应付账款　　　　B. 应付债券　　　　C. 预收账款　　　　D. 其他应付款
17. 所有者权益是由企业所有者享有的剩余权益,在数量上等于(　　)。
A. 企业的新增利润　　　　　　　　　　B. 全部资产减去流动负债
C. 全部资产减去全部负债　　　　　　　D. 全部资产减去全部所有者权益
18. 下列选项中构成企业所有者权益主体的是(　　)。
A. 盈余公积　　　　B. 资本公积　　　　C. 实收资本　　　　D. 未分配利润
19. 关于所有者权益与负债的区别,下列说法中不正确的是(　　)。
A. 负债的求偿力高于所有者权益　　　　B. 所有者的投资收益取决于企业的经营成果
C. 债权人的求偿权有固定到期日　　　　D. 所有者承受的风险低于债权人
20. 企业的日常经营收入不包括(　　)。
A. 销售商品的收入　　　　　　　　　　B. 提供劳务的收入
C. 他人使用本企业资产取得的收入　　　D. 出售固定资产的收入
21. 下列各项不是收入取得后的可能表现是(　　)。
A. 资产增加　　　　　　　　　　　　　B. 资产减少同时负债增加
C. 所有者权益增加　　　　　　　　　　D. 负债减少

22. 下列关于费用的说法中,不正确的是( )。
   A. 费用包括成本费用和期间费用
   B. 期间费用包括管理费用、销售费用、财务费用和税金及附加
   C. 销售商品发生的现金折扣计入期间费用
   D. 费用会导致所有者权益的减少
23. 关于利润,下列说法中错误的是( )。
   A. 利润是指企业在一定会计期间的经营成果
   B. 直接计入当期利润的利得和损失,是指应当计入当期损益、会导致所有者权益发生增减变动的、与所有者投入资本或者向所有者分配利润无关的利得或者损失
   C. 利润项目应当列入利润表
   D. 利润金额取决于收入和费用的计量、不涉及利得和损失金额的计量
24. 下列选项中不属于利得的是( )。
   A. 企业接受政府补助取得的资产   B. 处理固定资产的净收益
   C. 销售原材料获取的收益   D. 流动资产价值变动
25. 下列各项中,属于企业发生的损失的是( )。
   A. 企业外币的汇兑损失   B. 企业存货管理不善引起的盘亏损失
   C. 企业支付的税收滞纳金   D. 企业预计产品质量保证损失
26. 下列各项中,影响企业当期营业利润的是( )。
   A. 处置房屋的净损失   B. 经营出租设备的折旧费
   C. 向灾区捐赠商品的成本   D. 火灾导致原材料损毁的净损失
27. 如果企业资产按照现在购买相同或者相似资产所需支付的现金或者现金等价物的金额计量,负债按照现在偿付该项债务所需支付的现金或者现金等价物的金额计量,则其采用的会计计量属性为( )。
   A. 可变现净值   B. 重置成本   C. 公允价值   D. 现值
28. 资产按照预计从其持续使用和最终处置中所产生的未来净现金流入量的折现金额计量,其会计计量属性是( )。
   A. 现值   B. 可变现净值   C. 历史成本   D. 公允价值
29. 财产物资计价的原则是( )。
   A. 权责发生制   B. 重置成本   C. 历史成本   D. 收付实现制
30. 下列选项中属于静态会计等式的是( )。
   A. 收入－费用＝利润   B. 资产＝负债＋所有者权益
   C. 资产＝负债＋所有者权益＋利润   D. 资产＝负债＋所有者者权益＋(收入－费用)
31. 负债和所有者权益可统称为( )。
   A. 权益   B. 利润   C. 股东权益   D. 债权人权益
32. 下列选项中关于一家企业的资产总额与所有者权益总额说法正确的是( )。
   A. 必然相等   B. 可能相等   C. 不会相等   D. 只有在期末时相等
33. 企业所拥有的资产从财产权利归属来看,一部分属于投资者,另一部分属于( )。
   A. 企业职工   B. 债权人   C. 债务人   D. 企业法人
34. 经济业务发生仅涉及资产这一会计要素时,只引起该要素中某些项目发生( )。
   A. 同增变动   B. 同减变动   C. 一增一减变动 D. 不变动
35. 下列选项中关于一项资产增加,一项负债增加的经济业务发生后,会使资产与权益的

总额变化的说法正确的是(　　)。
　　A. 发生同增的变动　　　　　　　　B. 发生同减的变动
　　C. 不会变动　　　　　　　　　　　D. 发生不等额的变动
36. 下列引起资产和权益同时增加的业务是(　　)。
　　A. 从银行提取现金　　　　　　　　B. 将借款存入银行
　　C. 用银行存款上交税金　　　　　　D. 用银行存款支付前欠购货款
37. 企业用借入的短期借款归还应付账款,会引起该企业(　　)。
　　A. 资产项目和权益项目同金额增加　　B. 资产项目和权益项目同金额减少
　　C. 资产项目之间有增有减,增减金额相等　　D. 权益项目之间有增有减,增减金额相等
38. 某公司刚刚建立时,权益总额为80万元,现发生一笔以银行存款10万元偿还银行借款的经济业务,此时该企业的资产总额为(　　)万元。
　　A. 80　　　　　　B. 90　　　　　　C. 100　　　　　　D. 70
39. 某公司资产总额为600万元,如果发生以下经济业务:收到外单位投资40万元存入银行,以银行存款支付购入材料款12万元,以银行存款偿还银行借款10万元。这时企业资产总额为(　　)万元。
　　A. 636　　　　　B. 628　　　　　　C. 648　　　　　　D. 630
40. 某公司资产总额为200万元,负债为10万元,在将5万元负债转作投入资本后,资产总额为(　　)万元。
　　A. 200　　　　　B. 107　　　　　　C. 80　　　　　　D. 90

二、多项选择题

1. 以下关于会计对象的表述,正确的有(　　)。
　　A. 会计的对象是指会计所核算和监督的内容
　　B. 凡是特定主体能够以货币表现的经济活动都是会计核算和监督的内容
　　C. 会计对象在企业中表现为企业再生产过程中以货币表现的经济活动
　　D. 会计对象就是企业再生产过程中的资金运动
2. 会计核算的内容是指特定主体的资金活动,包括(　　)等阶段。
　　A. 资金的投入　　B. 资金的循环与周转　　C. 资金的储存　　D. 资金的退出
3. 企业的经营资金在其运动过程中可能表现出来的具体形态有(　　)。
　　A. 货币资金　　　B. 储备资金　　　C. 固定资金　　　D. 成品资金
4. 下列业务中,属于资金退出的有(　　)。
　　A. 购买材料　　　B. 缴纳税费　　　C. 对外分配利润　　D. 归还银行借款
5. 会计要素包括(　　)。
　　A. 资产和费用　　B. 负债和收入　　C. 会计科目和账户　　D. 利润和所有者权益
6. 下列各项中,属于反映企业财务状况的会计要素有(　　)。
　　A. 资产　　　　　B. 成本　　　　　C. 负债　　　　　D. 费用
7. 资产定义的要素包括(　　)。
　　A. 资产由企业过去的交易或事项形成　　B. 资产具有实物形态
　　C. 资产由企业拥有或控制　　　　　　　D. 资产可为企业带来经济利益
8. 企业的资产按流动性可以分为(　　)。
　　A. 流动资产　　　B. 非流动资产　　C. 长期股权投资　　D. 无形资产
9. 下列选项中,应确认为企业资产的有(　　)。

A. 购入的无形资产 B. 已霉烂变质无使用价值的存货
C. 融资租入的固定资产 D. 销售商品暂时尚未收回的款项

10. 下列项目中,属于企业流动资产的有( )。
A. 现金和银行存款 B. 预收账款 C. 应收账款 D. 存货

11. 下列选项中属于非流动资产的有( )。
A. 存放在银行的存款 B. 存放在仓库的材料
C. 厂房和机器 D. 企业的办公设备

12. 下列选项中,属于无形资产的有( )。
A. 期权 B. 专利权 C. 商标权 D. 土地使用权

13. 负债定义的要素包括( )。
A. 负债是由现在的交易或事项引起的现时义务
B. 负债是由过去的交易或事项引起的现时义务
C. 负债将导致企业经济利益的流出 D. 负债将导致所有者权益减少

14. 下列选项中关于负债的表述正确的有( )。
A. 负债按其流动性不同,分为流动负债和非流动负债
B. 负债通常是在未来某一时日通过交付资产或提供劳务来清偿
C. 正在筹划的未来交易事项,也会产生负债
D. 负债是企业由于过去的交易或事项而承担的将来义务

15. 下列各要素中属于负债要素的有( )。
A. 应付账款 B. 预付账款 C. 应收账款 D. 预收账款

16. 下列项目中,属于长期负债的有( )。
A. 固定资产 B. 应付股利 C. 长期借款 D. 应付债券

17. 所有者权益与负债有着本质的不同是( )。
A. 两者性质不同 B. 两者偿还期不同
C. 两者享受的权利不同 D. 两者风险程度不同

18. 下列选项中,属于企业所有者权益组成部分的有( )。
A. 投资人对企业的投入资本 B. 资本溢价
C. 法定财产重估增值 D. 盈余公积

19. 下列各项中属于所有者权益类的项目有( )。
A. 形成的利润 B. 出现的亏损 C. 对利润的分配 D. 投资者投入资本

20. 企业实收资本或股本增加的途径有( )。
A. 股东大会宣告发放现金股利 B. 接受投资者现金资产投资
C. 经批准用盈余公积转增资本 D. 经批准用资本公积转增资本

21. 下列关于收入的描述,正确的有( )。
A. 会引起资产的增加或负债的清偿 B. 所有的现金流入都是收入
C. 并非所有的现金流入都是收入 D. 会引起所有者权益的增加

22. 企业取得的下列款项中,符合"收入"会计要素定义的有( )。
A. 出租固定资产收取的租金 B. 出售固定资产收取的价款
C. 出售原材料收取的价款 D. 出售自制半成品收取的价款

23. 企业的费用具体表现为一定期间( )。
A. 现金的流出 B. 企业其他资产的减少

C. 企业负债的增加　　　　　　　　　　D. 银行存款的流出

24. 下列项目中,属于生产费用的有(　　)。
   A. 直接材料　　B. 直接人工　　C. 制造费用　　D. 应付职工薪酬

25. 下列项目中,属于期间费用的有(　　)。
   A. 销售费用　　B. 管理费用　　C. 财务费用　　D. 制造费用

26. 下列各项中,影响利润表中"营业利润"项目金额的有(　　)。
   A. 无形资产处置净损失　　　　　　　B. 支付合同违约金
   C. 出售原材料损失　　　　　　　　　D. 交易性金融资产公允价值变动损失

27. 从利润中形成的所有者权益包括(　　)。
   A. 资本公积　　B. 盈余公积　　C. 未分配利润　　D. 实收资本

28. 会计确认的条件有(　　)。
   A. 符合要素的定义　　　　　　　　　B. 经济利益很可能流出或流入企业
   C. 金额能够可靠计量　　　　　　　　D. 经济业务发生一定能带来经济利益

29. 会计计量的属性主要有(　　)。
   A. 历史成本　　B. 公允价值　　C. 可变现净值　　D. 现值

30. 历史成本计价的优点有(　　)。
   A. 交易确定的金额比较客观　　　　　B. 会计核算手续简化,不必经常调整账目
   C. 有原始凭证作证明可随时查证　　　D. 可防止企业随意改动

31. 可以用于负债计量的计量属性有(　　)。
   A. 历史成本　　B. 公允价值　　C. 可变现净值　　D. 现值

32. 下列等式中,属于正确会计等式的有(　　)。
   A. 资产＝权益　　　　　　　　　　　B. 资产＝负债＋所有者权益
   C. 收入－费用＝利润　　　　　　　　D. 资产＝负债＋所有者权益＋利润

33. 以下有关"资产＝负债＋所有者权益"等式表述正确的有(　　)。
   A. 此等式是编制资产负债表的理论基础,故又被称为资产负债表等式
   B. 表明了企业一定时期的财务状况
   C. 反映了资产、负债、所有者权益三要素之间的内在联系和数量关系
   D. 上述等式也称为静态会计恒等式

34. 下列关于会计等式的说法中,正确的是(　　)。
   A. "资产＝负债＋所有者权益"是最基本的会计等式,表明了会计主体在某一特定时期所拥有的各种资产与债权人、所有者之间的动态关系
   B. "收入－费用＝利润"这一等式动态地反映了经营成果与相应期间的收入和费用之间的关系,是企业编制利润表的基础
   C. "资产＝负债＋所有者权益"这一会计等式说明了企业经营成果对资产和所有者权益所产生的影响,体现了会计六要素之间的内在联系
   D. 企业各项经济业务的发生并不会破坏会计基本等式的平衡关系

35. 广义的权益概念包括(　　)。
   A. 资产　　B. 负债　　C. 利润　　D. 所有者权益

36. 资产与权益的恒等关系是(　　)。
   A. 审核凭证的理论依据　　　　　　　B. 编制资产负债表的理论依据
   C. 财产清查的理论依据　　　　　　　D. 复式记账的理论依据

37. 一个企业的资产总额与权益总额是相等的,这是因为(　　)。
   A. 资产和权益是同一资金的两个侧面　　B. 任何资产都有它相应的权益
   C. 任何权益都能形成相应的资产
   D. 权益方某一具体项目增加与另一具体项目减少,不影响资产总额的变动
38. 下列资产项目与权益项目之间的变动符合资金运动规律的有(　　)。
   A. 资产某项目增加与权益某项目减少　　B. 资产某项目减少与权益某项目增加
   C. 资产方某项目增加而另一项目减少　　D. 权益方某项目增加而另一项目减少
39. 下列经济业务,属于资产和权益同时减少的有(　　)。
   A. 售出固定资产　　　　　　　　　　　B. 上交欠交的税款
   C. 用存款归还银行借款　　　　　　　　D. 用存款归还应付账款
40. 下列引起资产、权益总额发生变动的业务有(　　)。
   A. 借入款项存入银行　　　　　　　　　B. 偿还所欠货款
   C. 从存款户中提取现金　　　　　　　　D. 实现销售收入,货款暂未收到

三、判断题

1. 会计对象是指企业财务会计核算和监督的基本内容。(　　)
2. 一般认为,会计对象是社会再生产过程中的资金运动。(　　)
3. 与非营利组织的资金运动情况相比,产品生产企业的资金运动不体现为循环与周转方式。(　　)
4. 资金从货币资金形态开始,经过一系列的形态变化,最终又回复到货币资金状态的过程称为资金周转。(　　)
5. 资金运动的增值部分是企业实现的利润。(　　)
6. 资产主要表明资金在运动过程中的具体存在形态。(　　)
7. 会计对象的具体内容也称会计要素。(　　)
8. 会计六要素中既有反映财务状况的要素,也含反映经营成果的要素。(　　)
9. 不能给企业未来带来预期经济利益的资源不能作为企业资产反映。(　　)
10. 只要企业不拥有某项资产的所有权,该项资产就不能确认为企业的资产。(　　)
11. 库存中已失效或已毁损的商品,由于企业对其拥有所有权并且能够实际控制,因此应该作为本企业的资产。(　　)
12. 企业拥有的商标权均应作为企业的无形资产反映。(　　)
13. 非流动负债的偿还期均在一年以上,流动负债的偿还期均在一年以内。(　　)
14. 所有者权益是指企业投资人对企业资产的所有权。(　　)
15. 与所有者权益相比,负债一般有规定的偿还期,而所有者权益没有。(　　)
16. 企业取得收入,便意味着利润可能形成。(　　)
17. 收入的特点之一是企业在日常活动中形成的经济利益总流入,所以企业处置固定资产、无形资产产生的经济利益流入均不构成收入。(　　)
18. 期间费用是资产的耗费,它与一定的会计期间相联系,而与生产哪一种产品无关。(　　)
19. 制造费用、税金及附加、销售费用、管理费用、财务费用均属于期间费用。(　　)
20. 从本质上说费用就是资产的转化形式,是企业总资产的耗费。(　　)
21. 利润是所有收入与所有成本相配比相抵后的差额,是经营成果的最终要素。(　　)
22. 企业所有的利得和损失均应计入当期损益。(　　)

23. 净利润是指营业利润减去所得税后的金额。（　　）
24. 资产、负债与所有者权益的平衡关系是企业资金运动的静态表现,如考虑收入、费用等动态要素,则资产与权益总额的平衡关系必然被破坏。（　　）
25. 资产与负债和所有者权益实际上是企业所拥有的经济资源在同一时点上所表现的不同形式。（　　）
26. 企业的利润包括主营业务收入、其他业务收入和营业外收支净额。（　　）
27. 如果不能确认,也就不需要计量;如果不能计量,确认也就没有意义。（　　）
28. 企业以非现金资产投入的,应以合同约定价值入账,不公允的除外。（　　）
29. "资产＝负债＋所有者权益"是静态的会计等式,而动态的会计等式则是"资产＝负债＋所有者权益＋（收入－费用）"。（　　）
30. "资产＝负债＋所有者权益"体现了企业资金运动过程中某一特定时期的资产分布和权益构成。（　　）
31. 所有者权益是企业的主要资金来源。（　　）
32. 资产和权益在金额上始终是相等的。（　　）
33. 所有经济业务的发生,都会引起会计等式两边要素发生变化。（　　）
34. 任何经济业务的发生都不会破坏会计等式的平衡关系。（　　）
35. 企业以存款购买设备,该项业务会引起等式左右两方会计要素发生一增一减的变化。（　　）
36. 企业收到某单位偿还欠款1万元,该项经济业务会引起会计等式左右两方会计要素发生同时增加的变化。（　　）
37. 发生资金退出企业的经济业务,会使资产和权益同时减少。（　　）
38. 不管是什么企业发生任何经济业务,会计等式的左右两方金额永不变,故永相等。（　　）
39. 用法定盈余公积转增资本或弥补亏损时,所有者权益总额不会变化。（　　）
40. 资产、负债和所有者权益是同一问题的两个方面,彼此之间存在着相互依存的关系。（　　）

四、核算分析题

1. 某公司月末各项目余额如下：
(1) 银行里的存款 120 000 元。
(2) 投资者投入的资本 7 000 000 元。
(3) 从银行借入两年期的借款 600 000 元。
(4) 出纳处存放的现金 1 500 元。
(5) 向银行借入半年期的借款 500 000 元。
(6) 仓库里存放的原材料 519 000 元。
(7) 应付外单位的货款 80 000 元。
(8) 机器设备 2 500 000 元。
(9) 房屋及建筑物 420 000 元。
(10) 仓库里存放的产成品 194 000 元。
(11) 应收外单位的货款 100 000 元。
(12) 以前年度尚未分配的利润 750 000 元。
(13) 正在加工中的产品 75 500 元。

(14) 对外的投资 5 000 000 元。

要求:判断上列资料中各项目所属会计要素、会计科目及其金额,填入表 2-1。

表 2-1 会计要素及金额表

单位:元

序号	科目	金额		
		资产	负债	所有者权益
(1)				
(2)				
(3)				
(4)				
(5)				
(6)				
(7)				
(8)				
(9)				
(10)				
(11)				
(12)				
(13)				
(14)				
合计				

2. 东大公司 20××年 7 月 31 日的资产负债表显示资产总计 375 000 元,负债总计 112 000 元。该公司 8 月份发生如下经济业务:

(1) 用银行存款购入全新机器一台,价值 30 000 元。
(2) 投资者投入原材料,价值 10 000 元。
(3) 以银行存款偿还所欠供应单位账款 5 000 元。
(4) 收到购货单位所欠账款 8 000 元,收存银行。
(5) 将一笔长期借款 50 000 元转化为对企业的投资。
(6) 按规定将 20 000 元资本公积金转增资本金。

要求:分析经济业务,将数据填入表 2-2。

表 2-2　经济业务分析

单位:元

序号	科目	金额		
		资产	负债	所有者权益
	期初			
(1)				
(2)				
(3)				
(4)				
(5)				
(6)				
	期末			

3. 假设某公司20××年12月31日的资产、负债及所有者权益如表2-3所示：

表 2-3　财务状况表

单位:元

资产	金额	负债及所有者权益	金额
库存现金	1 000	短期借款	10 000
银行存款	27 000	应付账款	32 000
应收账款	35 000	应交税费	9 000
原材料	52 000	长期借款	
长期股权投资		实收资本	240 000
固定资产	200 000	资本公积	23 000
合计	375 000	合计	

要求：
(1) 表中填入长期股权投资、长期借款、负债及所有者权益合计金额；
(2) 计算该企业的流动资产总额；

第2章　会计对象、会计要素与会计等式

(3) 计算该企业的流动负债总额；

(4) 计算该企业的净资产总额。

2.3 参 考 答 案

一、单项选择题

1. B   2. C   3. A   4. C   5. A   6. C   7. A   8. C   9. C   10. A   11. B
12. C   13. D   14. A   15. B   16. B   17. C   18. C   19. D   20. D   21. B   22. B
23. D   24. C   25. C   26. B   27. B   28. A   29. C   30. B   31. A   32. B   33. B
34. C   35. A   36. B   37. D   38. D   39. D   40. A

二、多项选择题

1. ABCD   2. ABD   3. ABCD   4. BCD   5. ABD   6. AC   7. ACD
8. AB   9. ACD   10. ACD   11. CD   12. BCD   13. BC   14. AB
15. AD   16. CD   17. ABCD   18. ABCD   19. ABCD   20. BCD   21. ACD
22. ABD   23. ABCD   24. ABC   25. ABC   26. CD   27. BC   28. ABC
29. ABCD   30. ABCD   31. ABD   32. ABCD   33. ACD   34. BD   35. BD
36. BD   37. ABCD   38. CD   39. BCD   40. ABD

三、判断题

1. √   2. √   3. ×   4. ×   5. √   6. √   7. √   8. √   9. √   10. ×
11. ×   12. ×   13. ×   14. ×   15. √   16. √   17. √   18. √   19. ×   20. √
21. ×   22. ×   23. ×   24. √   25. √   26. √   27. √   28. √   29. ×   30. ×
31. √   32. √   33. ×   34. √   35. ×   36. √   37. √   38. ×   39. √   40. √

四、核算分析题

1.

表2-4　会计要素及金额表

单位：元

序号	科目	金额		
		资产	负债	所有者权益
(1)	银行存款	120 000		
(2)	实收资本			7 000 000
(3)	长期借款		600 000	
(4)	库存现金	1 500		
(5)	短期借款		500 000	
(6)	原材料	519 000		
(7)	应付账款		80 000	

续表

序号	科目	金额		
		资产	负债	所有者权益
(8)	固定资产	2 500 000		
(9)	固定资产	420 000		
(10)	库存商品	194 000		
(11)	应收账款	100 000		
(12)	利润分配			750 000
(13)	生产成本	75 500		
(14)	长期股权投资	5 000 000		
合计		8 930 000	1 180 000	7 750 000

2.

表 2-5　经济业务分析

单位:元

序号	科目	金额		
		资产	负债	所有者权益
期初		375 000	112 000	263 000
(1)	固定资产	+30 000		
	银行存款	−30 000		
(2)	原材料	+10 000		
	实收资本			+10 000
(3)	银行存款	−5 000		
	应付账款		−5 000	
(4)	银行存款	+8 000		
	应收账款	−8 000		
(5)	长期借款		−50 000	
	实收资本			+50 000
(6)	实收资本			+20 000
	资本公积			−20 000
期末		380 000	57 000	323 000

3.

(1) 账务状况表

表 2-6　账务状况表

单位:元

资产	金额	负债及所有者权益	金额
库存现金		短期借款	
银行存款		应付账款	
应收账款		应交税费	
原材料		长期借款	61 000
长期投资	60 000	实收资本	
固定资产		资本公积	
合计		合计	375 000

（2）流动资产总额＝1 000＋27 000＋35 000＋52 000＝115 000(元)

（3）流动负债总额＝10 000＋32 000＋9 000＝51 000(元)

（4）净资产总额＝240 000＋23 000＝263 000(元)

第 3 章　会计科目与账户

3.1　内容框架

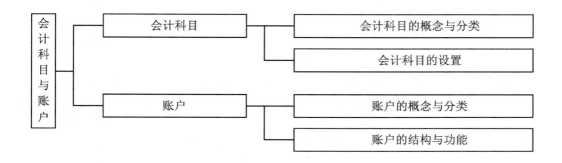

3.2　同步练习

一、单项选择题

1. 对会计要素的具体内容进行分类核算的项目是（　　）。
   A. 会计对象　　　B. 会计科目　　　C. 会计账户　　　D. 明细分类账
2. 会计科目是对（　　）的具体内容进行分类核算的项目。
   A. 经济业务　　　B. 会计主体　　　C. 会计对象　　　D. 会计要素
3. 关于会计科目，下列说法中不正确的是（　　）。
   A. 会计科目的设置应该符合国家统一会计准则的规定
   B. 会计科目是设置账户的依据
   C. 企业不可以自行设置会计科目　　　D. 账户是会计科目的具体运用
4. 下列各项不属于会计科目设置原则的是（　　）。
   A. 合法性　　　B. 相关性　　　C. 合理性　　　D. 实用性
5. 下列关于会计科目设置的表述中，不正确的是（　　）。
   A. 应当遵循谨慎性原则　　　　　　B. 应当符合单位自身特点
   C. 应当符合国家统一会计制度的规定　　　D. 应当满足相关各方的信息需求
6. 关于会计科目的设置，下列说法正确的是（　　）。
   A. 企业必须严格遵守《企业会计准则》的规定设置科目，不得增加和减少，更不得合并和分拆

B. 企业必须使用全部的会计科目
C. 企业可以根据实际需要,按照自己的意愿和需要设置会计科目,只要按照国家规定的格式和项目编制财务报表即可
D. 企业在合法性的基础上,可以根据实际情况增设、分拆、合并会计科目

7. 所设置的会计科目应当符合国家统一会计制度的规定,即遵循( )原则。
   A. 合法性　　　　B. 灵活性　　　　C. 相关性　　　　D. 重要性

8. 在我国,总分类科目制定的权威部门是( )。
   A. 银监会　　　　B. 国家税务总局　　C. 保监会　　　　D. 财政部

9. "预付账款"科目按其所归属的会计要素不同,属于( )类科目。
   A. 资产　　　　　B. 负债　　　　　C. 所有者权益　　D. 成本

10. "待处理财产损溢"科目属于( )。
    A. 资产类科目　　B. 负债类科目　　C. 所有者权益类科目　D. 成本类科目

11. 下列各项中,( )属于负债类科目。
    A. 应收账款　　　B. 预付账款　　　C. 预收账款　　　D. 长期待摊费用

12. 下列各项中,不属于所有者权益类科目的是( )。
    A. 实收资本　　　B. 本年利润　　　C. 利润分配　　　D. 应付股利

13. 下列各项中,不属于成本类科目的是( )。
    A. 生产成本　　　B. 研发支出　　　C. 制造费用　　　D. 在建工程

14. "其他业务成本"科目按其反映的经济内容不同,属于( )类科目。
    A. 成本　　　　　B. 资产　　　　　C. 损益　　　　　D. 所有者权益

15. 下列会计科目中,属于损益类科目的是( )。
    A. 主营业务成本　B. 生产成本　　　C. 制造费用　　　D. 其他应收款

16. 下列各项中,既属于费用要素又属于损益类科目的是( )。
    A. 劳务成本　　　B. 制造费用　　　C. 生产成本　　　D. 财务费用

17. 会计科目按其所提供信息的详细程度及其统驭关系,分为( )。
    A. 一级科目和二级科目　　　　　　B. 一级科目和明细科目
    C. 总账科目和二级科目　　　　　　D. 二级科目和三级科目

18. 以下表述不正确的是( )。
    A. 总分类科目提供会计要素总括信息的会计科目
    B. 明细分类科目提供更详细和更具体会计信息的科目
    C. 明细科目较多的总账科目,可在总账科目和明细科目之间设立二级科目或多级科目
    D. 会计科目按所其所反映的经济内容不同分为资产类、负债类、所有者权益类、收入类、费用类和利润类六大类

19. 二级科目是介于( )之间的科目。
    A. 总分类科目和三级科目　　　　　B. 总分类科目与明细账分类科目
    C. 总分类科目　　　　　　　　　　D. 明细分类科目

20. 下列属于总分类会计科目的是( )。
    A. 辅助材料　　　B. 差旅费　　　　C. 银行存款　　　D. 辅助生产成本

21. 总分类会计科目一般按( )进行设置。
    A. 企业管理的需要　　　　　　　　B. 统一会计制度的规定
    C. 会计核算的需要　　　　　　　　D. 经济业务的种类不同

22. (　　)是具有一定的格式和结构,用于分类反映会计要素增减变动情况及其结果的载体。
　　A. 账户　　　　　B. 会计科目　　　　C. 账簿　　　　　D. 财务报表
23. 下列关于账户和会计科目的表述中,错误的是(　　)。
　　A. 账户是会计科目的名称,会计科目是账户是具体应用
　　B. 两者之间的区别在于账户具有一定的格式和结构
　　C. 实际工作中,对账户和会计科目不加严格区别,而是互相通用
　　D. 账户能反映会计要素增减变化的情况及其结果,而会计科目不能
24. 会计科目和会计账户的本质区别在于(　　)。
　　A. 反映的经济业务不同　　　　　　B. 记录资产和权益的内容不同
　　C. 记录资产和权益的方法不同　　　D. 会计账户有结构,而会计科目无结构
25. 下列账户按经济内容分类属于资产的是(　　)。
　　A. "利润分配"账户　B. "管理费用"账户　C. "累计折旧"账户　D. "预收账款"账户
26. "待摊费用"账户和"预提费用"账户属于(　　)。
　　A. 盘存类账户　　　B. 结算类账户　　　C. 调整类账户　　　D. 跨期摊提类账户
27. 以下不属于损益类账户的是(　　)。
　　A. 反映收益的账户　　　　　　　　B. 反映生产成本类账户
　　C. 反映销售成本类账户　　　　　　D. 反映期间费用的账户
28. 一个账户的增加发生额与该账户的期末余额一般都应在该账户的(　　)。
　　A. 左方　　　　　　B. 右方　　　　　　C. 相同方向　　　　D. 相反方向
29. 某账户的期初余额为 900 元,期末余额为 5 000 元,本期减少发生额为 600 元,则本期增加发生额为(　　)元。
　　A. 3 500　　　　　B. 300　　　　　　C. 4 700　　　　　D. 5 300
30. 账户的左方和右方,哪一方登记增加,哪一方登记减少,取决于(　　)。
　　A. 所记经济业务的重要程度　　　　B. 开设账户时间的长短
　　C. 所记金额的大小　　　　　　　　D. 所记录的经济业务和账户的性质

二、多项选择题
1. 下列关于会计对象、会计要素、会计科目叙述正确的是(　　)。
　　A. 会计对象是会计核算和监督的内容　　B. 会计要素是会计对象的分类
　　C. 会计科目是会计要素的具体分类　　　D. 会计对象是会计科目的具体分类
2. 会计科目是(　　)。
　　A. 会计要素的具体分类　　　　　　B. 设置账户的依据
　　C. 复式记账的基础　　　　　　　　D. 会计等式的前提条件
3. 企业在设置会计科目时,应遵循的原则有(　　)。
　　A. 合法性原则　　　B. 相关性原则　　　C. 实用性原则　　　D. 合理性原则
4. 下列关于会计科目设置应遵循的相关性原则的表述中,正确的有(　　)。
　　A. 所设置的会计科目应当为提供有关各方所需要的会计信息服务
　　B. 所设置的会计科目应当满足对外报告与对内管理的要求
　　C. 所设置的会计科目应当符合单位自身特点,满足单位实际需要
　　D. 所设置的会计科目主要是为了提高会计核算所提供的会计信息的相关性
5. 会计科目按其反映的经济内容不同,通常分为资产类科目、负债类科目、共同类科目、所

有者权益类科目和( )科目。
   A. 收入类科目　　　　B. 费用类科目　　　　C. 成本类科目　　　　D. 损益类科目
6. 下列属于资产类科目的是( )。
   A. 原材料　　　　　　B. 存货跌价准备　　　C. 坏账准备　　　　　D. 固定资产清理
7. 下列属于负债类科目的有( )。
   A. 应收账款　　　　　B. 预收账款　　　　　C. 预付账款　　　　　D. 应付账款
8. 下列属于共同类科目的有( )。
   A. 衍生工具　　　　　B. 套期工具　　　　　C. 被套期项目　　　　D. 交易性金融资产
9. 下列项目中,属于所有者权益类科目的有( )。
   A. 实收资本　　　　　B. 盈余公积　　　　　C. 利润分配　　　　　D. 本年利润
10. 为了核算企业利润分配的过程、去向和结果,企业应设置的科目有( )。
   A. 利润分配　　　　　B. 管理费用　　　　　C. 盈余公积　　　　　D. 应付股利
11. 计入产品成本的费用包括( )。
   A. 财务费用　　　　　B. 制造费用　　　　　C. 管理费用　　　　　D. 直接人工费用
12. 在下列项目中,与管理费用属于同一类科目的是( )。
   A. 制造费用　　　　　B. 销售费用　　　　　C. 财务费用　　　　　D. 期间费用
13. 损益类科目包括( )。
   A. 资产损益类　　　　B. 费用损益类　　　　C. 收入损益类　　　　D. 利润损益类
14. 下列会计科目中,属于损益类科目的有( )。
   A. 营业外支出　　　　B. 本年利润　　　　　C. 销售费用　　　　　D. 税金及附加
15. 总分类科目又称( )。
   A. 一级科目　　　　　B. 要素科目　　　　　C. 总账科目　　　　　D. 报表科目
16. 下列属于总账科目的有( )。
   A. 原材料　　　　　　B. 本年利润　　　　　C. 应收账款　　　　　D. 工行存款
17. 以下有关明细分类科目的表述中,正确的有( )。
   A. 明细分类科目也称一级会计科目
   B. 明细分类科目是对总分类科目作进一步分类的科目
   C. 明细分类科目是对会计要素具体内容进行总括分类的科目
   D. 明细分类科目是能提供更加详细更加具体会计信息的科目
18. 关于总分类会计科目与明细分类会计科目表述正确的是( )。
   A. 明细分类会计科目概括地反映会计对象的具体内容
   B. 总分类会计科目详细地反映会计对象的具体内容
   C. 总分类会计科目对明细分类科目具有控制作用
   D. 明细分类会计科目是对总分类会计科目的补充和说明
19. 下列说法中正确的有( )。
   A. 会计科目不仅表明了本身的核算内容,也决定了其自身的结构
   B. 会计科目和账户所反映的经济内容是相同的
   C. 会计科目是账户的名称
   D. 账户是分类核算经济业务的工具
20. 账户可以( )进行分类。
   A. 根据其核算的经济内容　　　　　　　　B. 根据提供信息的详细程度及其统驭关系

C. 根据会计科目流动性　　　　　　　　D. 根据账户的用途和结构
21. 根据核算的经济内容,账户分为(　　)。
   A. 资产类账户　　B. 负债类账户　　C. 成本类账户　　D. 所有者权益类账户
22. 下列(　　)属于流动资产账户。
   A. 库存商品　　B. 预付账款　　C. 待处理财产损溢　　D. 累计折旧
23. 下列属于其他应付款核算内容的是(　　)。
   A. 应付租入包装物的租金　　　　　　B. 出借包装物收取的押金
   C. 租入包装物支付的押金　　　　　　D. 经营租入固定资产应付的租金
24. 下列属于损益账户的有(　　)。
   A. 生产成本　　B. 主营业务成本　　C. 营业外收入　　D. 所得税费用
25. 账户通常包括的内容有(　　)。
   A. 账户名称　　B. 日期　　C. 凭证字号　　D. 金额
26. 下列选项中,属于本期发生额的有(　　)。
   A. 期初余额　　B. 期末余额　　C. 本期减少金额　　D. 本期增加金额
27. 总分类账户与明细分类账户的关系说法正确的有(　　)。
   A. 总分类账户对明细分类账户具有统驭控制作用
   B. 明细分类账户所提供的明细核算资料是对其总分类账户资料的具体化
   C. 明细分类账户对总分类账户具有补充说明作用
   D. 总分类账户与其所属明细分类账户在总金额上应当相等
28. 账户的四个金额要素是(　　)。
   A. 期初余额　　B. 期末余额　　C. 本期增加发生额　　D. 本期减少发生额
29. 会计账户的各项金额的关系可用(　　)表示。
   A. 本期期末余额＝本期期初余额＋本期增加发生额－本期减少发生额
   B. 本期期末余额－本期期初余额＝本期增加发生额－本期减少发生额
   C. 本期期末余额－本期期初余额－本期增加发生额＝本期减少发生额
   D. 本期期末余额＋本期减少发生额＝本期期初余额＋本期增加发生额
30. 账户哪一方登记增加,哪一方登记减少,取决于(　　)。
   A. 记账方法　　B. 经济业务内容　　C. 账户的类别　　D. 账户的性质

三、判断题

1. 会计科目是对会计要素进行具体分类核算的项目。(　　)
2. 会计科目是设置账户的依据,是复式记账法的理论基础。(　　)
3. 合法性原则是指企业设置的会计科目应该与企业自身的经济业务相关。(　　)
4. 企业可以根据需要自由选择单位的会计科目。(　　)
5. 企业在不违背国家统一会计制度规定的前提下,可以根据需要增设某些会计科目。(　　)
6. "坏账准备""累计折旧"科目均属于资产类科目,也是备抵类科目。(　　)
7. "财务费用"核算企业产生的利息费用,因此"财务费用"属于负债类科目。(　　)
8. 反映企业资本的科目有"实收资本""资本公积"等。(　　)
9. 损益类科目用于核算收入、费用、成本的发生和归集,提供一定期间与损益相关的会计信息的会计科目。(　　)
10. 本年利润和主营业务收入属于损益类科目。(　　)

11. "制造费用"属于费用要素,但属于损益类科目。(   )
12. 以前年度损益调整属于负债类科目。(   )
13. 总分类科目又称为总账科目或一级科目,明细分类科目又称为明细科目或二级科目。(   )
14. 总分类科目对明细分类科目起着补充说明和统驭控制的作用。(   )
15. 明细分类科目是对总分类科目进一步分类,提供更详细、更具体的会计信息的科目。(   )
16. 总分类账户和所属明细分类账户核算的内容相同,只是反映内容的详细程度有所不同,两者相互补充、相互制约、相互核对。(   )
17. 企业可以根据自身的需要来设置明细科目,并不是所有总账科目都需要设置明细科目。(   )
18. 二级明细科目是对明细科目进一步分类的科目。(   )
19. 账户的功能在于连续、系统、完整地提供企业经济活动中各会计要素增减变动及其结构的具体信息。(   )
20. 账户是会计科目的具体应用,具有一定的结构和格式,并通过其结构反映某项经济内容的增减变动及其余额。(   )
21. 账户仅反映经济内容是什么,而会计科目不仅反映经济内容是什么,而且系统地反映某项经济内容的增减变动及其余额。(   )
22. 会计科目的作用主要是为了开设账户、填凭证所运用;而账户的作用主要是提供某一具体会计对象的会计资料,为编制财务报表所运用。(   )
23. 为了全面、序时、连续、系统地反映和监督会计要素的增减变动,必须设置账户。(   )
24. "坏账准备""长期股权投资减值准备""累计折旧""无形资产减值准备"科目均属于资产类账户。(   )
25. 企业代购货单位垫付的包装费、运杂费,应记入"其他应收款"账户。(   )
26. 由于总分类账户既能提供总括核算指标,又能提供详细核算指标,因此是十分重要的账户。(   )
27. 累计折旧同时属于成本类账户和集合分配账户。(   )
28. 从账户名称、记录增加额和减少额的左右两方来看,账户结构在整体上类似于汉字"丁"和大写的英文字母"T",因此,账户的基本结构在实务中被形象地称为"丁"字账户或者"T"形账户。(   )
29. 账户的日期依据的是记账凭证中注明的日期。(   )
30. 本期发生额是一个期间指标,它说明某类经济内容的增减变动情况。(   )
31. 账户余额属于"静态"经济指标范畴。(   )
32. 账户是根据会计科目设置的,具有一定的格式和结构。(   )
33. 目前企业的总分类账户一般是根据国家有关会计制度规定的会计科目设置的。(   )
34. 账户中上期的期末余额转入本期即为本期的期初余额。(   )
35. 二级科目(子目)不属于明细分类科目。(   )
36. 为了满足管理的需要,企业的会计账户设置得越细越好。(   )
37. 会计科目都是根据会计账户设置的。(   )

38. 会计账户的各项金额的关系可用"本期期末余额＝本期期初余额＋本期增加发生额－本期减少发生额"表示。（   ）

39. 会计科目不能记录经济业务的增减变化及结果。（   ）

40. 在不违反国家统一会计制度的前提下，明细会计科目可以根据企业内部管理的需要自行制定。（   ）

四、核算分析题

1. 根据以下资料（表 3-1），确认所列的各项目属于哪类会计要素和会计科目，具体属于哪个会计科目名称，填入表 3-1 中。

表 3-1

项目	会计要素	会计科目	会计科目名称
厂部办公大楼			
运输汽车			
未完工产品			
支付的广告费			
应付给供货单位的材料款			
还未上缴的税金			
预收的货物订金			
存在开户银行的存款			
向银行借入的短期借款			
仓库中的商品			
已经实现的产品销售收入			
厂部发生的办公费			
生产产品耗用的原材料			
银行借款的利息支出			
应发给职工的工资			
从利润当中提取的公积金			
由出纳人员保管的现金			
以前年度留存尚未分配的利润			
通过债务重组减免的债务			
投资股票遭受的损失			

1. 某公司本月发生下列经济业务：

（1）购进一批材料，价值 100 万元，款项尚未支付。

(2) 向银行借入一年期借款 500 万元,存入银行。
(3) 用银行存款 3 万元上缴未交税金。
(4) 以银行存款 60 万元,偿还银行短期借款。
(5) 将库存现金 10 万元存入银行。
(6) 以银行存款 400 万元购置一固定资产。
(7) 以资本公积 200 万元转增资本。
(8) 经协商将应付甲公司货款 12 万元转化为甲公司对企业的投资。
要求:分析上述经济业务,填写表 3-2。

表 3-2

单位:万元

账户名称	期初余额	本期增加发生额	本期减少发生额	期末余额
库存现金	15			
银行存款				200
原材料				100
固定资产	1 000			
短期借款				580
应付账款	10			
应交税费	3			
实收资本	5 000			
资本公积				50

3.3 参 考 答 案

一、单项选择题

1. B   2. D   3. C   4. C   5. A   6. D   7. A   8. D   9. A   10. A   11. C
12. D   13. D   14. C   15. A   16. D   17. B   18. D   19. A   20. C   21. B   22. A
23. A   24. D   25. C   26. D   27. B   28. C   29. C   30. D

二、多项选择题

1. ABC   2. ABC   3. ABC   4. ABD   5. CD   6. ABCD   7. BD
8. ABC   9. ABCD   10. ACD   11. BD   12. BC   13. BC   14. ACD
15. AC   16. ABC   17. BD   18. CD   19. BCD   20. ABD   21. ABCD
22. AB   23. ABD   24. BCD   25. ABCD   26. CD   27. ABCD   28. ABCD
29. ABD   30. AD

三、判断题

1. √ 2. × 3. × 4. × 5. √ 6. √ 7. × 8. √ 9. × 10. ×
11. × 12. × 13. × 14. × 15. √ 16. √ 17. √ 18. × 19. √ 20. √
21. × 22. × 23. √ 24. √ 25. × 26. √ 27. × 28. √ 29. × 30. √
31. √ 32. √ 33. √ 34. √ 35. × 36. × 37. × 38. √ 39. √ 40. √

四、核算分析题

1.

表 3-3

项目	会计要素	会计科目	会计科目名称
厂部办公大楼	资产	资产类	固定资产
运输汽车	资产	资产类	固定资产
未完工产品	资产	成本类	生产成本
支付的广告费	费用	损益类（费用）	销售费用
应付给供货单位的材料款	负债	负债类	应付账款
还未上缴的税金	负债	负债类	应交税费
预收的货物订金	负债	负债类	预收账款
存在开户银行的存款	资产	资产类	银行存款
向银行借入的短期借款	负债	负债类	短期借款
仓库中的商品	资产	资产类	库存商品
已经实现的产品销售收入	收入	损益类（收入）	主营业务收入
厂部发生的办公费	费用	损益类（费用）	管理费用
生产产品耗用的原材料	费用	成本类	生产成本
银行借款的利息支出	费用	损益类（费用）	财务费用
应发给职工的工资	负债	负债类	应付职工薪酬
从利润当中提取的公积金	所有者权益	所有者权益类	盈余公积
由出纳人员保管的现金	资产	资产类	库存现金
以前年度留存尚未分配的利润	所有者权益	所有者权益类	利润分配
通过债务重组减免的债务	利润	损益类（收入）	营业外收入
投资股票遭受的损失	利润	损益类（收入）	投资收益

2.

表 3-4

单位:元

账户名称	期初余额	本期增加发生额	本期减少发生额	期末余额
库存现金	15		10	5
银行存款	153	510	463	200
原材料		100		100
固定资产	1 000	400		1 400
短期借款	140	500	60	580
应付账款	10	100	12	98
应交税费	3		3	
实收资本	5 000	212		5 212
资本公积	250		200	50

第 4 章 记 账 方 法

4.1 内 容 框 架

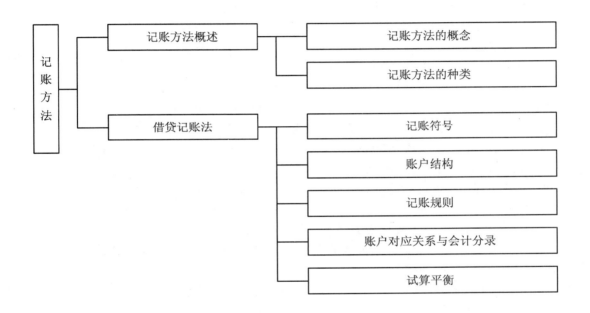

4.2 同 步 练 习

一、单项选择题

1. 下列关于单式记账法说法中正确的是(　　　)。
   A. 经济业务发生只在一个账户中登记　　B. 经济业务发生只在两个账户中登记
   C. 经济业务发生在至少两个账户中登记　D. 经济业务发生在相关账户中登记

2. 复式记账法是指对每一笔业务都要以相等的金额在相互联系的(　　　)中进行登记的记账方法。
   A. 一个账户　　　　　　　　　　　　　B. 两个账户
   C. 三个账户　　　　　　　　　　　　　D. 两个或两个以上的账户

3. 从银行提取现金 800 元,一方面在库存现金账户登记增加 800 元,另一方面在银行存款账户登记减少800元,这属于( )。
  A. 单式记账法   B. 复式记账法   C. 增减记账法   D. 收付记账法
4. 复式记账是对每项经济业务,按相同金额在两个或两个以上的账户中同时登记,所涉及的账户是( )。
  A. 资产与负债账户   B. 负债与所有者权益账户
  C. 相互关联的对应账户   D. 总账与明细账账户
5. 采用复式记账法主要是为了( )。
  A. 提高工作效率   B. 便于会计人员的分工协作
  C. 如实反映资金运动的来龙去脉   D. 便于登记账簿
6. 以下哪种方法不是复式记账法( )。
  A. 借贷记账法   B. 增减记账法   C. 收付记账法   D. 平行记账法
7. 目前我国会计制度规定,企业会计采用的记账方法是( )。
  A. 增减记账法   B. 现金收付记账法
  C. 借贷记账法   D. 财产收付记账法
8. 借贷记账法的理论基础是( )。
  A. 资产＝负债＋所有者权益   B. 收入－费用＝利润
  C. 有借必有贷   D. 借贷必相等
9. 目前我国会计上采用( )为记账符号。
  A. 借和贷   B. 增和减   C. 收和付   D. 加和减
10. 借贷记账法中的"借、贷"两字所表示的含义是( )。
  A. 企业与客户的借贷关系   B. 增加、减少的记账符号
  C. 借表示借入,贷表示贷出   D. 借表示债权,贷表示债务
11. 借贷记账法下,哪方登记增加哪方登记减少,取决于( )。
  A. 账户的性质   B. 经济业务的内容   C. 账户的结构   D. 采用的记账方法
12. 账户的基本结构是指( )。
  A. 账户的具体格式   B. 账户登记的经济内容
  C. 账户登记的日期   D. 账户中登记增减金额的栏次
13. 借贷记账法账户的基本结构中左边是( )。
  A. 借方   B. 贷方   C. 增加方   D. 减少方
14. 采用借贷记账法时,资产账户的结构特点是( )。
  A. 借方登记增加、贷方登记减少,期末余额在借方
  B. 借方登记减少、贷方登记增加,期末余额在贷方
  C. 借方登记增加、贷方登记减少,期末一般无余额
  D. 借方登记减少、贷方登记增加,期末一般无余额
15. 资产类账户期末余额的计算公式是( )。
  A. 期末余额＝期初借方余额＋本期借方发生额－本期贷方发生额
  B. 期末余额＝期初贷方余额＋本期贷方发生额－本期借方发生额
  C. 期末余额＝期初借方余额＋本期贷方发生额
  D. 期末余额＝期初贷方余额＋本期借方发生额
16. 某公司"库存现金"账户期初余额为1 000元,本期贷方发生额为800元,本期借方发生额为500元,则期末余额为( )元。

A. 1 300　　　　　　B. 300　　　　　　C. 700　　　　　　D. 1 500

17. 采用借贷记账法时,负债账户的结构特点是(　　)。
 A. 借方登记增加、贷方登记减少,期末余额在借方
 B. 借方登记减少、贷方登记增加,期末余额在贷方
 C. 借方登记增加、贷方登记减少,期末一般无余额
 D. 借方登记减少、贷方登记增加,期末一般无余额

18. 负债类账户期末余额的计算公式是(　　)。
 A. 期末余额＝期初借方余额＋本期借方发生额－本期贷方发生额
 B. 期末余额＝期初贷方余额＋本期贷方发生额－本期借方发生额
 C. 期末余额＝期初借方余额＋本期借方发生额
 D. 期末余额＝期初贷方余额＋本期贷方发生额

19. 某公司"应付账款"账户期末余额为100 000元,本期共增加应付账款60 000元,本期归还应付账款80 000元,则该账户期初余额为(　　)。
 A. 借方80 000元　B. 贷方120 000元　C. 借方120 000元　D. 贷方80 000元

20. 负债类账户的余额反映的情况是(　　)。
 A. 资产的结存　　B. 负债的结存情况　　C. 负债的增减变动　　D. 负债的形成和偿付

21. 在借贷记账法下,所有者权益账户的期末余额等于(　　)。
 A. 期初贷方余额＋本期贷方发生额－本期借方发生额
 B. 期初借方余额＋本期贷方发生额－本期借方发生额
 C. 期初借方余额＋本期借方发生额－本期贷方发生额
 D. 期初贷方余额＋本期借方发生额－本期贷方发生额

22. 损益类账户的期末余额一般(　　)。
 A. 在借方　　　　B. 在贷方　　　　C. 无法确定方向　　　　D. 为零

23. 收入类账户的余额一般在(　　)。
 A. 借方　　　　　B. 贷方　　　　　C. 无余额　　　　　D. 借方或贷方

24. 在借贷记账法下,账户的期末余额一般登记在(　　)。
 A. 增加额一方　　B. 减少额一方　　C. 借方　　　　　D. 贷方

25. 一般来说双重性质账户的期末余额(　　)。
 A. 在借方　　　　B. 在贷方　　　　C. 可能在借方或贷方　　D. 没有余额

26. 按照借贷记账法的记录方法,下列账户中,增加额均记在贷方的是(　　)。
 A. 资产类和负债类　　　　　　　　B. 负债类和所有者权益类
 C. 成本类和损益类　　　　　　　　D. 损益类中的收入和支出类

27. 按照借贷记账法的记录方法,下列账户中,账户的借方登记增加额的是(　　)。
 A. 实收资本　　B. 应付职工薪酬　　C. 累计折旧　　D. 所得税费用

28. 下列账户中,期末一般无余额的是(　　)账户。
 A. 管理费用　　B. 生产成本　　C. 利润分配　　D. 应付账款

29. 经济业务发生仅涉及负债这一会计要素时,两个负债项目将会(　　)变动。
 A. 同减　　　　B. 一增一减　　　C. 同增　　　　　D. 无

30. "有借必有贷,借贷必相等"的记账规则适用于(　　)。
 A. 单式记账法　B. 收付记账法　　C. 借贷记账法　　D. 增减记账法

31. 在经济业务处理过程中,会形成账户的对应关系,这种关系是指(　　)。

A. 总分类账户与总分类账户之间的关系　　B. 总分类账户与明细分类账户之间的关系
  C. 总分类科目与总分类科目之间的关系　　D. 有关账户之间的应借应贷关系
32. 存在对应关系的账户称为（　　）。
  A. 平衡账户　　B. 对应账户　　C. 无联系账户　　D. 恒等账户
33. 在复合会计分录"借：固定资产100 000；贷：银行存款80 000、应付账款20 000"中"银行存款"账户的对应账户是（　　）。
  A. 应付账款　　　　　　　　　　B. 银行存款
  C. 固定资产　　　　　　　　　　D. 固定资产和应付账款
34. 对某项经济业务表明应借应贷账户名称及金额的记录称为（　　）。
  A. 记账凭证　　B. 会计分录　　C. 会计方法　　D. 记账方法
35. 早期的会计分录是在分录簿中进行的，现在我国的会计分录是通过（　　）进行的。
  A. 账簿　　B. 原始凭证　　C. 记账凭证　　D. 会计报表
36. 公司职员因公出差预借差旅费1 000元，应借记（　　）。
  A. 其他应付款　　B. 其他应收款　　C. 库存现金　　D. 管理费用
37. 企业向银行借入半年期借款50 000元，已转入本企业银行存款账户。该业务的会计分录应为（　　）。
  A. 借：银行存款　　50 000　　　　B. 借：短期借款　　50 000
     贷：短期借款　　50 000　　　　　　贷：银行存款　　50 000
  C. 借：银行存款　　50 000　　　　D. 借：长期借款　　50 000
     贷：长期借款　　50 000　　　　　　贷：银行存款　　50 000
38. 下列会计分录属于简单会计分录的是（　　）对应关系的分录。
  A. 一借一贷　　B. 一借多贷　　C. 一贷多借　　D. 多借多贷
39. 为了全面清晰地反映经济业务的来龙去脉，不得将不同的经济业务合并编制成为（　　）的会计分录。
  A. 一借一贷　　B. 一借多贷　　C. 一贷多借　　D. 多借多贷
40. 根据（　　）中期初余额、本期发生额及期末余额的借贷方合计数是否分别相等，可以初步检验总分类账记录是否正确。
  A. 银行对账单　　　　　　　　　B. 总分类账试算平衡表
  C. 材料明细账试算表　　　　　　D. 记账凭证汇总表
41. 编制试算平衡表的基本依据为（　　）。
  A. 复式记账法的原理　　　　　　B. 会计等式
  C. 会计要素划分　　　　　　　　D. 记账规则
42. 借贷记账法的余额试算平衡公式是（　　）。
  A. 每个账户的借方发生额＝每个账户的贷方发生额
  B. 全部账户本期借方发生额合计＝全部账户本期贷方发生额合计
  C. 全部账户期末借方余额合计＝全部账户期末贷方余额合计
  D. 全部账户期末借方余额合计＝部分账户期末贷方余额合计
43. 借贷记账法下的发生额平衡是由（　　）决定的。
  A. 记账规则　　B. 账户结构　　C. 会计等式　　D. 平行登记要点
44. 会计试算平衡的结果平衡了，说明会计记录（　　）。
  A. 基本正确　　B. 绝对正确　　C. 没有错误　　D. 绝对不正确

45. 下列错误能够通过试算平衡查找的是( )。
   A. 重记经济业务   B. 借贷方向相反   C. 漏记经济业务   D. 借贷金额不等

二、多项选择题
1. 记账方法一般由( )组成。
   A. 记账符号   B. 记账原理   C. 记账规则   D. 计量单位
2. 记账方法在会计史上经历了由( )发展到( )的过程。
   A. 单式记账法   B. 复式记账法   C. 收付记账法   D. 借贷记账法
3. 下列有关单式记账法的表述中,正确的有( )。
   A. 单式记账法的记账手续简单,但没有一套完整的账户体系
   B. 账户之间的记录没有直接联系和相互平衡关系
   C. 不能全面、系统地反映各项会计要素的增减变动情况和经济业务的来龙去脉
   D. 能够全面反映经济活动情况,便于检查账户记录的正确性和完整性
4. 复式记账法的特点是( )。
   A. 能够全面反映经济活动情况   B. 账户记录的结果可以进行试算平衡
   C. 有利于检查账户记录的正确性
   D. 平时只登记现金、银行存款的收付业务和各种往来账项,对固定资产折旧、材料物资的耗用等则不予登记
5. 下列记账方法是复式记账法的有( )。
   A. 单式记账法   B. 增减记账法   C. 收付记账法   D. 借贷记账法
6. 下列关于借贷记账法的叙述,正确的有( )。
   A. 是一种复式记账法   B. 借、贷只是符号,表示记账方向
   C. 借方表示增加,贷方表示减少   D. 以会计等式为理论依据
7. 账户中用哪一方登记增加额,哪一方登记减少额,取决于( )。
   A. 所记录的经济内容   B. 记账人的偏好
   C. 账户的性质   D. 所采用的记账方法
8. 采用借贷记账法时,账户的借方一般用来登记( )。
   A. 资产的增加   B. 收入的减少   C. 费用的增加   D. 负债的增加
9. 在借贷记账法下,应该登记在有关账户借方的经济事项有( )。
   A. 借入的借款   B. 实现的营业收入   C. 购置的设备   D. 本月发生的电话费
10. 借贷记账法的贷方表示( )。
    A. 资产增加   B. 所有者权益增加   C. 收入增加   D. 成本费用的结转
11. 下列账户中,用贷方登记增加数的账户有( )。
    A. 应付账款   B. 实收资本   C. 累计折旧   D. 盈余公积
12. 有关资产类账户说法正确的有( )。
    A. 借方登记资产金额的增加   B. 贷方登记资产金额的减少
    C. 期末余额一般在借方   D. 借方登记资产的减少
13. 对于负债类账户,下列说法正确的有( )。
    A. 借方登记增加数,贷方登记减少数   B. 借方登记减少数,贷方登记增加数
    C. 期末余额一般在借方   D. 期末余额一般在贷方
14. 下列( )账户的结构与"预收账款"账户的结构相同。
    A. 固定资产   B. 应付账款   C. 长期借款   D. 盈余公积

15. 下列账户中,在会计期末一般没有余额的账户有(   )。
    A. 所有者权益类账户　B. 负债类账户　　　C. 收入类账户　　　D. 费用类账户
16. 下列(   )账户的结构与"财务费用"账户的结构相同。
    A. 销售费用　　　　B. 预收账款　　　　C. 主营业务成本　　D. 营业外支出
17. 结构相似但不完全相同的两类账户有(   )。
    A. 资产类与收入类　　　　　　　　　　B. 资产类与费用类
    C. 负债类与所有者权益类　　　　　　　D. 所有者权益类与收入类
18. 借贷记账法的记账规则是(   )。
    A. 有借必有贷　　B. 借贷必相等　　C. 借方登记增加数　D. 贷方登记减少数
19. 通过账户对应关系可以(   )。
    A. 检查经济业务处理是否合理合法　　　B. 了解经济业务内容
    C. 进行试算平衡　　　　　　　　　　　D. 登记账簿
20. 下列账户中,能与"银行存款"互为对应账户的有(   )。
    A. 库存现金　　　B. 预付账款　　　C. 短期借款　　　D. 本年利润
21. 每一笔会计分录必须具备的要素内容是(   )。
    A. 账户名称　　　B. 记账金额　　　C. 计量单位　　　D. 应借应贷的方向
22. 编制会计分录的载体可以是(   )。
    A. 账簿　　　　　B. 分录簿　　　　C. 记账凭证　　　D. 会计报表
23. 企业收到前欠货款,应(   )。
    A. 借记"银行存款"　B. 贷记"银行存款"　C. 借记"应收账款"　D. 贷记"应收账款"
24. 会计分录的种类有(   )。
    A. 简单分录　　　B. 复合分录　　　C. 一借一贷　　　D. 多借多贷
25. 会计分录的形式可以有(   )。
    A. 一借一贷　　　B. 一借多贷　　　C. 一贷多借　　　D. 多借多贷
26. 下列会计分录形式中,属于复合会计分录的有(   )。
    A. 一借一贷　　　B. 一借多贷　　　C. 一贷多借　　　D. 多借多贷
27. 下列说法中,错误的有(   )。
    A. 企业不能编制多借多贷的会计分录
    B. 从某一会计分录看,借方科目与贷方科目互为对应科目
    C. 通过试算平衡,若全部账户的借贷金额相等,则账户记录是正确的
    D. 从某个企业看,全部借方科目与全部贷方科目互为对应科目
28. 在借贷记账法下,试算平衡的方法有(   )。
    A. 差额试算平衡　B. 总额试算平衡　C. 余额试算平衡　D. 发生额试算平衡
29. 总分类账户本期发生额和期末余额的试算平衡公式有(   )。
    A. 期初借方余额合计数＝期初贷方余额合计数
    B. 本期借方发生额合计数＝本期贷方发生额合计数
    C. 期初借方余额合计数＝期末贷方余额合计数
    D. 期末借方余额合计数＝期末贷方余额合计数
30. 通过试算平衡不能查找的差错有(   )。
    A. 重记经济业务　　　　　　　　　　　B. 漏记经济业务
    C. 借贷方向正好记反　　　　　　　　　D. 科目登记错误

三、判断题

1. 记账方法就是复式记账法。（　　）
2. 在发生经济业务时,单式记账法只在一个账户中登记,复式记账法则在两个账户中登记。（　　）
3. 运用单式记账法记录经济业务,可以反映每项经济业务的来龙去脉,可以检查每笔业务是否合理、合法。（　　）
4. 复式记账法是以资产和权益之间的平衡关系作为记账理论基础的,对企业发生的每一项经济业务都要在两个相互联系的账户中登记。（　　）
5. 记账符号是复式记账法中的必要组成部分,确立了记账符号之后才能定义账户结构。（　　）
6. 复式记账法可分为借贷记账法、增减记账法和收付记账法等。（　　）
7. 借贷记账法是目前比较成熟、完善和科学的复式记账法。（　　）
8. 借贷记账法是世界通用的记账方法,也是我国的法定记账方法。（　　）
9. 借贷记账法的记账符号表示经济业务的增减变动,也表示记账方向。（　　）
10. 借贷记账法下账户的基本结构是:每一个账户的左边均为借方,右边均为贷方。（　　）
11. 借贷记账法下,借方表示增加,贷方表示减少。（　　）
12. 对每一个账户来说,期初余额只可能在账户的一方:借方或贷方。（　　）
13. 在借贷记账法下,每一类账户的期末余额都应登记在借方。（　　）
14. 账户上期期末的余额转入本期即为本期的期初余额。（　　）
15. 对所有资产类账户而言,借方表示增加,贷方表示减少。（　　）
16. 所有者权益类账户贷方登记增加额,借方登记减少额,余额一般在贷方。（　　）
17. 收入类账户与费用类账户一般没有期末余额,但有期初余额。（　　）
18. 成本、费用类账户的结构与资产类账户的结构相同。（　　）
19. 双重性质账户一般是指既能反映资产又能反映负债的账户。（　　）
20. "有借必有贷,借贷必相等"是借贷记账法的记账规则。（　　）
21. 会计分录中的账户之间的相互依存关系称为账户的对应关系。（　　）
22. 会计分录包括业务涉及的账户名称、记账方向和金额三方面内容。（　　）
23. 在实务中,会计分录是在记账凭证上登记的。（　　）
24. 会计分录的基本格式是上借下贷、借贷错开。（　　）
25. 借项与贷项必须错开位置,不能齐头并进。（　　）
26. 借方金额与贷方金额的书写必须错开位置。（　　）
27. 简单分录是指一借一贷对应关系的会计分录分录。（　　）
28. 简单会计分录只记录在一个账户中,复合会计分录要记入两个账户中。（　　）
29. 复合会计分录是指多借多贷形式的会计分录。（　　）
30. 复合分录可以分解为几个简单分录,几个简单分录可以合并为一个复合分录。（　　）
31. 单式记账法编制简单会计分录,复式记账法编制复合会计分录。（　　）
32. 一借多贷或一贷多借的会计分录不能反映账户的对应关系。（　　）
33. 运用余额试算平衡法试算平衡时,既要对余额试算,也要对发生额试算。（　　）
34. 余额试算平衡是由"资产=负债+所有者权益"的恒等关系决定的。（　　）

35. 试算平衡的进行并不能保证全部记账工作完全正确。（   ）
36. 试算平衡方法是会计核算方法中的一种专门方法。（   ）
37. 账户记录试算不平衡，说明记账肯定有差错。（   ）
38. 定期汇总的全部账户发生额的借贷方合计数平衡说明账户记录完全正确。（   ）
39. 在实际工作中，试算平衡通过编制试算平衡表进行。（   ）
40. 在会计实际工作中，用试算平衡表来查验记账是否准确无误有一定的局限性。（   ）

四、核算分析题

1. 某公司 3 月 31 日有关账户的期初余额和本期发生额情况如表 4-1 所示。

表 4-1 期初余额和本期发生额

单位：元

账户名称	期初余额	本期借方发生额	本期贷方发生额	期末余额
银行存款	200 000	② 30 000	① 10 000 ③ 1 000 ⑤ 20 000 ⑥ 80 000	（ ）
应付账款	40 000	⑥ 80 000	④ 50 000 ⑧ 60 000	（ ）
原材料	25 000	① 10 000 ④ 50 000		（ ）
短期借款	10 000	⑤ 20 000	② 30 000	（ ）
销售费用	0	③ 1 000	⑦ 1 000	（ ）
本年利润	5 000	⑦ 1 000		（ ）
固定资产	300 000	⑧ 60 000		（ ）

要求：填列表中括号内的数字。

2. 某公司 12 月 31 日有关账户的部分资料如表 4-2 所示。

表 4-2 账户资料

单位：元

账户名称	期初余额		本期发生额		期末余额	
	借方	贷方	借方	贷方	借方	贷方
固定资产	800 000		440 000	20 000	（ ）	
银行存款	120 000		（ ）	160 000	180 000	
应付账款		160 000	140 000	（ ）		（ ）
短期借款		（ ）	（ ）	20 000		60 000
应收账款	（ ）		60 000	100 000	（ ）	
实收资本		700 000		（ ）		1 240 000
其他应付款		50 000	50 000			（ ）
合计	（ ）	（ ）	（ ）	（ ）	1 440 000	1 440 000

要求：填列表中括号内的数字。

3. 某公司 1 月份各账户期初余额如表 4-3 所示。

表 4-3　各账户期初余额

单位：元

账户名称	期初余额	账户名称	期初余额
库存现金	10 000	应付账款	10 000
银行存款	300 000	短期借款	10 000
固定资产	150 000	应付职工薪酬	80 000
原材料	50 000	实收资本	500 000
应收账款	88 000		
其他应收款	2 000		
合计	600 000	合计	600 000

1 月份发生业务如下：

(1) 从银行提取现金 80 000 元，以备发放本月工资。
(2) 以现金 350 元购入厂部办公用品。
(3) 从银行借入期限为 3 个月的借款 200 000 元，存入银行。
(4) 王某从外地出差回来，报销差旅费 2 500 元，财务科补给现金 500 元。王某出差时向财务科预借现金 2 000 元。
(5) 接受某公司作为投资投入的新机床一台，计价 20 000 元。
(6) 以银行存款 1 000 元偿还某供应商货款。
(7) 收到应收账款 1 500 元，存入银行。
(8) 收到所有者以现金对企业的投资 450 000 元，存入银行。
(9) 生产车间部门生产产品领用材料，原材料成本为 10 000 元。
(10) 购入原材料一批，计价 2 800 元，材料已入库，货款未付。
(11) 企业开出商业承兑汇票 3 000 元，抵付应付账款。
(12) 以现金 80 000 元支付职工工资。
(13) 以银行存款 1 500 元支付产品广告费。
(14) 以现金支付厂长出差预借差旅费 1 000 元。
(15) 厂长出差回来，报销差旅费 1 200 元，不足部分以现金支付。

要求：编制会计分录和试算平衡表。

4. 小魏是某财经大学会计学专业即将毕业的毕业生，刚被分配到某公司财务科实习。今天是他来公司实习的第一天。财务科里的同事们忙得不可开交，一问才知道，大家正在忙于月末结账。"我能做些什么？"会计科长看他那急于投入工作的表情，也想检验一下他的工作能力，就问："试算平衡表的编制方法在学校学过了吧？""学过。"小魏很自然地回答。"那好吧，趁大家忙别的事情的时候，你先编一下咱们公司这个月的试算平衡表！"科长帮他找到了本公司的总账账簿，让他在早已为他准备好的办公桌前开始工作。

不到一个小时，一张"总分类账户发生额及余额试算平衡表"就完整地编制出来了。看到表格上那三组相互平衡的数字，小魏激动的心情难以言表，于是兴冲冲地向科长交差。

"呀,昨天销售的那批产品的单据还没记到账上去呢,这也是这个月的业务啊!"会计员丽丽说道。还没等小魏缓过神来,会计员小王手里又拿着一些会计凭证凑了过来,对科长说,"这笔账我核对过了,应当记入'应交税费'和'银行存款'账户的金额是10 000元,而不是9 000元。已经入账的那部分数字还得更改一下。"

"试算平衡表不是已经平衡了吗?怎么还有错账呢?"小魏不解地问。科长看他满脸疑惑的神情,就耐心地开导说:"试算平衡表也不是万能的,像在账户中把有些业务漏记或重记了,借贷金额记账方向彼此颠倒了,还有记账方向正确但记错了账户,这些都不会影响试算表的平衡。小李发现的漏记了经济业务、小王发现的把两个账户的金额同时记少了,也不会影响试算表的平衡。"小魏边听边点头,心里想:"这些内容好像老师在上会计学原理课程的时候也讲过。以后在实践中还得好好琢磨呀。"

经过调整,一张真实反映公司本月全部经济业务的试算平衡表又在小魏的手里完成了。

要求:结合以上案例,运用学习过的试算平衡表的有关知识谈谈你的感受。

4.3 参 考 答 案

一、单项选择题

1. A　2. D　3. B　4. C　5. C　6. D　7. C　8. A　9. A　10. B　11. A
12. D　13. A　14. A　15. A　16. C　17. B　18. B　19. B　20. B　21. A　22. D
23. C　24. A　25. C　26. B　27. D　28. A　29. D　30. C　31. D　32. C　33. C
34. B　35. C　36. B　37. A　38. A　39. D　40. B　41. A　42. C　43. A　44. A
45. D

二、多项选择题

1. ABCD　2. AB　3. ABC　4. ABC　5. BCD　6. ABD　7. CD
8. ABC　9. CD　10. BCD　11. ABCD　12. ABC　13. BD　14. BCD
15. CD　16. ACD　17. BD　18. AB　19. ABC　20. ABC　21. ABD
22. BC　23. AD　24. AB　25. ABCD　26. BCD　27. ACD　28. CD
29. ABD　30. ABCD

三、判断题

1. ×　2. ×　3. ×　4. ×　5. √　6. √　7. √　8. √　9. √　10. √
11. ×　12. √　13. ×　14. √　15. ×　16. √　17. √　18. ×　19. √　20. √
21. √　22. √　23. √　24. √　25. √　26. √　27. √　28. √　29. √　30. √
31. ×　32. √　33. √　34. √　35. √　36. ×　37. √　38. ×　39. √　40. √

四、核算分析题

1.

表 4-4 期初余额和本期发生额

单位:元

账户名称	期初余额	本期借方发生额	本期贷方发生额	期末余额
银行存款	200 000	② 30 000	① 10 000 ③ 1 000 ⑤ 20 000 ⑥ 80 000	(119 000)
应付账款	40 000	⑥ 80 000	④ 50 000 ⑧ 60 000	(70 000)
原材料	25 000	① 10 000 ④ 50 000		(85 000)
短期借款	10 000	⑤ 20 000	② 30 000	(20 000)
销售费用	0	③ 1 000	⑦ 1 000	(0)
本年利润	5 000	⑦ 1 000		(4 000)
固定资产	300 000	⑧ 60 000		(360 000)

2.

表 4-5 账户资料

单位:元

账户名称	期初余额		本期发生额		期末余额	
	借方	贷方	借方	贷方	借方	贷方
固定资产	800 000		440 000	20 000	(1 220 000)	
银行存款	120 000		(220 000)	160 000	180 000	
应付账款		160 000	140 000	(120 000)		(140 000)
短期借款		(90 000)	(50 000)	20 000		60 000
应收账款	(80 000)		60 000	100 000	(40 000)	
实收资本		700 000		(540 000)		1 240 000
其他应付款		50 000	50 000			(0)
合 计	(1 000 000)	(1 000 000)	(960 000)	(960 000)	1 440 000	1 440 000

3.

(1) 借:库存现金　　　　　80 000
　　 贷:银行存款　　　　　　　80 000
(2) 借:管理费用　　　　　350
　　 贷:库存现金　　　　　　　350
(3) 借:银行存款　　　　　200 000
　　 贷:短期借款　　　　　　　200 000

(4) 借:管理费用　　　　　　　2 500
　　　贷:库存现金　　　　　　　　500
　　　　其他应收款　　　　　　2 000
(5) 借:固定资产　　　　　　　20 000
　　　贷:实收资本　　　　　　　20 000
(6) 借:应付账款　　　　　　　1 000
　　　贷:银行存款　　　　　　　1 000
(7) 借:银行存款　　　　　　　1 500
　　　贷:应收账款　　　　　　　1 500
(8) 借:银行存款　　　　　　　450 000
　　　贷:实收资本　　　　　　　450 000
(9) 借:生产成本　　　　　　　10 000
　　　贷:原材料　　　　　　　　10 000
(10) 借:原材料　　　　　　　　2 800
　　　贷:应付账款　　　　　　　2 800
(11) 借:应付账款　　　　　　　3 000
　　　贷:应付票据　　　　　　　3 000
(12) 借:应付职工薪酬　　　　　80 000
　　　贷:库存现金　　　　　　　80 000
(13) 借:销售费用　　　　　　　1 500
　　　贷:银行存款　　　　　　　1 500
(14) 借:其他应收款　　　　　　1 000
　　　贷:库存现金　　　　　　　1 000
(15) 借:管理费用　　　　　　　1 200
　　　贷:库存现金　　　　　　　200
　　　　其他应收款　　　　　　1 000

表 4-4　试算平衡表

20××年1月31日　　　　　　　　　　　　　　　　　　　　单位:元

账户名称	期初余额		本期发生额		期末余额	
	借方	贷方	借方	贷方	借方	贷方
库存现金	10 000		80 000	82 050	7 950	
银行存款	300 000		651 500	82 500	869 000	
应收账款	88 000			1 500	86 500	
其他应收款	2 000		1 000	3 000		
原材料	50 000		2 800	10 000	42 800	
固定资产	150 000		20 000		170 000	
生产成本			10 000		10 000	
短期借款		10 000		200 000		210 000

续表

账户名称	期初余额		本期发生额		期末余额	
	借方	贷方	借方	贷方	借方	贷方
应付票据				3 000		3 000
应付账款		10 000	4 000	2 800		8 800
应付职工薪酬		80 000	80 000			
实收资本		500 000		470 000		970 000
销售费用			1 500		1 500	
管理费用			4 050		4 050	
合　计	600 000	600 000	854 850	854 850	1 191 800	1 191 800

4.【思路】本案例中的事例表明：试算平衡表只是用来检查一定会计期间全部账户的登记是否正确的一种基本方法，只有在试算期间的经济业务全部登记入账的基础上才能利用该表进行试算平衡。但试算平衡表并不是万能的，试算平衡表编制完毕，如果期初余额、本期发生额和期末余额三组数字是相互平衡的，只能说明账务处理过程基本正确，而不能保证账务处理过程万无一失。这是由于通过编制试算平衡表可能会发现账务处理过程中的某些问题，如在登记账户过程中，漏记了一笔经济业务的借方或贷方某一方的发生额，将借方或贷方某一方的发生额写多或写少，以及在记账或从账户向试算平衡表抄列金额的过程中将数字的位次搞颠倒，等等。但有些在账务处理过程发生的错账，如把整笔经济业务漏记或重记了，在登记账户过程中将借方、贷方金额的记账方向彼此颠倒了，或者记账方向正确但记错了账户等情况，并不会影响试算表的平衡关系。因而，一定要细心地处理好每一笔经济业务，只有保证每一笔经济业务处理的准确性，才有可能保证试算平衡表的正确性。

第 5 章　工业企业主要经济业务的账务处理

5.1　内容框架

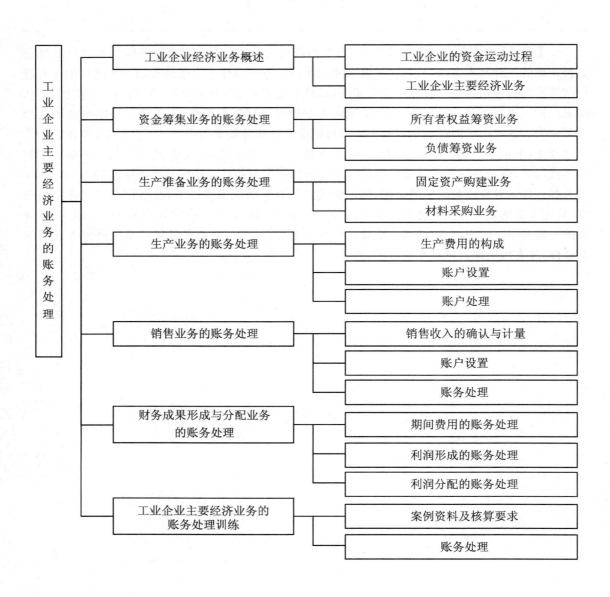

5.2 同步练习

一、单项选择题

1. 资金筹集业务是（　　）的过程。
   A. 企业获取资金　　B. 企业使用资金　　C. 企业投资　　D. 企业分配资金
2. 有限责任公司增资扩股时，如果有新的投资者加入，则新加入的投资者缴纳的出资额大于按约定比例计算的其在注册资本中所占份额部分，应记入的贷方账户是（　　）。
   A. 实收资本　　B. 股本　　C. 资本公积　　D. 盈余公积
3. 企业为维持正常的生产经营所需资金而向银行等金融机构临时借入的款项称为（　　）。
   A. 长期借款　　B. 短期借款　　C. 长期负债　　D. 流动负债
4. 为筹集生产经营所需资金而发生的费用称为（　　）。
   A. 借入资本　　B. 投入资本　　C. 管理费用　　D. 财务费用
5. 企业支付的银行承兑汇票手续费应计入（　　）。
   A. 管理费用　　B. 财务费用　　C. 营业外支出　　D. 其他业务成本
6. 企业按季支付已预提的银行短期借款利息时，应借记（　　）账户核算。
   A. 应付利息　　B. 短期借款　　C. 财务费用　　D. 预付账款
7. 企业每期期末计提一次到期还本付息的长期借款利息，对其中应当予以资本化的部分，下列会计处理正确的是（　　）。
   A. 借记"财务费用"，贷记"长期借款"　　B. 借记"财务费用"，贷记"应付利息"
   C. 借记"在建工程"，贷记"长期借款"　　D. 借记"在建工程"，贷记"应付利息"
8. （　　）是工业企业供应过程的主要经济业务。
   A. 生产业务　　B. 销售业务　　C. 采购业务　　D. 资金筹集业务
9. 某公司于20××年购入设备安装生产线。该设备的购买价格为500万元，增值税额为65万元，支付该设备的保险、装卸等费用为5万元。该生产线在安装期间，领用原材料的实际成本为20万元，发生安装工人工资等费用6.6万元。假定生产线已达到预定可使用状态，则该设备的入账价值为（　　）万元。
   A. 500　　B. 565　　C. 596.6　　D. 531.6
10. 投资者投入的固定资产应该按照（　　）作为入账价值。
    A. 历史成本　　B. 重置成本　　C. 可变现净值　　D. 公允价值
11. 企业设置"固定资产"账户是用来反映固定资产的（　　）。
    A. 磨损价值　　B. 累计折旧　　C. 原始价值　　D. 净值
12. 为了反映企业库存原材料成本的增减变化及其结存情况，应设置（　　）账户。
    A. 材料采购　　B. 原材料　　C. 存货　　D. 库存材料
13. 材料按实际成本计价核算时，"原材料"账户的借方和贷方登记的均为（　　）。
    A. 材料的实际成本　　B. 材料的计划成本　　C. 材料的估计成本　　D. 材料的重置成本
14. 在实际成本法下，结转材料采购成本的核算中，一般常用的会计科目有（　　）。
    A. 原材料和采购材料　　B. 材料采购和在途物资

  C. 在途物资和原材料   D. 原材料和应交税金
 15. "材料采购"账户的余额表示（　　　）。
  A. 库存材料成本   B. 尚欠供货单位账款
  C. 在途材料成本   D. 购入材料成本
 16. 在原材料按计划成本核算时，既核算材料的计划成本，又核算材料的实际成本的明细账是（　　　）明细账。
  A. 原材料   B. 材料采购   C. 材料成本差异   D. 在途物资
 17. 企业购入原材料发生的运杂费等采购费用，应计入（　　　）。
  A. 管理费用   B. 材料采购成本   C. 生产成本   D. 产品销售成本
 18. 企业购买材料时发生的途中合理损耗应（　　　）。
  A. 由供应单位赔偿   B. 计入材料采购成本 C. 由保险公司赔偿   D. 计入管理费用
 19. 企业"应付账款"账户的借方余额反映的是（　　　）。
  A. 应付给供货单位的款项   B. 预收购货单位的款项
  C. 预付给供货单位的款项   D. 应收购货单位的款项
 20. 下列各项中，属于企业预付材料款时应借记的账户是（　　　）。
  A. 材料采购   B. 原材料   C. 预付账款   D. 应收账款
 21. 企业为购买原材料而发生的办理银行汇票的手续费，应当记入（　　　）。
  A. 管理费用   B. 财务费用   C. 销售费用   D. 其他业务成本
 22. 企业签发并承兑的商业承兑汇票如果不能如期支付，应在票据到期并未签发新的票据时，将应付票据账面余额转入（　　　）账户。
  A. 应收账款   B. 应付账款   C. 坏账准备   D. 应付票据
 23. 某公司为增值税一般纳税人，企业本月购进原材料 400 千克，货款为 24 000 元，增值税为 3 120 元，发生的保险费为 1 400 元，入库前发生的挑选整理费用为 520 元，验收入库时发现数量短缺 10%，经查属于运输途中的合理损耗，企业确定的该批原材料的实际单位成本为（　　　）元/千克。
  A. 72.6   B. 80.67   C. 64.8   D. 72
 24. 某公司为增值税一般纳税人，材料按计划成本核算，甲材料计划单位成本为 35 元/千克，企业购入甲材料 500 千克，增值税专用发票注明的材料价款为 17 600 元，增值税税额为 2 288 元，企业在材料验收入库时实收 490 千克，短缺的 10 千克为运输途中的合理损耗，则该批入库材料的成本差异额为（　　　）元。
  A. 450   B. 100   C. 2 738   D. 2 388
 25. 某公司购入原材料 5 000 元，已经验收入库，用银行存款 2 000 元支付部分货款，剩余款项暂欠。该项经济业务中与"原材料"科目存在对应关系的账户有（　　　）。
  A. 应付账款   B. 其他应付款   C. 预付账款   D. 生产成本
 26. 下列费用中，不构成产品成本，而应直接计入当期损益的是（　　　）。
  A. 直接材料费   B. 直接人工费   C. 期间费用   D. 制造费用
 27. 生产车间管理部门领用的材料费应记入（　　　）科目核算。
  A. 生产成本   B. 制造费用   C. 管理费用   D. 营业成本
 28. 下列各项中，不属于职工薪酬内容的是（　　　）。
  A. 住房公积金   B. 工会经费和职工教育经费
  C. 职工因工出差的差旅费   D. 因解除与职工的劳动关系给予的补偿

29. A工厂生产甲、乙两种产品,生产工人工资共计98 380元,其中计件工资为甲产品15 472元,乙产品8 517.60元,计时工资为74 390.40元。根据车间的产量工时记录,第一车间甲产品实际生产工时32 800小时,乙产品耗用26 240小时。若无其他人工费用,则甲产品的直接人工成本是(　　)元。
    A. 56 800　　　　　B. 41 580　　　　　C. 98 380　　　　　D. 74 390.40

30. 下列不通过制造费用核算的是(　　)。
    A. 生产用设备的日常修理费用　　　　B. 车间的固定资产折旧费
    C. 车间的办公费　　　　　　　　　　D. 车间的机物料消耗

31. 下列账户中与"制造费用"账户不可能发生对应关系的账户是(　　)。
    A. 库存现金　　B. 银行存款　　C. 应付职工薪酬　　D. 库存商品

32. 产品生产车间发生的制造费用经过分配之后,一般应记入(　　)账户。
    A. 库存商品　　B. 生产成本　　C. 原材料　　D. 主营业务成本

33. 某公司生产车间生产A、B两种产品,该车间本月发生制造费用240 000元,A产品生产工时为3 000个小时,B产品生产工时为2 000个小时。如果按生产工时分配本月发生的制造费用,则A、B产品各自应负担的制造费用额分别为(　　)。
    A. 144 000元和96 000元　　　　　　B. 120 000元和120 000元
    C. 96 000元和144 000元　　　　　　D. 160 000元和80 000元

34. "生产成本"账户期末有借方余额,表示(　　)。
    A. 本期完工产品成本　　　　　　　　B. 本期投入生产费用
    C. 期末库存产品成本　　　　　　　　D. 期末在产品成本

35. 某公司"生产成本"账户的期初余额为80万元,本期为生产产品发生直接材料费用640万元,直接人工费用为120万元,制造费用为160万元,企业行政管理费用为80万元,本期结转完工产品成本640万元,假定该企业只生产一种产品,则企业期末"生产成本"账户的余额为(　　)万元。
    A. 200　　　　　B. 280　　　　　C. 360　　　　　D. 440

36. 某公司只生产和销售A产品,20××年8月1日在产品成本为17.5万元,8月份发生如下费用:产品领用材料30万元,产品生产工人工资10万元,制造费用5万元,行政管理部门物料消耗7.5万元,专设销售机构固定资产折旧费4万元。月末在产品成本15万元。则该企业8月份完工A产品的生产成本为(　　)万元。
    A. 45　　　　　B. 47.5　　　　　C. 41.5　　　　　D. 59

37. 下列内容中,不属于企业营业收入的是(　　)。
    A. 销售商品收入　　　　　　　　　　B. 提供劳务取得的收入
    C. 出售固定资产取得的净收益　　　　D. 出租机器设备取得的收入

38. 工业企业提供运输劳务的收入,应作为(　　)。
    A. 其他业务收入　　B. 营业外收入　　C. 主营业务收入　　D. 主营业务收入

39. 下列各项中,作为实现收入入账金额计量依据的是(　　)。
    A. 销售商品的售价　　　　　　　　　B. 销售商品的进价
    C. 销售产品的成本　　　　　　　　　D. 销售产品的制造成本

40. 企业销售产品实现收入,对此核算应进行的会计处理是(　　)。
    A. 借记"主营业务收入"账户　　　　　B. 贷记"主营业务收入"账户
    C. 贷记"本年利润"账户　　　　　　　D. 贷记"营业外收入"账户

41. 企业期末结转已销产品的制造成本，对此核算应进行的会计处理是（　　）。
   A. 借记"主营业务收入"账户　　　　B. 借记"本年利润"账户
   C. 借记"主营业务成本"账户　　　　D. 借记"库存商品"账户
42. 企业预收货款时应贷记的账户是（　　）。
   A. 主营业务收入　　B. 预收账款　　C. 银行存款　　D. 主营业务处成本
43. 企业销售商品时代垫的运杂费应记入（　　）账户。
   A. 应收账款　　B. 预付账款　　C. 其他应收款　　D. 应付账款
44. 某公司销售一批商品，增值税专用发票上标明的价款为300万元，适用的增值税税率为13％，为购买方代垫运杂费10万元，款项尚未收回，该企业确认的应收账款为（　　）万元。
   A. 300　　B. 310　　C. 339　　D. 349
45. 下列内容中属于其他业务收入的是（　　）。
   A. 罚款收入　　　　　　　　B. 出售材料收入
   C. 委托代销商品收入　　　　D. 清理固定资产净收益
46. 企业出租固定资产所取得的租金收入，属于（　　）。
   A. 主营业务收入　　B. 其他业务收入　　C. 投资收益　　D. 营业外收入
47. 下列各项内容中，应计入其他业务成本的是（　　）。
   A. 库存商品盘亏净损失　　　　B. 经营租出固定资产折旧
   C. 向灾区捐赠的商品成本　　　D. 火灾导致原材料毁损的净损失
48. 下列项目中，不属于销售费用的是（　　）。
   A. 产品包装费　　B. 购进材料运杂费　　C. 销售产品运杂费　　D. 广告费
49. 增值税一般纳税人企业发生的下列税费中，不通过"税金及附加"账户核算的是（　　）。
   A. 增值税　　B. 印花税　　C. 房产税　　D. 城市建设维护税
50. 某公司为增值税一般纳税人，20××年应交的各种税费分别为：增值税700万元，消费税300万元，城市维护建设税70万元，房产税20万元，车船税10万元，所得税500万元，上述各种税金应计入税金及附加的金额为（　　）万元。
   A. 1 600　　B. 1 100　　C. 400　　D. 370
51. 以下各项中，不属于企业财务成果的计算与处理的是（　　）。
   A. 计算分配利润　　　　　　B. 提取盈余公积
   C. 计算应缴纳所得税　　　　D. 向国家缴纳增值税
52. 企业发生的下列各项内容中，应作为管理费用处理的是（　　）。
   A. 生产车间设备折旧费　　　　B. 固定资产盘亏净损失
   C. 发生的业务招待费　　　　　D. 专设销售机构固定资产的折旧费
53. 某公司20××年8月份发生如下的费用：计提车间用固定资产折旧30万元，发生车间管理人员薪酬120万元，支付广告费90万元，预提短期借款利息60万元，支付业务招待费30万元，支付罚款支出20万元，则该企业本期的期间费用总额为（　　）万元。
   A. 150　　B. 180　　C. 300　　D. 350
54. 下列项目中，属于营业外收入的是（　　）。
   A. 销售产品的收入　　　　　B. 销售材料的收入
   C. 收取的罚款收入　　　　　D. 出租固定资产的收入
55. 企业的应付账款如果确实无法支付时，应贷记（　　）。

A. 资本公积　　　　B. 营业外支出　　　C. 管理费用　　　　D. 营业外收入

56. 下列属于营业外支出的是（　　）。
  A. 销售原材料的成本　　　　　　　B. 租出固定资产折旧
  C. 灾害造成的非常损失　　　　　　D. 无法收回的应收账款

57. 企业支付的公益性、救济性捐赠应在（　　）账户中核算。
  A. 主营业务成本　　B. 其他业务成本　　C. 投资收益　　　　D. 营业外支出

58. 与计算营业利润无关的因素是（　　）。
  A. 所得税费用　　　B. 销售费用　　　　C. 管理费用　　　　D. 财务费用

59. 下列各项中,影响企业营业利润额的是（　　）。
  A. 营业外收入　　　B. 营业外支出　　　C. 投资收益　　　　D. 所得税费用

60. 某公司20××年主营业务收入2 000万元,主营业务成本1 200万元,税金及附加100万元,其他业务收入500万元,其他业务成本300万元,期间费用150万元,投资收益250万元,营业外收入180万元,营业外支出230万元,所得税费用300万元。该企业的营业利润为（　　）万元。
  A. 650　　　　　　B. 1 200　　　　　C. 1 000　　　　　D. 950

61. 下列各项中,不影响企业利润总额的是（　　）。
  A. 营业外收入　　　B. 营业外支出　　　C. 投资收益　　　　D. 所得税费用

62. 年末所有损益类账户的余额均为零,表明（　　）。
  A. 当年利润一定是零　　　　　　　B. 当年利润一定是正数
  C. 当年利润一定是负数　　　　　　D. 损益类账户在结账时均已转入本年利润账户

63. 关于本年利润科目,下列说法不正确的是（　　）。
  A. 该科目的余额年终应该转入利润分配科目
  B. 该科目年终结转之后没有余额
  C. 该科目各个月末的科目余额可能在借方,也可能在贷方,也可能为零
  D. 该科目期末借方余额表示自年初开始至当期期末为止累计实现的盈利

64. 年终转账后,"利润分配"账户明细账余额的情况是（　　）。
  A. 只有"未分配利润"可能有余额　　B. 所有明细账都有余额
  C. 所有明细账都没有余额　　　　　D. "未分配利润"和"应付股利"有余额

65. "利润分配"账户在年终结账后出现借方余额,表示（　　）。
  A. 未分配的利润额　　　　　　　　B. 未弥补的亏损额
  C. 已分配的利润额　　　　　　　　D. 已实现的利润总额

66. 按照《公司法》的有关规定,公司应当按照当年净利润（抵减年初累计亏损后）的 x 提取盈余公积,提取的法定盈余公积累计额超过注册资本 y 以上的,可以不再提取。正确答案是（　　）。
  A. $x=10\%,y=50\%$　　　　　　B. $x=5\%,y=30\%$
  C. $x=15\%,y=25\%$　　　　　　D. $x=10\%,y=25\%$

67. 某公司年初未分配利润为借方余额400万元（弥补期已超过五年）,本年实现净利润700万元。若按10%计提法定盈余公积,则本年应提取的法定盈余公积为（　　）万元。
  A. 30　　　　　　　B. 70　　　　　　　C. 110　　　　　　D. 0

68. 企业提取盈余公积时,应编制的会计分录是（　　）。
  A. 借记"本年利润",贷记"盈余公积"　　B. 借记"利润分配",贷记"盈余公积"

C. 借记"盈余公积",贷记"本年利润"　　D. 借记"盈余公积",贷记"利润分配"

69. 盈余公积不可以用来(　　)。
　　A. 转化收入　　B. 弥补亏损　　C. 转增资本　　D. 利润分配

70. 企业用盈余公积弥补亏损时,应贷记(　　)科目。
　　A. 盈余公积　　B. 资本公积　　C. 本年利润　　D. 利润分配

71. 某公司年初未分配利润为200万元,本年实现的净利润为2 000万元,按10%计提法定盈余公积,按5%计提任意盈余公积,宣告发放的现金股利为160万元,则企业本年年末的未分配利润为(　　)万元。
　　A. 1 710　　B. 1 734　　C. 1 740　　D. 1 748

72. 某公司年初所有者权益总额为1 360万元,当年实现净利润450万元,提取盈余公积45万元,向投资者分配现金股利200万元,本年内以资本公积转增资本50万元,投资者追加现金投资30万元。该公司年末所有者权益总额为(　　)万元。
　　A. 1 565　　B. 1 595　　C. 1 640　　D. 1 795

73. 下列交易、事项中,能引起"资本公积"账户借方发生变动的是(　　)。
　　A. 向某灾区捐赠　　　　　　B. 资本公积转增资本
　　C. 向投资人分派股利　　　　D. 溢价发行股票

74. 我们一般将企业所有者权益中的盈余公积和未分配利润称为(　　)。
　　A. 实收资本　　B. 资本公积　　C. 留存收益　　D. 所有者权益

75. 某公司"盈余公积"账户的年初余额为400万元,本年提取540万元,转增资本320万元,该企业"盈余公积"账户的年末余额为(　　)万元。
　　A. 540　　B. 620　　C. 1 260　　D. 940

76. 某公司2××年10月31日所有者权益情况如下:实收资本1 000万元,资本公积85万元,盈余公积190万元,未分配利润160万元,则该企业10月31日的留存收益为(　　)万元。
　　A. 160　　B. 190　　C. 350　　D. 435

77. 预付账款不多的企业,可以不设置"预付账款"科目,而直接将预付的货款记入(　　)。
　　A. "应付账款"的借方　　　　B. "应付账款"的贷方
　　C. "应收账款"的借方　　　　D. "应收账款"的贷方

78. 某公司8月末负债总额为1 200万元,9月份收回欠款150万元,用银行存款归还借款100万元,用银行存款预付购货款125万元,则9月末的负债总额为(　　)万元。
　　A. 1 100　　B. 1 050　　C. 1 125　　D. 1 350

79. 某公司为增值税一般纳税人,20××年实际已交纳税金情况如下:增值税420万元,消费税180万元,城市维护建设税50万元,印花税2万元,所得税100万元。上述各项税金应记入"应交税费"账户借方的金额是(　　)万元。
　　A. 752　　B. 750　　C. 332　　D. 330

80. 增值税一般纳税人企业发生的下列税金中,与企业损益计算无关的是(　　)。
　　A. 消费税　　B. 增值税　　C. 所得税　　D. 城市维护建设税

二、多项选择题

1. 企业是从事生产、流通、服务等经济活动,实行(　　)的基本经济组织。
　　A. 自主经营　　B. 自负盈亏　　C. 独立核算　　D. 依法成立

2. 工业企业是(　　)的经济组织。

A. 从事工业性生产经营活动　　　　　B. 自主经营
C. 自负盈亏　　　　　　　　　　　　D. 具有法人资格

3. 工业企业的主要经济业务一般可概括为(　　)。
A. 资金筹集业务　B. 供应过程业务　C. 产品生产业务　D. 产品销售业务

4. 属于企业生产经营过程中发生的经济业务涉及的账务处理的内容有(　　)。
A. 资金筹集业务的账务处理　　　　B. 材料采购业务的账务处理
C. 销售业务的账务处理　　　　　　D. 期间费用的账务处理

5. 企业的资金筹集渠道有(　　)。
A. 吸收直接投资　B. 发行股票　C. 利用留存收益　D. 银行借款

6. 在会计上,我们一般将债权人的要求权和投资人的要求权统称为权益,但这两种权益又存在着一定的区别,其主要区别有(　　)。
A. 二者性质不同　　　　　　　　　B. 是否需要偿还和偿还期限不同
C. 金额不等　　　　　　　　　　　D. 享受的权利不同

7. 企业的资本金按其投资主体不同可以分为(　　)。
A. 货币投资　　B. 国家投资　　C. 个人投资　　D. 法人投资

8. 关于企业的实收资本,下列说法中正确的有(　　)。
A. 是企业实际收到投资人投入的资本金　B. 是企业进行正常经营的条件
C. 是企业向外投出的资产　　　　　　　D. 应按照实际收到的投资额入账

9. 企业吸收投资人投资时,下列账户的余额可能发生变化的有(　　)。
A. 盈余公积　　B. 资本公积　　C. 实收资本　　D. 本年利润

10. 甲公司注册资本总额为500万元,收到乙公司投入的现金120万元,在注册资本中占20%的份额,甲公司进行账务处理时,涉及的会计科目有(　　)。
A. 银行存款　　B. 实收资本　　C. 资本公积　　D. 盈余公积

11. 企业接受投资者投入的固定资产,考虑增值税(没有资本溢价),则应借记的科目有(　　)。
A. 固定资产　　B. 应交税费　　C. 银行存款　　D. 实收资本

12. 某投资者决定从甲公司退出,甲公司以银行存款退还其原投资50万元,同时注销等额的注册资本。下列表述中正确的有(　　)。
A. 借记"银行存款"科目　　　　　B. 贷记"实收资本"科目
C. 贷记"银行存款"科目　　　　　D. 借记"实收资本"科目

13. 进行负债筹资通常设置的会计科目有(　　)。
A. 短期借款　　B. 长期借款　　C. 应付利息　　D. 财务费用

14. 关于应付利息科目下列说法正确的是(　　)。
A. 贷方登记按照合同利率计算确定的应付未付利息
B. 借方登记归还的利息
C. 期末余额在贷方,反映企业应付未付的利息
D. 可按存款人或债权人进行明细核算

15. 长期借款一般用于(　　)。
A. 固定资产的购建　B. 改扩建工程　C. 大修理工程　D. 对外投资

16. 甲企业于20××年4月1日向银行借入60 000元,期限3个月,年利率6%,该借款的本金到期后一次归还,利息分月预提。下列编制的会计分录正确的有(　　)。

A. 4月1日借入短期借款：
借：银行存款　　　　　60 000
　　贷：短期借款　　　　　60 000

B. 4月末,计提4月份应计利息：
借：财务费用　　　　　　300
　　贷：应付利息　　　　　　300

C. 6月末,支付该项借款利息：
借：财务费用　　　　　　300
　　应付利息　　　　　　600
　　贷：银行存款　　　　　　900

D. 6月末偿还银行借款本金：
借：短期借款　　　　　60 000
　　贷：银行存款　　　　　60 000

17. 生产准备环节主要包括（　　）。
　A. 材料的采购业务　　　　　B. 固定资产的购买业务
　C. 材料销售环节　　　　　　D. 固定资产的安装环节

18. 下列各项中,属于固定资产的有（　　）。
　A. 房屋　　　B. 在建工程　　　C. 机器设备　　　D. 工程物资

19. 制造业企业购入的机器设备,其入账价值包括（　　）。
　A. 购买价款　　　B. 运杂费　　　C. 进口关税　　　D. 安装成本

20. 下列内容不能在"固定资产"账户核算的有（　　）。
　A. 购入正在安装的设备　　　　B. 经营性租入的设备
　C. 融资租入的不需要安装的设备　　D. 赊购的直接投入使用的设备

21. 某公司为增值税一般纳税人,购入一台需要安装的设备,取得的增值税专用发票上注明的设备买价为60 000元,增值税税额为7 800元,支付的运输费为3 000元,支付安装费4 500元,则（　　）。
　A. 支付设备买价、税金和运输费时借记"在建工程"63 000元
　B. 支付设备买价、税金和运输费时借记"在建工程"70 800元
　C. 支付安装费时借记"在建工程"4 500元
　D. 设备安装完毕交付使用时固定资产价值为67 500元

22. 企业在材料采购过程中的经济业务内容主要有（　　）。
　A. 从供应单位购进各种材料物资　　B. 支付材料的买价和各种采购费用
　C. 办理材料的验收入库手续　　　　D. 办理材料的领用手续

23. 在我国的会计实务中,下列项目中构成一般纳税人企业存货实际成本的有（　　）。
　A. 支付的买价　　　　　　　　B. 存货入库后发生的仓储费用
　C. 运输途中的合理损耗　　　　D. 支付的外地运杂费

24. 企业在采购材料过程中发生的下列费用中,不计入材料采购成本,而是列作管理费用的有（　　）。
　A. 采购人员差旅费　　　　　　B. 专设采购机构经费
　C. 市内采购材料的零星运杂费　　D. 运输途中的合理损耗

25. 对于共同性采购费用,应分配计入材料采购成本,下列内容可以用来作为分配材料采购费用标准的有（　　）。
　A. 材料的买价　　B. 材料的种类　　C. 材料的名称　　D. 材料的重量

26. 企业的会计人员误将当月发生的增值税进项税额计入材料采购成本,其结果会使（　　）。
　A. 月末资产增加　　B. 月末利润增加　　C. 月末负债增加　　D. 月末应交税费增加

27. 实际成本法下,一般通过（　　）科目进行核算。

A. 材料采购　　　B. 原材料　　　C. 在途物资　　　D. 材料成本差异

28. 计划成本法下,一般通过(　　)科目进行核算。
A. 材料采购　　　B. 原材料　　　C. 在途物资　　　D. 材料成本差异

29. 在材料采购业务核算时,与"原材料"账户相对应的账户一般有(　　)。
A. 应付账款　　　B. 在途物资　　　C. 材料成本差异　　　D. 应交税费

30. 企业购进材料与结算可能出现的情况有(　　)。
A. 直接付款　　　B. 应付货款　　　C. 应收货款　　　D. 预付货款

31. 按照我国现行会计准则的规定,应通过"应付票据""应收票据"账户核算的票据包括(　　)。
A. 银行汇票　　　B. 银行本票　　　C. 银行承兑汇票　　　D. 商业承兑汇票

32. 企业采用预付材料款款购进材料时,对此进行会计处理可能涉及的内容有(　　)。
A. 借记"预付账款"账户　　　B. 贷记"预付账款"账户
C. 贷记"银行存款"账户　　　D. 借记"原材料"账户

33. 产品在生产过程中发生的各项生产费用按其经济用途进行分类,构成产品生产成本的成本项目,具体包括(　　)。
A. 直接材料费　　　B. 直接人工费　　　C. 期间费用　　　D. 制造费用

34. 下列费用发生时,直接记入"生产成本"科目核算的是(　　)。
A. 为制造产品而发生的材料费用　　　B. 为制造产品而发生的人工费用
C. 为制造产品而发生的设备折旧费用　　　D. 生产车间管理人员的工资

35. 下列各项费用中,不应计入产品生产成本的有(　　)。
A. 销售费用　　　B. 管理费用　　　C. 财务费用　　　D. 制造费用

36. 下列各项内容中,应作为应付职工薪酬核算的有(　　)。
A. 工会经费　　　B. 职工教育经费　　　C. 住房公积金　　　D. 医疗保险费

37. 下列内容属于企业职工福利费支出的有(　　)。
A. 职工的医药费　　　B. 职工困难补助　　　C. 职工退休金　　　D. 医务福利人员工资

38. 计提应付职工薪酬时,借方可能涉及的科目有(　　)。
A. 制造费用　　　B. 销售费用　　　C. 在建工程　　　D. 应付职工薪酬

39. 关于"制造费用"账户,下列说法中正确的有(　　)。
A. 借方登记实际发生的各项制造费用　　　B. 贷方登记分配转入产品成本的制造费用
C. 期末余额在借方,表示在产品的制造费用　　D. 期末结转"本年利润"账户后没有余额

40. 在计算产品的制造成本时,可能涉及的科目有(　　)。
A. 原材料　　　B. 累计折旧　　　C. 应付职工薪酬　　　D. 制造费用

41. 确定本月完工产品成本时,影响其生产成本计算的因素主要有(　　)。
A. 月初在产品成本　　　B. 本月发生的生产费用
C. 本月已销产品成本　　　D. 月末在产品生产成本

42. 下列各项中,属于收入特征的有(　　)。
A. 收入从日常活动中产生　　　B. 收入可以从偶发的交易或事项中产生
C. 收入可能表现为资产的增加　　　D. 收入可能表现为负债的减少

43. 收入的实现可能引起(　　)。
A. 资产的增加　　　B. 所有者权益的增加　　　C. 负债的减少　　　D. 负债的增加

44. 某股份有限公司20××年5月份销售商品一批,增值税专用发票已开,商品已发出,且

已办妥托收手续,此时得知对方企业在一次交易中发生重大损失,财务困难,短期内不能支付货款,为此该股份有限公司5月份未确认该批商品收入,这是依据(   )。
   A. 实质重于形式会计信息质量要求   B. 重要性会计信息质量要求
   C. 谨慎性会计信息质量要求   D. 相关性会计信息质量要求
45. 按我国企业会计准则的规定,下列项目中不应确认为一般纳税人企业收入的有(   )。
   A. 销售商品代垫的运杂费   B. 出售飞机票时代收的保险费
   C. 销售商品收取的增值税   D. 旅行社代客户购买景点门票的款项
46. 销售产品时,与"主营业务收入"账户有对应关系的账户有(   )。
   A. 银行存款   B. 应收账款   C. 预收账款   D. 库存现金
47. 在下列业务所产生的收入中,属于制造业企业的"其他业务收入"的有(   )。
   A. 出售固定资产收入   B. 出售材料收入
   C. 出售无形资产收入   D. 提供产品修理服务收入
48. 20××年2月,某公司销售商品领用单独计价的包装物成本20 000元,增值税专用发票上注明销售收入70 000元,增值税额为9 100元,款项已存入银行。假设不考虑材料成本差异,下列会计分录正确的有(   )。
   A. 借:银行存款   79 100   B. 借:银行存款   79 100
      贷:主营业务收入   70 000   贷:其他业务收入   70 000
         应交税费   9 100   应交税费   9 100
   C. 借:其他业务成本   20 000   D. 借:主营业务成本   20 000
      贷:周转材料   20 000   贷:周转材料   20 000
49. 下列项目中,应计入企业销售费用的有(   )。
   A. 专设销售机构人员的工资   B. 专设销售机构设备折旧费
   C. 销售产品的广告费   D. 代买方垫付的运杂费
50. 下列税费应在"税金及附加"账户借方登记的内容有(   )。
   A. 增值税   B. 消费税   C. 城市维护建设税   D. 教育费附加
51. 企业因销售商品发生的应收账款,其入账价值应当包括(   )。
   A. 销售商品的价款   B. 增值税销项税额
   C. 代购买方垫付的包装费   D. 代购买方垫付的运杂费
52. 下列各项中属于期间费用的有(   )。
   A. 财务费用   B. 制造费用   C. 管理费用   D. 销售费用
53. 下列项目应在"管理费用"账户中核算的有(   )。
   A. 工会经费   B. 董事会经费   C. 业务招待费   D. 采购人员差旅费
54. 下列各项内容中,不应计入管理费用的有(   )。
   A. 行政管理部门办公楼的折旧费   B. 生产设备的折旧费
   C. 经营租出设备的折旧费   D. 专设销售机构设备折旧费
55. 企业发生的下列内容中,应计入营业外收入的有(   )。
   A. 原材料盘盈   B. 无法查明原因的现金溢余
   C. 罚没收入   D. 固定资产盘盈
56. 下列各项内容中,按规定应计入企业营业外支出的有(   )。
   A. 捐赠支出   B. 固定资产盘亏净损失

C. 出售无形资产净收益　　　　　　　D. 坏账损失

57. 与营业收入相配合进而确定营业利润的成本、费用包括(　　)。
   A. 营业成本　　B. 销售费用　　C. 税金及附加　　D. 管理费用

58. 下列各项内容中,能够影响企业营业利润的项目有(　　)。
   A. 已销商品成本　　　　　　　　　B. 原材料的销售收入
   C. 出售固定资产的净收益　　　　　D. 销售商品的收入

59. 下列各项,影响企业利润总额的有(　　)。
   A. 资产减值损失　　　　　　　　　B. 公允价值变动损益
   C. 所得税费用　　　　　　　　　　D. 营业外支出

60. 下列账户的余额在会计期末时应结转至"本年利润"账户的有(　　)。
   A. 管理费用　　B. 制造费用　　C. 营业外收入　　D. 所得税费用

61. 下列关于利润的表述正确的有(　　)。
   A. 企业当期实现的净利润通过"本年利润"账户核算
   B. 期末结转利润时,应将各损益类科目的金额转入"本年利润"科目,结平各损益类科目
   C. 期末结转后"本年利润"的贷方余额为当期实现的净利润
   D. 期末结转后"本年利润"的借方余额为当期发生的净亏损

62. 关于"本年利润"账户,下列说法中正确的有(　　)。
   A. 借方登记期末转入的各项支出额　　B. 贷方登记期末转入的各项收入额
   C. 贷方余额为实现的累计净利润额　　D. 借方余额为发生的累计亏损额

63. 某公司20××年营业利润为3 200万元,营业外收入为500万元,营业外支出为100万元,净利润为3 100万元。关于该企业20××年度有关指标的表述正确的有(　　)万元。
   A. 利润总额3 600　　B. 利润总额3 700　　C. 所得税费用500　　D. 所得税费用900

64. 企业实现的净利润应进行相关的分配,具体分配的顺序包括(　　)。
   A. 计算缴纳所得税　　　　　　　　B. 提取法定盈余公积金
   C. 提取任意盈余公积金　　　　　　D. 向投资人分配利润

65. 可供分配利润的来源有(　　)。
   A. 本年净利润　　B. 年初未分配利润　　C. 盈余公积转入　　D. 资本公积转入

66. 为了具体核算企业利润分配及未分配利润情况,"利润分配"账户应设置相应的明细账户,下列属于"利润分配"明细账户的有(　　)。
   A. 盈余公积补亏　　　　　　　　　B. 提取资本公积金户
   C. 应付现金股利　　　　　　　　　D. 未分配利润

67. 关于利润分配的核算会涉及下列内容,其中表述正确的有(　　)。
   A. 企业应设置"利润分配"账户,其贷方登记企业已分配的利润数额
   B. 设置"盈余公积"账户,其贷方登记提取的盈余公积数额
   C. "应付股利"账户用来反映和监督企业向投资者分配和支付股利情况,期末余额一般在贷方
   D. 企业在向投资者分配利润后,剩余部分可以按规定提取盈余公积

68. 某公司期末结账之前,主营业务收入贷方余额640万元,主营业务成本借方余额350万元,资产减值损失借方余额50万元,公允价值变动收益为贷方余额40万元,投资收益为贷方余额42万元。营业外收入20万元,营业外支出10万元,所得税税率25%,不存在纳税调整事项。下列分录正确的有(　　)。

A. 借:主营业务收入	640	B. 借:本年利润		493
公允价值变动损益	40	贷:主营业务成本		350
投资收益	42	资产减值损失		50
营业外收入	20	营业外支出		10
贷:本年利润	742	所得税费用		83
C. 借:本年利润	249	D. 借:利润分配——未分配利润		249
贷:利润分配——未分配利润	249	贷:本年利润		249

69. 下列内容中,属于所有者权益项目的有( )。
　　A. 所有者投入的资本　B. 其他综合收益　　C. 盈余公积　　　D. 未分配利润

70. 下列各项内容中,不会引起所有者权益总额发生增减变动的有( )。
　　A. 宣告发放股票股利　　　　　　　　B. 资本公积转增资本
　　C. 盈余公积转增资本　　　　　　　　D. 投资者追加投资

71. 下列各项内容中,不会引起留存收益发生变动的有( )。
　　A. 盈余公积弥补亏损　　　　　　　　B. 计提法定盈余公积
　　C. 盈余公积转增资本　　　　　　　　D. 计提任意盈余公积

72. 企业经股东大会批准,向投资者宣告分配现金股利8 000元(未实际发放),下列分录中不正确的有( )。

A. 借:本年利润	8 000	B. 借:应付股利	8 000
贷:应付股利	8 000	贷:银行存款	8 000
C. 借:利润分配——应付现金股利	8 000	D. 借:利润分配——应付现金股利	8 000
贷:应付股利	8 000	贷:银行存款	8 000

73. 下列账户中,月末应该没有余额的有( )。
　　A. 生产成本　　　B. 制造费用　　　C. 管理费用　　　D. 应付职工薪酬

74. 企业交纳的下列税金中,应通过"应交税费"账户核算的有( )。
　　A. 印花税　　　　B. 城市维护建设税　C. 房产税　　　　D. 消费税

75. 下列各项中,能导致企业负债总额发生变化的有( )。
　　A. 赊销商品　　　B. 赊购商品　　　C. 开出银行汇票　D. 分派现金股利

三、判断题

1. 工业企业资金运动过程包括资金投入、资金循环和周转以及资金退出,资金循环与周转包括供应过程、生产过程和销售过程。( )

2. 工业企业的主要经济业务即供应过程、生产过程和销售过程的经济业务。( )

3. 资金筹集业务是工业企业资金运动的起点。( )

4. 企业筹集一定的所有者权益资本是企业独立承担民事责任的资金保证,在数量上应等于企业在市场监督管理部门登记的注册资金总额。( )

5. 企业收到投资者的投入资本,应全部计入"实收资本"账户。( )

6. 投资者一经投资,不得从企业撤出原有投资。( )

7. 企业接受非现金资产投资时,应按投资合同或协议约定价值确定非现金资产价值(不公允的除外),并确定在注册资本中应享有的份额。( )

8. 企业的资本公积金的主要来源是企业收到的所有者出资额超过其在注册资本中所占份额的部分以及直接计入当期损益的利得或损失。( )

9. 短期借款是指企业向银行或其他金融机构借入的期限在一个年度内的借款,跨年度的

借款为长期借款。（　　）

10. 短期借款属于负债类科目，用于核算企业的短期借款，既核算借款的本金，又核算借款的利息。（　　）

11. 如果短期借款用于购建固定资产，在固定资产尚未达到预定可使用状态前，所发生的应当资本化的利息支出数，记入"在建工程"。（　　）

12. 不论短期借款的用途如何，企业发生的短期借款利息支出，均应计入当期损益。（　　）

13. 将短期借款转为银行对本企业的投资，属于权益内部的变化，并不影响资产总额。（　　）

14. 期限在一年以上的各种借款为长期借款。（　　）

15. 企业按期计提短期借款利息以及用于生产经营周转的长期借款利息，均应计入"财务费用"科目的借方。（　　）

16. 长期借款的利息支出应根据利息支出的具体情况予以资本化或计入当期损益。（　　）

17. 对于到期一次还本付息的长期借款，在到期前的各个会计期末计提利息时，均不应增加长期借款的账面价值。（　　）

18. 工业企业供应过程主要经济业务包括购建固定资产和采购材料。（　　）

19. 固定资产是指使用期限超过一个会计年度，具有实物形态的非货币性资产，包括房屋、建筑物、机器、机械、运输工具以及其他与生产经营活动有关的设备、器具、工具等。（　　）

20. "固定资产"账户登记企业所有的固定资产的原价增减变动和结余情况，不仅包括企业购入、自建的固定资产，同时也包括融资租入的固定资产。（　　）

21. 企业对其所使用的机器设备、厂房等固定资产，只有在持续经营的前提下，才可以在机器设备等的使用年限内，按照其价值和使用情况，确定采用某一折旧方法计提折旧。（　　）

22. 融资租入的固定资产在租赁期内，因为所有权不属于企业，所以，在使用过程中，不需要计提折旧。（　　）

23. 在我国，任何企业外购固定资产的取得成本中均不包括购入固定资产时所支付的增值税额。（　　）

24. 以银行长期借款等长期负债购建的固定资产，发生的借款利息应全部包括在固定资产的取得成本中。（　　）

25. 原材料是指企业在生产过程中经加工改变其形态或性质并构成产品主要实体的各种原料及主要材料、辅助材料、燃料、修理备用件、包装材料、外购半成品等。（　　）

26. 企业在购入材料过程中发生的采购人员的差旅费以及市内零星运杂费等不计入材料的采购成本，而是作为管理费用列支。（　　）

27. 企业购入材料在运输过程中发生的合理损耗应作为管理费用单独进行账务处理。（　　）

28. "在途物资"账户属于资产类账户，用以核算企业采用计划成本（或进价）进行材料、商品等物资的日常核算、货款已付尚未验收入库的在途物资的采购成本。（　　）

29. "材料采购"科目借方登记材料的实际成本，贷方登记入库材料的计划成本。借方大于贷方表示节约，从本科目贷方转入"材料成本差异"科目的借方；贷方大于借方表示超支，从本科目借方转入"材料成本差异"科目的贷方；期末一般为借方余额，反映企业在途材料的采购成本。（　　）

30. 企业采用计划成本核算原材料,平时收到原材料时应按照实际成本借记"原材料"账户,领用原材料时应按计划成本贷记"原材料"账户,期末再将发出材料调整为实际成本。(   )

31. 企业用支票支付购货款时,应通过"应付票据"账户进行核算。(   )

32. 企业若没有设置"预付账款"账户,当发生预付货款业务时,应该通过"应付账款"账户进行核算。(   )

33. "应付账款"账户的期末余额在借方,反映尚未偿还的应付账款。(   )

34. 产品生产业务是形成产品实体的环节,也是生产经营过程的核心环节。(   )

35. 生产费用按其经济内容进行分类而形成的若干个项目,在会计上称为成本项目。(   )

36. 费用与成本是既有联系又有区别的两个概念,费用与特定计量对象相联系,而成本则与特定的会计期间相联系。(   )

37. 企业的原材料无论是按实际成本计价还是按计划成本计价核算,其计入生产成本的原材料成本最终均应为所耗用材料的实际成本。(   )

38. 企业为职工缴纳的基本养老保险金、补充养老保险费,以及为职工购买的商业养老保险,均属于企业提供的职工薪酬。(   )

39. 企业将自产的产品发放给职工作为福利,应视同销售物资计算应交增值税,借记"应付职工薪酬"科目,贷记"主营业务收入""应交税费——应交增值税(销项税额)"等科目,同时结转产品成本。(   )

40. 企业职工福利费可用于职工的医疗卫生费用、困难补助费以及医务福利人员的工资等。(   )

41. 企业在经营过程中发生的某项费用计入制造费用和计入管理费用对当期经营成果的影响是相同的。(   )

42. 产品销售业务是企业产品价值的实现环节,也是经营过程中最关键的环节。(   )

43. 企业实现的收入能够导致所有者权益增加,但导致所有者权益增加的不一定都是收入。(   )

44. 如果成本不能可靠地计量,即使其他条件均已满足,相关的收入也不能确认。(   )

45. 收入不包括为第三方或客户代收的款项,也不包括处置固定资产净收益和出售无形资产净收益。(   )

46. 按照权责发生制会计处理基础的要求,企业收到货币资金必定意味着本月收入的增加。(   )

47. 增值税是企业销售收入的一个抵减项目。(   )

48. "应收账款"科目借方登记销售商品以及提供劳务等发生的应收账款,贷方登记已经收回的应收账款。(   )

49. 预收销货款时,可以作为收入实现进行账务处理。(   )

50. 对于预收货款业务不多的企业,可以不单独设置"预收账款"账户,其发生的预收货款通过"应收账款"账户核算。(   )

51. 出租固定资产和周转材料取得的租金收入,属于工业企业的主营业务收入。(   )

52. "主营业务成本"账户的借方登记从"库存商品"等账户结转的本期已销售产品的生产成本,以及企业在产品销售过程中发生的各种销售费用。(   )

53. 企业出售原材料获得的款项扣除其成本后的净额,应当计入营业外收入或营业外支

出。（　　）

54. 企业出售无形资产所有权取得的收入应在"其他业务收入"账户核算。（　　）
55. 利润计算及利润分配业务是综合测算企业经营成果并且对投资者进行补偿的业务环节。（　　）
56. 管理费用、财务费用、销售费用和制造费用均属于企业的期间费用。（　　）
57. 管理费用是企业行政管理部门为组织和管理生产经营活动而发生的各项费用，包括行政人员的工资和福利费、办公费、折旧费、销售商品广告宣传费、借款利息等。（　　）
58. 企业向银行或其他金融机构借入的各种款项所发生的利息支出均应当计入财务费用。（　　）
59. 企业在经营过程中所产生的各种利息收入都属于投资收益，应在"投资收益"账户进行核算。（　　）
60. 当企业投资收益大于投资损失时，应将投资净收益从"投资收益"账户借方转入"本年利润"账户贷方。（　　）
61. 企业发生的捐赠利得计入到营业外收入的借方。（　　）
62. 企业的罚款支出、捐赠支出都是通过营业外支出核算。（　　）
63. 企业对于确实无法支付的应付账款，应在确认时增加企业的资本公积金。（　　）
64. 因债权人缘故确实无法支付的应付款项，不计缴企业所得税。（　　）
65. 企业发生的营业外支出，在相对应的会计期间，应当计入企业当期的营业利润。（　　）
66. 为了遵循配比原则的要求，企业应将营业外收入减去营业外支出进而确定营业外利润。（　　）
67. 企业计算缴纳的所得税费用应以净利润为基础，加或减各项调整因素。（　　）
68. 所得税费用是企业的一项费用支出，而非利润分配。（　　）
69. 净利润是指营业利润减去所得税后的金额。（　　）
70. 营业利润减去管理费用、销售费用、财务费用和所得税费用后得到净利润。（　　）
71. 企业当期实现的净利润通过"本年利润"科目核算，当期发生的净亏损不通过"本年利润"科目核算。（　　）
72. "本年利润"账户的月末余额表示该企业当月所实现的净利润数额。（　　）
73. 月末结转利润后，"本年利润"科目如为借方余额，表示自年初至本月累计发生的亏损。（　　）
74. 年度终了，只有在企业盈利的情况下，才需要将"本年利润"账户的累计余额转入"利润分配——未分配利润"账户。（　　）
75. 如果企业出现本年亏损，将"本年利润"的借方余额转入"利润分配——未分配利润"后，"利润分配——未分配利润"账户一定为借方余额。（　　）
76. 企业年末的未分配利润金额等于企业当年实现的税后利润加上年初的未分配利润。（　　）
77. 利润分配是企业根据国家有关规定和投资者协议、企业章程等，对企业当年可供分配的利润指定其特定用途和分配给投资者的行为。（　　）
78. "利润分配"的顺序是弥补亏损、提取法定盈余公积、提取任意盈余公积、向投资者分配利润。（　　）
79. 不管可供分配利润是正数还是负数，都要进行后续分配。（　　）

80. 企业以当年实现的净利润弥补以前年度结转的未弥补亏损时,不需要进行专门的账务处理。(   )

81. 我国公司法规定,企业应按照税后利润的 5% 提取法定盈余公积金。(   )

82. 企业的盈余公积,可以用于弥补亏损,也可以用于转增资本,但不论用于弥补亏损还是用于转增资本,都不改变企业的所有者权益总额。(   )

83. 企业在提取盈余公积前不得向投资者分配利润。(   )

84. 某公司年初未分配利润 200 万元,本年实现净利润 1 000 万元,提取法定盈余公积金 100 万元,提取任意盈余公积金 50 万元,则该企业年末可供投资人分配的利润为 850 万元。(   )

85. 企业用盈余公积金向投资者分配现金股利,不会引起企业留存收益总额发生变化。(   )

86. 企业的资本公积金和未分配利润也称为留存收益。(   )

87. 企业向投资人分配股票股利不需要进行账务处理。(   )

88. 企业分给投资人的利润在实际支付给投资人之前形成企业的一项长期负债。(   )

89. 企业当期实现的净利润提取了法定盈余公积金和任意盈余公积金之后的差额即为企业的未分配利润。(   )

90. 年度终了,除"未分配利润"明细账户外,"利润分配"账户下的其他明细账户应当没有余额。(   )

四、核算分析题

1. 资金筹集业务的核算。

某公司 20××年 7 月份发生下列经济业务:

(1) 接受 A 公司投资 70 000 元,存入银行。

(2) 收到国家增拨的投资 200 000 元,存入银行。

(3) 收到 B 公司投资,其中设备协议价 80 000 元交付使用,材料价值 100 000 元验收入库。

(4) 从银行取得借款 50 000 元,期限 6 个月,年利率为 5.8%,利息于季度末结算,所得款项存入银行。

(5) 经批准将资本公积金 20 000 元转增资本。

(6) 用银行存款偿还到期的临时借款 500 000 元,同时支付已计提利息 2 500 元。

(7) 经协商签订协议,隆升电机厂将某商标权以 190 000 元向本公司作长期投资。

(8) 因建造厂房向银行借入长期借款 500 000 元,年利率为 9%,期限为 3 年,到期一次还本付息。

(9) 计提本月短期借款利息 1 000 元,长期借款利息 6 000 元,其中 3 750 元为建造厂房借款利息,厂房还未竣工验收。

(10) 用银行存款 354 000 元偿还到期的长期借款,其中 300 000 元为本金。

要求:根据上述资料,编制会计分录。

2. 供应过程业务的核算。

某公司 20××年 7 月份发生下列经济业务:

(1) 购进不需要安装的设备 1 台,买价 80 000 元,增值税 10 400 元,运输费 1 000 元,包装费 800 元,所有款项均以银行存款支付,设备已交付使用。

(2) 从国外进口设备一台,支付买价 10 000 元,进口关税、保险费、运费等 2 000 元,增值税 1 560 元,设备已运达进行安装。

(3) 支付上述进口设备安装费用 1 000 元,领用 A 材料 500 元。设备安装完毕交付使用。

(4) 向海宁厂购入 A 材料 15 000 千克,每千克 1 元,B 材料 2 500 千克,每千克 2 元,货款共计 20 000 元,增值税额为 2 600 元,所有款项尚未支付。

(5) 以现金支付上述 A、B 材料的装卸费 350 元(按材料的重量比例分配)。

(6) 预付东方厂购买 C 材料货款 10 000 元。

(7) 东方厂发来 C 材料,数量 3 000 千克,每千克 2 元,价款 6 000 元,增值税 780 元,同时代垫运杂费 300 元。

(8) 收到东方厂退回的货款 2 920 元。

(9) 支付前欠海宁厂货款 22 600 元。

(10) A、B、C 材料已运达验收入库。

(11) 向东联厂购进 D 材料 5 000 千克,每千克 1 元,增值税额为 650 元,开出期限为 3 个月,面值为 5 650 元的商业承兑汇票交给东联厂。

(12) 以银行存款支付 D 材料的运杂费 300 元。

(13) D 材料已运达验收入库,计划单位成本 1 元。

(14) 银行支付 D 材料票据款 5 650 元。

要求:根据上述资料,编制会计分录。

3. 生产过程业务的核算。

某公司生产甲、乙两种产品,20××年7月发生下列经济业务:

(1) 本月领用材料 101 000 元。其中,领用 A 材料 50 700 元,B 材料 40 100 元,C 材料 10 200 元;生产甲产品耗用 51 000 元,生产乙产品耗用 49 000 元,生产车间一般耗用 900 元,行政管理部门耗用 100 元。

(2) 结算本月职工工资 360 000 元。其中,制造甲产品工人工资 200 000 元,制造乙产品工人工资 100 000 元,车间管理人员工资 20 000 元,厂部管理人员工资 40 000 元。

(3) 按工资比例的 14% 计提职工福利费。

(4) 从银行提取现金 360 000 元,以备发放工资。

(5) 用现金 360 000 元发放工资。

(6) 以银行存款支付生产部门用电费 1 660 元。

(7) 计提本月固定资产折旧 14 000 元。其中,生产部门固定资产折旧费 8 000 元,行政管理部门固定资产折旧 6 000 元。

(8) 摊销以前预付的由生产部门负担的财产保险费 340 元。

(9) 按产品生产工时比例分配制造费用。甲、乙产品本月生产工时分别为 4 000 工时、6 000 工时。

(10) 期初甲产品无在产品,本月投产的甲产品全部完工,结转甲产品生产成本。

要求:根据上述资料,编制会计分录。

4. 销售过程业务的核算。

某公司 20××年7月发生下列经济业务:

(1) 企业销售产品一批,其中甲产品 1 200 件,单价 1 000 元/件;乙产品 1 000 件,单价 800 元/件;增值税率 13%,产品已经发出,银行转账代付运费 2 000 元,款未收。

(2) 企业收到上述商品款,存入银行。

(3) 企业收到一张转账支票,金额 60 000 元,是 A 公司预付的购货款。

(4) 企业发出 A 公司购买的甲产品,增值税发票注明商品款 100 000 元,增值税率 13%。

(5) 企业收到上述货款余款,存入银行。

(6) 销售不需要的材料一批,货款 50 000 元,增值税 6 500 元,款项尚未收到。

(7) 企业开出转账支票一张,支付本月产品广告费 20 000 元。

(8) 计提本月销售税金,其中城建税 2 600 元,教育费附加 1 200 元。

(9) 银行转账缴纳上述税金。

(10) 企业收到转账支票一张,B 公司支付本季度房租 60 000 元。

(11) 结转上述产品销售成本,其中甲产品单位成本 920 元/件,乙产品单位成本 680 元/件。

(12) 结转已销售材料的实际成本 50 000 元。

(13) 收取包装物押金 2 000 元,款项存入银行。

(14) 计提本月固定资产折旧,其中出租 B 公司房屋折旧 8 000 元。

要求:根据上述资料,编制会计分录。

5. 财务成果业务的核算。

某公司 20××年 12 月发生下列经济业务:

(1) 发生确实无法偿还的应付账款一笔,金额 30 000 元,经批准转作营业外收入。

(2) 大华公司因将包装物丢失,未能返还包装物,没收其全部押金 6 000 元。

(3) 以现金支付出售甲材料的搬运费 200 元。

(4) 对灾区进行公益性捐赠 50 000 元。

(5) 以银行存款支付违约罚款 50 000 元。

(6) 收到已分配股利收入 2 000 元,存入银行。

(7) 职工张军出差预借差旅费 6 000 元,用现金支付。

(8) 张军出差回来,报销差旅费 5 800 元,余款退回。

(9) 企业从办公用品店赊购办公用品 460 元,交厂部使用。

(10) 企业用银行存款支付业务招待费 5 200 元。

(11) 本月,主营业务收入 2 000 000 元,其他业务收入 75 000 元,投资收益 30 000 元,营业外收入 250 000 元,公允价值变动损益 10 000 元,主营业务成本 1 100 000 元,其他业务成本 40 000 元,税金及附加 275 000 元,销售费用 100 000 元,管理费用 150 000 元,财务费用 25 000 元,营业外支出 75 000 元,结转本月期间损益。

(12) 假定利润总额与应纳税所得额一致,适用的企业所得税税率为 25%,计算并结转本月的所得税费用。

(13) 月初,"本年利润"科目贷方余额 1 000 000 元,结转本年利润。

(14) 经股东大会决议利润分配方案为:本年提取 10% 的法定盈余公积金,提取 5% 的任意盈余公积金,向投资者分配现金股利 400 000 元。

(15) 结转利润分配。

(16) 支付现金股利。

要求:根据上述资料,编制会计分录。

6. 综合业务核算。

某公司 20××年 12 月初账户余额如下:

账户名称	期初余额
银行存款	950 000
实收资本	950 000

本月发生以下经济业务：

(1) 收到 A 公司投资款 50 000 元，存入银行。
(2) 从银行提取备用金 20 000 元。
(3) 购入需要安装设备一套，设备价款 100 000 元，增值税 13 000 元，设备保险费、运输费等 5 000 元，款未付。
(4) 对上述设备进行安装，支付安装费用 15 000 元，设备安装完工已投入使用。
(5) 采购材料一批，其中甲材料 400 千克，单价 200 元/千克，乙材料 600 千克，单价 150 元/千克，增值税税率 13%；材料运费 2 000 元，按材料重量分配，款项银行转账支付。
(6) 上述材料已运达，验收入库。
(7) 本月领用材料 110 000 元，其中甲材料 37 000 元，乙材料 73 000 元，生产 A 产品领用 40 000 元，生产 B 产品领用 60 000 元，车间一般耗用 7 000 元，行政管理部门领用 3 000 元。
(8) 本月工资费用共 100 000 元，其中 A 产品生产工人工资 40 000 元，B 产品生产工人工资 45 000 元，车间管理人员工资 7 000 元，管理人员工资 8 000 元。
(9) 计提本月固定资产折旧，生产车间 5 000 元，管理部分 2 000 元。
(10) 分配本月制造费用，按生产工时分配，A 产品生产工时 400 小时，B 产品生产工时 600 小时。
(11) 本月投产 A 产品 100 件全部生产完工，结转完工产品生产成本。
(12) 销售 A 产品 80 件，单价 2 000 元/件，增值税税率 13%，商品已发出，款已收。
(13) 结转 A 产品销售成本。
(14) 银行转账支付本月广告费用 10 000 元。
(15) 银行转账支付本月工资费用。
(16) 职工张某出差报销差旅费 2 000 元，予以现金支付。
(17) 接收 B 公司捐赠设备一台，价值 5 000 元。
(18) 结转本月期间损益。
(19) 按利润总额的 25% 计算本月所得税费用并结转。
(20) 结转本年利润。
(21) 按净利润的 10% 计提法定盈余公积。
(22) 宣告向投资者分配现金股利 30 000 元。
(23) 结转利润分配。
(24) 银行转账支付现金股利。

要求：
(1) 编制上述经济业务会计分录；
(2) 编制试算平衡表。

7. 某公司 20××年 7 月期初库存材料成本 278 500 元，本期仓库共发出材料成本 132 000 元，期末结存材料成本 206 500 元；"应付账款"（材料款）账户期初贷方余额为 218 000 元，期末贷方余额为 243 000 元，本期没有发生偿还应付款业务，本期购入材料均已入库。

要求：计算本期购入材料中已付款的材料金额。

8. 某公司20××年年初所有者权益总额为 2 640 000 元。本年接受投资 300 000 元。1～12月累计实现利润总额为 1 000 000 元。1～11月累计已交所得税费用 214 000 元,适用所得税税率为 25%(无纳税调整项)。年末按 10% 提取盈余公积金,董事会决定分配利润 132 400 元给投资人。

要求:计算公司12月份的应交所得税、年末未分配利润和年末所有者权益总额。

9. 某公司期初负债总额 2 000 000 元,实收资本 1 600 000 元,资本公积 160 000 元,盈余公积 120 000 元,未分配利润 120 000 元。本期发生亏损 400 000 元,用盈余公积金弥补亏损 80 000 元。企业期末资产总额 3 960 000 元,本期内实收资本和资本公积没有发生变化。

要求:
(1) 计算公司年末未分配利润数额及负债总额;
(2) 分析说明本期发生的亏损对公司期末资产和负债的影响。

10. 某公司生产 A、B 两种产品,20××年8月份有关 A、B 产品的资料如下:
(1) 月初在产品成本如表 5-1 所示。

表 5-1 月初在产品成本

单位:元

在产品名称	数量(件)	直接材料	直接人工	制造费用	合　计
A 产品	200	48 000	12 000	6 500	66 500
B 产品	60	32 000	8 000	3 300	43 300
合　计	—	80 000	20 000	9 800	109 800

(2) 本月发生的生产费用:A 产品的直接材料费为 165 000 元,直接人工费为 58 400 元;B 产品的直接材料费为 126 000 元,直接人工费为 35 600 元;本月共发生制造费用 70 500 元。

(3) 月末 A 产品完工 500 件,B 产品完工 300 件。

(4) 月末 A 产品未完工 40 件,其总成本的具体构成为:直接材料费为 6 500 元,直接人工费为 4 200 元,制造费用 3 000 元,合计为 13 700 元;B 产品没有月末在产品。

要求:按直接人工费为标准分配制造费用,并分别计算 A、B 产品的完工总成本和单位成本。

5.3 参　考　答　案

一、单项选择题

1. A   2. C   3. B   4. D   5. B   6. A   7. C   8. C   9. D   10. D   11. C
12. B   13. A   14. C   15. C   16. B   17. B   18. B   19. C   20. C   21. D   22. B
23. D   24. A   25. A   26. C   27. B   28. C   29. A   30. C   31. D   32. B   33. A
34. D   35. C   36. B   37. D   38. C   39. C   40. C   41. C   42. B   43. A   44. D
45. B   46. B   47. B   48. B   49. A   50. C   51. D   52. C   53. B   54. C   55. D
56. C   57. D   58. C   59. C   60. C   61. C   62. D   63. D   64. A   65. B   66. A
67. B   68. B   69. A   70. D   71. C   72. C   73. B   74. C   75. B   76. C   77. A

78. A 79. B 80. B

二、多项选择题

1. ABCD	2. ABCD	3. ABCD	4. ABCD	5. ABCD	6. ABD	7. BCD
8. ABD	9. BC	10. ABC	11. AB	12. CD	13. ABCD	14. ABCD
15. ABCD	16. ABCD	17. ABD	18. AC	19. ABCD	20. AB	21. ACD
22. ABC	23. ACD	24. ABC	25. AD	26. ACD	27. BC	28. ABD
29. ABC	30. BD	31. CD	32. BCD	33. ABD	34. AB	35. ABC
36. ABCD	37. ABD	38. ABCD	39. AB	40. ACD	41. ABD	42. ACD
43. ABC	44. AC	45. ABCD	46. ABCD	47. BD	48. BC	49. ABC
50. BCD	51. ABCD	52. ACD	53. ABCD	54. BCD	55. BC	56. AB
57. ABCD	58. ABD	59. ABD	60. ACD	61. AB	62. ABCD	63. AC
64. BCD	65. ABC	66. ACD	67. BC	68. ABC	69. ABCD	70. ABC
71. ABD	72. ABD	73. BC	74. BCD	75. BD		

三、判断题

1. √	2. ×	3. √	4. ×	5. ×	6. √	7. ×	8. ×	9. ×	10. ×
11. ×	12. √	13. √	14. √	15. ×	16. √	17. √	18. √	19. √	20. √
21. √	22. ×	23. ×	24. ×	25. √	26. √	27. ×	28. ×	29. ×	30. ×
31. ×	32. √	33. ×	34. ×	35. ×	36. √	37. √	38. ×	39. ×	40. √
41. ×	42. √	43. √	44. √	45. √	46. ×	47. √	48. √	49. √	50. √
51. ×	52. ×	53. ×	54. ×	55. ×	56. ×	57. ×	58. ×	59. ×	60. ×
61. ×	62. √	63. ×	64. ×	65. ×	66. ×	67. ×	68. √	69. ×	70. √
71. ×	72. ×	73. √	74. ×	75. ×	76. ×	77. √	78. √	79. √	80. √
81. ×	82. √	83. √	84. ×	85. ×	86. ×	87. ×	88. ×	89. ×	90. √

四、核算分析题

1.

(1) 借:银行存款　　　　　　　　　　　　　　　70 000
　　　贷:实收资本——法人资本　　　　　　　　　　　70 000

(2) 借:银行存款　　　　　　　　　　　　　　　200 000
　　　贷:实收资本——国家资本　　　　　　　　　　　200 000

(3) 借:固定资产　　　　　　　　　　　　　　　80 000
　　　原材料　　　　　　　　　　　　　　　　100 000
　　　贷:实收资本——法人资本　　　　　　　　　　　180 000

(4) 借:银行存款　　　　　　　　　　　　　　　50 000
　　　贷:短期借款　　　　　　　　　　　　　　　　　50 000

(5) 借:资本公积　　　　　　　　　　　　　　　20 000
　　　贷:实收资本　　　　　　　　　　　　　　　　　20 000

(6) 借:短期借款　　　　　　　　　　　　　　　500 000
　　　应付利息　　　　　　　　　　　　　　　　2 500
　　　贷:银行存款　　　　　　　　　　　　　　　　　502 500

(7) 借:无形资产　　　　　　　　　　　　　　　190 000
　　　贷:实收资本——法人资本　　　　　　　　　　　190 000

(8) 借:银行存款　　　　　　　　　　　　　　500 000
　　　贷:长期借款——本金　　　　　　　　　　　500 000
(9) 借:财务费用　　　　　　　　　　　　　　3 250
　　　在建工程　　　　　　　　　　　　　　3 750
　　　贷:应付利息　　　　　　　　　　　　　　1 000
　　　　长期借款——利息调整　　　　　　　　　6 000
(10) 借:长期借款——本金　　　　　　　　　　300 000
　　　　　　　——利息调整　　　　　　　　　54 000
　　　贷:银行存款　　　　　　　　　　　　　354 000
2.
(1) 借:固定资产　　　　　　　　　　　　　　81 800
　　　应交税费——应交增值税(进项税额)　　　10 400
　　　贷:银行存款　　　　　　　　　　　　　92 200
(2) 借:在建工程　　　　　　　　　　　　　　12 000
　　　应交税费——应交增值税(进项税额)　　　1 560
　　　贷:银行存款　　　　　　　　　　　　　13 560
(3) 借:在建工程　　　　　　　　　　　　　　1 500
　　　贷:银行存款　　　　　　　　　　　　　1 000
　　　　原材料——A 材料　　　　　　　　　　500
　　借:固定资产　　　　　　　　　　　　　　13 500
　　　贷:在建工程　　　　　　　　　　　　　13 500
(4) 借:在途物资——A 材料　　　　　　　　　15 000
　　　　　　　——B 材料　　　　　　　　　5 000
　　　应交税费——应交增值税(进项税额)　　　2 600
　　　贷:应付账款——海宁厂　　　　　　　　22 600
(5) 分配率＝350/(15 000＋2 500)＝0.02
　A 材料负担装卸费＝15 000×0.02＝300(元)
　B 材料负担装卸费＝2 500×0.02＝50(元)
　　借:在途物资——A 材料　　　　　　　　　300
　　　　　　　——B 材料　　　　　　　　　50
　　　贷:库存现金　　　　　　　　　　　　　350
(6) 借:预付账款——东方厂　　　　　　　　　10 000
　　　贷:银行存款　　　　　　　　　　　　　10 000
(7) 借:在途物资——C 材料　　　　　　　　　6 300
　　　应交税费——应交增值税(进项税额)　　　780
　　　贷:预付账款——东方厂　　　　　　　　7 080
(8) 借:银行存款　　　　　　　　　　　　　　2 920
　　　贷:预付账款——东方厂　　　　　　　　2 920
(9) 借:应付账款——海宁厂　　　　　　　　　22 600
　　　贷:银行存款　　　　　　　　　　　　　22 600
(10) 借:原材料——A 材料　　　　　　　　　　15 300

	——B材料	5 050
	——C材料	6 300
	贷:在途物资——A材料	15 300
	——B材料	5 050
	——C材料	6 300
(11)	借:材料采购——D材料	5 000
	应交税费——应交增值税(进项税额)	650
	贷:应付票据——东联厂	5 650
(12)	借:材料采购——D材料	300
	贷:银行存款	300
(13)	借:原材料——D材料	5 000
	材料成本差异	300
	贷:材料采购——D材料	5 300
(14)	借:应付票据——东联厂	5 650
	贷:银行存款	5 650

3.
(1)	借:生产成本——甲产品	51 000
	——乙产品	49 000
	制造费用	900
	管理费用	100
	贷:原材料——A材料	50 700
	——B材料	40 100
	——C材料	10 200
(2)	借:生产成本——甲产品	200 000
	——乙产品	100 000
	制造费用	20 000
	管理费用	40 000
	贷:应付职工薪酬——工资	360 000
(3)	借:生产成本——甲产品	28 000
	——乙产品	14 000
	制造费用	2 800
	管理费用	5 600
	贷:应付职工薪酬——职工福利	50 400
(4)	借:库存现金	360 000
	贷:银行存款	360 000
(5)	借:应付职工薪酬——工资	36 0000
	贷:库存现金	360 000
(6)	借:制造费用	1 660
	贷:银行存款	1 660
(7)	借:制造费用	8 000
	管理费用	6 000

    贷:累计折旧   14 000
(8)借:制造费用   340
   贷:预付账款   340
(9)制造费用总额＝900＋20 000＋2 800＋1 660＋8 000＋340＝33 700(元)
分配率＝33 700/(4 000＋6 000)＝3.37
甲产品分配制造费用额＝3.37×4 000＝13 480(元)
乙产品分配制造费用额＝3.37×6 000＝20 220(元)
 借:生产成本——甲产品   13 480
     ——乙产品   20 220
  贷:制造费用   33 700
(10)甲产品生产成本总额＝510 00＋200 000＋28 000＋13 480＝292 480(元)
 借:库存商品——甲产品   292 480
  贷:生产成本——甲产品   292 480
4.
(1)借:应收账款   2 262 000
   贷:主营业务收入   2 000 000
    应交税费——应交增值税(销项税额) 260 000
    银行存款   2 000
(2)借:银行存款   2 262 000
   贷:应收账款   2 262 000
(3)借:银行存款   60 000
   贷:预收账款——A公司   60 000
(4)借:预收账款——A公司   113 000
   贷:主营业务收入   100 000
    应交税费——应交增值税(销项税额) 13 000
(5)借:银行存款   53 000
   贷:预收账款——A公司   53 000
(6)借:应收账款   56 500
   贷:其他业务收入   50 000
    应交税费——应交增值税(销项税额) 6 500
(7)借:销售费用   20 000
   贷:银行存款   20 000
(8)借:税金及附加   3 800
   贷:应交税费——应交城市维护建设税 2 600
      ——应交教育费附加   1 200
(9)借:应交税费——应交城市维护建设税 2 600
    ——应交教育费附加   1 200
   贷:银行存款   3 600
(10)借:银行存款   60 000
   贷:其他业务收入   60 000
(11)借:主营业务成本   1 784 000

贷:库存商品——甲产品		1 104 000
——乙产品		680 000

（12）借:其他业务成本　　　　　　　　　　　　　50 000
　　　　贷:原材料　　　　　　　　　　　　　　　　50 000
（13）借:银行存款　　　　　　　　　　　　　　　　2 000
　　　　贷:其他应付款　　　　　　　　　　　　　　2 000
（14）借:其他业务成本　　　　　　　　　　　　　　8 000
　　　　贷:累计折旧　　　　　　　　　　　　　　　8 000

5.
（1）借:应付账款　　　　　　　　　　　　　　　　30 000
　　　　贷:营业外收入　　　　　　　　　　　　　　30 000
（2）借:其他应付款——大华公司　　　　　　　　　6 000
　　　　贷:营业外收入　　　　　　　　　　　　　　6 000
（3）借:销售费用　　　　　　　　　　　　　　　　200
　　　　贷:库存现金　　　　　　　　　　　　　　　200
（4）借:营业外支出　　　　　　　　　　　　　　　50 000
　　　　贷:银行存款　　　　　　　　　　　　　　　50 000
（5）借:营业外支出　　　　　　　　　　　　　　　50 000
　　　　贷:银行存款　　　　　　　　　　　　　　　50 000
（6）借:银行存款　　　　　　　　　　　　　　　　2 000
　　　　贷:应收股利　　　　　　　　　　　　　　　2 000
（7）借:其他应收款——张军　　　　　　　　　　　6 000
　　　　贷:库存现金　　　　　　　　　　　　　　　6 000
（8）借:库存现金　　　　　　　　　　　　　　　　200
　　　　　管理费用　　　　　　　　　　　　　　　5 800
　　　　贷:其他应收款——张军　　　　　　　　　　6 000
（9）借:管理费用　　　　　　　　　　　　　　　　460
　　　　贷:应付账款　　　　　　　　　　　　　　　460
（10）借:管理费用　　　　　　　　　　　　　　　5 200
　　　　贷:银行存款　　　　　　　　　　　　　　　5 200
（11）借:主营业务收入　　　　　　　　　　　　　2 000 000
　　　　　其他业务收入　　　　　　　　　　　　　75 000
　　　　　投资收益　　　　　　　　　　　　　　　30 000
　　　　　营业外收入　　　　　　　　　　　　　　250 000
　　　　　公允价值变动损益　　　　　　　　　　　10 000
　　　　贷:本年利润　　　　　　　　　　　　　　　2 365 000
借:本年利润　　　　　　　　　　　　　　　　　　1 765 000
　　贷:主营业务成本　　　　　　　　　　　　　　　1 100 000
　　　　其他业务成本　　　　　　　　　　　　　　　40 000
　　　　税金及附加　　　　　　　　　　　　　　　　275 000
　　　　销售费用　　　　　　　　　　　　　　　　　100 000

管理费用	150 000
财务费用	25 000
营业外支出	75 000

(12) 应纳所得税＝(2 365 000－1 765 000)×25％＝150 000(元)

借:所得税费用	150 000
贷:应交税费——应交所得税	150 000
借:本年利润	150 000
贷:所得税费用	150 000

(13) 净利润＝1 000 000＋2 365 000－1 765 000－150 000＝1 600 000(元)

借:本年利润	1 600 000
贷:利润分配——未分配利润	1 600 000
(14) 借:利润分配——提取法定盈余公积	160 000
——提取任意盈余公积	80 000
——应付现金股利	400 000
贷:盈余公积——法定盈余公积	160 000
——任意盈余公积	80 000
应付股利	400 000
(15) 借:利润分配——未分配利润	640 000
贷:利润分配——提取法定盈余公积	160 000
——提取任意盈余公积	80 000
——应付现金股利	400 000
(16) 借:应付股利	400 000
贷:银行存款	400 000

6.

(1) 借:银行存款	50 000
贷:实收资本——法人资本	50 000
(2) 借:库存现金	20 000
贷:银行存款	20 000
(3) 借:工程物资	105 000
应交税费——应交增值税(进项税额)	13 000
贷:应付账款	118 000
(4) 借:在建工程	120 000
贷:工程物资	105 000
银行存款	15 000
借:固定资产	120 000
贷:在建工程	120 000

(5) 分配率＝2 000/(400＋600)＝2

甲材料采购成本＝400×200＋2×400＝80 800(元)

乙材料采购成本＝600×150＋2×600＝91 200(元)

借:在途物资——甲材料	80 800
——乙材料	91 200

应交税费——应交增值税（进项税额）	22 100
贷：银行存款	194 100
（6）借：原材料——甲材料	80 800
——乙材料	91 200
贷：在途物资——甲材料	80 800
——乙材料	91 200
（7）借：生产成本——A 产品	40 000
——B 产品	60 000
制造费用	7 000
管理费用	3 000
贷：原材料——甲材料	37 000
——乙材料	73 000
（8）借：生产成本——A 产品	40 000
——B 产品	45 000
制造费用	7 000
管理费用	8 000
贷：应付职工薪酬——工资	100 000
（9）借：制造费用	5 000
管理费用	2 000
贷：累计折旧	7 000

（10）制造费用总额＝7 000＋7 000＋5 000＝19 000（元）

分配率＝19 000/（400＋600）＝19

A 产品分配制造费用额＝19×400＝7 600（元）

B 产品分配制造费用额＝19×600＝11 400（元）

借：生产成本——A 产品	7 600
——B 产品	11 400
贷：制造费用	19 000

（11）A 产品生产成本总额＝40 000＋40 000＋7 600＝87 600（元）

A 产品单位成本＝87 600/100＝876（元/件）

借：库存商品——A 产品	87 600
贷：生产成本——A 产品	87 600
（12）借：银行存款	180 800
贷：主营业务收入	160 000
应交税费——应交增值税（销项税额）	20 800

（13）销售成本＝876×80＝70 080（元）

借：主营业务成本	70 080
贷：库存商品——A 产品	70 080
（14）借：销售费用	10 000
贷：银行存款	10 000
（15）借：应付职工薪酬——工资	100 000
贷：银行存款	100 000

(16) 借:管理费用　　　　　　　　　　　　　　　　2 000
　　　贷:库存现金　　　　　　　　　　　　　　　　　　2 000
(17) 借:固定资产　　　　　　　　　　　　　　　　5 000
　　　贷:营业外收入　　　　　　　　　　　　　　　　　5 000
(18) 借:主营业务收入　　　　　　　　　　　　　160 000
　　　营业外收入　　　　　　　　　　　　　　　5 000
　　　贷:本年利润　　　　　　　　　　　　　　　　165 000
　　借:本年利润　　　　　　　　　　　　　　　　9 5080
　　　贷:主营业务成本　　　　　　　　　　　　　　70 080
　　　　 管理费用　　　　　　　　　　　　　　　　15 000
　　　　 销售费用　　　　　　　　　　　　　　　　10 000
(19) 应纳所得税额=(165 000-95 080)×25%=17 480(元)
　　借:所得税费用　　　　　　　　　　　　　　　17 480
　　　贷:应交税费——应交所得税　　　　　　　　　 17 480
　　借:本年利润　　　　　　　　　　　　　　　　17 480
　　　贷:所得税费用　　　　　　　　　　　　　　　 17 480
(20) 净利润=16 5000-95 080-17 480=52 440(元)
　　借:本年利润　　　　　　　　　　　　　　　　52 440
　　　贷:利润分配——未分配利润　　　　　　　　　 52 440
(21) 借:利润分配——提取法定盈余公积　　　　　　5 244
　　　贷:盈余公积——法定盈余公积　　　　　　　　 5 244
(22) 借:利润分配——应付现金股利　　　　　　　30 000
　　　贷:应付股利　　　　　　　　　　　　　　　　30 000
(23) 借:利润分配——未分配利润　　　　　　　　35 244
　　　贷:利润分配——提取法定盈余公积　　　　　　 5 244
　　　　　　　　——应付现金股利　　　　　　　　30 000
(24) 借:应付股利　　　　　　　　　　　　　　　30 000
　　　贷:银行存款　　　　　　　　　　　　　　　　30 000

表 5-2　试算平衡表

20××年12月31日　　　　　　　　　　　　　　　　　　　　　　　　单位:元

账户名称	期初余额		本期发生额		期末余额	
	借方	贷方	借方	贷方	借方	贷方
库存现金			20 000	2 000	18 000	
银行存款	950 000		230 800	369 100	811 700	
在途物资			172 000	172 000		
原材料			172 000	110 000	62 000	
库存商品			87 600	70 080	17 520	
固定资产			125 000		125 000	

续表

账户名称	期初余额		本期发生额		期末余额	
	借方	贷方	借方	贷方	借方	贷方
累计折旧				7 000		7 000
在建工程			120 000	120 000		
工程物资			105 000	105 000		
应付账款				118 000		118 000
应付职工薪酬			100 000	100 000		
应交税费			35 100	38 280		3 180
应付股利			30 000	30 000		
生产成本			204 000	87 600	116 400	
制造费用			19 000	19 000		
实收资本		950 000		50 000		1 000 000
盈余公积				5 244		5 244
本年利润			165 000	165 000		
利润分配			70 488	87 684		17 196
主营业务收入			160 000	160 000		
营业外收入			5000	5 000		
主营业务成本			70 080	70 080		
管理费用			15 000	15 000		
销售费用			10 000	10 000		
所得税费用			17 480	17 480		
合计	950 000	950 000	1 933 548	1 933 548	1 150 620	1 150 620

7.
(1) 本月购入材料总额＝(期末结存材料－期初结存材料)＋本期发出材料
　　　　　　　　　＝(206 500－278 500)＋132 000＝60 000(元)
(2) 本月发生的应付购货款＝(期末的应付款－期初的应付款)＋本期偿还的应付款
　　　　　　　　　＝(243 000－218 000)＋0＝25 000(元)
(3) 本月已付款的材料＝本月购入材料总额－本月发生的应付购货款
　　　　　　　　　＝60 000－25 000＝35 000(元)

8.
(1) 12月份应交所得税＝全年累计应交所得税－前11个月已交所得税
　　　　　　　　＝全年累计净利润总额×所得税税率－前11个月已交所得税
　　　　　　　　＝1 000 000×25％－214 000＝36 000(元)
(2) 年末未分配利润＝净利润－提取的盈余公积－分给投资人的利润
　　　　　　　　＝750 000－75 000－132 400＝542 600(元)
(3) 年末的所有者权益总额＝2 640 000＋300 000＋75 000＋542 600＝3 557 600(元)

9.

(1) 公司年末的未分配利润＝120 000＋(－400 000)＋80 000＝－200 000(元)

公司年初的所有者权益总额＝1 600 000＋160 000＋120 000＋120 000＝2 000 000(元)

公司年末的所有者权益总额＝1 600 000＋160 000＋(120 000－80 000)＋(－200 000)
　　　　　　　　　　　＝1 600 000(元)

公司年末的负债总额＝资产总额－所有者权益总额＝3 960 000－1 600 000
　　　　　　　　　＝2 360 000(元)

(2) 说明：根据以上的计算并结合题意可以看出，公司的负债由年初的 2 000 000 元变化为年末的 2 360 000 元，增加了 360 000 元；公司的资产由年初的 4 000 000 元(2 000 000＋2 000 000)变化为年末的 3 960 000 元，减少 40 000 元。资产和负债的变化都是由于公司发生亏损的原因造成的，即由于发生亏损 400 000 元，使得公司的资产减少 40 000 元，负债增加 360 000 元。

10.

(1) 制造费用分配率＝70 500/(58 400＋35 600)＝0.75

A 产品负担的制造费用＝58 400×0.75＝43 800(元)

B 产品负担的制造费用＝35 600×0.75＝26 700(元)

(2) A 产品完工总成本＝66 500＋(165 000＋58 400＋43 800)－13 700＝320 000(元)

A 产品单位成本＝320 000/500＝640(元/件)

B 产品完工总成本＝43 300＋(126 000＋35 600＋26 700)＝231 600(元)

B 产品单位成本＝231 600/300＝772(元/件)

第 6 章 会 计 凭 证

6.1 内 容 框 架

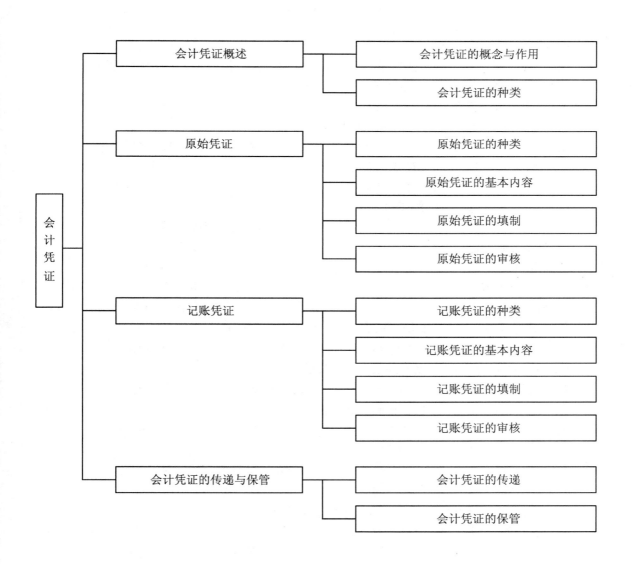

6.2 同步练习

一、单项选择题

1. （　　）是会计工作的起点和关键。
   A. 填制和审核凭证　B. 编制会计分录　C. 登记会计账簿　D. 编制会计报表
2. 下列关于会计凭证的意义和种类的表述中，不正确的是（　　）。
   A. 记录经济业务，提供记账依据　　　B. 监督经济活动，控制经济运行
   C. 合理地取得、正确地填制和审核会计凭证是会计核算的起点
   D. 会计凭证按照来源不同，可分为原始凭证和记账凭证
3. 下列不属于会计凭证的是（　　）。
   A. 发货票　　　　B. 领料单　　　　C. 购销合同　　　D. 住宿费收据
4. 会计凭证按（　　）分为原始凭证和记账凭证。
   A. 用途和填制程序　B. 形成来源　　C. 用途　　　　D. 填制方式
5. 原始凭证是在（　　）时填制或取得的。
   A. 经济业务发生　B. 填制记账凭证　C. 登记总账　　D. 登记明细账
6. 原始凭证是由（　　）取得或填制的。
   A. 总账会计　　　B. 经办单位或人员　C. 会计主管　　D. 出纳人员
7. 下列各项中，属于原始凭证主要作用的是（　　）。
   A. 登记账簿的依据　　　　　　　　　B. 证明经济业务发生或完成
   C. 对经济业务进行分类　　　　　　　D. 保证账簿记录的正确性
8. 原始凭证是（　　）。
   A. 登记日记账的根据　　　　　　　　B. 编制记账凭证的根据
   C. 编制科目汇总表的根据　　　　　　D. 编制汇总记账凭证的根据
9. 原始凭证按（　　）分为外来原始凭证和自制原始凭证。
   A. 来源　　　　　B. 填制手续和内容　C. 格式　　　　D. 用途
10. 在下列原始凭证中，属于外来原始凭证的是（　　）。
    A. 购货专用发票　B. 收料单　　　　C. 领料单　　　D. 限额领料单
11. 下列原始凭证中，不属于自制原始凭证的是（　　）。
    A. 入库单　　　　B. 发料汇总表　　C. 银行收账通知单　D. 出库单
12. 原始凭证按其填制手续不同可以分为（　　）。
    A. 一次凭证和汇总凭证　　　　　　　B. 单式凭证和复式凭证
    C. 收款凭证、付款凭证、转账凭证
    D. 一次凭证、累计凭证、汇总原始凭证和记账编制凭证
13. 外来原始凭证一般都是（　　）。
    A. 一次凭证　　　B. 累计凭证　　　C. 汇总原始凭证　D. 记账凭证
14. 下列各项中，不属于一次凭证的是（　　）。
    A. 销售商品时开具的增值税专用发票　B. 购进材料时开具的入库单
    C. 限额领料单　　　　　　　　　　　D. 领料单

15. 根据连续反映某一时期内不断重复发生而分次进行的特定业务编制的原始凭证称为（　　）。

   A. 一次凭证　　　B. 累计凭证　　　C. 记账编制凭证　　　D. 汇总原始凭证

16. 将同类经济业务汇总编制的原始凭证称为（　　）。

   A. 一次凭证　　　B. 累计凭证　　　C. 记账编制凭证　　　D. 汇总原始凭证

17. 下列属于汇总原始凭证（或原始凭证汇总表）的有（　　）。

   A. 销货发票　　　B. 领料单　　　C. 限额领料单　　　D. 发料凭证汇总表

18. 原始凭证按照（　　）的不同可分为通用凭证和专用凭证。

   A. 来源　　　B. 填制手续和内容　　　C. 格式　　　D. 用途

19. 下列属于通用凭证的是（　　）。

   A. 领料单　　　B. 工资计算表　　　C. 增值税专用发票　　　D. 借款单

20. 由单位自行印制、仅在本单位内部使用的原始凭证是（　　）。

   A. 一次凭证　　　B. 累计凭证　　　C. 通用凭证　　　D. 专用凭证

21. 制造费用分配表属于原始凭证中的（　　）。

   A. 外来原始凭证　　　B. 通用记账凭证　　　C. 累计凭证　　　D. 记账编制凭证

22. 原始凭证的基本内容中，不包括（　　）。

   A. 日期及编号　　　B. 内容摘要　　　C. 实物数量及金额　　　D. 会计科目

23. 原始凭证中须列明凭证填制单位或填制人姓名，其作用是明确（　　）。

   A. 经济责任　　　　　　　　　　B. 经济业务的主要内容
   C. 经济业务的种类　　　　　　　D. 经济业务的来龙去脉

24. 企业将现金送存银行时，应填制的原始凭证是（　　）。

   A. 支票存根　　　B. 汇款单　　　C. 进账单　　　D. 发票

25. 填制原始凭证时应做到大小写数字符合规范，填写正确。如大写金额"壹仟零壹元伍角整"，其小写应为（　　）。

   A. 1 001.50 元　　　B. ￥1 001.50　　　C. ￥1 001.50 元　　　D. ￥1 001.5

26. （　　）就是要实事求是地填写经济业务，原始凭证填制日期、业务内容、数量、金额等必须与实际情况相一致，不得歪曲经济业务真相、弄虚作假。

   A. 内容完整　　　B. 记录真实　　　C. 填制及时　　　D. 书写清楚

27. 会计人员在审核支出凭单时，发现有漏记的项目，则该原始凭证所反映的经济业务是（　　）。

   A. 不合法　　　B. 不合理　　　C. 不完整　　　D. 不正确

28. 对于不真实、不合法的原始凭证，会计人员的正确处理是（　　）。

   A. 不受理并向有关负责人报告　　　　B. 退回补办手续后再按规定的会计手续办理
   C. 不受理并退回原始凭证　　　　　　D. 根据该原始凭证编制记账凭证

29. 在审核原始凭证时，对于内容不完整、填写有错误或手续不完备的原始凭证，应该（　　）。

   A. 拒绝办理，并向本单位负责人报告　　　B. 予以抵制，对经办人员进行批评
   C. 由会计人员重新编制或予以更正　　　　D. 予以退回，要求更正、补充，以至重新编制

30. 下列有关原始凭证错误的更正不正确的是（　　）。

   A. 原始凭证记载的各项内容均不得涂改　　　B. 原始凭证金额错误的可在原始凭证上更正
   C. 原始凭证错误的应由出具单位重开，或在更正处加盖单位印章

D. 原始凭证金额错误的不可在原始凭证上更正

31. 会计人员根据审核无误的原始凭证按照经济业务的内容加以归类,并据以确定会计分录后所填制的凭证是（   ）。
    A. 原始凭证   B. 记账凭证   C. 通用凭证   D. 专用凭证

32. 企业记账凭证的编制人员是（   ）。
    A. 出纳人员   B. 会计人员   C. 经办人员   D. 主管人员

33. 下列各项中,属于记账凭证填制依据的是（   ）。
    A. 经济业务   B. 会计报表   C. 账簿记录   D. 审核后的原始凭证

34. 记账凭证中不可能有（   ）。
    A. 接受单位的名称   B. 记账凭证的编号   C. 记账凭证的日期   D. 记账凭证的名称

35. 将记账凭证分为收款凭证、付款凭证、转账凭证的依据是（   ）。
    A. 凭证填制的手续   B. 凭证的来源
    C. 凭证所反映的经济业务内容   D. 所包括的会计科目是否单一

36. 企业出售一批产品,售价5 000元,收到一张转账支票送存银行。这笔业务应编制的记账凭证为（   ）。
    A. 收款凭证   B. 付款凭证   C. 转账凭证   D. 以上均可

37. 下列科目可能是收款凭证借方科目的是（   ）。
    A. 材料采购   B. 应收账款   C. 银行存款   D. 长期待摊费用

38. 下列科目可能是收款凭证贷方科目的是（   ）。
    A. 制造费用   B. 长期待摊费用   C. 应收账款   D. 坏账准备

39. 下列各项中,作为出纳人员付出货币资金依据的凭证是（   ）。
    A. 收款凭证   B. 付款凭证   C. 转账凭证   D. 原始凭证

40. 以银行存款归还银行借款的业务,应编制（   ）。
    A. 转账凭证   B. 收款凭证   C. 付款凭证   D. 以上均可

41. 下列账户中不可能成为付款凭证贷方账户的是（   ）。
    A. 库存现金   B. 银行存款   C. 制造费用   D. 以上均可

42. 如果企业发生货币资金之间的收付业务,对此正确的会计处理是（   ）。
    A. 编制收款凭证   B. 编制付款凭证   C. 编制转账凭证   D. 编制原始凭证

43. 借记"库存现金",贷记"银行存款"的会计分录,应编制的专用记账凭证是（   ）。
    A. 现金收款凭证   B. 现金付款凭证
    C. 银行存款收款凭证   D. 银行存款付款凭证

44. 对货币收付以外的业务应编制的凭证是（   ）。
    A. 收款凭证   B. 付款凭证   C. 转账凭证   D. 原始凭证

45. 下列业务应编制转账凭证的是（   ）。
    A. 支付购买材料价款   B. 支付材料运杂费   C. 收回出售材料款   D. 车间领用材料

46. 在一笔经济业务中,如果既涉及收款业务,又涉及转账业务,应（   ）。
    A. 编制收款凭证   B. 编制付款凭证
    C. 编制转账凭证   D. 同时编制收款凭证和转账凭证

47. 销售一批产品,部分货款已收回并存入银行,另有部分货款尚未收回,应填制的专用记账凭证是（   ）。
    A. 收款凭证和转账凭证   B. 付款凭证和转账凭证

C. 收款凭证和付款凭证　　　　　　　D. 转账凭证

48. 在实际工作中,规模小、业务简单的单位,为了简化会计核算工作,可以使用一种统一格式的(　　)。
   A. 转账凭证　　　B. 收款凭证　　　C. 付款凭证　　　D. 通用记账凭证

49. 根据一定期间的记账凭证全部汇总填制的凭证是(　　)。
   A. 汇总原始凭证　　　B. 科目汇总表　　　C. 复式凭证　　　D. 累计凭证

50. 一张凭证只填写一个会计科目的凭证是(　　)。
   A. 专用记账凭证　　　B. 通用记账凭证　　　C. 复式记账凭证　　　D. 单式记账凭证

51. 下列叙述,错误的是(　　)。
   A. 记账凭证按其记录经济业务的方式不同,分为复式记账凭证和单式记账凭证
   B. 复式记账凭证集中反映一项经济业务的全貌,会计科目对应关系清楚
   C. 单式记账凭证一般一式两套,即借项记账凭证和贷项记账凭证
   D. 复式记账凭证有利于分工记账,单式记账凭证不利于分工记账

52. 填制记账凭证时,错误的做法是(　　)。
   A. 根据每一张原始凭证填列　　　　B. 根据若干张同类原始凭证汇总填制
   C. 将若干张不同内容和类别的原始凭证汇总填制在一张记账凭证上
   D. 根据原始凭证汇总表填制

53. 可以不附原始凭证的记账凭证是(　　)。
   A. 更正错误的记账凭证　　　　　　B. 从银行提取现金的记账凭证
   C. 以现金发放工资的记账凭证　　　D. 职工临时性借款的记账凭证

54. 下列各项中,不属于记账凭证审核内容的是(　　)。
   A. 所使用的会计科目是否符合企业会计准则等规定
   B. 记账凭证汇总表的内容与其所依据的记账凭证的内容是否一致
   C. 审核所记录的经济业务是否符合生产经营活动的需要
   D. 审核记账凭证各项目填写是否齐全

55. 下列说法正确的是(　　)。
   A. 已经登记入账的记账凭证,在当年内发现填写错误时,直接用蓝字重新填写一张正确的记账凭证即可
   B. 发现以前年度记账凭证有错误的,可以用红字填写一张与原内容相同的记账凭证,再用蓝字重新填写一张正确的记账凭证
   C. 如果会计科目没有错误只是金额错误,也可以将正确数字与错误数字之间的差额,另填制一张调整的记账凭证,调增金额用蓝字,调减金额用红字
   D. 发现以前年度记账凭证有错误的,应当用蓝字填制一张正确的记账凭证

56. 会计凭证的传递是指(　　)在单位内部各有关部门及人员之间的传递程序和传递时间。
   A. 会计凭证从取得到编制成记账凭证时止　　B. 从取得原始凭证到登记账簿止
   C. 从填制记账凭证到编制会计报表时止　　　D. 会计凭证取得或填制时起到归档止

57. 会计凭证登账后的整理、装订和归档存查称为(　　)。
   A. 会计凭证的传递　　B. 会计凭证的保管　　C. 会计凭证的编制　　D. 会计凭证的销毁

58. 关于会计凭证的传递与保管,以下说法中不正确的是(　　)。
   A. 科学合理的传递顺序能保证会计凭证在传递过程中的安全、及时、准确和完整

B. 要建立会计凭证交接的签收制度　　　　　C. 原始凭证不得外借,也不得复制
  D. 要严格遵守会计凭证的保管期限要求,期满前不得任意销毁
  59. 每年装订成册的会计凭证,在年度终了时可暂由单位会计机构保管(　　),期满后应当移交本单位档案机构统一保管,未设立档案机构的,应当在会计机构内部指定专人保管。
  A. 1年　　　　　　B. 3年　　　　　　C. 5年　　　　　　D. 10年
  60. 存出保证金收据以及涉外文件等重要原始凭证应当(　　)。
  A. 另编目录,单独登记保管　　　　　B. 附在原始凭证后保管
  C. 附在记账凭证后保管　　　　　　 D. 附在会计报表后保管

二、多项选择题

1. 下列叙述,正确的有(　　)。
   A. 会计凭证为记录经济业务的书面证明　　B. 填制和审核会计凭证,可以明确经济责任
   C. 会计凭证是登记账簿的依据　　　　　　D. 会计凭证是编制报表的依据
2. 填制和审核会计凭证的意义有(　　)。
   A. 记录经济业务,提供记账依据　　　　　B. 明确经济责任,强化内部控制
   C. 监督经济活动,控制经济运行　　　　　D. 促使企业赢利,提高企业竞争力
3. 会计凭证按其填制的程序和用途的不同,可分为(　　)。
   A. 原始凭证　　　B. 记账凭证　　　C. 一次凭证　　　D. 积累凭证
4. 下列各项中,属于原始凭证的有(　　)。
   A. 发出材料汇总表　B. 汇总收款凭证　C. 购料合同　　　D. 限额领料单
5. 记账凭证是(　　)。
   A. 由经办业务人员填制的　　　　　B. 由会计人员填制的
   C. 在经济业务发生时填制的　　　　D. 登记账簿的直接依据
6. 原始凭证按来源不同,可以分为(　　)。
   A. 外来原始凭证　B. 自制原始凭证　C. 一次凭证　　　D. 累计凭证
7. 下列凭证中,属于外来原始凭证的有(　　)。
   A. 购入材料的发票　B. 出差住宿费收据　C. 银行结算凭证　D. 收款凭证
8. 下列凭证中,属于自制原始凭证的有(　　)。
   A. 购进发票　　　B. 销售发票　　　C. 限额领料单　　D. 发出材料汇总表
9. 原始凭证按其填制程序和内容不同,可以分为(　　)。
   A. 外来凭证　　　B. 一次凭证　　　C. 累计凭证　　　D. 汇总原始凭证
10. 外来原始凭证是(　　)。
    A. 从企业外部取得的　　　　　　　B. 由企业会计人员填制的
    C. 一次凭证　　　　　　　　　　　D. 盖有填制单位公章的
11. 下列凭证中,属于一次凭证的有(　　)。
    A. 限额领料单　　B. 领料单　　　　C. 领料汇总表　　D. 购货发票
12. 购买材料时收到的"增值税专用发票"(　　)。
    A. 属于自制原始凭证　　　　　　　B. 属于外来原始凭证
    C. 是由税务部门统一印制的　　　　D. 必须有开票单位的盖章才能有效
13. "收料单"按照不同的标志分类可能属于(　　)。
    A. 外来原始凭证　B. 自制原始凭证　C. 一次凭证　　　D. 累计凭证
14. 下列各项中,属于领用材料应填制的原始凭证有(　　)。

A. 入库单　　　　　B. 发出材料汇总表　　C. 送货单　　　　　D. 领料单
15. "限额领料单"按照不同的标志分类可能属于(　　)。
A. 外来原始凭证　　B. 自制原始凭证　　　C. 一次凭证　　　　D. 累计凭证
16. 下列凭证中,属于汇总原始凭证的有(　　)。
A. 限额领料单　　　B. 发料凭证汇总表　　C. 工资汇总表　　　D. 现金收入汇总表
17. 原始凭证按照格式的不同,可分为(　　)。
A. 通用凭证　　　　B. 专用凭证　　　　　C. 复式凭证　　　　D. 单式凭证
18. 下列凭证中,一般属于通用凭证的有(　　)。
A. 增值税发票　　　B. 出差住宿费收据　　C. 银行结算凭证　　D. 收款凭证
19. 下列凭证中,一般属于专用凭证的有(　　)。
A. 收料单　　　　　B. 领料单　　　　　　C. 工资费用分配表　D. 折旧计算表
20. 原始凭证按照用途的不同,可分为(　　)。
A. 通知凭证　　　　B. 执行凭证　　　　　C. 计算凭证　　　　D. 通用凭证
21. 制造费用分配表是(　　)。
A. 自制凭证　　　　B. 专用凭证　　　　　C. 计算凭证　　　　D. 记账编制凭证
22. 原始凭证应具备的基本内容有(　　)。
A. 原始凭证的名称和填制日期　　　　　B. 接受凭证单位名称
C. 经济业务的内容　　　　　　　　　　D. 数量、单价和大小写金额
23. 填制原始凭证时应做到(　　)。
A. 记录真实　　　　B. 内容完整　　　　　C. 手续齐全　　　　D. 书写规范
24. 下列说法正确的是(　　)。
A. 原始凭证必须记录真实、内容完整　　B. 购买实物的原始凭证,必须有验收证明
C. 一般原始凭证发生错误,必须按规定办法更正
D. 原始凭证应连续编号
25. 票据的出票日期书写正确的有(　　)。
A. 2月15日,应写成"零贰月壹拾伍日"　B. 10月10日,应写成"零壹拾月零壹拾日"
C. 10月30日,应写成"零壹拾月叁拾日"
D. 12月12日,应写成"零壹拾贰月零壹拾贰日"
26. 在原始凭证上书写阿拉伯数字,正确的是(　　)。
A. 金额数字一律填写到角、分
B. 无角分的,角位和分位可写"00"或者符号"—"
C. 有角无分的,分位应当写"0"　　　　D. 有角无分的,分位也可以用符号"—"代替
27. 原始凭证审核的内容包括(　　)。
A. 真实性　　　　　B. 合理性　　　　　　C. 重要性　　　　　D. 合法性
28. 原始凭证审核时应注意(　　)。
A. 凭证反映的业务是否合法　　　　　　B. 所运用的会计科目是否正确
C. 凭证上各项目是否填列齐全完整　　　D. 各项目的填写是否正确,数字计算有无错误
29. 审核原始凭证的真实性包括(　　)。
A. 凭证日期是否真实、数据是否真实
B. 对通用原始凭证,还应审核凭证本身的真实性,防止以假冒的原始凭证记账
C. 对外来原始凭证,必须有填制单位公章和填制人员签章

D. 业务内容是否真实
30. 关于原始凭证的审核,下列表述正确的有( )。
A. 外来原始凭证必须有填制单位公章和填制人员的签章
B. 自制原始凭证必须有经办部门和经办人员的签名或者盖章
C. 审核原始凭证所记录的经济业务是否符合企业生产经营活动的需要,是否符合有关计划和预算等
D. 对于不真实、不合法的原始凭证,会计机构和会计人员有权不予接受,并向单位负责人报告
31. 下列凭证中,属于记账凭证的有( )。
A. 收款凭证　　　B. 汇总收款凭证　　C. 科目汇总表　　D. 复式记账凭证
32. 记账凭证按其适用的经济业务的不同,分为( )。
A. 专用记账凭证　　B. 通用记账凭证　　C. 复式记账凭证　　D. 单式记账凭证
33. 记账凭证按与货币收付业务是否有关可分为( )。
A. 汇总记账凭证　　B. 收款凭证　　C. 付款凭证　　D. 转账凭证
34. 收款凭证的作用有( )。
A. 出纳人员据此收入货币资金　　　B. 出纳人员据此付出货币资金
C. 出纳人员据此登记现金日记账　　D. 出纳人员据此登记银行存款日记账
35. 关于收款凭证的填制要求,正确的是( )。
A. 左上方填列的贷方科目是"库存现金"或"银行存款"
B. 凭证栏目内反映的贷方科目,应填列与"库存现金"或"银行存款"相对应的科目
C. 右上角填写编制收款凭证的凭证编号
D. 凭证右边"附件张"是本记账凭证所附原始凭证的张数
36. 下列交易或者事项中,应填制付款凭证的有( )。
A. 从银行提取现金备用　　　　　B. 购买材料预付定金
C. 将现金存入银行　　　　　　　D. 以银行存款支付前欠某单位货款
37. 下列科目中可能成为付款凭证借方科目的有( )。
A. 库存现金　　　B. 银行存款　　　C. 应付账款　　　D. 应交税费
38. 涉及现金与银行存款相互划转的业务应编制的专用记账凭证有( )。
A. 现金收款凭证　B. 现金付款凭证　C. 银行存款收款凭证　D. 银行存款付款凭证
39. 下列凭证中,办理银行存款的收、付业务可能涉及的有( )。
A. 现金收款凭证　B. 现金付款凭证　C. 银行存款收款凭证　D. 银行存款付款凭证
40. 转账凭证属于( )。
A. 记账凭证　　　B. 专用记账凭证　　C. 会计凭证　　D. 复式记账凭证
41. 下列交易或者事项中,应填制转账凭证的有( )。
A. 国家以厂房对企业投资　　　　B. 外商以货币资金对企业投资
C. 购买材料未付款　　　　　　　D. 销售商品收到商业汇票一张
42. 办公室职工李明报销差旅费800元,交回剩余现金200元,对此经济业务应填制的专用记账凭证有( )。
A. 现金收款凭证,金额200元　　　B. 管理费用转账凭证,金额800元
C. 可以只填制一张转账凭证　　　　D. 必须填制两张专用记账凭证
43. 下列关于通用记账凭证叙述,正确的有( )。

A. 通用记账凭证可以用来反映所有经济业务
B. 通用记账凭证具有统一格式
C. 填制通用记账凭证不区分经济业务类别
D. 通用记账凭证格式与转账凭证相同

44. 记账凭证按凭证的填列方式,可以分为( )。
   A. 专用记账凭证   B. 通用记账凭证   C. 复式记账凭证   D. 单式记账凭证

45. 下列凭证,属于单式记账凭证的有( )。
   A. 收款凭证   B. 付款凭证   C. 借项凭证   D. 贷项凭证

46. 单式记账凭证的优点或特点是( )。
   A. 记录科目单一   B. 便于分工记账   C. 便于科目汇总   D. 编制工作量大

47. 下列凭证,属于复式记账凭证的有( )。
   A. 收款凭证   B. 付款凭证   C. 转账凭证   D. 通用记账凭证

48. 复试记账凭证的优点或特点是( )。
   A. 账户对应关系清晰   B. 便于分工记账   C. 至少有两个科目   D. 编制工作量小

49. 记账凭证按其包括的内容,可以分为( )。
   A. 单一记账凭证   B. 汇总记账凭证   C. 科目汇总表   D. 记账编制凭证

50. 下列凭证中,属于汇总记账凭证的有( )。
   A. 汇总收款凭证   B. 汇总付款凭证   C. 汇总转账凭证   D. 科目汇总表

51. 记账凭证必须具备的基本内容有( )。
   A. 记账凭证的名称   B. 填制日期和编号   C. 摘要   D. 会计分录

52. 下列人员中,应在记账凭证中签名或盖章的是( )。
   A. 审核人员   B. 会计主管人员   C. 记账人员   D. 制单人员

53. 在编制记账凭证时,错误的做法有( )。
   A. 编制复合会计分录   B. 一年内的记账凭证连续编号
   C. 将不同类型业务的原始凭证合并编制成一张记账凭证
   D. 从银行提取现金时只填现金收款凭证

54. 记账凭证的编号方法有( )。
   A. 顺序编号法   B. 分类编号法   C. 奇偶数编号法   D. 分数编号法

55. 记账凭证编制的依据可以有( )。
   A. 收付款凭证   B. 一次凭证   C. 累计凭证   D. 汇总原始凭证

56. 企业购入材料一批,货款已付,材料验收入库,则应编制的全部会计凭证有( )。
   A. 收料单   B. 累计凭证   C. 付款凭证   D. 转账凭证

57. 下列说法正确的是( )。
   A. 记账凭证上的日期指的是经济业务发生的日期
   B. 对于涉及"库存现金"和"银行存款"之间的经济业务,一般只编制收款凭证
   C. 出纳人员不能直接依据有关收、付款业务的原始凭证办理收、付款业务
   D. 出纳人员必须根据经会计主管或其指定人员审核无误的收、付款凭证办理收、付款业务

58. 记账凭证的填制必须做到记录真实、内容完整、填制及时、书写清楚外,还必须符合( )要求。
   A. 如有空行,应当在空行处划线注销   B. 发生错误应该按规定的方法更正
   C. 必须连续编号   D. 除另有规定外,应该有附件并注明附件张数

59. 下列各项中,属于记账凭证审核内容的是( )。
A. 金额是否正确　　B. 项目是否齐全　　C. 科目是否正确　　D. 书写是否规范

60. 下列记账凭证中,必须附原始凭证的有( )。
A. 所有收款凭证　　B. 所有付款凭证　　C. 所有转账凭证　　D. 结账的记账凭证

61. 正确地组织会计凭证的传递的意义在于( )。
A. 可以及时地反映和监督经济业务的发生和完成情况
B. 合理有效地组织经济活动
C. 有利于原始凭证的编制　　　　　　D. 可以加强经济管理责任制

62. 会计凭证传递的组织工作主要包括( )方面。
A. 规定保管期限及销毁制度　　　　　B. 规定会计凭证的传递路线
C. 制定会计凭证传递过程中的交接签收制度
D. 规定会计凭证在各个环节的停留时间

63. 关于会计凭证的保管,正确的说法是( )。
A. 原始凭证较多时,可单独装订,但应在凭证封面注明所属记账凭证的日期、编号和种类,同时在所属的记账凭证上应注明"附件另订"及原始凭证的名称和编号,以便查阅
B. 对各种重要的原始凭证,如押金收据、提货单等,以及各种需要随时查阅和退回的单据,应另编目录,单独登记保管,并在有关的记账凭证和原始凭证上分别注明日期和编号
C. 会计凭证保管一年之后,可以按程序销毁
D. 装订会计凭证的人员要在装订线封签处签名或者盖章

64. 其他单位因特殊原因需要使用本单位的原始凭证,下列说法中,正确的有( )。
A. 向外单位提供的原始凭证复制件,应在专设的登记簿上登记,并由提供人员和收取人员共同签名、盖章
B. 不得外借,经本单位会计机构负责人或会计主管人员批准,可以复制
C. 可以外借　　　　　　　　　　　　D. 将外借的会计凭证拆封抽出

65. 会计凭证的保管应做到( )。
A. 定期归档以便查阅　　　　　　　　B. 查阅会计凭证要有手续
C. 保证会计凭证的安全完整　　　　　D. 办理了相关手续后方可销毁

三、判断题

1. 会计凭证就是用来记录经济业务,明确经济责任,不具有法律效力。( )
2. 填制和审核会计凭证,是会计工作的开始,也是对经济业务进行日常监督的重要环节,是会计核算的一种专门方法。( )
3. 所有会计凭证都是登记账簿的直接依据。( )
4. 所有的会计凭证都应有签名或盖章,以明确经济责任。( )
5. 原始凭证是进行会计核算的原始资料。( )
6. 原始凭证是登记日记账和明细账的依据。( )
7. 一次凭证是指只反映一项经济业务的凭证,如"领料单"。( )
8. 累计凭证是指在一定时期内连续记载若干项同类经济业务,其填制手续是随着经济业务发生而分次完成的凭证,如"限额领料单"。( )
9. 有些外来原始凭证也可以累计填制。( )
10. 自制原始凭证都是一次凭证。( )
11. 为简化核算,可将类似的经济业务汇总编制一张汇总原始凭证。( )

12. 汇总原始凭证是指在会计核算工作中,为简化记账凭证编制工作,将一定时期内若干份记录同类经济业务的记账凭证加以汇总,用以集中反映某项经济业务总括发生情况的会计凭证。(   )
13. 根据账簿记录和经济业务的需要而编制的自制原始凭证是记账编制凭证。(   )
14. 制造费用分配表属于记账编制凭证。(   )
15. 原始凭证上面不需写明填制日期和接受凭证的单位名称。(   )
16. 原始凭证必须按规定的格式和内容逐项填写齐全,同时必须由经办业务的部门和人员签字盖章。(   )
17. 各种原始凭证的填制,都应由会计人员填写,非会计人员不得填写,以保证原始凭证填制的正确性。(   )
18. 如果原始凭证已预先印定编号,在写坏作废时,应加盖"作废"戳记,妥善保管,不得撕毁。(   )
19. 从外单位取得的原始凭证遗失时必须取得原签发单位盖有公章的证明,并注明原始凭证的号码、金额、内容等,由经办单位会计机构负责人、会计主管人员和单位负责人批准后,才能代作原始凭证。(   )
20. 原始凭证金额有错误的,应当由出具单位重开或更正,更正处应当加盖出具单位印章。(   )
21. 审核原始凭证记录的经济业务是否符合企业生产经营活动的需要、是否符合有关计划和预算,属于合理性审核。(   )
22. 记账凭证通过会计科目对经济业务进行分类核算。(   )
23. 原始凭证可以由非财会部门和人员填制,但记账凭证只能由财会部门和人员填制。(   )
24. 记账编制凭证是根据账簿记录填制的。(   )
25. 列有应借应贷科目的自制原始凭证可以代替记账凭证。(   )
26. 记账凭证只能根据一张原始凭证编制。(   )
27. 将记账凭证分为收款凭证、付款凭证、转账凭证的依据是凭证填制的手续和凭证的来源。(   )
28. 收款凭证一般按库存现金和银行存款分别编制。(   )
29. 付款凭证是出纳人员付出货币资金的依据。(   )
30. 与货币收付无关的业务一律编制转账凭证。(   )
31. 从银行提取现金时,可以编制现金收款凭证。(   )
32. 在一笔经济业务中,如果既涉及现金和银行存款的收付,又涉及转账业务时,应同时填制收(或付)款凭证和转账凭证。(   )
33. 通用记账凭证的格式,不再分为收款凭证、付款凭证和转账凭证,而是以一种格式记录全部经济业务。(   )
34. 单项记账凭证是依据单式记账法填制的。(   )
35. 记账凭证的填制日期应是经济业务发生或完成的日期。(   )
36. 记账凭证的编制与审核不能是同一会计人员。(   )
37. 所有的记账凭证都应附有原始凭证。(   )
38. 发现以前年度记账凭证有错误的,应当用蓝字填制一张更正的记账凭证。(   )
39. 记账凭证填制完经济业务事项后,如有空行,应当自金额栏最后一笔金额数字下的空

行处至合计数上的空行处用文字注销。(　　)

40. 任何会计凭证都必须经过有关人员的严格审核,确认无误后,才能作为记账的依据。(　　)

41. 汇总记账凭证是登记日记账、明细账的根据。(　　)

42. 根据一定期间的记账凭证全部汇总填制的凭证如"科目汇总表"是一种累计凭证。(　　)

43. 汇总记账凭证即记账凭证汇总表,二者的编制方法相同。(　　)

44. 登记总账的依据只能是科目汇总表。(　　)

45. 会计凭证传递应根据会计制度设计,并保证在不同的企业具有相同的程序。(　　)

46. 制定会计凭证传递程序和方法时,应着重考虑会计凭证的整理、归档和装订成册。(　　)

47. 一切会计凭证的传递和处理,都应在报告期内完成。(　　)

48. 每年装订成册的会计凭证,在年度终了时可暂由单位会计机构保管一年,期满后应当移交本单位档案机构统一保管。(　　)

49. 会计部门应于记账之后,定期对各种会计凭证进行分类整理,并将各种记账凭证按编号顺序排列,连同所附的原始凭证一起加具封面,装订成册。(　　)

50. 会计凭证的保管期满以后,企业可自行进行处理。(　　)

四、核算分析题

1. 某企业20××年6月份发生下列经济业务:

(1) 2日,接受A投资者投资240 000元,存入银行。

(2) 10日,以银行存款60 000元购买甲材料,材料已验收入库(不考虑增值税)。

(3) 11日,以银行存款100 000元购买乙设备。

(4) 15日,以银行存款偿还前欠B企业的货款200 000元。

(5) 18日,收回M公司前欠货款180 000元,存入银行。

(6) 20日,从银行提取现金5 000元。

(7) 22日,企业管理人员张毅预借差旅费3 000元,以现金支付。

(8) 24日,以银行存款200 000元偿还短期借款。

(9) 25日,企业管理人员张毅出差回来,报销费用1 800元,余额退回现金。

(10) 29日,从银行借入短期借款100 000元存入银行。

要求:根据上述经济业务编制专用记账凭证(列出填制日期、凭证字号、摘要和会计分录)。

2. 某公司是一家规模较小的、从事贸易活动的单位,其日常发生的业务不多,该公司会计因公出差未能按时处理公司发生的业务,出纳员试着对公司20××年8月份的经济业务进行了处理,在专用记账凭证中编制了相应的会计分录,信息如表6-1所示。

表6-1　会计分录

单位:元

业务序号	业务内容	凭证类别	会计分录	
1	公司职工出差预借差旅费5 600元,支付现金	现金付款凭证	借:其他应收款 　贷:库存现金	5 600 5 600
2	开出现金支票提取现金14 000元	现金收款凭证	借:库存现金 　贷:银行存款	14 000 14 000

业务序号	业务内容	凭证类别	会计分录
3	通过银行购买办公用品 11 760 元	转账凭证	借：管理费用　　11 760 　贷：银行存款　　11 760
4	收到某单位抵付欠款的商业汇票 84 000 元	银行存款 收款凭证	借：银行存款　　84 000 　贷：应收账款　　84 000
5	从开户银行借入临时借款 252 000 元	现金 收款凭证	借：库存现金　　252 000 　贷：银行存款　　252 000

为了检验所作账务处理是否正确，公司出纳员进行了试算平衡，其结果显示账户的发生额和余额均平衡。待公司会计上班后，出纳员将其所作的账务处理交给公司会计，并强调对结果已试算平衡。公司会计对出纳员的处理过程简单检查后，认为出纳员的会计处理存在问题。

要求：指出公司会计在账务处理过程中存在哪些问题。

3. 某酒店在纳税管理上实行定期、定额管理方式，税务部门为该酒店核定征收税款。为了检查该酒店的纳税情况，主管该酒店的税务部门做了以下几项工作：

(1) 税务人员利用突击检查的方式取得了该酒店的银行账号与银行结账单，到该酒店的开户银行调取银行对账单。

(2) 反方向寻找线索，在该酒店所在地区的十余家经常与该酒店有业务往来的单位进行外调。

(3) 详细检查、鉴别了该酒店开出的 1 000 多份发票。

结果发现，该酒店开出的 1 000 多份发票中存在问题的有 10 多份，税务部门根据《中华人民共和国税收征收管理法》第六十三条的规定，认定该酒店的违法行为已构成偷税，同时违反了《中华人民共和国发票管理办法》第三十六条的规定，决定对该酒店查补税款 124 571 元，处以罚款 499 571 元。

经查，该酒店的惯用做法主要有：

(1) 张冠李戴。使用其他企业、行业发票到消费单位结账，如使用广告业发票、汽车维修发票、商业零售发票等。这些发票都是通过关系获取的正规发票，如此这般，其违法行为就披上了"合法"的外衣。在检查中发现，该酒店利用上述外单位发票违规涉税金额达 150 多万元。

(2) 投其所好。酒店业主为了迎合消费单位避免业务招待费超标而多缴税的要求，经常利用其他行业发票将餐饮支出开列成其他支出项目入账，如将业务招待费变换成广告费、汽车维修费、办公用品费等。

(3) 债务转移。该酒店的某消费单位在一汽车维修公司维修汽车，而维修公司又欠该酒店的消费款，该酒店的业主便从中协调，消费单位的维修款便直接汇给了该酒店。由于维修公司实行定期定额管理方式核定征收税款，未建账。所以，酒店业主减少了应收账款，账面营业收入也未增加，同时还"节约"了发票，一举数得。

结合上述案例，请回答：

(1) 企业利用发票偷税手段多样，你了解到的有哪些？

(2) 为什么说该酒店采用的发票作假的手段比较老到？

6.3 参 考 答 案

一、单项选择题

1. A　2. D　3. C　4. A　5. A　6. B　7. B　8. B　9. A　10. A　11. C
12. D　13. A　14. C　15. B　16. D　17. D　18. C　19. C　20. D　21. A　22. D
23. A　24. C　25. B　26. B　27. C　28. A　29. D　30. B　31. B　32. B　33. D
34. A　35. C　36. A　37. C　38. C　39. B　40. C　41. C　42. A　43. D　44. C
45. D　46. D　47. A　48. D　49. B　50. D　51. D　52. C　53. A　54. C　55. C
56. D　57. B　58. C　59. A　60. A

二、多项选择题

1. ABC　2. ABC　3. AB　4. AD　5. BD　6. AB　7. ABC
8. BCD　9. BCD　10. ACD　11. BD　12. ABC　13. BC　14. BD
15. BD　16. BCD　17. AB　18. ABC　19. ABCD　20. ABC　21. ABCD
22. ABCD　23. ABCD　24. ABCD　25. AB　26. ABC　27. ABD　28. ACD
29. ABCD　30. ABCD　31. ABCD　32. AB　33. BCD　34. ACD　35. BCD
36. ABCD　37. ABCD　38. BD　39. BCD　40. ABCD　41. ACD　42. ABD
43. ABCD　44. CD　45. CD　46. ABCD　47. ABCD　48. ABD　49. ABC
50. ABC　51. ABCD　52. ABCD　53. BCD　54. ABD　55. BCD　56. ACD
57. CD　58. ABCD　59. ABCD　60. ABC　61. ABD　62. BCD　63. ABD
64. AB　65. ABCD

三、判断题

1. ×　2. √　3. ×　4. √　5. √　6. √　7. ×　8. √　9. ×　10. ×
11. √　12. ×　13. √　14. √　15. ×　16. √　17. ×　18. √　19. ×　20. ×
21. √　22. √　23. √　24. ×　25. √　26. ×　27. √　28. √　29. √　30. √
31. ×　32. √　33. √　34. ×　35. √　36. √　37. √　38. √　39. √　40. √
41. ×　42. ×　43. ×　44. ×　45. ×　46. ×　47. √　48. √　49. √　50. ×

四、核算分析题

1.

(1) 20××年6月2日　银收1号

收到投资者投资

借:银行存款	240 000
贷:实收资本——法人资本	240 000

(2) 20××年6月10日　银付1号

购买原材料

借:原材料——甲材料	60 000
贷:银行存款	60 000

(3) 20××年6月11日　银付2号

购买设备

借:固定资产——乙设备　　　　　　　　　　　　100 000
　　贷:银行存款　　　　　　　　　　　　　　　　　100 000
(4) 20××年6月15日　银付3号
偿还B企业货款
借:应付账款——B企业　　　　　　　　　　　　200 000
　　贷:银行存款　　　　　　　　　　　　　　　　　200 000
(5) 20××年6月18日　银收2号
收回M公司货款
借:银行存款　　　　　　　　　　　　　　　　　180 000
　　贷:应收账款——M公司　　　　　　　　　　　　180 000
(6) 20××年6月20日　银付4号
提现
借:库存现金　　　　　　　　　　　　　　　　　　5 000
　　贷:银行存款　　　　　　　　　　　　　　　　　　5 000
(7) 20××年6月22日　现付1号
预借差旅费
借:其他应收款——张毅　　　　　　　　　　　　3 000
　　贷:库存现金　　　　　　　　　　　　　　　　　　3 000
(8) 20××年6月24日　银付5号
偿还借款
借:短期借款　　　　　　　　　　　　　　　　　200 000
　　贷:银行存款　　　　　　　　　　　　　　　　　200 000
(9) 20××年6月25日　转1号
报销差旅费
借:管理费用　　　　　　　　　　　　　　　　　　1 800
　　贷:其他应收款——张毅　　　　　　　　　　　　1 800
20××年6月25日　现收1号
退回现金
借:库存现金　　　　　　　　　　　　　　　　　　1 200
　　贷:其他应收款——张毅　　　　　　　　　　　　1 200
(10) 20××年6月29日　银收3号
借入借款
借:银行存款　　　　　　　　　　　　　　　　　100 000
　　贷:短期借款　　　　　　　　　　　　　　　　　100 000

2.
第一笔业务的处理没有问题。
第二笔业务虽然会计分录正确,但不应编制现金收款凭证,而应编制银行存款付款凭证。
第三笔业务编制的会计分录正确,但不应编制转账凭证,而应编制银行存款付款凭证。
第四笔业务编制的会计分录和专用记账凭证均错误,应在转账凭证中编制会计分录:借记"应收票据"账户,贷记"应收账款"账户。
第五笔业务编制的会计分录和专用记账凭证均错误,应在银行存款收款凭证中编制会计分录:借记"银行存款"账户,贷记"短期借款"账户。

3.

(1)企业利用发票偷税形式较多,主要包括:伪造、倒卖发票,尤其是餐饮业的定额发票和运输业的车票;不按照规定使用正式发票,如使用过期或作废发票;非法代开发票;大头小尾,即开抽芯发票;发票混用、乱用,不按范围、对象使用发票。另外,很多企业以低价销售或以给经办人回扣为诱饵吸引对方不要发票,个别企业甚至拒开发票。

(2)该酒店的发票作假手段比较老到,主要是因为从表面上看是使用了正式发票,但未按规定使用发票,如利用发票逃税来拉拢客户,利用征税方式不同钻税收征管的空子等。从本例看,该酒店有恶意使用发票之嫌,必须予以打击。

第 7 章 会 计 账 簿

7.1 内 容 框 架

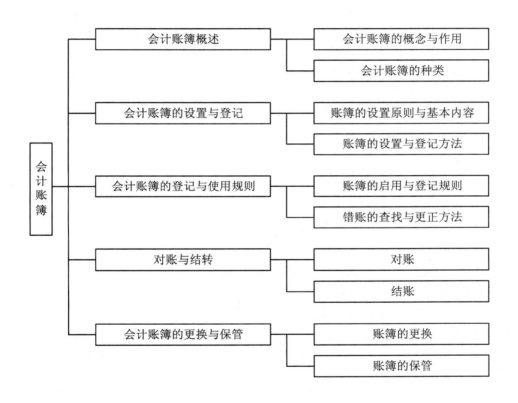

7.2 同 步 练 习

一、单项选择题
1. 由具有一定格式而又相互联结的账页组成的簿籍称为(　　　)。
   A. 会计要素　　　B. 会计科目　　　C. 会计账户　　　D. 会计账簿
2. 下列项目中,(　　　)是连接会计凭证和会计报表的中间环节。
   A. 复式记账　　　B. 设置科目和账户　　C. 设置和登记账簿　　D. 编制会计分录

3. 下列关于会计账簿意义说法错误的是(　　)。
   A. 账簿是积累会计核算资料的工具　　B. 账簿记录是编制会计报表的主要依据
   C. 账簿资料是会计分析和会计检查的直接依据
   D. 账簿记录是登记原始凭证、记账凭证的直接依据
4. 登记账簿的依据是(　　)。
   A. 经济合同　　　B. 会计分录　　　C. 记账凭证　　　D. 有关文件
5. 会计账簿按(　　)分类,分为序时账、分类账、备查账。
   A. 用途　　　　　B. 性质　　　　　C. 格式　　　　　D. 外形
6. 按照经济业务发生时间的先后顺序逐日、逐笔登记的账簿是(　　)。
   A. 总分类账簿　　B. 明细分类账簿　C. 备查账簿　　　D. 序时账簿
7. 序时账簿按其记录内容的不同可以分为(　　)。
   A. 现金日记账和普通日记账　　　　B. 普通日记账和日记总账
   C. 普通日记账和特种日记账　　　　D. 三栏式日记账和多栏式日记账
8. 下列账簿中,属于普通日记账的是(　　)。
   A. 现金日记账　　B. 银行存款日记账　C. 支票登记簿　　D. 分录簿
9. 专门记载某一类经济业务的序时账簿称为(　　)。
   A. 普通日记账　　B. 特种日记账　　C. 转账日记账　　D. 分录簿
10. 下列选项中属于特种日记账的是(　　)。
    A. 序时登记全部经济业务和多种经济业务的日记账
    B. 专门用来登记货币资金的日记账
    C. 专门用来登记某一类经济业务的日记账
    D. 对常见的经济业务分设专栏登记
11. 按照分类账户进行分类登记的账簿是(　　)。
    A. 序时账簿　　　B. 分类账簿　　　C. 备查账簿　　　D. 特种日记账
12. 根据总分类账户设置的账簿是(　　)。
    A. 总分类账　　　B. 明细分类账　　C. 备查账　　　　D. 日记账
13. 在"原材料"账下设的"甲材料"账属于(　　)。
    A. 总分类账　　　B. 明细分类账　　C. 备查账　　　　D. 日记账
14. 对某些在序时账簿和分类账簿中未能记录或记录不全的经济事项,可以设置(　　)予以登记。
    A. 特种日记账　　B. 总分类账　　　C. 明细分类账　　D. 备查账
15. 一般情况下,不需根据记账凭证登记的账簿是(　　)。
    A. 总分类账　　　B. 明细分类账　　C. 备查账　　　　D. 日记账
16. 两栏式账簿一般适用于(　　)。
    A. 特种日记账　　B. 普通日记账　　C. 转账日记账　　D. 明细分类账
17. 下列各项中,适用于资本、债权债务等只需要反映价值指标的交易或事项的记录的账页格式是(　　)。
    A. 两栏式　　　　B. 三栏式　　　　C. 多栏式　　　　D. 数量金额式
18. 下列各项中,适用于成本费用、收入等的交易或事项的记录的账页格式是(　　)。
    A. 两栏式　　　　B. 三栏式　　　　C. 多栏式　　　　D. 数量金额式
19. 数量金额式明细分类账簿的功能是(　　)。

A. 只反映价值量　　　　　　　　　　　　B. 只反映实物量
C. 既反映价值量，又反映实物量　　　　　D. 不反映价值量，也不反映实物量

20. 将前后密切相关的经济业务登记在同一行上，这种账页格式是（　　）。
    A. 两栏式　　　　B. 三栏式　　　　C. 数量金额式　　　　D. 横线登记式

21. 下列做法错误的是（　　）。
    A. 现金日记账采用三栏式账簿　　　　　B. 产成品明细账采用数量金额式账簿
    C. 生产成本明细账采用三栏式账簿　　　D. 制造费用明细账采用多栏式账簿

22. 适用于总分类账与特种日记账的外表形式的是（　　）。
    A. 活页式　　　　B. 卡片式　　　　C. 订本式　　　　D. 任意外表形式

23. 订本式账簿缺点的是（　　）。
    A. 可以避免账页的散失　　　　　　　　B. 防止账页被人为抽换
    C. 不便于记账人员分工记账　　　　　　D. 保证账簿的安全完整

24. 活页账一般适用于（　　）。
    A. 总分类账　　　B. 日记账　　　　C. 备查账　　　　D. 明细分类账

25. 固定资产明细账的外表形式可以采用（　　）。
    A. 订本式　　　　B. 卡片式　　　　C. 活页式　　　　D. 多栏式

26. 现金和银行存款日记账，根据有关凭证（　　）。
    A. 逐日逐笔登记　B. 逐日汇总登记　C. 定期汇总登记　D. 一次汇总登记

27. 下列选项中必须逐日逐笔登记的账簿是（　　）。
    A. 明细账　　　　B. 总账　　　　　C. 日记账　　　　D. 备查账

28. 从银行提取库存现金，登记现金日记账的依据是（　　）。
    A. 现金收款凭证　B. 银行存款付款凭证　C. 银行存款收款凭证　D. 备查账

29. 银行存款日记账的收入方除了根据银行存款收款凭证登记外，有时还要根据（　　）。
    A. 银行存款付款凭证登记　　　　　　　B. 现金收款凭证登记
    C. 现金付款凭证登记　　　　　　　　　D. 转账凭证登记

30. 总分类账必须采用（　　）账簿。
    A. 活页式　　　　B. 订本式　　　　C. 三栏式　　　　D. 多栏式

31. 下列说法不正确的是（　　）。
    A. 账簿按账页格式不同可分为三栏式、多栏式和数量金额式
    B. 现金日记账由出纳人员根据审核后的现金收、付款凭证逐日逐笔按顺序登记
    C. 总分类账的账页格式有三栏式和多栏式两种，最常用的格式为三栏式
    D. 总分类账登记的依据和方法主要取决于所采用的账务处理程序

32. "应收账款"明细账一般采用（　　）。
    A. 三栏式　　　　B. 多栏式　　　　C. 数量金额式　　D. 任意格式

33. 下列明细账分类账中，可以采用多栏式格式的是（　　）。
    A. 应付账款　　　B. 原材料　　　　C. 库存商品　　　D. 管理费用

34. 下列科目的明细账中应采用"借方多栏式"的是（　　）。
    A. 营业外收入　　B. 原材料　　　　C. 应交税费　　　D. 制造费用

35. "营业外收入"明细账应该采用的格式是（　　）。
    A. 借方多栏式　　B. 贷方多栏式　　C. 借贷双方多栏式　D. 三栏式

36. "应交税费——应交增值税"明细账应该采用的格式是（　　）。

A. 借方多栏式　　　B. 贷方多栏式　　　C. 借贷双方多栏式　　D. 三栏式

37. 原材料等财产物资明细账一般适用（　　）明细账。
A. 数量金额式　　　B. 多栏式　　　　　C. 三栏式　　　　　　D. 任意格式

38. 下列明细账可以采用横线登记式账页格式的有（　　）。
A. 原材料　　　　　B. 在途物资　　　　C. 库存商品　　　　　D. 生产成本

39. 下列关于明细账的登记，说法错误的是（　　）。
A. 明细账可以逐日逐笔登记或逐日、定期汇总登记
B. 固定资产、债权债务等明细分类账应当逐笔登记
C. 商品、材料物资明细分类账，可以逐笔登记，也可以逐日汇总登记
D. 明细账可以直接根据原始凭证或汇总原始凭证、记账凭证或汇总记账凭证进行登记

40. 下列关于总账和明细账的表述中，正确的是（　　）。
A. 明细账根据明细分类科目设置
B. 总账的余额不一定等于其所属明细账的余额的合计数
C. 所有资产类总账的余额合计数应等于所有负债总账的余额合计数
D. 现金日记账实质上就是现金的总账

41. 总账和明细账之间进行平行登记的原因是总账与明细账的（　　）。
A. 格式相同　　　　B. 登记时间相同　　C. 业务内容相同　　　D. 指标详细程度不同

42. 启用会计账簿时，应当在账簿封面上写明单位名称和（　　），并在账簿扉页上附启用表。
A. 账簿内容　　　　B. 账簿名称　　　　C. 账簿类型　　　　　D. 账簿编号

43. 登记账簿时，正确的做法是（　　）。
A. 文字或数字的书写必须占满格
B. 书写可以使用蓝黑色墨水水笔、圆珠笔或铅笔
C. 用红字冲销错误记录　　　　　D. 发生的空行，空页一定要补充书写

44. 在登记账簿时，如果经济业务发生日期为11月12日，编制记账凭证日期为11月16日，登记账簿日期为11月17日，则账簿中的"日期"栏登记的时间为（　　）。
A. 11月12日　　　　B. 11月16日　　　　C. 11月17日　　　　　D. 16日或17日均可

45. 记账凭证上记账栏中的"√"记号表示（　　）。
A. 已经登记入账　　B. 不需登记入账　　C. 此凭证作废　　　　D. 此凭证编制正确

46. 主要用以查明是否有重记或漏记的错账查找方法是（　　）。
A. 差数法　　　　　B. 尾数法　　　　　C. 除2法　　　　　　D. 除9法

47. （　　）是指对于发生的差错只查找末位数，以提高查错效率的方法。
A. 差数法　　　　　B. 尾数法　　　　　C. 除2法　　　　　　D. 除9法

48. 将数字写小、将数字写大或邻数颠倒应使用的错账查找方法为（　　）。
A. 差数法　　　　　B. 尾数法　　　　　C. 除2法　　　　　　D. 除9法

49. 在结账前发现账簿记录有文字或数字错误，而记账凭证没有错误，应当采用的更正方法是（　　）。
A. 划线更正法　　　B. 红字更正法　　　C. 补充登记法　　　　D. 平行登记法

50. 记账后，如果发现记账错误是由于记账凭证所列示的会计科目和金额错误引起的，可采用的更正错账方法是（　　）。
A. 红字更正法　　　B. 划线更正法　　　C. 补充登记法　　　　D. A、B均可

51. 采用补充登记法,是因为( )导致账簿记录错误。
   A. 记账凭证上会计科目错误　　　　B. 记账凭证上记账方向错误
   C. 记账凭证上会计科目和记账方向正确,所记金额小于应记金额
   D. 记账凭证上会计科目和记账方向正确,所记金额大于应记金额

52. 下列对账不正确的是( )。
   A. 账簿记录与原始凭证之间的核对
   B. 总分类账簿与其所属明细分类账簿之间的核对
   C. 现金日记账的期末余额与现金总账期末余额的核对
   D. 财产物资明细账账面余额与财产物资实存数额的核对

53. 期末,企业将有关债权债务明细账账面余额与对方单位的账面记录进行核对,这种对账属于( )的内容。
   A. 账证核对　　　B. 账账核对　　　C. 账实核对　　　D. 账表核对

54. 期末根据账簿记录,计算并记录各账户的本期发生额和期末余额,在会计上称为( )。
   A. 对账　　　　B. 结账　　　　C. 调账　　　　D. 查账

55. 企业的结账时间应为( )。
   A. 每日终了时　　　　　　　　B. 每项经济业务登账后
   C. 一定时期终了时　　　　　　D. 会计报表编制后

56. 下列结账方法中不正确的是( )。
   A. 对于不需要按月结计发生额的账户,每月最后一笔余额即为月末余额月末结账时,只需要在最后一笔经济业务记录之下通栏划单红线
   B. 结账时"全年累计"发生额下通栏划双红线
   C. 总账账户在年终结账时,在"本年合计"栏下通栏划双红线
   D. 现金、银行存款日记账,每月结账时,在摘要栏注明"本月合计"字样,并在下面通栏划双红线

57. 年终结账,将余额结转下年时( )。
   A. 不需要编制记账凭证,但应将上年账户的余额反向结平才能结转下年
   B. 应编制记账凭证,并将上年账户的余额反向结平
   C. 不需要编制记账凭证,也不需要将上年账户的余额结平,直接注明"结转下年"即可
   D. 应编制记账凭证予以结转,但不需要将上年账户的余额反向结平

58. 新年度开始启用新账时,可以继续使用不必更换新账的是( )。
   A. 总分类账　　　B. 银行存款日记账　　C. 固定资产卡片　　D. 管理费用明细账

59. 下列关于会计账簿启用与保管不正确的做法是( )。
   A. 启用账簿时,要填写"账簿启用登记表"
   B. 为明确会计人员责任,登记某种账簿的人员,不必对该账簿的保管负责,应由保管会计档案的人员负责
   C. 每日登记账簿,注意书写整齐清洁,不得涂污,避免账页破损,保持账本完整
   D. 按有关规定使用账簿,账簿不得外借

60. 以下哪项不符合账簿平时管理的具体要求( )。
   A. 各种账簿应分工明确,指定专人管理　　　B. 会计账簿只允许在财务室内随意翻阅查看
   C. 会计账簿除需要与外单位核对外,一般不能携带外出

D. 账簿不能随意交与其他人员管理

二、多项选择题

1. 下列关于账簿的叙述,正确的有( )。
   A. 设置和登记账簿是会计核算方法之一
   B. 账簿由一定格式的账页组成,能够全面、系统、连续地记录和反映各项经济业务
   C. 账簿中的账页就是账户的具体存在形式和载体,账簿与账户的关系是形式和内容的关系
   D. 所有账簿的登记都必须以经过审核的会计凭证为依据
2. 设置和登记账簿的作用是( )。
   A. 可以提供系统、完整的会计信息   B. 为编制会计报表提供依据
   C. 是连接会计凭证和财务报表的中间环节   D. 是检查和分析单位经济活动的重要依据
3. 账簿按用途不同可分为( )。
   A. 序时账簿   B. 分类账簿   C. 联合账簿   D. 备查账簿
4. 下列属于序时账簿的有( )。
   A. 普通日记账   B. 现金日记账   C. 银行存款日记账   D. 分录簿
5. 序时账簿按其记录的内容,可分为( )。
   A. 普通日记账   B. 特种日记账   C. 现金日记账   D. 银行存款日记账
6. 下列属于特种日记账的有( )。
   A. 日记账总账   B. 分录簿   C. 现金日记账   D. 银行存款日记账
7. 分类账簿按其反映经济内容的详细程度不同,可分为( )。
   A. 总分类账   B. 明细分类账   C. 普通分类账   D. 特种分类账
8. 下列项目中,应当建立备查账的是( )。
   A. 租入的固定资产   B. 接受外单位的捐赠
   C. 无形资产   D. 委托加工材料登记簿
9. 账簿按其账页格式不同,可分为( )。
   A. 两栏式账簿   B. 三栏式账簿   C. 多栏式账簿   D. 数量金额式账簿
10. 两栏式账簿,只设有( )。
    A. 借方栏   B. 贷方栏   C. 合计栏   D. 余额栏
11. 下列项目中,可以采用三栏式账页格式的是( )。
    A. 应收账款总账 B. 长期借款明细账 C. 实收资本明细账 D. 现金日记账
12. 下列明细账中,可以采用多栏式账页格式的是( )。
    A. 生产成本   B. 管理费用   C. 主营业务收入   D. 利润分配
13. 下列项目中,可以采用数量金额式账页格式的是( )。
    A. 银行存款日记账 B. 应收账款明细账 C. 库存商品明细账 D. 原材料明细账
14. 下列项目中,可以采用横线登记式账页格式的是( )。
    A. 原材料明细账 B. 应收账款明细账 C. 在途物资明细账 D. 其他应收款明细账
15. 账簿按其外形特征,可分为( )。
    A. 订本式账簿   B. 活页式账簿   C. 卡片式账簿   D. 横线登记式账簿
16. 必须采用订本式账簿的是( )。
    A. 现金日记账   B. 固定资产明细账 C. 银行存款日记账 D. 管理费用总账
17. 下列项目中,可以使用活页式账簿的是( )。

A. 银行存款日记账　　B. 应收账款明细账　　C. 库存商品明细账　　D. 固定资产明细账

18. 下列项目中,可以使用卡片式账簿的是(　　)。
A. 预收账款明细账　　B. 材料明细账　　C. 短期借款明细账　　D. 固定资产明细账

19. 会计账簿的基本构成包括(　　)。
A. 封面　　　　　　B. 扉页　　　　　　C. 账页　　　　　　D. 封底

20. 在会计账簿扉页上填列的内容包括(　　)。
A. 账簿名称　　　　B. 单位名称　　　　C. 账户名称　　　　D. 起止页次

21. 启用会计账簿时,在账簿扉页上应当附启用表,其内容包括(　　)。
A. 启用日期　　　　　　　　　　　　　B. 记账人员和会计机构负责人姓名
C. 记账人员和会计机构负责人名章　　　D. 单位公章

22. 账页基本内容包括(　　)。
A. 账户名称,即会计科目
B. 登账日期,凭证种类和号数以及经济业务内容的简要说明
C. 金额,包括借方金额、贷方金额、余额方向及余额
D. 总页次和分户页次

23. 设置账簿,遵循(　　)。
A. 依法原则　　　　B. 全面系统原则　　C. 组织控制原则　　D. 科学合理原则

24. 企业到银行提取现金500元,此项业务应登记为(　　)。
A. 现金日记账　　　B. 银行存款日记账　C. 总分类账　　　　D. 明细分类账

25. 下列有关现金日记账的设置与登记,说法正确的有(　　)。
A. 现金收款凭证　　　　　　　　　　　B. 现金付款凭证
C. 银行存款收款凭证　　　　　　　　　D. 银行存款付款凭证

26. 银行存款日记账的登记依据一般为(　　)。
A. 银行存款收款凭证　　　　　　　　　B. 银行存款付款凭证
C. 现金收款凭证　　　　　　　　　　　D. 现金付款凭证

27. 总分类账可以是(　　)。
A. 三栏式　　　　　B. 多栏式　　　　　C. 订本式　　　　　D. 活页式

28. 总分类账的登记方法有(　　)。
A. 逐日逐笔登记　　B. 逐笔登记　　　　C. 逐日汇总登记　　D. 定期汇总登记

29. 总分类账可以根据(　　)登记。
A. 记账凭证　　　　B. 科目汇总表　　　C. 汇总记账凭证　　D. 试算平衡表

30. 明细账账页格式一般有(　　)。
A. 三栏式　　　　　B. 多栏式　　　　　C. 数量金额式　　　D. 横线登记式

31. 多栏式明细账,又可以分为(　　)。
A. 借方多栏账　　　B. 贷方多栏账　　　C. 借贷方多栏账　　D. 平行登记账

32. 下列各项中,可以采用三栏式明细账的有(　　)。
A. 其他应收款　　　B. 长期待摊费用　　C. 应收账款　　　　D. 短期借款

33. 多栏式明细账适用于(　　)明细分类核算。
A. 制造费用　　　　B. 其他应收款　　　C. 营业外支出　　　D. 生产成本

34. 明细分类账的登记依据可以有(　　)。
A. 原始凭证　　　　B. 汇总原始凭证　　C. 记账凭证　　　　D. 汇总记账凭证

35. 明细账的登记方法有( )。
   A. 逐日逐笔登记　　B. 逐笔登记　　C. 逐日汇总登记　　D. 定期汇总登记
36. 总账与所属明细账的关系是( )。
   A. 记账方向不同　　　　　　　　B. 本期发生额一致
   C. 核算内容不同　　　　　　　　D. 总账是所属明细账的统驭账户
37. 平行登记法下总账与其所属明细账之间在数量上的勾稽关系是( )。
   A. 总账账户的期初余额＝所属明细账户期初余额合计
   B. 总账账户的本期借方发生额＝所属明细账户本期借方发生额合计
   C. 总账账户的本期贷方发生额＝所属明细账户本期贷方发生额合计
   D. 总账账户的期末余额＝所属明细账户期末余额合计
38. 总账和明细账之间的登记应该做到( )。
   A. 登记的依据相同　　　　　　　B. 登记的方向相同
   C. 登记的金额相同　　　　　　　D. 登记的人员相同
39. 启用会计账簿时,应当在账簿的有关位置记录( )。
   A. 设置账簿的封面　　　　　　　B. 登记账簿启用及经管人员一览表
   C. 填写账户目录　　　　　　　　D. 粘贴印花税票
40. 会计账簿登记规则包括( )。
   A. 记账必须有依据　　　　　　　B. 按页次顺序连续记
   C. 账簿记载的内容应与记账凭证一致　　D. 记账必须有摘要,必须结清余额
41. 登记账簿的要求有( )。
   A. 账簿书写的文字和数字上面要留适当空距,一般应占格长二分之一
   B. 登记账簿要用圆珠笔、蓝黑色或黑色墨水水笔书写,不得用铅笔
   C. 各种账簿按页次顺序连续登记,不得跳行、隔页
   D. 登记后,要在记账凭证上签名或盖章,并注明已登账的符号,表示已记账
42. 在会计账簿登记中,可以用红色墨水记账的有( )。
   A. 更正会计科目和金额同时错误的记账凭证
   B. 在不设借贷等栏的多栏式账页中,登记减少数
   C. 未印有余额方向的,在余额栏内登记相反方向数额
   D. 更正会计科目正确,多记金额的记账凭证
43. 常用的查找错账的方法有( )。
   A. 差数法　　B. 尾数法　　C. 除2法　　D. 除9法
44. 会计上允许使用的错账更正方法包括( )。
   A. 划线更正法　　B. 直接涂改法　　C. 红字冲销法　　D. 补充登记法
45. 采用划线更正法,其要点有( )。
   A. 在错误的文字或数字(单个数字)上划一条红线注销
   B. 在错误的文字或数字(整个数字)上划一条红线注销
   C. 将正确的文字或数字用蓝字写在划线的上端
   D. 更正人在划线处盖章
46. 收回货款1 500元存入银行,记账凭证误填为15 000元,并已入账,应采用的错账更正方法是( )。
   A. 采用划线更正法　　　　　　　B. 采用红字更正法

C. 用红字借记"银行存款 13 500",贷记"应收账款 13 500"
D. 用蓝字借记"应收账款 13 500",贷记"银行存款 13 500"

47. 记账后发现记账凭证中应借、应贷会计科目正确,只是金额发生错误,可以用的更正方法有(　　)。
    A. 划线更正法　　B. 横线登记法　　C. 红字更正法　　D. 补充登记法

48. 对账的内容有(　　)。
    A. 账实核对　　B. 账证核对　　C. 账账核对　　D. 账款核对

49. 账证核对指的是核对会计账簿记录与原始凭证、记账凭证的(　　)是否一致,记账方向是否相符。
    A. 时间　　B. 凭证字号　　C. 内容　　D. 金额

50. 对账时,账账核对包括(　　)。
    A. 总账各账户的余额核对
    B. 总账与明细账之间的核对
    C. 总账与备查簿之间的核对
    D. 总账与日记账的核对

51. 对账时,账实核对包括(　　)。
    A. 现金日记账账面余额与库存现金实际库存数相核对
    B. 银行存款日记账账面余额与银行对账单相核对
    C. 各种财产物资明细账账面余额与财产物资实存数额相核对
    D. 总账与日记账的核对

52. 下列各项中,属于期末结账内容有(　　)。
    A. 将账户的上期余额结转入本期账户　　B. 将在本期发生的交易或事项全部入账
    C. 按照权责发生制基础对应计事项调整入账
    D. 计算结账账户的发生额和月,结转收入、费用类账户

53. 结账的种类包括(　　)。
    A. 月结　　B. 季结　　C. 年结　　D. 日结

54. 必须逐日结出余额的账簿是(　　)。
    A. 现金总账　　B. 银行存款总账　　C. 现金日记账　　D. 银行存款日记账

55. 结账时正确的做法是(　　)。
    A. 结出当月发生额的,在"本月合计"下面通栏划单红线
    B. 结出本年累计发生额的,在"本年累计"下面通栏划单红线
    C. 12月末,结出全年累计发生额的,在下面通栏划单红线
    D. 12月末,结出全年累计发生额的,在下面通栏划双红线

56. 下列需要划双红线的有(　　)。
    A. 在"本月合计"的下面　　B. 在"本年累计"的下面
    C. 在12月末的"本年累计"的下面　　D. 在"本年合计"的下面

57. 年度结束后,对于账簿的保管应该做到(　　)。
    A. 装订成册　　B. 加上封面　　C. 统一编号　　D. 当即销毁

58. 下列关于会计账簿的更换和保管正确的有(　　)。
    A. 总账、日记账和多数明细账每年更换一次
    B. 变动较小的明细账可以连续使用
    C. 备查账不可以连续使用
    D. 会计账簿由本单位财务会计部门保管半年后,交由本单位档案管理部门保管

59. 每年更换一次的会计账簿有（　　）。
    A. 总账　　　　B. 日记账　　　　C. 多数明细账　　　　D. 变动较小的明细账
60. 跨年度使用，不必每年更换的会计账簿有（　　）。
    A. 总账、日记账　　　　　　　　B. 多数明细账
    C. 变动较小的明细账　　　　　　D. 备查账簿

三、判断题
1. 账簿即会计账户。（　　）
2. 账簿与账户的关系是形式和内容的关系，账户是形式，账簿是内容。（　　）
3. 会计账簿是连接会计凭证与会计报表的中间环节，在会计核算中具有承前启后的作用，是编制会计报表的基础。（　　）
4. 在手工记账条件下，所谓账户设置就是指在账簿中设立账户。（　　）
5. 在一个账簿中只可以设立一个账户。（　　）
6. 序时账簿是按照交易或事项发生的时间顺序逐日逐笔进行登记的账簿。（　　）
7. 我国企业会计制度规定，各单位必须设置现金日记账和银行存款日记账。（　　）
8. 分类账簿包括总分类账簿和明细分类账簿两种。（　　）
9. 备查账簿与其他账簿一样，都是用于登记企业所发生的交易或事项的。（　　）
10. 在整个账簿体系中，日记账和分类账是主要账簿，备查账为辅助账簿。（　　）
11. 就现金业务而言，目前我国企业设现金日记账和库存现金总分类账，同时还应设库存现金明细分类账。（　　）
12. 普通日记账既可以取代记账凭证，也可以取代总分类账。（　　）
13. 货币资金的日记账可以取代其总账。（　　）
14. 企业对受托代销的商品，可以设置备查账簿进行登记。（　　）
15. 经营性租入的固定资产不能在"固定资产"分类账中登记，而应在备查账簿中登记，因此，在编制资产负债表时，"固定资产原值"项目应是"固定资产"分类账与备查账簿的金额之和。（　　）
16. 三栏式账簿一般适用于费用、成本等明细账。（　　）
17. 总分类账可采用三栏式账页，而明细分类账则应根据其经济业务的特点采用不同格式的账页。（　　）
18. 库存商品适合采用多栏明细账的格式。（　　）
19. 账簿按其用途不同，可分为订本式账簿、活页式账簿和卡片式账簿。（　　）
20. 订本式账簿是指在记完账后，把记过账的账页装订成册的账簿。（　　）
21. 订本式账簿的优点是适用性强，便于汇总，可以根据需要开设，利于会计分工，提高工作效率。（　　）
22. 现金及银行存款日记账按规定应采用订本式账簿，总分类账和明细分类账既可以用订本账，也可以用活页账。（　　）
23. 卡片式账簿的优点是能够避免账页散失，防止不合法地抽换账页。（　　）
24. 账簿启用日期属于账页的基本内容。（　　）
25. 为了保证货币资金的安全和完整，企业必须设置现金日记账和银行存款日记账，账页格式可以采用三栏式或多栏式，外表形式都必须使用订本账。（　　）
26. 库存现金日记账的借方是根据收款凭证登记的，贷方是根据付款凭证登记的。（　　）

27. 出纳应在现金日记账每笔业务登记完毕,即结出余额,并与库存现金进行核对。(　　)

28. 银行存款日记账中的对方科目,是指交易或事项发生以后编制的会计分录中与"银行存款"科目相对应的会计科目。(　　)

29. 多栏式日记账实际上是普通日记账的一种特殊形式。(　　)

30. 分类账簿是对全部业务按收款业务、付款业务和转账业务进行分类登记的账簿。(　　)

31. 总分类账必须采用订本式的三栏式账簿。(　　)

32. 任何单位都必须设置总分类账。(　　)

33. 总分类账簿也应像序时账簿、明细分类账簿,由记账人员根据记账凭证逐笔登记。(　　)

34. 在数量金额式明细分类账簿中也要设置多个专栏,因而这种账簿也可称为多栏式明细分类账簿。(　　)

35. 账户的对应关系是指总账与明细账之间的关系。(　　)

36. 平行登记是指经济业务发生后,根据会计凭证,一方面要登记有关的总分类账户,另一方面要登记该总分类账户所属的各明细分类账户。(　　)

37. 平行登记要求总账与其相应的明细账必须同一时刻登记。(　　)

38. 启用订本式账簿时,应当从第一页到最后一页按顺序编定页数,不得跳页、缺号。使用活页式账页时,应当按账户顺序编号,不需定期装订成册。(　　)

39. 账簿中书写的文字和数字上面要留有适当空距,一般应占格距的二分之一,以便于发现错误时进行修改。(　　)

40. 除结账和更正错账外,一律不得用红色墨水笔登记账簿。(　　)

41. 在年度开始启用新账簿时,应把上年度的年末累计发生额和余额记入新账的第一行,并在摘要栏注明"上年结转"字样。(　　)

42. 差数法是指按照错账的差数查找错账的方法。(　　)

43. 除九法是将试算表上借、贷双方合计数的差额除以9,根据差数的某些特征查找错账的一种方法。(　　)

44. 结账之前,如果发现账簿中所记文字或数字有过账笔误或计算错误,而记账凭证并没有错,可用划线更正法更正。(　　)

45. 记账以后,发现记账凭证和账簿记录中应借应贷的会计科目无误,只是金额有错误,且所错记的金额小于应记的正确金额,可采用红字更正法更正。(　　)

46. 补充登记法就是把原来未登记完的业务登记完毕的方法。(　　)

47. 期末结账的记账凭证和更正错账的记账凭证可以不附原始凭证。(　　)

48. 所谓对账就是指账簿与账簿之间的核对。(　　)

49. 期末对账时,包括账证核对,即会计账簿记录与有关原始凭证、记账凭证核对。(　　)

50. 本单位应收账款明细账与有关单位应付账款明细账之间的核对属于账账核对。(　　)

51. 结账工作是建立在持续经营前提下的。(　　)

52. 结账是一项将账簿记录定期结算清楚的账务工作。(　　)

53. 总账账户平时只需要结出月末余额,年终结账时,将总账账户结出全年发生额和年末

余额,并在合计数下通栏划双红线。( )

54. 应收、应付款明细账和各项财产物资明细账每月都需结出本期发生额及余额。
( )

55. 新旧账簿有关账户之间的余额结转,需要编制记账凭证。( )

56. 账户在结转下年、建立新账后,通常要把旧账送交总账会计集中统一管理。( )

57. 会计账簿暂由本单位财务会计部门保管半年,期满后,交由档案部门保管。( )

58. 备查账簿需要每年更换一次。( )

59. 各种账簿应当按年度分类归档,编造目录,妥善保管。既保证在需要时迅速查阅,又保证各种账簿的安全和完整。( )

60. 各种账簿保管期满后,还要按照规定的审批程序经批准后才能销毁。( )

四、核算分析题

1. 某公司20××年7月份发生了下列经济业务:

(1) 5日,通过银行支付本月办公费600元。

(2) 5日,销售产品一批,货款20 000元,增值税税率13%,款项已送存银行。

(3) 5日,银行取得短期借款100 000元,存入存款账户。

(4) 10日,生产产品领用A材料8 000元(80千克),B材料4 000元(20千克);生产车间领用A材料1 000元(10千克),行政部门领用B材料500元(2.5千克)。

(5) 10日,以银行存款1 000元支付罚款。

(6) 20日,预提本月银行借款利息3 000元。

(7) 25日,购入材料一批,货款10 000元,其中A材料6 000元(60千克),B材料4 000元(20千克),增值税税率13%,款项均已通过银行付清,材料已验收入库。

(8) 25日,收到B公司偿还前欠货款35 000元,已存入银行存款户。

(9) 31日,提取现金1 000元备用。

(10) 31日,转账支付本月工资100 000元。

要求:

(1) 根据上述经济业务,编制会计分录(列出日期、摘要和凭证字号);

(2) 将上述经济业务登记银行存款日记账(表7-1)、原材料总分类账(表7-2)和明细分类账(表7-3、表7-4)。

表7-1 银行存款日记账

单位:元

20××年		凭证		摘要	对方科目	收入	支出	结余
月	日	字	号					
7	1			月初余额				250 000

表 7-2 原材料总分类账

账户名称:原材料   单元:元

20××年		凭证		摘要	借方	贷方	借或贷	余额
月	日	字	号					
7	1			月初余额			借	100 000

表 7-3 原材料明细账

名称:A 材料

20××年		凭证		摘要	借方			贷方			借或贷	余额		
月	日	字	号		数量(千克)	单价(元/千克)	金额(元)	数量(千克)	单价(元/千克)	金额(元)		数量(千克)	单价(元/千克)	金额(元)
7	1			月初余额							借	600	100	60 000

表 7-4 原材料明细账

名称:B 材料

20××年		凭证		摘要	借方			贷方			借或贷	余额		
月	日	字	号		数量(千克)	单价(元/千克)	金额(元)	数量(千克)	单价(元/千克)	金额(元)		数量(千克)	单价(元/千克)	金额(元)
7	1			月初余额							借	200	200	40 000

2. 某公司20××年5月份查账时发现下列错账:

(1) 用银行存款预付建造固定资产的工程价款(通过"在建工程"核算)86 000元,编制的会计分录为:

　　借:在建工程　　　　　　　　　86 000
　　　贷:银行存款　　　　　　　　　86 000

在过账时,"在建工程"账户记录为68 000元。

(2) 用库存现金支付职工生活困难补助(通过"应付职工薪酬"核算)300元,编制的会计分录为:

　　借:管理费用　　　　　　　　　300

　　　　贷：库存现金　　　　　　　　　　　　　　300

（3）计提车间生产用固定资产折旧（涉及累计折旧和制造费用账户）3 500元，编制的会计分录为：

　　借：制造费用　　　　　　　　　　　　　35 000
　　　　贷：累计折旧　　　　　　　　　　　　　35 000

（4）用库存现金支付工人工资45 000元，编制的会计分录为：

　　借：应付职工薪酬　　　　　　　　　　　　4 500
　　　　贷：库存现金　　　　　　　　　　　　　4 500

要求：按正确的方法更正以上错账。

3. 20××年12月7日，某公司的王明（此前，王明已于20××年9月1日开始从事出纳工作。当时的财务负责人为赵青，此前的出纳员为钱江）被调离了出纳岗位，接手材料会计工作，新接手出纳工作的是孙河，之前负责材料会计工作的是李湖。王明和李湖对各自的原工作做了他们认为必要的处理，并办理了交接手续，办理完交接手续后现金日记账和材料明细账的扉页及相关账页资料如表7-5、表7-6、表7-7所示。

表7-5　账簿使用登记表

单位名称		某公司（盖章）		
账簿名称		现金日记账		
册次及起止页数		自壹页起至壹百页止　共壹百页		
启用日期		20××年1月1日		
停用日期		年　月　日		
经管人员	接管日期	交出日期	经管人员盖章	会计主管人盖章
李维	20××年9月1日	20××年12月7日	王明　孙河	赵青

表7-6　账簿使用登记表

单位名称		某公司（盖章）		
账簿名称		原材料明细账		
册次及起止页数		自壹页起至　　页止　共　　页		
启用日期		20××年1月1日		
停用日期		年　月　日		
经管人员	接管日期	交出日期	经管人员盖章	会计主管人盖章
李湖	20××年8月5日	20××年12月7日	李湖	赵青
王明	20××年12月7日	20××年12月31日	王明	赵青

表 7-7 现金日记账

单位:元

20××年		凭证		摘要	对方科目	收入	支出	结余
月	日	字	号					
9	1			月初余额				5 000
	2			零星销售	主营业务收入	8 000		13 000
	12			报差旅费	管理费用		5 000	8 000
	13			零星销售	主营业务收入	5 000		13 000
	13			付广告费	销售费用		4 000	9 000

要求:指出王明所做的会计处理的不当之处,并加以纠正。

7.3 参 考 答 案

一、单项选择题

1. D　2. C　3. D　4. C　5. A　6. D　7. C　8. D　9. B　10. C　11. B
12. A　13. B　14. D　15. C　16. B　17. B　18. C　19. C　20. D　21. C　22. C
23. C　24. D　25. B　26. A　27. C　28. B　29. C　30. B　31. B　32. A　33. D
34. D　35. B　36. C　37. A　38. B　39. D　40. A　41. C　42. B　43. C　44. B
45. A　46. A　47. B　48. D　49. A　50. A　51. C　52. A　53. C　54. B　55. C
56. D　57. C　58. C　59. B　60. B

二、多项选择题

1. ABCD　2. ABCD　3. ABD　4. ABCD　5. AB　6. CD　7. AB
8. AD　9. ABCD　10. AB　11. ABCD　12. ABCD　13. CD　14. BCD
15. ABC　16. ACD　17. BC　18. BD　19. ABCD　20. ABCD　21. ABCD
22. ABCD　23. ABCD　24. ABC　25. ABD　26. ABD　27. ABC　28. BD
29. ABC　30. ABCD　31. ABC　32. ACD　33. ACD　34. ABC　35. ABCD
36. ABD　37. ABCD　38. ABC　39. ABCD　40. ABC　41. ACD　42. ABCD
43. ABCD　44. ACD　45. BCD　46. BC　47. CD　48. ABC　49. ABCD
50. ABD　51. ABC　52. BCD　53. ABCD　54. CD　55. ABD　56. CD
57. ABC　58. AB　59. ABC　60. CD

三、判断题

1. ×　2. ×　3. √　4. √　5. ×　6. √　7. √　8. √　9. ×　10. √
11. ×　12. ×　13. ×　14. √　15. ×　16. ×　17. √　18. ×　19. ×　20. ×
21. ×　22. ×　23. ×　24. ×　25. √　26. ×　27. ×　28. √　29. ×　30. ×
31. ×　32. √　33. ×　34. ×　35. ×　36. √　37. ×　38. ×　39. √　40. ×
41. ×　42. √　43. ×　44. √　45. ×　46. ×　47. √　48. √　49. √　50. ×

第7章　会计账簿

51. √ 52. √ 53. × 54. × 55. × 56. × 57. × 58. × 59. √ 60. √

四、核算分析题

1.
(1) 20××年7月5日　银付1
支付办公费
借：管理费用　　　　　　　　　　　　　　　　　　　　600
　　贷：银行存款　　　　　　　　　　　　　　　　　　　600

(2) 20××年7月5日　银收1
销售产品
借：银行存款　　　　　　　　　　　　　　　　　　22 600
　　贷：主营业务收入　　　　　　　　　　　　　　　20 000
　　　　应交税费——应交增值税（销项税额）　　　　2 600

(3) 20××年7月5日　银收2
借入短期借款
借：银行存款　　　　　　　　　　　　　　　　　　100 000
　　贷：短期借款　　　　　　　　　　　　　　　　　100 000

(4) 20××年7月10日　转1
领用材料
借：生产成本　　　　　　　　　　　　　　　　　　12 000
　　制造费用　　　　　　　　　　　　　　　　　　　1 000
　　管理费用　　　　　　　　　　　　　　　　　　　　500
　　贷：原材料——A材料　　　　　　　　　　　　　　9 000
　　　　　　　——B材料　　　　　　　　　　　　　　4 500

(5) 20××年7月10日　银付2
支付罚款
借：营业外支出　　　　　　　　　　　　　　　　　1 000
　　贷：银行存款　　　　　　　　　　　　　　　　　1 000

(6) 20××年7月20日　转2
计提利息
借：财务费用　　　　　　　　　　　　　　　　　　3 000
　　贷：应付利息　　　　　　　　　　　　　　　　　3 000

(7) 20××年7月25日　银付3
购入材料
借：原材料——A材料　　　　　　　　　　　　　　　6 000
　　　　——B材料　　　　　　　　　　　　　　　　4 000
　　应交税费——应交增值税（进项税额）　　　　　　1 300
　　贷：银行存款　　　　　　　　　　　　　　　　　11 300

(8) 20××年7月25日　银收3
收回货款
借：银行存款　　　　　　　　　　　　　　　　　　35 000
　　贷：应收账款——B公司　　　　　　　　　　　　35 000

(9) 20××年7月31日　银付4

提现

借:库存现金　　　　　　　　　　　　　1 000

　　贷:银行存款　　　　　　　　　　　　　　1 000

(10) 20××年7月31日　银付5

支付工资

借:应付职工薪酬——工资　　　　　　100 000

　　贷:银行存款　　　　　　　　　　　　　100 000

表7-8　银行存款日记账

单位:元

20××年		凭证		摘要	对方科目	收入	支出	结余
月	日	字	号					
7	1			月初余额				250 000
	5	银付	1	支付办公费	管理费用		600	249 400
	5	银收	1	销售产品	主营业务收入、应交税费	22 600		272 000
	5	银收	2	借入短期借款	短期借款	100 000		372 000
	5			本日合计		122 600	600	372 000
	10	银付	2	支付罚款	营业外支出		1 000	371 000
	10			本日合计			1 000	371 000
	25	银付	3	购入材料	原材料、应交税费		11 300	359 700
	25	银收	3	收回货款	应收账款	35 000		394 700
	25			本日合计		35 000	13 300	394 700
	31	银付	4	提现	库存现金		1 000	393 700
	31	银付	5	支付工资	应付职工薪酬		100 000	293 700
	31			本日合计			101 000	293 700
	31			本月合计		157 600	113 900	293 700

表7-9　总分类账

账户名称:原材料　　　　　　　　　　　　　　　　　　　　　　　　　　　　单位:元

20××年		凭证		摘要	借方	贷方	借或贷	余额
月	日	字	号					
7	1			月初余额			借	100 000
	10	转	1	领用材料		13 500		
	25	银付	3	购入材料	10 000			
	31			本月合计	10 000	13 500	借	96 500

第7章　会计账簿

表 7-10　原材料明细账

名称:A 材料

20××年		凭证		摘要	借方			贷方			借或贷	余额		
月	日	字	号		数量(千克)	单价(元/千克)	金额(元)	数量(千克)	单价(元/千克)	金额(元)		数量(千克)	单价(元/千克)	金额(元)
7	1			月初余额							借	600	100	60 000
	10	转	1	领用材料				90	100	9 000	借	510	100	51 000
	25	银付	3	购入材料	60	100	6 000				借	570	100	57 000
	31			本月合计	60	100	6 000	90	100	9 000	借	570	100	57 000

表 7-11　原材料明细账

名称:B 材料

20××年		凭证		摘要	借方			贷方			借或贷	余额		
月	日	字	号		数量(千克)	单价(元/千克)	金额(元)	数量(千克)	单价(元/千克)	金额(元)		数量(千克)	单价(元/千克)	金额(元)
7	1			月初余额							借	200	200	40 000
	10	转	1	领用材料				22.5	200	4 500	借	177.5	200	35 500
	25	银付	3	购入材料	20	200	4 000				借	197.5	200	39 500
	31			本月合计	20	200	4 000	22.5	200	4 500	借	197.5	200	39 500

2.

(1) 划线更正法

将账簿中登记的错误金额画单红线,在上面用蓝黑或黑色水笔写上正确的金额,并签字或盖章。

(2) 红字更正法

借:管理费用　　　　　　　　　　　　　　　300

　贷:库存现金　　　　　　　　　　　　　　300

借:应付职工薪酬　　　　　　　　　　　　　300

　贷:库存现金　　　　　　　　　　　　　　300

(3) 红字更正法

借:制造费用　　　　　　　　　　　　　　　31 500

　贷:累计折旧　　　　　　　　　　　　　　31 500

(4) 补充登记法

借:应付职工薪酬　　　　　　　　　　　　　40 500

　贷:库存现金　　　　　　　　　　　　　　40 500

3.

错误 1:王明是 20××年 9 月 1 日接手出纳工作的,但在库存现金日记账的扉页中没有王明接手出纳工作前的相关记录及王明接手时的账簿交接记录。

错误 2:在原材料明细账的扉页中,李湖接管日前的账簿使用人与接管日不明,王明交出日期为 20××年 12 月 31 日不一定正确,20××年 12 月 31 日尚未到,20××年 12 月 31 日会计主管人员赵青的监交记录不应该有。

错误 3:在库存现金日记账中,20××年 9 月 1 日的现金结余数是 5 000 元,在 20××年 9 月 12 日报销差旅费时全部支出,从 20××年 9 月 1 日至 9 月 13 日,企业没有从银行提取现金,但 20××年 9 月 13 日又从企业金库中支取现金 4 000 元,王明至少坐支现金 4 000 元,违反了有关现金管理规定。

第8章 财产清查

8.1 内容框架

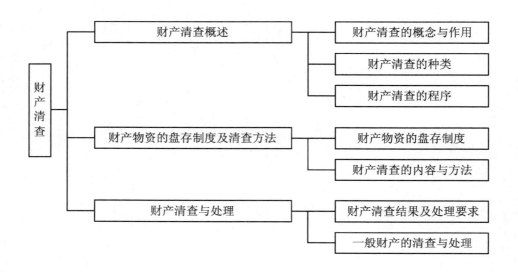

8.2 同步练习

一、单项选择题

1. 财产清查是对(　　)进行盘点和核对,确定其实存数,并检查其账存数和实存数是否相符的一种专门方法。
   A. 存货　　　　　　B. 固定资产　　　　C. 货币资金　　　　D. 各项财产

2. 有关财产清查下列表述正确的是(　　)。
   A. 财产清查,是指在一定日期,通过对财产物资的盘点或核对,查明其实有数与账存数是否相符,并查明账实不符的原因的一种会计核算方法
   B. 财产清查只是对货币资金的清查
   C. 财产物资的管理是通过对财产的实物的管理进行的
   D. 从理论上讲,财产物资的实存数应与账存数不一致,所以要进行财产清查

3. 关于财产清查的作用,下列表述正确的是(　　)。

A. 通过财产清查调整账户账簿记录与财产物资的实存数相等,以保证会计资料真实可靠
B. 通过财产清查,可查明财产物资在会计核算上存在的问题,但不能检查会计人员是否遵守财经纪律和结算制度
C. 通过财产清查可以查出的问题,但是却不能堵塞漏洞,防患于未然
D. 财产清查可能导致财产损失浪费、非法挪用、贪污盗窃等情况

4. 全面清查和局部清查是按照(　　)来划分的。
A. 财产清查的范围　　B. 财产清查的时间　　C. 财产清查的方法　　D. 财产清查的性质

5. 通常,在年终决算之前要(　　)。
A. 对企业所有财产进行技术推算盘点　　B. 对企业所有财产进行全面清查
C. 对企业部分财产进行局部清查　　D. 对企业流动性较大的财产进行全面清查

6. 下列(　　)情况下,企业不需对其财产进行全面清查。
A. 年终决算前　　B. 企业进行股份制改制前
C. 更换仓库保管员　　D. 企业破产

7. 按清查时间划分,单位发生贪污盗窃、营私舞弊等事件时所进行的清查属于(　　)。
A. 全面清查　　B. 局部清查　　C. 定期清查　　D. 不定期清查

8. 关于定期清查和不定期清查叙述,正确的是(　　)。
A. 定期清查,是指在年末对财产物资进行的盘点和核对
B. 不定期清查,是指根据实际情况的需要而临时进行的清查和核对
C. 只有国家有关行政管理机关或上级主管单位对企业进行会计检查时才实行不定期清查
D. 定期清查和不定期清查根据清查的对象和范围属于全面清查

9. 企业在遭受自然灾害后,对其受损的财产物资进行的清查,属于(　　)。
A. 局部清查和定期清查　　B. 全面清查和定期清查
C. 全面清查和不定期清查　　D. 局部清查和不定期清查

10. 一般而言,单位撤销、合并时,要进行(　　)。
A. 定期清查、全面清查和内部清查　　B. 不定期清查、全面清查和外部清查
C. 定期清查、局部清查和内部清查　　D. 不定期清查、局部清查和外部清查

11. 关于财产清查的准备工作,下列说法正确的是(　　)。
A. 财产清查的准备工作只需要企业将所有经济业务全部入账就可以了
B. 财产清查的准备工作包括组织准备和业务准备
C. 财产清查人员准备的度量衡器只需符合企业业务需要即可
D. 财产清查是一项复杂、细致的工作,但是就局部清查而言,涉及面和工作量都不大

12. 有关财产清查的组织工作,下列说法正确是(　　)。
A. 财产清查是年终工作,不需要准备
B. 财产清查没有出纳人员的事,因此出纳不用在场
C. 财产清查前应在组织上和业务上做好充分的准备
D. 财产清查可由会计人员自己清查

13. 在财产清查中填制的"账存实存对比表"是(　　)。
A. 调整账面记录的原始凭证　　B. 调整账面记录的记账凭证
C. 登记总分类账的直接依据　　D. 登记日记账的直接依据

14. 企业通过实地盘点法先确定期末存货数量,然后倒挤出本期发出存货的数量,这种处理制度称为(　　)。

A. 收付实现制　　　　B. 账面盘存制　　　　C. 实地盘存制　　　　D. 权责发生制

15. 对各项财产物资的增减数都须根据有关凭证逐笔或逐日登记有关账簿并随时结出账面余额的方法称为(　　)。

A. 收付实现制　　　　B. 实地盘存制　　　　C. 权责发生制　　　　D. 永续盘存制

16. 关于实地盘存制度,下列说法正确的是(　　)。

A. 这一方法称为"以存计耗"或"盘存计耗",一般适用于商品流通企业,称为"以存计销"或"盘存计销"
B. 采用这种方法,平时账上既登记存货的购进或收入,也登记存货的发出
C. 采用这种方法,期末通过实地盘点确定存货数量,然后倒挤计算出当期耗用或销货成本
D. 采用实地盘存制度,存货的日常核算比较复杂

17. 永续盘存制计算公式计算正确的是(　　)。

A. 本期耗用或销货成本＝期初存货成本＋本期购货成本－期末存货成本
B. 本期耗用或销货成本＝期初存货成本－本期购货成本＋期末存货成本
C. 期末存货成本＝期初存货成本＋本期购货成本－本期耗用或销货成本
D. 期末存货成本＝期初存货成本－本期购货成本＋本期耗用或销货成本

18. 实地盘存制与永续盘存制的主要区别是(　　)。

A. 盘点的方法不同　　B. 盘点的目的不同　　C. 盘点的工具不同　　D. 盘亏结果处理不同

19. 实地盘存制和永续盘存制的比较,正确的是(　　)。

A. 永续盘存制的缺点表现为手续不严密,不能随时反映存货收入、发出和结存的动态
B. 实地盘存制的主要优点是通过账簿记录和实地盘点,将实存数与账存数相核对,可以查明溢余或短缺的原因
C. 永续盘存制的主要缺点是只能到期末盘点时结转耗用或销货成本,加大了期末核算工作量,而且容易掩盖存货管理中存在的问题
D. 实地盘存制的主要优点是可以简化存货的日常核算工作

20. 下列表述正确的是(　　)。

A. 查询法是指在财产清查中,向有关单位和人员通过当面或信函了解确定财产物资实有数量的一种方法
B. 技术推算法是指对委托外单位加工或存放在外单位的财产物资,根据发出、收回的数量等资料推算出在外加工或存放的材料物资数量的一种方法
C. 抽样盘点法是指在财产清查过程中,对清查对象采用逐一盘点、计数、计量以确定其实有数的一种方法
D. 实地盘点法是指在财产清查过程中,随机抽取部分财产物资进行清查,以确定全部财产物资实有数的一种方法

21. 关于财产清查的技术方法,下列选项正确的是(　　)。

A. 实地盘点法一般适用于量大、有规律堆放并且易于清点的材料、在产品、库存商品等的清查
B. 技术推算法一般适用于堆存量小或价值高,不宜逐一点数的大宗物资的清查
C. 抽样盘点法适用于堆存量大或价值低廉、不宜逐一点数的大宗物资的清查
D. 查询法一般适用于债权、债务等往来账款的清查

22. 对于天然堆放的矿石,一般采用(　　)法进行清查。

A. 技术推算　　　　　B. 抽查检验　　　　　C. 询证核对　　　　　D. 实地盘点

23. 下列资产中,( )不应采用实地盘点法或技术推算法进行清查。
A. 库存现金　　　　B. 原材料　　　　C. 银行存款　　　　D. 固定资产
24. 企业进行盘点发现账实不符,下列会计处理中正确的是( )。
A. 直接作损益处理　　　　　　　　B. 先调整账面结存数
C. 不作任何调整,继续查明原因　　D. 按账面数进行调整
25. 财产物资的盘盈和盘亏,一般通过( )科目核算。
A. 管理费用　　　B. 营业外收入　　　C. 待处理财产损溢　　D. 其他业务收入
26. 下列各项中,登记在"待处理财产损溢"账户借方的是( )。
A. 财产的盘亏数　　　　　　　　B. 财产的盘盈数
C. 财产盘亏的转销数　　　　　　D. 尚未处理的财产净溢余
27. "待处理财产损溢"账户期末( )。
A. 余额在借方　　　　　　　　B. 余额在贷方
C. 一般没有余额　　　　　　　　D. 可能在借方,也可能在贷方
28. "待处理财产损溢"账户未转销的借方余额表示( )。
A. 等待处理的财产盘盈　　　　B. 等待处理的财产盘亏
C. 尚待批准处理的财产盘盈数大于尚待批准处理的财产盘亏和毁损数的差额
D. 尚待批准处理的财产盘盈数小于尚待批准处理的财产盘亏和毁损数的差额
29. 对库存现金的清查应采用的方法是( )。
A. 实地盘点法　　B. 检查现金日记账　　C. 倒挤法　　D. 抽查现金
30. 关于库存现金的清查,下列说法错误的是( )。
A. 在清查小组盘点现金时,出纳人员必须在场
B. "现金盘点报告表"需要清查人员和出纳人员共同签字盖章
C. 要根据"现金盘点报告表"进行账务处理
D. 库存现金盘盈或盘亏直接作为当期损益处理
31. 某企业在财产清查中发现现金长款280元,在批准处理前编制会计分录时应借记"库存现金"科目,贷记( )科目。
A. 其他应收款　　B. 待处理财产损溢　　C. 营业外收入　　D. 其他应付款
32. 某企业出现现金短缺,经查是由出纳保管不善造成的,则经批准后应计入( )。
A. 管理费用　　B. 其他应收款　　C. 其他应付款　　D. 营业外支出
33. 库存现金清查中对无法查明原因的长款,经批准应计入( )。
A. 其他应收款　　B. 其他应付款　　C. 营业外收入　　D. 管理费用
34. 对银行存款进行清查,应该采用的方法是( )。
A. 抽样盘点法　　　　　　　　B. 实地盘存法
C. 与开户银行核对账目法　　　D. 和往来单位核对账目法
35. 对银行存款进行清查时,应将( )与银行对账单逐笔核对。
A. 银行存款总账　　B. 银行存款日记账　　C. 银行支票备查簿　　D. 库存现金日记账
36. 双方记账无误的情况下银行存款日记账与银行对账单余额不一致是由于有( )存在。
A. 应收账款　　B. 应付账款　　C. 未达账项　　D. 其他货币资金
37. 企业开出支票一张,银行尚未入账,属于( )情况的未达账项。
A. 银行已收,企业未收　　　　B. 银行已付,企业未付

C. 企业已收,银行未付　　　　　　　D. 企业已付,银行未付

38. 某公司20××年10月31日的银行存款核对中发现,银行对账单余额为2 518.60元,银行存款日记账账面余额为2 500元,经逐笔核查,发现有如下未达账项:10月29日,外地某购货单位汇来一笔预付款3 400元,银行已收妥入账,而企业尚未入账;10月30日,银行支付承兑货款2 000元,企业尚未记账;10月30日,企业开出现金支票一张计1 000元,但持票人尚未到银行提现;银行代扣电话费2 381.4元,但企业尚未收到有关凭证。调整后银行存款的余额应是(　　)元。
　　A. 3 900　　　　　B. 1 518.6　　　　C. 3 381.4　　　　D. 3 100

39. 编制银行存款余额调节表时,本单位银行存款调节后的余额等于(　　)。
　　A. 本单位银行存款余额＋本单位已记增加而银行未记增加的账项－银行已记增加而本单位未记增加的账项
　　B. 本单位银行存款余额＋银行已记增加而本单位未记增加的账项－银行已记减少而本单位未记减少的账项
　　C. 本单位银行存款余额＋本单位已记增加而银行未记增加的账项－本单位已记增加而银行未记增加的账项
　　D. 本单位银行存款余额＋银行已记减少而本单位未记减少的账项－银行已记增加而本单位未记增加的账项

40. 银行存款余额调节表中调节后的余额是(　　)。
　　A. 银行存款账面余额　　　　　　B. 对账单余额与日记账余额的平均数
　　C. 对账日企业可以动用的银行存款实有数额　　D. 银行方面的账面余额

41. 银行存款余额调节表是(　　)。
　　A. 原始凭证　　　B. 记账凭证　　　C. 会计报表　　　D. 会计资料

42. 下列属于实物资产清查范围的是(　　)。
　　A. 库存现金　　　B. 存货　　　　C. 银行存款　　　D. 应收账款

43. 关于实物财产的清查方法,下列说法正确的是(　　)。
　　A. 实物财产的清查只能使用实地盘点法
　　B. 实物财产的清查方法可以采用实地盘点法、技术抽样盘点法、抽样盘点法等
　　C. 实物财产的清查方法可以采用实地盘点法和抽样盘点法
　　D. 实物财产的清查方法只能采用抽样盘点法

44. 下列说法正确的是(　　)。
　　A. 属于自然损耗产生的定额内合理损耗应由过失人赔偿
　　B. 属于超定额的短缺以及毁损造成的损失转作管理费用
　　C. 属于非常损失造成的存货毁损,不用扣除保险公司赔偿和残料价值,直接列作营业外支出
　　D. 企业盘盈、盘亏和毁损的存货,报经批准以前应先通过"待处理财产损溢——待处理流动资产损溢"账户核算

45. 盘亏的固定资产应该通过(　　)科目核算。
　　A. 固定资产清理　　B. 待处理财产损溢　　C. 以前年度损益调整　　D. 在建工程

46. 盘盈的固定资产经批准后应该通过(　　)账户予以调整。
　　A. 管理费用　　　B. 营业外收入　　　C. 利润分配　　　D. 以前年度损益调整

47. 在财产清查中发现盘亏一台设备,其账面原值为80 000元,已提折旧20 000元,则该企

业记入"待处理财产损溢"账户的金额为(　　)元。

A. 80 000　　　　B. 20 000　　　　C. 60 000　　　　D. 100 000

48. 某企业盘点中发现盘亏一台设备,原始价值50 000元,已计提折旧10 000元。根据事先签订的保险合同,保险公司应赔偿30 000元,则扣除保险公司赔偿后剩余的净损失10 000元应计入(　　)。

A. 累计折旧　　　B. 营业外支出　　C. 管理费用　　　D. 资本公积

49. 往来款项的清查方法是(　　)。

A. 实地盘点法　　B. 发函询证法　　C. 技术推算法　　D. 抽查法

50. 为了确保往来款项的安全,需要对往来款项计提(　　)。

A. 资产减值准备　B. 存货跌价准备　C. 成本差异准备　D. 坏账准备

二、多项选择题

1. 财产清查的意义包括(　　)。

A. 有利于提高会计核算资料的准确性　　B. 有利于挖掘财产物资的潜力,加速资金周转
C. 有利于保障财产物资的安全完整　　　D. 有利于挖掘财产物资的使用潜力

2. 按清查范围不同,可将财产清查分为(　　)。

A. 全面清查　　　B. 局部清查　　　C. 内部清查　　　D. 外部清查

3. 全面清查是指对企业的全部财产进行盘点和核对,包括属于本单位和存放在本单位的所有财产物资、货币资金和各项债权债务。其中的财产物资包括(　　)。

A. 在本单位的所有固定资产、库存商品、原材料、包装物、低值易耗品、在产品、未完工程等
B. 属于本单位但在途中的各种在途物资
C. 委托其他单位加工、保管的材料物资
D. 存放在本单位的代销商品、材料物资等

4. 下列情况适用于全面清查的有(　　)。

A. 年终决算前　　　　　　　　　　　　B. 单位撤销、合并或改变隶属关系前
C. 全面清产核资、资产评估　　　　　　D. 单位主要负责人调离工作前

5. 局部清查主要对象有(　　)。

A. 库存现金　　　B. 在产品和产品　C. 债权债务　　　D. 固定资产

6. 下列事项,需要进行局部清查的有(　　)。

A. 发生自然灾害　　　　　　　　　　　B. 会计机构负责人调离时
C. 财产物资保管人员发生变动　　　　　D. 单位撤销

7. 局部清查一般包括(　　)。

A. 对于现金应由出纳员在每日业务终了时清点,做到日清月结
B. 对于银行存款和其他货币资金,应由出纳员至少每月同银行核对一次
C. 对于债权债务,应在年度内至少核对一至二次,有问题应及时核对,及时解决
D. 对于材料、在产品和产成品除年度清查外,应有计划地每月重点抽查

8. 财产清查按照清查的时间可分为(　　)。

A. 全面清查　　　B. 局部清查　　　C. 定期清查　　　D. 不定期清查

9. 定期清查的时间一般是(　　)。

A. 年末　　　　　B. 单位合并时　　C. 季末　　　　　D. 月末

10. 下列情况需要进行不定期清查的是(　　)。

A. 更换财产和现金保管人员时　　　　　B. 发生自然灾害和意外损失时

C. 会计主体发生改变或隶属关系变动时　　D. 财税部门对本单位进行会计检查时

11. 以下关于定期清查和不定期清查表述正确的有（　　）。
   A. 定期清查对象不定，可以是全面清查也可以是局部清查
   B. 不定期清查对象可以是全面清查也可以是局部清查
   C. 定期清查的目的在于查明情况，分清责任
   D. 不定期清查清查的目的在于保证会计核算资料的真实正确

12. 下列项目中，属于不定期并且全面清查的是（　　）。
   A. 单位合并、撤销以及改变隶属关系　　B. 年终决算之前
   C. 企业股份制改制前　　D. 单位主要领导调离时

13. 财产清查按照清查的执行单位不同，可分为（　　）。
   A. 内部清查　　B. 外部清查　　C. 全面清查　　D. 局部清查

14. 财产清查的一般程序是（　　）。
   A. 成立财产清查领导小组，制订财产清查计划
   B. 确定清查的对象和范围，明确清查任务
   C. 制定清查方案，配备清查人员
   D. 安排清查工作的进度，填制盘存单和清查报告表

15. "实存账存对比表"是（　　）。
   A. 财产清查的重要报表　　B. 会计账簿的重要组成部分
   C. 调整账簿的原始凭证　　D. 分析盈亏原因，明确经济责任的重要依据

16. 下列可用作原始凭证、调整账簿记录的有（　　）。
   A. 实存账存对比表　　B. 未达账项登记表
   C. 库存现金盘点报告表　　D. 银行存款余额调节表

17. 关于存货及其存货盘存制度，下列说法正确的是（　　）。
   A. 存货包括各种原材料、燃料、包装物、低值易耗品、委托加工材料、在产品、库存商品等
   B. 会计方法中对存货采取专门的记录方法进行反映和控制，这种记录方法被称为存货盘存制度
   C. 存货盘存制度分为实地盘存制和永续盘存制
   D. 以上说法都不正确

18. 财产物资的盘存制度有（　　）。
   A. 收付实现制　　B. 权责发生制　　C. 永续盘存制　　D. 实地盘存制

19. 下列关于实地盘存制的说法正确的是（　　）。
   A. 期末要对全部存货进行实地盘点　　B. 平时存货账户只记借方，不记贷方
   C. 用于工业企业，称为"以存计耗"或"盘存计耗"
   D. 用于商品流通企业，称为"以存计销"或"盘存计销"

20. 下列关于实地盘存制的说法正确的是（　　）。
   A. 实地盘存制的主要优点是可以简化存货的日常核算工作
   B. 实地盘存制缺点是手续不严密，不能随时反映存货收入、发出和结存的动态
   C. 实地盘存制只能到期末盘点时结转耗用或销货成本，加大了期末核算工作量
   D. 实地盘存制适用于价值低、品种杂、交易频繁的财产物资和一些损耗大、数量不稳定的鲜活商品

21. 关于存货的永续盘存制，下列说法错误的是（　　）。

A. 永续盘存制不需要同时登记存货的收入和发出,只需登记发出即可
B. 在永续盘存制下,需同时登记存货的收入和发出,但是不需随时结出账存数,只需在月底结出
C. 采用永续盘存制,对存货不需定期或不定期地进行实地盘点
D. 企事业单位应当采取永续盘存制进行财产物资管理

22. 有关永续盘存制的优点,表述错误的是(　　)。
A. 永续盘存制不能同时对存货的数量和金额两方面进行控制
B. 永续盘存制不利于查明存货的溢余或短缺的原因
C. 永续盘存制方便及时合理地组织货源和调配资金
D. 企业、行政、事业单位都采取永续盘存制

23. 关于实地盘存制和永续盘存制的比较,错误的是(　　)。
A. 永续盘存制优于实地盘存制　　B. 在实用性上,实地盘存制优于永续盘存制
C. 在工作量上,永续盘存制优于实地盘存制　D. 实地盘存制和永续盘存制不好做绝对比较

24. 下列各项中,(　　)属于企业财产清查内容。
A. 货币资金　　　B. 实物资产　　　C. 应收、应付款项　　D. 对外投资

25. 下列资产中,需要从数量和质量两个方面进行清查的有(　　)。
A. 货币资金　　　B. 原材料　　　C. 产成品　　　D. 应收账款

26. 有关财产清查的技术方法,下列说法正确的是(　　)。
A. 财产清查的技术方法,是指查明某种或某类财产实有数额和完成清查任务的具体技术手段
B. 在实际进行的财产清查工作中,常用的技术方法有查询法、技术推算法、外存推算法、抽样盘点法、实地盘点法等
C. 技术推算法,是指在财产清查中,按照一定的标准推算出清查对象实有数量的一种方法
D. 抽样盘点法,是指在财产清查过程中,随机抽取部分财产物资进行清查,以确定全部财产物资实有数的一种方法

27. 常用的实物财产清查方法包括(　　)。
A. 实地盘点法　　B. 技术推算法　　C. 函证核对法　　D. 抽样盘点法

28. 下列各项中,(　　)适合采用实地盘点法进行财产清查。
A. 原材料　　　B. 固定资产　　　C. 库存现金　　　D. 露天堆放的煤

29. 核对账目法适用于(　　)。
A. 库存现金的清查　B. 银行存款的清查　C. 短期借款的清查　D. 预付账款的清查

30. 造成账实不符的原因主要有(　　)。
A. 财产物资的自然损耗、收发计量错误　　B. 会计账簿漏记、重记、错记
C. 财产物资的毁损、被盗　　　　　　　D. 未达账项

31. 下列属于财产清查客观原因是(　　)。
A. 规章制度不健全、管理不善或工作人员失职
B. 存在发生贪污盗窃、营私舞弊等不法行为
C. 在保管过程中由于发生物理、化学或天气变化而产生自然损溢
D. 在财产物资的收发过程中,某些财产物资整进零出

32. 下列关于"待处理财产损溢"科目,说法正确的是(　　)。
A. 为了核算和监督财产清查中查明的各种财产物资的盘盈、盘亏、毁损及处理情况,应设

置"待处理财产损溢"账户

B. 该科目的借方登记发生的各种材料、产成品等的盘亏、毁损数和结转已批准处理的各种材料、产成品等的盘盈数

C. 贷方登记发生的财产盘盈数和结转已批准处理的盘亏、毁损数

D. 期末如为借方余额,表示尚未处理的各种财产物资的盘盈数大于尚未批准处理的财产盘亏和毁损数的差额,为待处理财产净溢余

33. 下列关于财产清查结果处理要求的表述中,正确的是(　　)。
    A. 及时调整账簿记录,保证账实相符　　　B. 积极处理多余积压财产,清理往来款项
    C. 总结经验教训,建立和健全各项管理制度
    D. 分析产生差异的原因和性质并提出处理建议

34. 财产清查结果的处理步骤是(　　)。
    A. 核准数字,查明原因　　　　　　　　B. 调整凭证,做到账实相符
    C. 调整账簿,做到账实相符　　　　　　D. 进行批准后的账务处理

35. 关于库存现金的清查,下列说法正确的有(　　)。
    A. 库存现金应该每日清点一次　　　　　B. 库存现金应该采用实地盘点法
    C. 在清查过程中可以用借条、收据充抵库存现金
    D. 要根据盘点结果编制"现金盘点报告表"

36. 库存现金盘亏的账务处理中,可能涉及的科目有(　　)。
    A. 库存现金　　B. 管理费用　　C. 其他应收款　　D. 营业外支出

37. 下列有关库存现金清查处理结果的说法,正确的是(　　)。
    A. 库存现金清查中发现长款时作如下会计分录,并报上级审批。借方登记库存现金,贷方登记待处理财产损溢
    B. 库存现金清查中发现长款,若查明原因,多收款不用退回
    C. 库存现金清查中发现长款,若未查明原因,报经批准作营业外收入处理
    D. 库存现金清查中发现短款,借方登记待处理财产损溢,贷方登记库存现金

38. 关于银行存款的清查,下列说法正确的是(　　)。
    A. 不需要根据"银行存款余额调节表"作任何账务处理
    B. 对于未达账项,等以后有关原始凭证到达后再作账务处理
    C. 如果调整之后双方的余额不相等,则说明银行或企业记账有误
    D. 经过调节以后双方账面余额相等,说明双方记账肯定无错误

39. 下列各项中,(　　)可能属于银行存款日记账与银行对账单不符的原因。
    A. 企业账务记录有误　　　　　　　　　B. 银行账务记录有误
    C. 未达账项的存在　　　　　　　　　　D. 记账时间不一致

40. 未达账项包括下列几种情况(　　)。
    A. 银行已收,企业未收　　　　　　　　B. 银行已付,企业未付
    C. 企业已收,银行未收　　　　　　　　D. 企业已付,银行未付

41. 会导致企业银行存款日记账余额大于银行对账单余额的事项有(　　)。
    A. 企业销售商品一批,收到对方开具的转账支票已入账,而银行尚未入账
    B. 企业采购商品一批,已开具给对方转账支票,而银行尚未入账
    C. 银行代企业支付水电费,未通知企业
    D. 银行代企业收取服务费,未通知企业

42. 银行存款的清查步骤有(　　)。
A. 将本单位银行存款日记账与银行对账单逐日逐笔核对,凡双方都有记录的,用铅笔在金额旁打上记号"√"
B. 找出未标记"√"的未达账项
C. 将日记账和对账单的月末余额及未达账项填入"银行存款余额调节表",计算调整后的余额
D. 调整平衡的"银行存款余额调节表",经主管会计签章后,呈报开户银行

43. 关于实物财产的清查,正确的是(　　)。
A. 不同品种的实物财产,采用的清查方法也有所不同
B. 常用的实物财产的清查方法主要有实地盘点法、技术推算法、抽样盘点法等
C. 为了避嫌,在财产清查时有关实物财产的保管人员必须回避,不能参加盘点工作
D. 实物财产清查使用的凭证主要有"盘存单"和"实存账存对比表"

44. 对于盘亏、毁损的存货,经批准后进行账务处理时,可能涉及的借方账户是(　　)。
A. 其他应收款　　　B. 营业外支出　　　C. 营业外收入　　　D. 原材料

45. 有关盘盈的固定资产的入账价值的标准是(　　)。
A. 如果同类或类似固定资产存在活跃市场的,按同类或类似固定资产的市场价格,减去按该项资产的新旧程度估计的价值损耗后的余额,作为入账价值
B. 如果同类或类似固定资产存在活跃市场的,按企业同类或类似的固定资产的原始价格作为入账价值
C. 若同类或类似固定资产不存在活跃市场的,按该项固定资产的预计未来现金流量的现值,作为入账价值
D. 若同类或类似固定资产不存在活跃市场的,按该项固定资产的评估确认价值入账

46. 盘盈固定资产有关处理,不正确的是(　　)。
A. 按确定的入账价值,借记"固定资产"科目,贷记"以前年度损益调整"科目
B. 按确定的入账价值,贷记"固定资产"科目,借记"以前年度损益调整"科目
C. 按确定的入账价值,借记"固定资产"科目,贷记"营业处收入"科目
D. 按确定的入账价值,借记"固定资产"科目,贷记"管理费用"科目

47. 盘亏固定资产有关处理,说法正确的是(　　)。
A. 盘亏的固定资产报经批准转销前,应将固定资产原值和累计折旧转出
B. 盘亏的固定资产报经批准转销前,应借记"待处理财产损溢——待处理固定资产损溢"和"累计折旧"账户,贷记"固定资产"账户
C. 盘亏的固定资产报经批准转销时,若为责任人或保险公司赔偿,应借记"其他应收款"
D. 盘亏的固定资产报经批准转销时,扣除保险公司同意赔偿,经有关部门批准后,将净损失列入"营业外支出"

48. 关于往来款项和库存现金的清查,下列说法正确的有(　　)。
A. 往来款项的清查一般采用实地盘点法
B. 往来款项的清查要按每一个经济往来单位填制"往来款项对账单"
C. 往来款项的清查采用发函询证法,对方单位经过核对相符后,在回联单上加盖公章退回,表示已经核对
D. 库存现金的清查"现金盘点报告表"不能作为调整账簿记录的原始凭证,不能根据"现金盘点报告表"进行账务处理

49. 有关往来账项的清查范围,包括( )。
   A. 应收款项　　　B. 应付款项　　　C. 预收款项　　　D. 预付款项
50. 有关往来账款清查结果的处理,说法正确的是( )。
   A. 对无法收回的应收账款,在提取坏账准备的企业,冲减"坏账准备"
   B. 对无法收回的应收账款,在不提取坏账准备的企业,记入"管理费用"
   C. 对无法支付的应付账款经批准后,转入"营业外收入"
   D. 对无法支付的应付账款经批准后,也可以冲减"坏账准备"

三、判断题

1. 财产清查既是会计核算的一种专门方法,又是财产物资管理的一项重要制度。( )
2. 财产物资的管理只需要对财产的实物进行管理。( )
3. 财产清查是找出账簿中存在的记账错误,以保证会计资料的真实可靠。( )
4. 现代意义上的财产清查,实际上就是对资产实存数量和质量的检查。( )
5. 通过财产清查,可以查明各项财产物资是否有被非法挪用、贪污盗窃的情况,以便采取有效措施,改善管理,切实保障各项财产物资的安全完整。( )
6. 财产清查主要看企业财产是否完好存在,不需要查明财产物资的使用是否符合国家有关的政策、法律、法规。( )
7. 财产清查就是对各项实物资产进行定期盘点和核对。( )
8. 定期清查可以是全面清查也可以是局部清查。( )
9. 不定期清查,可以是全面清查,也可以是局部清查。( )
10. 财产清查中的临时清查,即不定期清查,其主要目的在于保证会计核算资料的真实、正确。( )
11. 对贵重物资一般要经常进行局部清查,至少应每月清查盘点一次。( )
12. 财产清查的工作简单,不需进行任何准备。( )
13. 财产清查是一项复杂、细致的工作,涉及面广,工作量大。( )
14. 财产清查的准备工作,包括业务准备和人员准备。( )
15. 财产清查前会计部门和会计人员必须将所有经济业务全部入账。( )
16. 财产清查人员可以按公司标准校正各种必要的度量衡器,准备好各种专用表格。( )
17. 在进行库存现金和存货清查时,出纳人员和实物保管人员不得在场。( )
18. "盘存单"需经盘点人员和实物保管人员共同签章方能有效。( )
19. 盘点实物时,发现账面数大于实存数,即为盘盈。( )
20. 确定财产物资结存数量的核算方法,即财产物资的盘存制度,通常采用权责发生制。( )
21. 实地盘存制与永续盘存制都是确定各项实物资产账面结存数量的方法。( )
22. 实地盘存制平时账上只记存货的购进或收入,不记发出,期末,通过实地盘点确定存货数量,然后倒挤计算出当期耗用或销货成本。( )
23. 在采用实地盘存制的方法时,存货的日常核算比较简单,不会引起非正常销售或耗用的存货损失、差错甚至被盗窃。( )
24. 实地盘存制是可以简化存货的日常核算工作,因此实地盘存制是最适于企业财产清查的方法。( )
25. 永续盘存制的计算公式为:期初结存数+本期收入数−期末实存数=本期发出数。

26. 采用永续盘存制,可以不用对存货定期或不定期地进行实地盘点。(   )
27. 永续盘存制,是指通过设置存货明细账,平时逐笔或逐日地登记存货的收入和发出,并随时结出账存数,然后与实存数相核对的一种存货会计处理方法。(   )
28. 采用永续盘存制可以起到随时反映库存情况和保护存货安全完整的作用,一旦发生差错或短缺,也容易发现和查找原因。(   )
29. 实地盘存制的实用性跟永续盘存制相比较差。(   )
30. 财产清查的范围只包括对货币资金、存货、固定资产的清查。(   )
31. 对某些价值小、数量多、逐一清点工作量大的财产物资,可以采用技术推算的方法进行清查。(   )
32. 对于盘盈或盘亏的财产物资,需在期末结账前处理完毕,如在期末结账前尚未经批准处理,待批准后进行处理。(   )
33. 为了反映和监督各单位在财产清查过程中查明的各种资产的盈亏及报经批准后的转销数额,应设置"待处理财产损溢"账户,该账户属于负债类账户。(   )
34. 会计部门要在财产清查之后将所有的经济业务登记入账并结出余额,做到账账相符、账证相符,为财产清查提供可靠的依据。(   )
35. "待处理财产损溢"账户期末处理结转后应无余额。(   )
36. 库存现金的清查包括出纳人员每日的清点核对和清查小组定期和不定期的清查。(   )
37. 企业在现金清查中,发现现金短款,经查明属于出纳人员的责任,则应借记"其他应收款——出纳员",贷记"待处理财产损溢"。(   )
38. 凡有几个银行户头以及开设有外币存款户头的单位,应分别按存款户头开设"银行存款日记账"。每月月底,应分别将各户头的"银行存款日记账"汇总后与汇总的"银行对账单"核对,编制"银行存款余额调节表"。(   )
39. 企业的银行存款日记账与银行对账单所记的内容是相同的,都是反映企业的银行存款的增减变动情况。(   )
40. 未达账项是指由于存款单位和银行之间对于同一项业务,由于取得凭证的时间不同,导致记账时间不一致,而发生的一方已取得结算凭证而登记入账,但另一方由于尚未取得结算凭证而尚未入账的款项。包括企业未收到凭证而未入账的款项和企业、银行都未收到凭证而未登记入账的款项。(   )
41. 未达账项只在企业与开户银行之间发生,企业与其他单位之间不会发生未达账项。(   )
42. 如果企业银行存款日记账余额与银行对账单余额相等,则说明不存在未达账项。(   )
43. 对在银行存款清查时出现的未达账项,可编制银行存款余额调节表来调整,该表是调节账面余额的原始凭证。(   )
44. 银行存款余额调节表的编制方法一般是在企业与银行双方账面余额的基础上,各自加上对方已收而本单位未收的款项,减去对方已付而本单位未付的款项。经过调节后,双方的余额应一致,是企业可动用的银行存款实有数;如果不一致,应进一步查明原因。(   )
45. 银行已经付款记账而企业尚未付款记账,会使企业银行存款日记账账面余额大于银行对账单的账面余额。(   )

第8章 财产清查

46. 实物财产的清查是对存货和固定资产的清查。（   ）

47. 对已委托外单位加工、保管的材料、商品、物资以及在途材料、商品、物资等，可以采取询证的方法与有关单位进行核对，来查明账实是否相符。（   ）

48. 存货发生盘盈，经批准后，借记"待处理财产损溢"科目，贷记"管理费用"科目。（   ）

49. F 企业为增值税一般纳税人，在对其期末存货进行财产清查中，发现 A 商品溢余 20 件，单价 20 元，共计 400 元。因数目较小，可直接计入"管理费用"进行调整处理。（   ）

50. 存货盘亏属于定额内短缺应计入"管理费用"，超定额的短缺以及毁损造成的损失应由过失人或保险公司赔偿，净损失和非正常原因造成的损失应计入"营业外支出"。（   ）

51. 固定资产清查要通过"固定资产清理"科目核算。（   ）

52. 盘盈固定资产作为前期差错处理，计入"营业外收入"。（   ）

53. 经批准转销固定资产盘亏净损失时，账务处理应借记"营业外支出"账户，贷记"待处理财产损溢"账户。（   ）

54. 企业对于与外部单位往来款项的清查，一般采取编制对账单寄交给对方单位的方式进行，因此属于账账核对。（   ）

55. 为了保证会计信息质量，应对应收及预付款项计提坏账准备。（   ）

四、核算分析题

1. 某公司 20××年 6 月 30 日银行存款日记账余额为 152 000 元，银行对账单余额为 148 700 元。经逐笔核对，发现有几笔未达账项：

（1）企业开出一张 200 元支票购买办公用品，企业已登记入账，但银行尚未登记入账；

（2）企业将销售商品收到的转账支票 5 000 元存入银行，企业已登记入账，但银行尚未登记入账；

（3）银行受托代企业支付水电费 500 元，银行已经登记入账，但企业尚未收到付款通知单、未登记入账；

（4）银行已收到外地汇入货款 2 000 元登记入账，但企业尚未收到收款通知单、未登记入账。

要求：编制银行存款余额调节表（表 8-1）。

表 8-1　银行存款余额调节表

年　月　日　　　　　　　　　　　　　　　　　　　　　　单位：元

项目	金额	项目	金额
银行存款日记账余额		银行对账单余额	
加：银行已收、企业未收款		加：企业已收、银行未收款	
减：银行已付、企业未付款		减：企业已付、银行未付款	
调节后余额		调节后余额	

2. 某公司 20××年 11 月有关财产清查业务资料如下：

（1）10 日，在清查中发现现金短缺 8 元；

（2）15 日，上述短款无法查明原因，经批准作管理费用处理；

（3）20 日，在清查中发现现金溢余 200 元，经查明属少支付张明报销的差旅费；

（4）28 日，在财产清查中盘盈甲材料 2 000 元；盘亏乙材料 30 000 元，该批材料原购进时的进项增值税为 3 900 元；

(5) 28 日，在财产清查中发现短少机床一台，该设备账面原值为 100 000 元，已提折旧 70 000 元；

(6) 30 日，经查上述甲材料盘盈系因计量器具不准确造成的，乙材料盘亏系非正常损失，保险公司赔偿 10 000 元；

(7) 30 日，经批准上述短少机床的损失作营业外支出处理；

(8) 30 日，发现盘盈机器设备一台，估计原值为 30 000 元，已提折旧额为 5 000 元。

要求：根据上述经济业务，编制相关会计分录。

3. 某公司采购员王环环出差回来报销差旅费。旅馆开出发票记载单价为 50 元/人，人数为 1 人，时间为 10 天，金额为 500 元。而王环环却将单价 50 元/人直接改为 350 元/人，小写金额改为 3 500 元，将大写金额前加了一个"叁仟"，报销后贪污金额为 3 000 元。

根据上述资料，请分析：

(1) 出纳员对此应承担什么责任？

(2) 对采购员王环环应怎样进行处理？

(3) 出纳员应如何审核这类虚假业务？

4. 某公司出纳员张秋收到购货单位签发的一张转账支票 2 084 元后，签发了一张金额为 2 084 元的现金支票，然后一并到银行办理银行存款进账业务和提取现金业务。

请问：

(1) 出纳员的这种做法是否属于正常的经济业务范畴，为什么？

(2) 对这两笔经济业务如何进行账务处理？

(3) 你作为一名审计人员，对这类经济业务应如何查处？

5. 审计员小王在审查某公司的 20×× 年资产负债表时发现，有一笔待处理流动资产净损失金额为 200 000 元，审查其明细账得知是部分库存材料盘亏，但在审查会计凭证时却发现 10 月 15 日 23# 凭证购买材料时，编制会计分录如下：

借：原材料——甲材料　　　　　　　　　　200 000
　　应交税费——应交增值税（进项税额）　 26 000
　　贷：银行存款　　　　　　　　　　　　226 000

10 月 15 日 25# 记账凭证后未附有原始凭证，但编制的会计分录是：

借：待处理财产损溢——待处理流动资产损溢　280 000
　　贷：原材料——甲材料　　　　　　　　　　200 000
　　　　其他应付款——美华公司　　　　　　　 80 000

10 月 18 日编制的 27# 记账凭证是：

借：管理费用　　　　　　　　　　　　　　　280 000
　　贷：待处理财产损溢——待处理流动资产损溢　280 000

对于上述业务，小王的疑虑是该公司为何将 80 000 元"其他应付款"计入盘亏。于是对"其他应付款"的明细账进行了审查，发现美华公司其他应付款项系会议室装饰用工费。小王实际查看了该公司装饰的会议室，从外观上看是最近装修的，但从账簿、会计凭证中未发现任何记录，于是小王找到了美华公司于经理询问此事，据于经理反映，他们为该公司装饰会议室不仅出了工，而且还购买了装饰材料。

根据上述资料，请分析：

该公司有哪些违法行为，应如何真实地记录该项经济业务？

6. 审计人员在对某公司进行审计时发现,该公司于20××年12月份以更新机器设备为名报废了8台正常运转的机器设备。8台设备原值共计160万元,已提折旧70万元,会计人员按照厂长的指示对8台设备进行了固定资产清理的账务处理,即:

借:固定资产清理　　　　　　　　　　　　　900 000
　　累计折旧　　　　　　　　　　　　　　　700 000
　　　贷:固定资产　　　　　　　　　　　　　　　　1 600 000
借:营业外支出　　　　　　　　　　　　　　900 000
　　　贷:固定资产清理　　　　　　　　　　　　　　900 000

根据上述资料:
(1) 审计人员应怎样审查该公司的这种行为?
(2) 该公司这样做的动机是什么?
(3) 审计人员应责成该公司进行怎样的账务调整?

7. 某公司20××年1月赊销一批产品,价款共计10万元。三年后,仍未收回该项货款,于是会计人员便将此应收账款作为坏账处理了。然而,次年2月客户将该笔货款又偿还给了该公司,此时会计人员不但没有入账,反而将10万元私自侵吞。

根据上述资料:
(1) 会计人员的这种做法属于什么行为?
(2) 会计人员将应收账款作为坏账处理应如何编制会计分录?
(3) 当客户将款项支付给该公司时,会计人员应如何进行正确的账务处理?

8.3　参　考　答　案

一、单项选择题

1. D　2. A　3. A　4. A　5. B　6. C　7. D　8. B　9. D　10. B　11. B
12. C　13. A　14. C　15. D　16. C　17. C　18. B　19. D　20. A　21. D　22. A
23. C　24. B　25. C　26. A　27. C　28. D　29. A　30. D　31. B　32. C　33. C
34. C　35. C　36. C　37. C　38. C　39. C　40. C　41. D　42. C　43. C　44. D
45. B　46. D　47. C　48. B　49. B　50. D

二、多项选择题

1. ABCD　2. AB　3. ABCD　4. ABCD　5. ABC　6. ABC　7. ABCD
8. CD　9. ACD　10. ABCD　11. AB　12. ACD　13. AB　14. ABCD
15. ACD　16. AC　17. ABC　18. CD　19. ABCD　20. ABCD　21. ABC
22. ABD　23. ABC　24. ABC　25. BC　26. ABCD　27. ABCD　28. ABC
29. BCD　30. ABCD　31. BCD　32. ABC　33. ABCD　34. ACD　35. ABD
36. ABCD　37. ACD　38. ABC　39. ABCD　40. ABCD　41. AC　42. ABCD
43. ABD　44. ABD　45. AC　46. BCD　47. ABCD　48. BC　49. ABCD
50. AC

三、判断题

1. √　2. ×　3. ×　4. ×　5. √　6. ×　7. ×　8. √　9. √　10. √

11. √	12. ×	13. √	14. √	15. √	16. ×	17. ×	18. √	19. ×	20. ×
21. ×	22. √	23. ×	24. ×	25. ×	26. ×	27. √	28. √	29. ×	30. ×
31. √	32. ×	33. ×	34. ×	35. √	36. √	37. ×	38. ×	39. √	40. ×
41. ×	42. ×	43. ×	44. √	45. ×	46. ×	47. √	48. ×	49. ×	50. √
51. ×	52. ×	53. √	54. ×	55. √					

四、核算分析题

1.

表 8-2 银行存款余额调节表

20××年 6 月 30 日　　　　　　　　　　　　　　　　　　　　　　单位:元

项目	金额	项目	金额
银行存款日记账余额	152 000	银行对账单余额	148 700
加:银行已收、企业未收款	2 000	加:企业已收、银行未收款	5 000
减:银行已付、企业未付款	500	减:企业已付、银行未付款	200
调节后余额	153 500	调节后余额	153 500

2.

（1）

借:待处理财产损溢——待处理流动资产损溢　　　　　　8
　　贷:库存现金　　　　　　　　　　　　　　　　　　　　8

（2）

借:管理费用　　　　　　　　　　　　　　　　　　　　8
　　贷:待处理财产损溢——待处理流动资产损溢　　　　　　8

（3）

借:库存现金　　　　　　　　　　　　　　　　　　　　200
　　贷:待处理财产损溢——待处理流动资产损溢　　　　　　200

借:待处理财产损溢——待处理流动资产损溢　　　　　　200
　　贷:其他应付款——张明　　　　　　　　　　　　　　　200

（4）

借:原材料——甲材料　　　　　　　　　　　　　　　　2 000
　　贷:待处理财产损溢——待处理流动资产损溢　　　　　　2 000

借:待处理财产损溢——待处理流动资产损溢　　　　　　33 900
　　贷:原材料——乙材料　　　　　　　　　　　　　　　30 000
　　　　应交税费——应交增值税(进项税额转出)　　　　　3 900

（5）

借:待处理财产损溢——待处理固定资产损溢　　　　　　30 000
　　累计折旧　　　　　　　　　　　　　　　　　　　70 000
　　贷:固定资产　　　　　　　　　　　　　　　　　　100 000

（6）

借:待处理财产损溢——待处理流动资产损溢　　　　　　2 000
　　贷:管理费用　　　　　　　　　　　　　　　　　　2 000

```
借:其他应收款——保险公司                    10 000
   营业外支出                               23 900
   贷:待处理财产损溢——待处理流动资产损溢     33 900
```
(7)
```
借:营业外支出                               30 000
   贷:待处理财产损溢——待处理固定资产损溢     30 000
```
(8)
```
借:固定资产                                300 000
   贷:累计折旧                              50 000
      以前年度损益调整                      250 000
```

3.

出纳员应负责追回损失的现金,若无法追回,出纳员应承担连带赔偿责任。出纳员应首先检查原始凭证,即应检查发票有无部门领导的签字,发票金额的笔体是否一致。发现有疑点时,应采用函询法调查住宿单价。

4.

出纳员的这种做法一般情况下属于异常的经济业务。值得注意的是,出纳员可能利用银行存款同时一增一减两笔相同金额的业务,使银行存款余额没有变化,其与银行对账单余额相符,不易看出漏洞,从而达到贪污公款的目的。因此,对这种贪污行为,审计人员应将银行存款日记账上的收支业务逐笔与银行对账单核对,如果发现银行对账单上有金额相同且时间间隔不长的一收一付两笔业务而银行存款日记账上没有记录,应特别注意,询问会计人员是什么原因造成的,如果查不清原因,可到银行调查该收付业务的具体内容,进而确定有无贪污公款的行为。

5.

该公司为装饰会议室,投资了280 000元。为了不从账面反映出这一铺张行为,便将购料费和用工费通过资产盘亏处理掉。这样做的结果是:抵扣了不应抵扣的增值税,偷漏了增值税;虚增了当期费用,虚减了当期利润,少交了所得税。

正确的做法是:

当购进装饰材料时:
```
借:工程物资                                200 000
   应交税费——应交增值税(进项税额)          26 000
   贷:银行存款                             226 000
```
当领用工程物资并发生用工费时:
```
借:在建工程                                280 000
   贷:工程物资                             200 000
      其他应付款——美华公司                 80 000
```

6.

(1)第一步,审计人员应审阅固定资产清理明细账,对设备未到年限却作清理处理应予以高度重视,同时审查企业在账簿记录中有没有清理费用和残料价值或变价收入。第二步,审计人员应亲临现场,实地查看和盘点已做清理处理的机器设备,看其是否还在使用中。

(2)该公司提前报废正在使用的固定资产的目的是减少当年利润,达到少交所得税的目的,从而缓解企业资金不足的矛盾。

(3)账务调整的会计分录为:

借:固定资产	1 600 000	
贷:累计折旧		700 000
利润分配——未分配利润		900 000

7.
（1）会计人员的这种做法属于贪污行为。
（2）借:坏账准备 100 000
　　　贷:应收账款 100 000
（3）借:应收账款 100 000
　　　贷:坏账准备 100 000
　　借:银行存款 100 000
　　　贷:应收账款 100 000

第 9 章 账务处理程序

9.1 内容框架

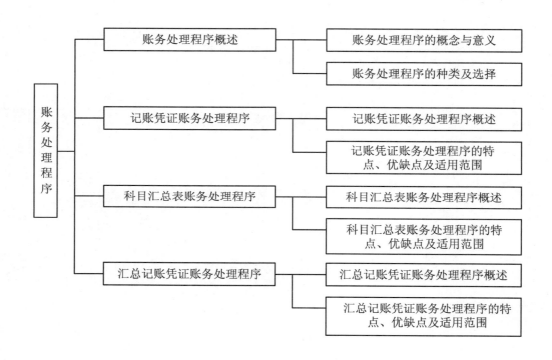

9.2 同步练习

一、单项选择题
1. 企业的会计凭证、会计账簿、会计报表相结合的方式称为(　　)。
   A. 账簿组织　　　　B. 账务处理程序　　C. 记账工作步骤　　D. 会计组织
2. 设计会计核算程序是(　　)的一项重要内容。
   A. 会计凭证设计　　B. 会计制度设计　　C. 会计账簿设计　　D. 会计报表设计
3. 下列选项中,不是选择账务处理程序的意义的有(　　)。
   A. 有利于会计工作程序的规范化　　　　B. 有利于提高会计信息的真实性和可靠性

C. 有利于提高会计处理的效率　　　　D. 有利于发挥会计监督职能

4. 关于账务处理程序,下列说法正确的是(　　)。
A. 各企业、机关和事业单位的账务处理程序必须统一
B. 各种不同的账务处理程序,不能简化会计核算工作
C. 常用的账务处理程序主要有记账凭证账务处理程序和汇总记账凭证账务处理程序两种
D. 各单位可根据本身的具体情况,分别建立各种不同的账务处理程序

5. 下列各项中,属于最基本的账务处理程序的是(　　)。
A. 记账凭证账务处理程序　　　　　　B. 汇总记账凭证账务处理程序
C. 科目汇总表账务处理程序　　　　　D. 日记总账账务处理程序

6. 各种账务处理程序之间的区别在于(　　)。
A. 总账的格式不同　　　　　　　　　B. 编制会计报表的依据不同
C. 登记总账的程序和方法不同　　　　D. 会计凭证的种类不同

7. 各单位选择和设置账务处理程序的根本立足点是(　　)。
A. 保证会计信息质量　B. 节省核算时间　　C. 节约核算成本　　D. 提高核算工作效率

8. 各种账务处理程序登记账簿的相同之处是(　　)。
A. 根据原始凭证编制汇总原始凭证
B. 根据记账凭证和有关原始凭证或原始凭证汇总表登记明细分类账
C. 根据记账凭证逐笔登记总分类账　　D. 根据总分类账编制财务报表

9. 会计主体在会计核算中常用的三种会计核算方法是填制和审核会计凭证、登记会计账簿和(　　)。
A. 复式记账　　　　B. 成本计算　　　　C. 财产清查　　　　D. 编制会计报表

10. (　　)账务处理程序是最基本的一种账务处理程序。
A. 日记总账　　　　B. 汇总记账凭证　　C. 科目汇总表　　　D. 记账凭证

11. 记账凭证账务处理程序的主要特点是(　　)。
A. 根据各种记账凭证编制汇总记账凭证　　B. 根据各种记账凭证逐笔登记总分类账
C. 根据各种记账凭证编制科目汇总表　　　D. 根据各种汇总记账凭证登记总分类账

12. 关于记账凭证账务处理程序,下列说法正确的是(　　)。
A. 需要设置日记总账、现金日记账、银行存款日记账、总分类账和明细分类账
B. 序时账簿和总账一般采用普通三栏式、数量金额式以及各种形式的多栏式账簿登记
C. 明细账均采用普通三栏式格式登记
D. 记账凭证可以采用一种通用格式,也可以采用收、付、转三种格式的记账凭证

13. 关于记账凭证账务处理程序,下列说法不正确的是(　　)。
A. 根据记账凭证逐笔登记总分类账,总分类账登记应详细
B. 总分类账可以较详细地反映经济业务的发生情况,便于查账
C. 简单明了,易于理解,账页耗用较少
D. 登记总分类账的工作量较大,登账的工作效率难以保证

14. 记账凭证账务处理程序的适用范围是(　　)。
A. 规模较大、经济业务量较多的单位　　B. 采用单式记账的单位
C. 规模较小、经济业务量较少的单位　　D. 会计基础工作薄弱的单位

15. 根据科目汇总表登记总分类账的账务处理程序是(　　)。
A. 记账凭证账务处理程序　　　　　　B. 汇总记账凭证账务处理程序

C. 科目汇总表账务处理程序　　　　D. 日记总账账务处理程序

16. 与记账凭证账务处理程序相比,科目汇总表账务处理程序主要增设的步骤是(　　)。
    A. 根据原始凭证、汇总原始凭证和记账凭证,登记各种明细分类账
    B. 根据原始凭证编制汇总原始凭证
    C. 根据各种记账凭证编制科目汇总表
    D. 根据原始凭证编制原始凭证汇总表

17. 科目汇总表定期汇总的是(　　)。
    A. 每一账户的本期借、贷方余额　　　B. 每一账户的本期借、贷方发生额
    C. 每一账户的本期贷方发生额　　　　D. 每一账户的本期借方发生额

18. 在科目汇总表账务处理程序下,一般应编制(　　)记账凭证。
    A. 一借一贷　　B. 一借多贷　　C. 多借一贷　　D. 多借多贷

19. 科目汇总表账务处理程序的账簿设计,要求总分类账只能采用(　　)。
    A. 数量金额式　　B. 多栏式　　C. 三栏式　　D. 横线登记式

20. 根据科目汇总表登记总账,在简化登记总账工作的同时,也起到了(　　)的作用。
    A. 反映账户对应关系　B. 简化报表的编制　C. 简化明细账工作　D. 发生额试算平衡

21. 关于科目汇总表账务处理程序优缺点,说法错误的是(　　)。
    A. 增加编制科目汇总表的工作量,减少了登记总账的工作量
    B. 科目汇总表具有试算平衡作用,便于检查核对账目
    C. 该方法简明易懂,方便易学
    D. 可以及时发现纠正记账过程中的差错,保证会计记录的质量

22. 科目汇总表账务处理程序适用于(　　)。
    A. 规模较大、经济业务量较多的单位　　B. 采用单式记账的单位
    C. 规模较小、经济业务量较少的单位　　D. 会计基础工作薄弱的单位

23. 汇总记账凭证账务处理程序的特点,是根据(　　)登记总账。
    A. 记账凭证　　B. 汇总记账凭证　　C. 科目汇总表　　D. 原始凭证

24. 汇总记账凭证是依据(　　)编制的。
    A. 记账凭证　　B. 原始凭证　　C. 各种总账　　D. 原始凭证汇总表

25. 汇总收款凭证分别是按库存现金、银行存款科目的(　　)进行设置的。
    A. 借方　　B. 贷方　　C. 借方或贷方　　D. 借方和贷方

26. 汇总付款凭证是(　　)。
    A. 分别按库存现金、银行存款账户的借方设置,按与其相对应的贷方账户定期汇总编制
    B. 分别按库存现金、银行存款账户的借方设置,按与其相对应的借方账户定期汇总编制
    C. 分别按库存现金、银行存款账户的贷方设置,按与其相对应的借方账户定期汇总编制
    D. 分别按库存现金、银行存款账户的贷方设置,按与其相对应的贷方账户定期汇总编制

27. 汇总转账凭证(　　)。
    A. 按除库存现金和银行存款以外的每个账户的借方设置,根据转账凭证按与其相对应的借方账户归类定期汇总编制
    B. 按除库存现金和银行存款以外的每个账户的贷方设置,根据转账凭证按与其相对应的贷方账户归类定期汇总编制
    C. 按除库存现金和银行存款以外的每个账户的借方设置,根据转账凭证按与其相对应的贷方账户归类定期汇总编制

D. 按除库存现金和银行存款以外的每个账户的贷方设置,根据转账凭证按与其相对应的借方账户归类定期汇总编制

28. 汇总记账凭证账务处理程序与科目汇总表账务处理程序的相同点是( )。
A. 登记总账的依据相同　　　　　　B. 记账凭证的汇总方法相同
C. 保持了账户间的对应关系　　　　D. 简化了登记总分类账的工作量

29. 汇总记账凭证账务处理程序的优点是( )。
A. 便于会计核算的分工　　　　　　B. 便于了解账户之间的对应关系
C. 加重了登记总分类账的工作量　　D. 便于试算平衡

30. 规模较大、经济业务量较多的单位适用的账务处理程序是( )。
A. 记账凭证账务处理程序　　　　　B. 汇总记账凭证账务处理程序
C. 多栏式日记账账务处理程序　　　D. 日记账账务处理程序

二、多项选择题

1. 账务处理程序是指( )的结合方式。
A. 会计凭证　　　B. 会计账簿　　　C. 会计方法　　　D. 会计报表

2. 科学、合理地选择适账务处理程序( )。
A. 有利于会计工作程序的规范化　　B. 有利于增强会计信息可靠性
C. 有利于提高会计信息的质量　　　D. 有利于保证会计信息的及时性

3. 下列关于账务处理程序的叙述,正确的是( )。
A. 账务处理程序以账簿体系为核心
B. 账务处理程序涉及会计凭证、会计账簿、记账程序和记账方法
C. 账务处理程序又称为会计核算形式,或称会计账务处理程序
D. 科学、合理地选择账务处理程序,对企业会计核算工作效率有影响

4. 单位在设计企业账务处理程序时,应符合下列要求( )。
A. 要适合本单位特点,满足会计核算的要求
B. 要能及时、准确反映本单位经济活动情况
C. 要有利于提高会计工作效率　　　D. 有利于满足会计信息使用者的需要

5. 在我国,常用的财务处理程序主要有( )。
A. 记账凭证财务处理程序　　　　　B. 汇总记账凭证财务处理程序
C. 多栏式日记账财务处理程序　　　D. 科目汇总表财务处理程序

6. 对于不同的账务处理程序,下列叙述正确的有( )。
A. 根据原始凭证、汇总原始凭证和记账凭证登记各种明细分类账
B. 根据记账凭证逐笔登记总分类账
C. 期末,库存现金日记账、银行存款日记账和明细分类账的余额与有关总分类账的余额核对相符
D. 根据总分类账和明细分类账的记录,编制会计报表

7. 在记账凭证账务处理程序下应设置( )。
A. 收款凭证、付款凭证、转账凭证或通用记账凭证
B. 科目汇总表或汇总记账凭证
C. 现金和银行存款日记账　　　　　D. 总分类账和若干明细分类账

8. 记账凭证账务处理程序的一般程序是( )。
A. 根据原始凭证或原始凭证汇总表编制记账凭证

B. 根据收、付记账凭证逐笔登记库存现金日记账、银行存款日记账
C. 根据记账凭证逐笔登记总分类账
D. 根据原始凭证、原始凭证汇总表和记账凭证,登记各种明细账

9. 下列关于记账凭证账务处理程序,说法正确的有(　　)。
A. 核算工作简单明了,易于理解和掌握
B. 总账详细地记录和反映了经济业务动态,账户对应关系清楚,便于查账
C. 登记总账的工作量较大,并且与明细账的内容明显重复
D. 适用于经济规模较小,业务比较简单,记账凭证不多的单位

10. 在记账凭证账务处理程序基础上,演变出了(　　)。
A. 科目汇总表财务处理程序 B. 汇总记账凭证财务处理程序
C. 多栏式日记账账务处理程序 D. 日记总账账务处理程序

11. 下列关于科目汇总表账务处理程序,说法正确的有(　　)。
A. 科目汇总表账务处理程序是在记账凭证账务处理程序的基础上形成的
B. 科目汇总表账务处理程序又称记账凭证汇总表账务处理程序
C. 科目汇总表账务处理程序需要定期编制科目汇总表
D. 科目汇总表账务处理程序克服了记账凭证账务处理程序的一些缺点

12. 有关科目汇总表账务处理程序的特点,下列说法正确的有(　　)。
A. 设置收、付、转记账凭证或一种通用记账凭证
B. 设置科目汇总表
C. 收、付、转凭证作为登记日记账和明细账的依据
D. 科目汇总表作为登记总分类账的依据

13. 在科目汇总表核算形式下,记账凭证可以用来(　　)。
A. 登记总分类账 B. 登记明细分类账
C. 编制科目汇总表 D. 登记库存现金日记账

14. 科目汇总表(　　)。
A. 按总账科目汇总编制 B. 根据原始凭证归类编制
C. 可作为登记总账的依据 D. 起到试算平衡的作用

15. 科目汇总表账务处理程序下不需要编制(　　)。
A. 科目汇总表 B. 汇总收款凭证 C. 汇总付款凭证 D. 记账凭证

16. 在科目汇总表账务处理程序下,月末应将(　　)与总分类账进行核对。
A. 现金日记账 B. 明细分类账 C. 银行存款日记账 D. 备查账

17. 科目汇总表账务处理程序的优点是(　　)。
A. 减少了登记总分类账的工作量 B. 可做到记账前发生额试算平衡
C. 反映账户之间的对应关系,便于查核账目 D. 是最简单的账务处理程序

18. 科目汇总表账务处理程序的缺点是(　　)。
A. 增加了科目汇总的工作量 B. 不能反映账户对应关系
C. 不便于查对账目 D. 复杂难懂,不便于学习掌握

19. 下列关于科目汇总表账务处理程序的叙述,正确的有(　　)。
A. 将记账凭证通过科目汇总表汇总后登记总分类账,大大减轻了登记总账的工作量
B. 通过编制科目汇总表,可以对发生额进行试算平衡,从而及时发现错误,保证记账工作质量

C. 科目汇总表能反映账户之间的对应关系,有利于根据账簿记录检查和分析交易或事项的来龙去脉,便于查对账目
D. 适用于业务量多的大、中型企业

20. 汇总记账凭证账务处理程序的特点有(　　)。
A. 记账凭证可以采用一种通用的格式,即通用记账凭证
B. 定期将全部记账凭证按收、付款凭证和转账凭证分别归类编制成汇总记账凭证
C. 根据汇总记账凭证登记总账
D. 根据一定时期内的全部记账凭证,按相同的科目进行归类,并计算出每一总账科目本期发生额

21. 关于汇总记账凭证账务处理程序的一般程序下列说法正确的是(　　)。
A. 据原始凭证和原始凭证汇总表,编制收款凭证、付款凭证和转账凭证
B. 根据收款凭证和付款凭证登记库存现金日记账和银行存款日记账
C. 根据一定时期内的全部记账凭证,汇总编制汇总收款凭证、汇总付款凭证和汇总转账凭证
D. 根据汇总收款凭证、汇总付款凭证和汇总转账凭证,登记总分类账

22. 汇总记账凭证账务处理程序下,会计凭证方面除设置收款凭证、付款凭证、转账凭证外,还应设置(　　)。
A. 科目汇总表　　B. 汇总收款凭证　　C. 汇总付款凭证　　D. 汇总转账凭证

23. 关于汇总记账凭证的编制,下列表述中正确的是(　　)。
A. 汇总收款凭证,应分别按库存现金、银行存款账户的借方设置,并按其对应的贷方账户归类汇总
B. 汇总付款凭证,应分别按库存现金、银行存款账户的贷方设置,并按其对应的借方账户归类汇总
C. 汇总转账凭证,应分别按借方账户设置,并按其对应的贷方账户归类汇总
D. 汇总转账凭证,应分别按贷方账户设置,并按其对应的借方账户归类汇总

24. 以下关于汇总收款凭证和汇总付款凭证的编制表述中正确的有(　　)。
A. 汇总收款凭证,是指按"库存现金"和"银行存款"科目的借方分别设置的一种汇总记账凭证
B. 汇总收款凭证一般可5天或10天汇总一次,月终计算出合计数,据以登记总分类账
C. 总付款凭证,是指按"库存现金"和"银行存款"科目的贷方分别设置的一种汇总记账凭证
D. 汇总付款凭证将一定时期内全部现金和银行存款付款凭证,分别按其对应贷方科目进行归类,计算出每一借方科目发生额合计数,填入汇总付款凭证中

25. 以记账凭证为依据,按有关账户的贷方设置,按借方账户归类的有(　　)。
A. 汇总收款凭证　　B. 汇总转账凭证　　C. 汇总付款凭证　　D. 科目汇总表

26. 汇总转账凭证的借方科目可能有(　　)。
A. 应付账款或预付账款　　　　　　B. 固定资产或无形资产
C. 库存现金或银行存款　　　　　　D. 生产成本或制造费用

27. 为便于编制汇总收款凭证,日常编制收款凭证时,分录形式最好是(　　)。
A. 一借一贷　　B. 一借多贷　　C. 多借一贷　　D. 多借多贷

28. 下列说法中正确的有(　　)。

A. 汇总记账凭证分为汇总收款凭证、汇总付款凭证和汇总转账凭证
B. 汇总记账凭证是按每个科目设置，并按设置科目一方的对应科目进行汇总
C. 汇总记账凭证账务处理程序是根据汇总记账凭证登记总分类账
D. 汇总记账凭证账务处理程序适用于规模较大、经济业务较多的单位

29. 对于汇总记账凭证账务处理程序，下列说法错误的有（　　）。
A. 登记总账的工作量大
B. 不能体现账户之间的对应关系
C. 明细账与总账无法核对
D. 当转账凭证较多时，汇总转账凭证的编制工作量较大

30. 汇总记账凭证账务处理程序与科目汇总表账务处理程序的共同点有（　　）。
A. 减少登记总账的工作量
B. 可以比较详细地反映经济业务的发生情况
C. 简单明了，易于理解
D. 均适用于经济业务较多的单位

三、判断题

1. 会计主体所采用的会计凭证、会计账簿、会计报表的种类和格式与一定的记账程序有机结合的方法和步骤，称为账务处理程序。（　　）
2. 编制会计报表是企业账务处理程序的组织部分。（　　）
3. 企业提高会计核算质量，充分发挥会计工作效能的一个重要前提，就是采用适当的财务处理程序。（　　）
4. 设计会计账务处理程序，应有利于建立会计工作岗位责任制。（　　）
5. 科学、合理地选择适合本单位的账务处理程序有利于保证会计记录的完整性和正确性，增强会计信息的可靠性。（　　）
6. 账务处理程序是指记账和产生会计信息的步骤和方法，所以，各个单位的账务处理程序是一样的。（　　）
7. 企业采用何种会计核算形式，不要求统一，应根据各单位规模大小、业务繁简、工作基础强弱、经营业务特点而定。（　　）
8. 同一个企业可以同时采用几种不同的账务处理程序。（　　）
9. 不同的会计主体所采用的会计凭证、会计账簿和会计报表的种类及格式是相同的。（　　）
10. 在不同的账务处理程序中，登记总账的依据不同。（　　）
11. 现金日记账和银行存款日记账不论在何种账务处理程序下，都是根据收款凭证和付款凭证逐日逐笔顺序登记的。（　　）
12. 记账凭证账务处理程序是最基本的账务处理程序。（　　）
13. 在记账凭证账务处理程序下，记账凭证可使用专用记账凭证也可以使用通用记账凭证。（　　）
14. 在记账凭证账务处理程序下，一般应设置多栏式库存现金日记账和银行存款日记账，各总分类账可以采用多栏式也可以采用三栏式。（　　）
15. 在记账凭证账务处理程序下，在总分类账上能够比较详细地反映经济业务的发生情况。（　　）
16. 记账凭证账务处理程序直接根据记账凭证登记总账，易于理解，登记总分类账的工作量较小，适用于经营规模较大的企业。（　　）
17. 科目汇总表账务处理程序，是在记账凭证账务处理程序基础上发展而来的，其主要特点是以科目汇总表作为登记总账和明细账的依据。（　　）

18. 科目汇总表可以每日汇总一次编制一张,也可以按旬汇总一次,每月编制一张,可以起到试算平衡的作用,反映账户之间的对应关系。(   )
19. 科目汇总表是一种自制的原始凭证。(   )
20. 在科目汇总表上按各个会计科目归类汇总其发生额,并计算其余额。(   )
21. 在科目汇总表账务处理程序下,总账与明细账不能进行平行登记。(   )
22. 在各种账务处理程序中,由于科目汇总表账务处理程序优点较多,在实际应用中被广泛采用。(   )
23. 科目汇总表账务处理程序不能反映各科目的对应关系,不便于查对账目,但汇总记账凭证账务处理程序可以克服科目汇总表账务处理程序的这个缺点。(   )
24. 采用汇总记账凭证账务处理程序增加了一道填制汇总记账凭证的工作程序,增加了总分类账的登记工作量。(   )
25. 汇总记账凭证按每一个贷方科目分别设置,用来汇总一定时期内对应借方科目经济业务的一种记账凭证。(   )
26. 汇总付款凭证,用来汇总一定时期内货币资金的付款业务。(   )
27. 汇总记账凭证账务处理程序下,在编制转账凭证时,只能编制一贷一借、一贷多借的会计分录。(   )
28. 汇总记账凭证账务处理程序的缺点之一是按每一贷方科目编制汇总转账凭证,不利于会计核算的日常分工。(   )
29. 经济业务较多的单位,可以定期汇总记账凭证,并按汇总的次数分期登记账簿,可不在月终时集中登记总账。(   )
30. 编制汇总记账凭证或科目汇总表的目的是为了减少总账的记账工作量,因此其账务处理程序适用于规模较大、经济业务量较多的单位。(   )

四、核算分析题

1. 某公司 20××年 12 月份发生如下经济业务:
(1) 2 日,购入甲材料 2 000 千克,单价 14 元/千克,买价 28 000 元;乙材料 5 000 千克,单价 9 元/千克,买价 45 000 元,增值税进项税额 9 490 元,全部款项已经用银行存款支付。
(2) 3 日,用银行存款 10 500 元支付本月行政管理部门办公经费。
(3) 5 日,供应科张华出差归来,报销差旅费 1 420 元。
(4) 5 日,收到张华退回借款余款 80 元。
(5) 6 日,用银行存款购入需要安装的设备 1 台,买价 100 000 元,运输费 3 000 元,增值税进项税额 15 700 元。
(6) 6 日,用银行存款 7 000 元支付购入上述甲、乙两种材料的运费(按重量比例分配)。
(7) 8 日,甲、乙两种材料按计划成本入库。其中,甲材料计划成本为 31 200 元,乙材料的计划成本为 52 000 元。
(8) 9 日,计算并结转甲、乙两种材料的成本差异。
(9) 10 日,从银行提取现金 85 000 元,准备发放工资。
(10) 10 日,用现金 85 000 元发放工资。
(11) 11 日,安装上述设备,用银行存款支付外聘技术人员安装费 9 800 元。
(12) 12 日,材料仓库发出材料计划成本 42 000 元。其中,生产丙产品耗用甲材料计划成本 6 000 元、乙材料计划成本 9 000 元,生产丁产品耗用甲材料计划成本 6 000 元、乙材料计划成本 9 000 元,生产车间一般性耗用甲材料计划成本 2 000 元、乙材料计划成本 6 000 元,企业管理部门耗用乙材料计划成本 4 000 元。

(13) 14 日,用现金 500 元购买企业管理部门用办公用品。

(14) 14 日,企业管理部门发生邮费 313 元,用现金支付。

(15) 15 日,销售丙产品一批,价款 280 000 元,增值税销项税额 36 400 元,货款尚未收到。

(16) 15 日,用银行存款为上述购买本企业丙产品的单位代垫运输费 2 400 元。

(17) 16 日,销售丁产品一批,价款 140 000 元,增值税销项税额 18 200 元,货款已收到并已存入银行。

(18) 16 日,从银行提取现金 2 000 元,备作零星开支使用。

(19) 16 日,用银行存款 4 919 元支付产品展销费。

(20) 17 日,上述设备安装完毕,经验收合格交付使用。

(21) 17 日,经批准,将经过清查确认的确实无法收回的应收账款 30 000 元转作坏账损失。

(22) 18 日,提取本月固定资产折旧 6 500 元。其中,生产车间使用设备折旧额为 4 500 元,企业管理部门使用设备折旧额为 2 000 元。

(23) 19 日,分配本月职工工资 79 200 元。其中,生产丙产品工人工资 25 000 元,生产丁产品工人工资 25 000 元,生产车间管理人员工资 18 000 元,企业管理人员工资 11 200 元。

(24) 19 日,按以上各类人员工资总额的 14% 提取职工福利费。

(25) 20 日,应由本月负担的借款利息 1 500 元,暂未支付。

(26) 21 日,假定本企业销售的丙产品为应纳税消费品,税率为 5%。

(27) 23 日,用银行存款 5 500 元支付水电费。其中,车间耗用 3 000 元,企业管理部门耗用 2 500 元。

(28) 31 日,经计算,本月发出材料应分担的成本差异为节约差 1 220 元。其中,生产丙产品应负担 450 元,生产丁产品应负担 450 元,生产车间应负担 200 元,企业管理部门应负担 120 元。

(29) 31 日,分配本月制造费用(按工资比例分配)。

(30) 31 日,丙产品月初无在产品,本月计划投产 1 000 千克全部完工,计算并结转完工产品成本。

(31) 31 日,结转本月销售产品成本 150 000 元。其中,丙产品销售成本 100 000 元,丁产品销售成本 50 000 元。

(32) 31 日,支付环保罚款和滞纳金 51 023 元。

(33) 31 日,结转本月收入。

(34) 31 日,结转本月费用。

(35) 31 日,按照本月利润总额 25% 的税率计算本月应交所得税。

(36) 31 日,结转本月所得税费用。

(37) 31 日,本年累计实现净利润 118 000 元,结转本年利润。

(38) 31 日,按规定提取法定盈余公积金。

(39) 31 日,经批准,宣告向股东分配现金股利 68 000 元。

(40) 31 日,结转利润分配。

要求:

(1) 填制会计凭证表(表 9-1)。

(2) 编制科目汇总表(表 9-2)。

(3) 编制 1~10 日"银行存款"账户汇总付款凭证(表 9-3)。

（4）编制 21～31 日"利润分配"账户汇总转账凭证(表 9-4)。
（5）根据上述业务凭证,登记现金日记账(表 9-5)。
（6）根据上述业务凭证,登记甲材料明细账(表 9-6)。
（7）按记账凭证账务处理程序登记原材料总账(表 9-7)。
（8）按科目汇总表账务处理程序登记银行存款总账(表 9-8)。

表 9-1　记账凭证表

业务	日期	摘要	字号	业务计算及会计分录

业务	日期	摘要	字号	业务计算及会计分录

续表

业务	日期	摘要	字号	业务计算及会计分录

表 9-2　科目汇总表

编号：
凭证　共　张

		字第　号至第　号　共　张
		字第　号至第　号　共　张
		字第　号至第　号　共　张
		字第　号至第　号　共　张
年　月　日至　年　月　日		字第　号至第　号　共　张

科目名称	借方金额	贷方金额	账页	科目名称	借方金额	贷方金额	账页
				合计			

表 9-3　汇总付款凭证

贷方科目：　　　　　　　　　　　　年　月　日　　　　　　　　　字第　号

摘要	借方科目	金额	账页	
			借方	贷方
合计				

表 9-4　汇总转账凭证

贷方科目：　　　　　　　　　　　　年　月　日　　　　　　　　　　　　字第　　号

摘要	借方科目	金额	账页	
			借方	贷方
合计				

表 9-5　现金日记账

单位：元

20××年		凭证		摘要	对方科目	借方金额	贷方金额	余额
月	日	字	号					
12	1			期初余额				10 000.00

表 9-6　原材料明细账

种类：　　　　　　　　　　　计划价格：　　　　　　　　　　　计量单位：

20××年		凭证		摘要	收入			支出			结余		
月	日	字	号		数量	单价	金额	数量	单价	金额	数量	单价	金额
12	1			期初余额							500.00	15.60	7 800.00

表 9-7 原材料总账

单位:元

20××年		凭证		摘要	借方金额	贷方金额	借或贷	余额
月	日	字	号					
12	1			期初余额			借	16 000.00

表 9-8 银行存款总账

单位:元

20××年		凭证		摘要	借方金额	贷方金额	借或贷	余额
月	日	字	号					
12	1			期初余额			借	500 000.00

2. 案例:

某省的 LJ 集团有限公司是一家拥有相当高知名度和较大规模的民营企业,主要从事食品饮料的加工和销售。该集团的年度会计报表由集团本部及所属五家具有法人资格、实行独立核算的企业报表汇编而成。2017 年合并会计报表反映,该集团年末资产总计为 45 382 万元、负债总计为 27 296 万元、所有者权益为 18 086 万元、利润总额为 217 万元。当年会计报表未经社会中介机构审计。2018 年 7 月,财政部门派出检查组,对该集团及其下属四个子公司 2017 年会计信息质量进行检查时发现,该集团财务管理混乱,会计核算不规范,基础工作薄弱,会计信息严重失真。经检查后调整会计报表,该集团实际资产为 20 098 万元、负债为 15 667 万元、所有者权益为 4 431 万元、利润总额为 －3 271 万元。资产、负债、所有者权益分别虚增了 126%、74%和 308%,利润虚增达 3 488 万元。检查结果被财政部门公告,在社会上引起了较大的反响。造成该集团公司会计信息失真的原因是多方面的,其中一个很重要的原因是会计基础薄弱,会计账务处理程序混乱。主要表现是:

(1) 会计主管无证上岗,会计人员水平低下。会计工作是一项专业技术性很强的工作,但该集团公司时任财务部经理,既无中级以上会计专业技术职务,也不熟悉财会业务、政策。他自己说:"我不懂会计业务,担任财务部经理只是起平衡和协调作用。"该集团所有会计人员无人具备中级以上会计专业技术职务。

(2) 基本不对账。该集团公司与子公司间多年以来基本未对账,母、子公司账账不符情况突出。检查发现,该集团账面反映对某子公司投资 1 761 万元,对另一个子公司投资 1 499 万元,但两个子公司账面记载的分别为 1 260 万元和 1 784 万元,差额分别为 501 万元和 285 万元,原因无法说清。

(3) 未按规定核算现金资产。盘查发现,该集团公司超限额存放现金,在 45 万元的现金结存中有白条抵库 32 万元。现金收支的原始凭证上未加盖现金收、付讫章,库存现金日记账未做到日清月结。银行存款日记账的会计凭证无编号,无法进行账证核对。

(4) 账证不符。该集团公司和子公司均存在用发票复印件、自制收款收据和白条作原始凭证的情况。有的记账凭证没有签章。如在检查该集团"应付职工薪酬"时,账上记载某年 11 月 26 日从某子公司转入 91 万元,但检查人员要与相关会计凭证核对时,却找不到这份会计凭证。

(5) 发票管理混乱。该集团公司既未设置发票领用登记簿,也未指定专人保管,以至部分发票存根联丢失。某年领购增值税发票 7 本,丢失存根联 3 本,领购零售发票 80 本,丢失存根联 35 本。

LJ 集团财务会计工作薄弱的原因是多方面的,首要的一条是管理者不重视财务管理。他们往往将业务经营、市场开拓、品牌战略视为企业发展的头等大事,弱化了财务会计在企业中的地位,忽视了财务管理在企业发展中的重要作用。正如该集团董事长所言:"市场经营,我摸爬滚打了几十年,有经验,但财务会计我真的不懂,反正钱总是在自己的口袋里,出不了大事情,正所谓肉总烂在锅里嘛!"对该集团公司会计信息质量的监督检查,促使该集团决策层痛定思痛。正如检查结束后该集团总经理所说:"以前我们的工作重点在经营上,这次检查,让我们认识到了加强财务管理、规范会计核算的重要性。企业如果不抓财务管理、会计核算,最终要走向失败。我们要改变'只要赚到钱,内部不管怎么管,钱总在自己的口袋里,出不了大事情'的观念,为拓宽企业发展争取空间。"

从这个案例中你得到怎样的启示?

9.3 参 考 答 案

一、单项选择题

1. B　2. B　3. D　4. D　5. A　6. C　7. A　8. B　9. D　10. D　11. B
12. D　13. C　14. C　15. C　16. C　17. B　18. A　19. C　20. D　21. C　22. A
23. B　24. A　25. A　26. C　27. D　28. D　29. B　30. B

二、多项选择题

1. ABD　2. ABCD　3. ABCD　4. ABCD　5. ABCD　6. ACD　7. ACD
8. ABCD　9. ABCD　10. ABCD　11. ABCD　12. ABCD　13. BCD　14. ACD
15. BC　16. ABC　17. AB　18. ABC　19. ABD　20. BCD　21. ABCD
22. BCD　23. ABD　24. ABC　25. BC　26. ABD　27. AB　28. ABCD
29. ABC　30. AD

三、判断题

1. √　2. √　3. √　4. √　5. √　6. ×　7. √　8. ×　9. ×　10. √
11. √　12. √　13. √　14. ×　15. √　16. ×　17. ×　18. ×　19. ×　20. ×
21. ×　22. √　23. √　24. ×　25. √　26. √　27. √　28. √　29. √　30. √

四、核算分析题

1.

表9-9　会计凭证表

单位:元

业务	日期	摘要	字号	业务计算及会计分录	
(1)	2日	采购材料	银付1	借:材料采购——甲材料	28 000
				——乙材料	45 000
				应交税费——应交增值税(进项税额)	9 490
				贷:银行存款	82 490
(2)	3日	支付办公费	银付2	借:管理费用	10 500
				贷:银行存款	10 500
(3)	5日	报销差旅费	转1	借:管理费用	1 420
				贷:其他应收款——张华	1 420
(4)	5日	退回现金	现收1	借:库存现金	80
				贷:其他应收款——张华	80
(5)	6日	购入设备	银付3	借:工程物资	103 000
				应交税费——应交增值税(进项税额)	15 700
				贷:银行存款	118 700
(6)	6日	支付材料运费	银付4	分配率=7 000/(2 000+5 000)=1	
				甲材料运费=1×2 000=2 000(元)	
				乙材料运费=1×5 000=5 000(元)	
				借:材料采购——甲材料	2 000
				——乙材料	5 000
				贷:银行存款	7 000
(7)	8日	材料入库	转2	借:原材料——甲材料	31 200
				——乙材料	52 000
				贷:材料采购——甲材料	31 200
				——乙材料	52 000
(8)	9日	结转入库材料成本差异	转3	材料成本差异=28 000+45 000+7 000-31 200-52 000	
				＝-3 200(元)	
				借:材料采购——甲材料	3 200
				贷:材料成本差异	3 200
(9)	10日	提现	银付5	借:库存现金	85 000
				贷:银行存款	85 000
(10)	10日	发放工资	现付1	借:应付职工薪酬——工资	85 000
				贷:库存现金	85 000
(11)	11日	设备安装	转4	借:在建工程	103 000
				贷:工程物资	103 000
	11日	支付安装费用	银付6	借:在建工程	9 800
				贷:银行存款	9 800

续表

业务	日期	摘要	字号	业务计算及会计分录	
(12)	12 日	发出材料	转 5	借:生产成本——丙产品 　　　　——丁产品 　　制造费用 　　管理费用 　贷:原材料——甲材料 　　　　——乙材料	15 000 15 000 8 000 4 000 14 000 28 000
(13)	14 日	购办公用品	现付 2	借:管理费用 　贷:库存现金	500 500
(14)	14 日	支付邮费	现付 3	借:管理费用 　贷:库存现金	313 313
(15)	15 日	销售产品	转 6	借:应收账款 　贷:主营业务收入 　　应交税费——应交增值税(销项税额)	316 400 280 000 36 400
(16)	15 日	代垫运费	银付 7	借:应收账款 　贷:银行存款	2 400 2 400
(17)	16 日	销售产品	银收 1	借:银行存款 　贷:主营业务收入 　　应交税费——应交增值税(销项税额)	158 200 140 000 18 200
(18)	16 日	提现	银付 8	借:库存现金 　贷:银行存款	2 000 2 000
(19)	16 日	支付展销费	银付 9	借:销售费用 　贷:银行存款	4 919 4 919
(20)	17 日	工程完工	转 7	设备建造成本＝103 000＋9 800＝112 800(元) 借:固定资产 　贷:在建工程	 112 800 112 800
(21)	17 日	转销坏账	转 8	借:坏账准备 　贷:应收账款	30 000 30 000
(22)	18 日	计提折旧	转 9	借:制造费用 　　管理费用 　贷:累计折旧	4 500 2 000 6 500

续表

业务	日期	摘要	字号	业务计算及会计分录	
(23)	19日	分配工资	转10	借:生产成本——丙产品 　　　　　　——丁产品 　　制造费用 　　管理费用 　贷:应付职工薪酬——工资	25 000 25 000 18 000 11 200 79 200
(24)	19日	计提福利费	转11	借:生产成本——丙产品 　　　　　　——丁产品 　　制造费用 　　管理费用 　贷:应付职工薪酬——职工福利费	3 500 3 500 2 520 1 568 11 088
(25)	20日	计提利息	转12	借:财务费用 　贷:应付利息	1 500 1 500
(26)	21日	计算消费税	转13	应纳消费税额=280 000×5%=14 000(元) 借:税金及附加 　贷:应交税费——应交消费税	14 000 14 000
(27)	23日	支付水电费	银付10	借:制造费用 　　管理费用 　贷:银行存款	3 000 2 500 5 500
(28)	31日	结转材料成本差异	转14	借:材料成本差异 　贷:生产成本——丙产品 　　　　　　——丁产品 　　　制造费用 　　　管理费用	1 220 450 450 200 120
(29)	31日	分配制造费用	转15	制造费用总额=8 000+4 500+18 000+2 520+3 000-200 　　　　　=35 820(元) 分配率=35 820/(25 000+25 000)=0.716 4 丙产品制造费用=0.716 4×25 000=17 910(元) 丁产品制造费用=0.716 4×25 000=17 910(元) 借:生产成本——丙产品 　　　　　　——丁产品 　贷:制造费用	 17 910 17 910 35 820

续表

业务	日期	摘要	字号	业务计算及会计分录	
(30)	31日	结转完工产品成本	转16	丙产品总成本＝15 000＋25 000＋3 500－450＋17 910 ＝60 960(元) 借:库存商品——丙产品 　　贷:生产成本——丙产品	60 960 60 960
(31)	31日	结转销售成本	转17	借:主营业务成本 　　贷:库存商品——丙产品 　　　　　　　　——丁产品	150 000 100 000 50 000
(32)	31日	支付罚款及滞纳金	银付11	借:营业外支出 　　贷:银行存款	51 023 51 023
(33)	31日	结转收入	转18	借:主营业务收入 　　贷:本年利润	420 000 420 000
(34)	31日	结转费用	转19	借:本年利润 　　贷:主营业务成本 　　　　税金及附加 　　　　销售费用 　　　　管理费用 　　　　财务费用 　　　　营业外支出	255 323 150 000 14 000 4 919 33 881 1 500 51 023
(35)	31日	计算本月所得税	转20	本年利润总额＝420 000－255 323＝164 677(元) 应纳所得税额＝164 677×25％＝41 169.25(元) 借:所得税费用 　　贷:应交税费——应交所得税	41 169.25 41 169.25
(36)	31日	结转所得税费用	转21	借:本年利润 　　贷:所得税费用	41 169.25 41 169.25
(37)	31日	结转本年利润	转22	借:本年利润 　　贷:利润分配——未分配利润	118 000 118 000
(38)	31日	提取法定盈余公积	转23	法定盈余公积金＝118 000×10％＝11 800(元) 借:利润分配——提取法定盈余公积 　　贷:盈余公积——法定盈余公积	11 800 11 800
(39)	31日	分配股利	转24	借:利润分配——分配现金股利 　　贷:应付股利	68 000 68 000
(40)	31日	结转利润分配	转25	借:利润分配——未分配利润 　　贷:利润分配——提取法定盈余公积 　　　　　　　　——分配现金股利	79 800 11 800 68 000

表 9-10　科目汇总表

编号:12
凭证　共 41 张
20××年12月1日至20××年12月31日

现收字第 1 号至第 1 号　共 1 张
现付字第 1 号至第 3 号　共 3 张
银收字第 1 号至第 1 号　共 1 张
应付字第 1 号至第 11 号　共 11 张
转　字第 1 号至第 25 号　共 25 张

科目名称	借方金额	贷方金额	账页	科目名称	借方金额	贷方金额	账页
库存现金	87 080.00	85 813.00		应付职工薪酬	85 000.00	90 288.00	
银行存款	158 200.00	379 332.00		应交税费	25 190.00	109 769.25	
应收账款	318 800.00	30 000.00		应付利息		1 500.00	
坏账准备	30 000.00			应付股利		68 000.00	
其他应收款		1 500.00		盈余公积		11 800.00	
材料采购	83 200.00	83 200.00		本年利润	414 492.25	420 000.00	
原材料	83 200.00	42 000.00		利润分配	159 600.00	197 800.00	
材料成本差异	1 220.00	3 200.00		主营业务收入	420 000.00	420 000.00	
库存商品	60 960.00	150 000.00		主营业务成本	150 000.00	150 000.00	
固定资产	112 800.00			税金及附加	14 000.00	14 000.00	
累计折旧		6 500.00		销售费用	4 919.00	4 919.00	
在建工程	112 800.00	112 800.00		管理费用	34 001.00	34 001.00	
工程物资	103 000.00	103 000.00		财务费用	1 500.00	1 500.00	
生产成本	122 820.00	61 860.00		营业外支出	51 023.00	51 023.00	
制造费用	36 020.00	36 020.00		所得税费用	41 169.25	41 169.25	
合计					2 710 994.50	2 710 994.50	

表 9-11　汇总付款凭证

贷方科目:银行存款　　　20××年12月10日　　　汇银付 字第 1 号

摘要	借方科目	金额	账页	
			借方	贷方
1-10 日汇总	材料采购	80 000.00		
	应交税费	25 190.00		
	管理费用	10 500.00		
	工程物资	103 000.00		
	库存现金	85 000.00		
合计		303 690.00		

表 9-12　汇总转账凭证

贷方科目：利润分配　　　　　　20××年12月10日　　　　　　汇转　字第　　号

摘要	借方科目	金额	账页	
			借方	贷方
21-31日汇总	本年利润	118 000.00		
	利润分配	79 800.00		
合计		197 800.00		

表 9-13　现金日记账

20××年		凭证		摘要	对方科目	借方金额	贷方金额	余额
月	日	字	号					
12	1			期初余额				10 000.00
	5	现收	1	退回现金	其他应收款	80.00		10 080.00
	5			本日合计		80.00	0.00	10 080.00
	10	银付	5	提现	银行存款	85 000.00		95 080.00
	10	现付	1	发放工资	应付职工薪酬		85 000.00	10 080.00
	10			本日合计		85 000.00	85 000.00	10 080.00
	14	现付	2	购办公用品	管理费用		500.00	9 580.00
	14	现付	3	支付邮费	管理费用		313.00	9 267.00
	14			本日合计		0.00	813.00	9 267.00
	16	银付	8	提现	银行存款	2 000.00		11 267.00
	16			本日合计		2 000.00	0.00	11 267.00
	31			本月合计		87 080.00	85 813.00	11 267.00

表 9-14　原材料明细账

种类：甲材料　　　　　　计划价格：15.6　　　　　　计量单位：千克

20××年		凭证		摘要	收入			支出			结余		
月	日	字	号		数量	单价	金额	数量	单价	金额	数量	单价	金额
12	1			期初余额							500.00	15.60	7 800.00
	8	转	2	材料入库	2 000.00	15.60	31 200.00				2 500.00	15.60	39 000.00
	12	转	5	领用材料				897.44	15.60	14 000.00	1 602.56	15.60	25 000.00
	31			本月合计	2 000.00	15.60	31 200.00	897.44	15.60	14 000.00	1 602.56	15.60	25 000.00

表 9-15 原材料总账

单位:元

20××年		凭证		摘要	借方金额	贷方金额	借或贷	余额
月	日	字	号					
12	1			期初余额			借	16 000.00
	8	转	2	材料入库	83 200.00		借	99 200.00
	12	转	5	领用材料		42 000.00	借	57 200.00
	31			本月合计	83 200.00	42 000.00	借	57 200.00

表 9-16 银行存款总账

单位:元

20××年		凭证		摘要	借方金额	贷方金额	借或贷	余额
月	日	字	号					
12	1			期初余额			借	500 000.00
	31	科汇	12	12月	158 200.00	379 332.00	借	278 868.00

2. 略

第 10 章 会 计 报 表

10.1 内 容 框 架

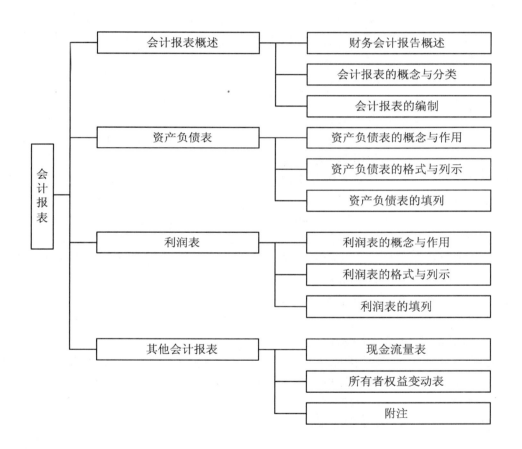

10.2 同 步 练 习

一、单项选择题

1. 企业对外提供决策有用的会计信息,主要是通过( )进行披露和反映的。
   A. 财务会计报告 B. 会计报表 C. 财务情况说明书 D. 会计报表附注

2. 下列有关财务会计报告的表述中,不正确的是(　　)。
   A. 财务会计报告是指企业对外提供的反映企业某一特定日期财务状况和某一会计期间经营成果、现金流量等会计信息的文件
   B. 财务会计报告分为年度、半年度、季度和月度
   C. 会计报表附注是财务会计报告的重要组成部分
   D. 企业财务会计报告,即指企业编制的会计报表

3. 下列不属于中期报告的是(　　)。
   A. 年报　　　　　B. 月报　　　　　C. 季报　　　　　D. 半年报

4. 财务会计报告的主体和核心是(　　)。
   A. 会计报表　　　B. 会计报表附注　C. 指标体系　　　D. 资产负债表

5. (　　)是会计核算的最终成果。
   A. 会计账簿　　　B. 会计凭证　　　C. 会计报表　　　D. 经营业绩

6. 下列各项中,(　　)属于对会计报表的编制基础、编制依据、编制原则和方法及主要项目等所作的解释。
   A. 董事会报告　　　　　　　　　　B. 管理层讨论与分析
   C. 会计报表附注　　　　　　　　　D. 财务情况说明书

7. 对企业财务状况、经营成果和现金流量的结构性表述是(　　)。
   A. 财务会计报告　B. 会计报表　　　C. 财务状况说明书　D. 会计报表附注

8. 下列关于会计报表的作用表述,错误的是(　　)。
   A. 会计报表是与企业有经济利害关系的外部单位和个人了解企业的财务状况和经营成果,并据以作出决策的重要依据
   B. 会计报表是国家经济管理部门进行宏观调控和管理的信息源
   C. 会计报表提供的经济信息是企业内部加强和改善经营管理的重要依据
   D. 会计报表是企业对一定时期财务、成本等情况进行分析、总结所作的书面文字说明,是财务会计报告的核心组成部分

9. 下列报表中,不属于对外报表的是(　　)。
   A. 资产负债表　　B. 利润表　　　　C. 现金流量表　　D. 主要产品成本表

10. 下列报表中,属于静态报表的是(　　)。
    A. 资产负债表　　B. 利润表　　　　C. 现金流量表　　D. 所有者权益变动表

11. 个别会计报表与合并会计报表是会计报表按照(　　)进行的分类。
    A. 报送对象　　　B. 反映的经济内容　C. 编制单位　　　D. 会计主体

12. 下列报表中,属于年度财务报表的有(　　)。
    A. 资产负债表　　B. 利润表　　　　C. 现金流量表　　D. 主要产品成本表

13. 汇总会计报表与单位会计报表是会计报表按照(　　)进行的分类。
    A. 报送对象　　　B. 反映的经济内容　C. 编制单位　　　D. 会计主体

14. 汇总会计报表是根据(　　)汇总编制的。
    A. 月度会计报表　B. 季度会计报表　C. 年度会计报表　D. 单位会计报表

15. 下列报表中,属于附表的有(　　)。
    A. 资产负债表　　B. 利润表　　　　C. 现金流量表　　D. 利润分配表

16. 企业应当以(　　)为基础,根据实际发生的交易和事项,按照相关会计准则的规定进行确认和计量,在此基础上编制财务报表。

A. 会计主体　　　　B. 持续经营　　　　C. 会计分期　　　　D. 重要性原则

17. 下列（　　）不属于会计报表列报的基本要求。
A. 按正确的会计基础编制
B. 以持续经营为基础编制，各项目之间的金额不得相互抵消
C. 至少应当提供所有列报项目上一个可比会计期间的比较数据
D. 严格审核会计账簿的记录和有关资料

18. 会计报表编制的根据是（　　）。
A. 原始凭证　　　B. 记账凭证　　　C. 科目汇总表　　　D. 账簿记录

19. 资产负债表是反映企业某一特定日期（　　）的会计报表。
A. 权益变动情况　　B. 财务状况　　　C. 经营成果　　　D. 现金流量

20. 不能通过资产负债表了解的会计信息是（　　）。
A. 企业流动资产总额及其构成
B. 企业资金的来源渠道和构成
C. 企业所掌握的经济资源及其分布情况
D. 企业在一定期间内现金的流入和流出的信息及现金增减变动的原因

21. 按照我国现行会计准则规定，企业每个（　　）都要编制资产负债表。
A. 月末　　　　B. 季末　　　　C. 半年度　　　　D. 年末

22. 资产负债表是根据（　　）这一会计等式编制的。
A. 收入－费用＝利润
B. 现金流入－现金流出＝现金净流量
C. 资产＋费用＝负债＋所有者权益＋收入
D. 资产＝负债＋所有者权益

23. 我国企业的资产负债表采用（　　）格式。
A. 报告式　　　B. 账户式　　　C. 单步式　　　D. 多步式

24. 资产负债表分为左、右两方，左方是（　　）项目。
A. 资产　　　　B. 负债　　　　C. 所有者权益　　　D. 利润

25. 资产负债表内各项目分类与排列的依据是（　　）。
A. 项目内容的经济性质
B. 项目内容的流动性
C. 项目金额的大小
D. 项目内容的经济性质和流动性

26. 资产负债表的资产项目说明了企业所拥有的各种经济资源以及企业（　　）。
A. 偿还债务的能力
B. 偿债期限的长短
C. 投资者的所有权
D. 财务状况的变化

27. 资产负债表中的资产项目是按资产的（　　）大小顺序排列的。
A. 流动性　　　B. 重要性　　　C. 变动性　　　D. 盈利性

28. 下列选项中正确反映了资产负债表中资产项目排列顺序的是（　　）。
A. 流动资产、长期股权投资、固定资产、无形资产及其他非流动资产
B. 流动资产、无形资产、固定资产、长期股权投资及其他非流动资产
C. 固定资产、流动资产、无形资产、长期股权投资及其他非流动资产
D. 无形资产、长期股权投资、固定资产、流动资产及其他非流动资产

29. 资产负债表中货币资金项目中包含的项目不包括（　　）。
A. 库存现金　　　B. 银行存款　　　C. 银行本票存款　　　D. 交易性金融资产

30. 将于一年内摊销完的长期待摊费用，在资产负债表中应（　　）。
A. 在"长期待摊费用"项目下列示
B. 在"其他非流动资产"项目下列示
C. 在"其他流动资产"项目下列示
D. 在"一年内到期的非流动资产"项目下列示

31. 资产负债表的负债项目显示了企业所负担债务的（　　　）。
    A. 偿还能力　　　B. 变动状况　　　C. 数量和偿还期长短　D. 占资产总额的比例
32. 资产负债表中,负债项目是按照（　　　）进行排列的。
    A. 变现能力　　　B. 盈利能力　　　C. 变动性　　　D. 清偿的先后顺序
33. 下列选项中,反映了资产负债表内有关所有者权益项目排列顺序的是（　　　）。
    A. 实收资本、盈余公积、资本公积、未分配利润
    B. 实收资本、资本公积、盈余公积、未分配利润
    C. 实收资本、资本公积、未分配利润、盈余公积
    D. 实收资本、未分配利润、资本公积、盈余公积
34. 资产负债表的项目（　　　）。
    A. 都可以按账户余额直接填列
    B. 必须对账户发生额进行分析计算才能填列
    C. 多数项目可以直接根据账户余额填列,少数报表项目需要根据账户发生额分析计算后才能填列
    D. 多数项目可以直接根据账户余额填列,少数报表项目需要根据账户余额分析计算后才能填列
35. 资产负债表的下列项目中,可以根据总账账户余额直接填列的是（　　　）。
    A. 货币资金　　　B. 存货　　　C. 短期借款　　　D. 未分配利润
36. 资产负债表的下列项目中,需根据若干个总账账户余额相加计算填列的是（　　　）。
    A. 应收账款　　　B. 固定资产　　　C. 短期借款　　　D. 其他应收款
37. 下列资产负债表项目中,需根据明细账户余额计算填列的项目是（　　　）。
    A. 长期借款　　　B. 货币资金　　　C. 应付账款　　　D. 累计折旧
38. 下列资产负债表项目中,需根据总账账户和明细账户余额分析计算填列的项目是（　　　）。
    A. 长期借款　　　B. 货币资金　　　C. 应付账款　　　D. 累计折旧
39. 资产负债表中"应收票据"项目,是根据（　　　）填列。
    A. 总账账户的余额直接填列
    B. 总账账户的余额减去其备抵科目余额后的净额填列
    C. 明细账的余额计算填列　　　D. 总账余额和明细账余额计算填列
40. 资产负债表中的"存货"项目,应根据（　　　）。
    A. "存货"账户的期末借方余额直接填列　　B. "原材料"账户的期末借方余额直接填列
    C. "原材料""生产成本"和"库存商品"等账户的期末借方余额之和再加或减相关"成本差异"及"跌价准备"账户后进行填列
    D. "原材料""在产品"和"库存商品"等账户的期末借方余额之和填列
41. 某企业某年6月30日"应收账款"账户期末借方余额为207 000元,其所属明细账户借方余额合计为280 000元,贷方余额合计为73 000元；"坏账准备"账户期末贷方余额为1 000元,其中针对应收账款计提的坏账准备为680元；"预收账款"账户所属明细账户的借方余额合计为0元。则该企业资产负债表中"应收账款"项目的期末余额应是（　　　）元。
    A. 280 000　　　B. 279 320　　　C. 207 000　　　D. 206 320
42. 东方公司某年6月30日"固定资产"账户余额为960万元,"累计折旧"账户余额为190万元,"固定资产减值准备"账户余额为70万元,则东方公司该年6月30日的资产负债表中"固

定资产"项目期末余额为( )万元。
    A. 700   B. 770   C. 890   D. 960
43. 某企业期末"应付账款"账户为贷方余额26万元,其所属明细账户的贷方余额合计为33万元,所属明细账户的借方余额合计为7万元;"预付账款"账户为借方余额15万元,其所属明细账户的借方余额合计为20万元,所属明细账户的贷方余额合计为5万元。则该企业资产负债表中"应付账款"和"预付账款"两个项目的期末余额分别应为( )万元。
    A. 38、27   B. 33、20   C. 53、12   D. 26、15
44. 反映企业一定会计期间的经营成果的报表是( )。
    A. 资产负债表   B. 利润表   C. 现金流量表   D. 所有者权益变动表
45. 利润表的编制依据是( )。
    A. 资产＝权益
    B. 资产＝负债＋所有者权益
    C. 收入－费用＝利润
    D. 资产＋费用＝负债＋所有者权益＋收入
46. 通过编制利润表可以( )。
    A. 从总体上了解企业收入、成本和费用、净利润(或亏损)的实现及构成情况
    B. 反映企业资产的构成及其状况
    C. 反映企业某一日期的负债总额及其结构 D. 反映企业所有者权益的情况
47. 我国企业利润表的格式采用的是( )。
    A. 分步式   B. 多步式   C. 单步式   D. 矩阵式
48. 利润表的项目共分为四个层次,其排列顺序是( )。
    A. 营业利润、利润总额、净利润、每股收益
    B. 营业利润、主营业务利润、利润总额、净利润
    C. 主营业务利润、营业利润、净利润、利润总额
    D. 净利润、利润总额、营业利润、主营业务利润
49. 在利润表中,对主营业务和其他业务合并列示,而将各项利润单独列示,这一做法体现了( )。
    A. 可靠性   B. 配比原则   C. 权责发生制   D. 重要性
50. 下列各项中,( )不影响利润表中营业利润金额。
    A. 计提存货跌价准备   B. 出售原材料并结转成本
    C. 购买国库券的利息收入   D. 清理管理用固定资产发生的净损失
51. 下列各项中,不会影响利润总额增减变化的是( )。
    A. 销售费用   B. 管理费用   C. 所得税费用   D. 营业外支出
52. 在利润表上,利润总额扣除( )后,得出净利润或净亏损。
    A. 期间费用   B. 增值税   C. 营业外收支净额 D. 所得税费用
53. 利润表编制的依据是( )。
    A. 借方余额账户   B. 贷方余额账户   C. 损益类账户发生额 D. 资产类账户发生额
54. 利润表中的"本期金额"栏内各项数字一般应根据损益类科目的( )填列。
    A. 本期发生额   B. 累计发生额   C. 期初余额   D. 期末余额
55. 某年编制的利润表中"本期金额"一栏反映了( )。
    A. 12月31日利润或亏损的形成情况   B. 1～12月累计利润或亏损的形成情况
    C. 12月份利润或亏损的形成情况   D. 第4季度利润或亏损的形成情况
56. 某公司某年6月份利润表的"本期金额"栏中,营业利润为－78 100元,营业外收入为

123 600元,营业外支出为152 300元,则利润总额为（　　）元。
　　A. −106 800　　　B. −49 400　　　C. 4 500　　　D. 49 400

57. 反映企业一定期间内现金的流入、流出情况,表明企业获取现金和现金等价物能力的报表是（　　）。
　　A. 资产负债表　　B. 利润表　　C. 现金流量表　　D. 所有者权益变动表

58. 现金流量表是以（　　）为基础编制的。
　　A. 现金　　　B. 营运资金　　　C. 流动资金　　　D. 全部资金

59. 现金流量表中的现金流量正确的分类方法是（　　）。
　　A. 经营活动、投资活动和筹资活动　　　B. 现金流入、现金流出和非现金活动
　　C. 直接现金流量和间接现金流量　　　D. 经营活动、投资活动及收款活动

60. 在编制现金流量表时,所谓的"直接法"和"间接法"是针对（　　）而言的。
　　A. 投资活动的现金流量　　　B. 经营活动的现金流量
　　C. 筹资活动的现金流量　　　D. 上述三种活动的现金流量

61. 所有者权益变动表是（　　）。
　　A. 利润表的附表　　B. 资产负债表的附表　　C. 现金流量表的附表　　D. 会计报表的主表

62. 下列各项中,不属于所有者权益变动表中单独列示的项目是（　　）。
　　A. 所有者投入资本　　B. 综合收益总额　　C. 会计估计变更　　D. 会计政策变更

63. 下列关于会计报表附注的表述,不正确的是（　　）。
　　A. 附注中包括会计报表重要项目的说明
　　B. 对未能在会计报表中列示的项目在附注中说明
　　C. 如果没有需要披露的重大事项,企业不必编制附注
　　D. 附注中包括会计政策和会计估计变更以及差错更正的说明

64. 下列项目中,不属于报表重要项目的是（　　）。
　　A. 应收款项　　　B. 管理费用　　　C. 其他综合收益　　　D. 借款费用

65. 企业年度会计报表的保管期限为（　　）。
　　A. 5年　　　B. 15年　　　C. 25年　　　D. 永久保管

二、多项选择题

1. 财务会计报告的目标是向财务会计报告使用者提供与企业（　　）等有关的会计信息。
　　A. 财务状况　　B. 经营成果　　C. 现金流量　　D. 所有者权益变动

2. 财务会计报告的使用者包括（　　）及社会公众等。
　　A. 投资者　　B. 债权人　　C. 政府及相关机构　　D. 单位管理人员

3. 财务会计报告分为（　　）财务会计报告。
　　A. 年度　　　B. 半年度　　　C. 季度　　　D. 月度

4. 年度、半年度财务会计报告应当包括（　　）。
　　A. 会计报表　　B. 会计报表附注　　C. 财务情况说明书　　D. 资产负债表

5. 季度、月度财务会计报告至少应当包括（　　）。
　　A. 会计报表　　B. 会计报表附注　　C. 资产负债表　　D. 利润表

6. 按现行制度规定,企业会计报表主要包括（　　）和附注。
　　A. 资产负债表　　B. 利润表　　C. 现金流量表　　D. 所有者权益变动表

7. 会计报表按照报送对象不同,可以分为（　　）。
　　A. 对外会计报表　　B. 对内会计报表　　C. 单位会计报表　　D. 汇总会计报表

8. 企业的对外报表有（　　）。
   A. 资产负债表　　　B. 利润表　　　　C. 现金流量表　　　D. 利润分配表
9. 会计报表按反映的经济内容分类可分为（　　）。
   A. 财务状况报表　　B. 经营成果报表　C. 静态报表　　　　D. 动态报表
10. 下列会计报表中，属于动态报表的有（　　）。
    A. 资产负债表　　　B. 利润表　　　　C. 现金流量表　　　D. 商品产品成本表
11. 会计报表按照编报主体不同，可以分为（　　）。
    A. 个别会计报表　　B. 合并会计报表　C. 单位会计报表　　D. 汇总会计报表
12. 中期会计报表可以不提供（　　）。
    A. 资产负债表　　　B. 利润表　　　　C. 所有者权益变动表 D. 现金流量表
13. 会计报表按照所反映的经济内容不同，可分为（　　）。
    A. 财务状况报表　　B. 经营成果报表　C. 现金流量报表　　D. 成本费用报表
14. 反映企业财务状况的报表有（　　）。
    A. 资产负债表　　　B. 利润表　　　　C. 现金流量表　　　D. 商品产品成本表
15. 下列报表中，属于附表的有（　　）。
    A. 利润分配表　　　B. 商品产品成本表 C. 应交增值税明细表 D. 会计报表附注
16. 单位编制的财务会计报告应当（　　）。
    A. 真实可靠　　　　　　　　　　　　B. 相关可比
    C. 全面完整、编报及时、便于理解　　D. 符合国家统一的会计制度的有关规定
17. 下列人员中，应当在单位对外提供的会计报表上签字并盖章的有（　　）。
    A. 单位负责人　　　B. 总会计师　　　C. 会计机构负责人　D. 单位内部审计人员
18. 关于资产负债表，下列说法中正确的有（　　）。
    A. 又称为财务状况表　　　　　　　　B. 可据以分析企业的经营成果
    C. 可据以分析企业的债务偿还能力
    D. 可据以分析企业在某一日期所拥有的经济资源及其分布情况
19. 资产负债表的格式有（　　）。
    A. 账户式　　　　　B. 报告式　　　　C. 单步式　　　　　D. 多步式
20. 资产负债表从表内的项目构成及其数据看其特征有（　　）。
    A. 平衡　　　　　　B. 分类　　　　　C. 比较　　　　　　D. 以收抵支
21. 下列项目中，列示在资产负债表左方的有（　　）。
    A. 固定资产　　　　B. 无形资产　　　C. 预收款项　　　　D. 流动资产
22. 下列项目中，列示在资产负债表右方的有（　　）。
    A. 非流动资产　　　B. 非流动负债　　C. 流动负债　　　　D. 所有者权益
23. 下列各项目中，属于资产负债表中"流动资产"项目的有（　　）。
    A. 货币资金　　　　B. 预付款项　　　C. 应收票据　　　　D. 投资性房地产
24. 资产负债表的数据来源，可以根据（　　）取得。
    A. 总账科目余额直接填列　　　　　　B. 总账科目余额计算填列
    C. 记账凭证直接填列　　　　　　　　D. 明细科目余额计算填列
25. 下列资产负债表项目中，可根据有关总账账户余额直接填列的有（　　）。
    A. 应收票据　　　　B. 短期借款　　　C. 应收股利　　　　D. 应收账款
26. 下列资产负债表项目中，需根据账户余额减去其备抵项目后的净额填列的有（　　）。

A. 应收账款　　　B. 长期股权投资　　C. 货币资金　　　D. 存货

27. 编制资产负债表时,需根据有关总账账户期末余额分析、计算填列的项目有(　　)。
A. 货币资金　　　B. 预付款项　　　C. 存货　　　　　D. 短期借款

28. 资产负债表的"货币资金"项目应根据(　　)等总账科目余额的合计数填列。
A. 库存现金　　　B. 银行存款　　　C. 其他货币资金　D. 交易性金融资产

29. 资产负债表中"应收账款"项目应根据(　　)之和减去"坏账准备"账户中有关应收账款计提的坏账准备期末余额填列。
A. "应收账款"科目所属明细科目的借方余额
B. "应收账款"科目所属明细科目的贷方余额
C. "应付账款"科目所属明细科目的贷方余额
D. "预收账款"科目所属明细科目的借方余额

30. 资产负债表的"存货"项目应根据(　　)等总账科目余额的合计数填列。
A. 库存商品　　　B. 原材料　　　　C. 生产成本　　　D. 制造费用

31. 下列账户中,可能影响资产负债表中"应付账款"项目金额的有(　　)。
A. 应收账款　　　B. 预收账款　　　C. 应付账款　　　D. 预付账款

32. 资产负债表中,"预收款项"项目应根据(　　)总分类账户所属各明细分类账户期末贷方余额合计填列。
A. 预付账款　　　B. 应收账款　　　C. 应付账款　　　D. 预收账款

33. 关于利润表,下列说法中正确的有(　　)。
A. 它属于静态报表
B. 它属于动态报表
C. 它反映企业在一定会计期间的经营成果
D. 可据以分析企业获利能力及利润未来发展趋势

34. 下列属于利润表基本要素项目的有(　　)。
A. 资产　　　　　B. 收入　　　　　C. 费用　　　　　D. 留存收益

35. 利润表提供的信息包括(　　)。
A. 实现的营业收入　B. 发生的营业成本　C. 投资收益　　　D. 利润或亏损总额

36. 利润表是企业的(　　)。
A. 主要会计报表　B. 经营成果报表　C. 动态报表　　　D. 静态报表

37. 利润表的结构形式有(　　)。
A. 报告式　　　　B. 账户式　　　　C. 单步式　　　　D. 多步式

38. 我国的利润表一般为多步式报表,包括的利润指标分别为(　　)。
A. 主营业务利润　B. 利润总额　　　C. 营业利润　　　D. 净利润

39. 以下项目中,会影响营业利润计算的有(　　)。
A. 营业外收入　　B. 税金及附加　　C. 营业成本　　　D. 销售费用

40. 下列项目中,会影响利润总额计算的有(　　)。
A. 营业收入　　　B. 营业外支出　　C. 营业外收入　　D. 投资收益

41. 以下属于利润表中应当单独列示的项目有(　　)。
A. 营业收入　　　B. 投资收益　　　C. 主营业务成本　D. 税金及附加

42. 在利润表中,应列入"税金及附加"项目中的税费有(　　)。
A. 增值税　　　　B. 消费税　　　　C. 城市维护建设税　D. 教育费附加

43. 利润表的金额栏分为(　　)。

A. 本期金额　　　　B. 上期金额　　　　C. 期初金额　　　　D. 期末余额

44. 利润表中,"营业成本"项目的"本期金额",应根据(　　)账户的本期发生额计算填列。
    A. 生产成本　　　　B. 主营业务成本　　C. 其他业务成本　　D. 劳务成本

45. 现金流量表是(　　)。
    A. 财务状况报表
    B. 动态会计报表
    C. 反映一定期间现金流入及流出情况的报表
    D. 以收付实现制为确认计量基础

46. 现金流量表中的现金包括(　　)。
    A. 库存现金　　　　B. 银行存款　　　　C. 其他货币资金　　D. 现金等价物

47. 企业的现金流量分为(　　)。
    A. 经营活动的现金流量
    B. 投资活动的现金流量
    C. 筹资活动的现金流量
    D. 借款活动的现金流量

48. (　　)不会影响现金流量净额的变动。
    A. 将现金存入银行　B. 用现金对外投资　C. 用存货清偿债务　D. 用原材料对外投资

49. (　　)属于筹资活动产生的现金流量。
    A. 借款收到的现金
    B. 用固定资产清偿债务
    C. 偿付利息所支付的现金
    D. 取得债券利息收入所收到的现金

50. 下列各项中,影响经营活动现金流量的项目有(　　)。
    A. 发行长期债券收到的现金
    B. 偿还应付购货款
    C. 支付生产工人工资
    D. 支付所得税

51. 下列各项中,影响投资活动现金流量的项目有(　　)。
    A. 以存款购买设备
    B. 购买三个月到期的短期债券
    C. 购买股票
    D. 取得债券利息和现金股利

52. 下列各项中,属于所有者权益变动表单独列示的项目有(　　)。
    A. 提取盈余公积
    B. 综合收益总额
    C. 当年实现的净利润
    D. 资本公积转增资本

53. 下列属于所有者权益变动表中应单独列示的项目有(　　)。
    A. 会计政策变更累积影响
    B. 会计差错更正累积影响
    C. 盈余公积弥补亏损情况
    D. 向所有者分配利润情况

54. 下列属于会计报表附注中应披露的内容有(　　)。
    A. 企业基本情况
    B. 财务报表的编制基础
    C. 重要会计估计变更的说明
    D. 遵循企业会计准则的声明

55. 下列对于附注中"其他综合收益"项目应当披露的内容有(　　)。
    A. 其他综合收益各项目及其所得税影响
    B. 所得税费用(收益)与会计利润关系的说明
    C. 其他综合收益各项目原计入其他综合收益,当期转出计入当期损益的金额
    D. 其他综合收益各项目的期初和期末余额及其调节情况

三、判断题

1. 财务会计报告是指单位根据经过审核的会计账簿记录和有关资料编制并对外提供的反映单位某一特定日期财务状况和某一会计期间经营成果、现金流量的文件。(　　)

2. 财务报告的目的是为了向财务报告使用者提供会计信息及反映企业管理层受托责任的履行情况。（   ）

3. 企业财务会计报告的使用者只有投资者和债权人。（   ）

4. 企业的财务会计报告分为年度、半年度、季度和月度财务会计报告。（   ）

5. 季度、月度财务会计报告通常仅指会计报表。（   ）

6. 财务会计报告就是会计报表。（   ）

7. 财务报表是可以反映企业财务状况、经营成果和现金流量的书面文件。（   ）

8. 会计报表至少应当包括资产负债表、利润表、现金流量表、所有者权益变动表和附注，资产负债表、利润表、现金流量表、所有者权益变动表是主要报表，附注是次要报表。（   ）

9. 会计报表附表即会计报表附注。（   ）

10. 会计报表按其反映的内容，可以分为动态会计报表和静态会计报表，资产负债表是反映在某一时期企业财务状况的会计报表。（   ）

11. 会计报表按照报送对象不同，可以分为个别会计报表和合并会计报表。（   ）

12. 按财务报表编报期间的不同，财务报表分为年度财务报表和中期财务报表。（   ）

13. 企业以某年度7月1日至12月31日的期间编报的会计报表也是半年度财务会计报告。（   ）

14. 会计报表应当根据经过审核的会计账簿记录和有关资料编制。（   ）

15. 资产负债表是反映企业在一定时期内财务状况变动情况的报表。（   ）

16. 资产负债表是总括反映企业特定日期资产、负债和所有者权益情况的动态报表，通过它可以了解企业资产来源构成和承担的债务及资金的流动性和偿债能力。（   ）

17. "资产＝负债＋所有者权益"这一会计等式，是资产负债表的理论依据。（   ）

18. 资产负债表的格式主要有账户式和报告式两种，我国采用的是报告式，因此才出现财务会计报告这个名词。（   ）

19. 资产负债表中资产内部的项目按流动性的大小或变现能力的强弱进行排列。（   ）

20. 资产负债表的"期末余额"栏各项目主要根据总账或有关明细账期末贷方余额直接填列。（   ）

21. 资产负债表中"货币资金"项目反映企业库存现金、银行结算户存款、外埠存款、银行汇票存款和银行本票存款等货币资金的合计数，因此本项目应根据"库存现金""银行存款"账户的期末余额合计数填列。（   ）

22. 资产负债表中"应收票据及应收账款"项目，应根据"应收票据"和"应收账款"账户所属各明细账户的期末借方余额合计填列。（   ）

23. 编制以12月31日为资产负债表日的资产负债表时，表中的"未分配利润"项目应根据"利润分配"账户的年末余额直接填列。（   ）

24. 某年3月31日，某公司"本年利润"账户为贷方余额153 000元，"利润分配"账户为贷方余额96 000元，则当日编制的资产负债表中，"未分配利润"项目的"期末余额"应为57 000元。（   ）

25. 某年12月31日，某公司"长期借款"账户贷方余额520 000元，其中次年7月1日到期的借款为200 000元，则当日编制的资产负债表中，"长期借款"项目的"期末余额"应为320 000元。（   ）

26. 利润表是反映企业月末、季末或年末取得的利润或发生的亏损情况的报表。（   ）

27. 通过利润表，可以考核企业一定会计期间的经营成果，分析企业的获利能力及利润的

未来发展趋势,了解投资者投入资本的保值增值情况。(　　)

28. 利润表的编制基础是"收入－费用＝利润"。(　　)

29. 目前国际上普遍采用的利润表的格式主要有多步式利润表和单步式利润表两种。为简便明晰起见,我国企业采用的是单步式利润表格式。(　　)

30. 多步式利润表中的"营业收入"即指"主营业务收入"。(　　)

31. 利润表中"营业成本"项目,反映企业销售产品和提供劳务等主要经营业务的各项销售费用和实际成本。(　　)

32. 增值税应在利润表的税金及附加项目中反映。(　　)

33. 财务费用、资产减值损失、投资收益和营业外收入都会影响企业的营业利润。(　　)

34. 营业利润扣除掉管理费用、销售费用、财务费用和所得税费用后得到净利润。(　　)

35. 所得税费用不会影响营业利润。(　　)

36. 利润总额和营业利润的差异在于利润总额包含了营业外收入和营业外支出。(　　)

37. 利润表中"其他综合收益的税后净额"项目,反映企业根据企业会计准则规定未在损益中确认的各项利得和损失扣除所得税影响后的净额。(　　)

38. 现金流量表是反映企业一定时期现金及其等价物流入和流出的报表。(　　)

39. 现金流量表是动态会计报表。(　　)

40. 作为现金流量表编制基础的现金是指现金及现金等价物。(　　)

41. 企业一定期间的现金流量可分为经营活动的现金流量、投资活动的现金流量和筹资活动的现金流量。(　　)

42. 现金流量表的编制是以收付实现制为确认计量基础的。(　　)

43. 我国《企业会计准则第 31 号——现金流量表》在要求企业按间接法编制现金流量表的同时,还要求企业在现金流量表附注的补充资料中按直接法将净利润调节为经营活动的现金流量。(　　)

44. 现金流量表的现金净增加额应与资产负债表中的货币资金期末余额相等。(　　)

45. 所有者权益变动表是反映企业在一定期间内所有者权益变动情况的会计报表,有助于报表使用者理解所有者权益增减变动的原因。(　　)

46. 所有者权益变动表是反映企业在一定期间内所有者权益变动情况,不仅包括所有者权益总量的增减变动,还包括所有者权益增减变动重要的结构性信息,特别是要反映直接计入所有者权益的利得和损失。(　　)

47. 所有者权益变动表是资产负债表和利润表的附表。(　　)

48. 所有者权益变动表"未分配利润"项目的本年年末余额应当与年末资产负债表"未分配利润"项目的年末余额相等。(　　)

49. 会计报表附注是对资产负债表、利润表、现金流量表和所有者权益变动表等报表中列示项目的文字描述或明细资料,以及对某些未能在这些报表中列示项目的说明等。(　　)

50. 会计报表附注是对企业会计报表的文字表述,在报表中无法体现的内容均需要通过附注加以阐述。(　　)

四、核算分析题

1. 公司 20××年 12 月 31 日总分类账户及明细账户的期末余额如表 10-1 所示。

表 10-1 总分类账户及明细账户期末余额
20××年12月31日　　　　　　　　　　　　　　　　　　　　　　　　　　单位：元

账户名称	借方余额	贷方余额	账户名称	借方余额	贷方余额
库存现金	1 895		短期借款		27 500
银行存款	129 800		应付账款		23 000
应收账款	4 000		——G公司		23 000
——A公司	5 500		预收账款		8 500
——B公司		1 500	——C公司		10 000
坏账准备		200	——D公司	1 500	
预付账款	5 000		长期借款		200 000
——E公司	6 200		实收资本		350 000
——F公司		1 200	盈余公积		18 095
原材料	72 500		利润分配		16 400
库存商品	62 000				
生产成本	18 000				
固定资产	358 700				
累计折旧		24 700			
无形资产	20 000				
累计摊销		3 500			

补充资料：长期借款中将于一年内到期归还的长期借款为 60 000 元。

要求：编制该公司某 20××年12月31日资产负债表（表 10-2）。

表 10-2 资产负债表（简表）
编制单位：　　　　　　　　　年　月　日　　　　　　　　　　　　　　　　单位：元

资产	期末余额	负债及所有者权益	期末余额
流动资产：		流动负债：	
货币资金		短期借款	
应收账款		应付账款	
预付款项		预收款项	
存货		一年内到期的非流动负债	
流动资产合计		流动负债合计	
非流动资产：		非流动负债：	
固定资产		长期借款	
无形资产		非流动负债合计	
非流动资产合计		负债合计	
		所有者权益：	

续表

资产	期末余额	负债及所有者权益	期末余额
		实收资本	
		盈余公积	
		未分配利润	
		所有者权益合计	
资产总计		负债及所有者权益总计	

2. 某公司 20××年 8 月份有关账户发生额数据如表 10-3 所示。

表 10-3　有关账户发生额合计

单位:元

账户名称	借方金额	贷方金额	账户名称	借方金额	贷方金额
主营业务收入		3 600 000	管理费用	288 000	
其他业务收入		200 000	财务费用	72 000	
主营业务成本	2 040 000		投资收益		24 000
其他业务成本	80 000		营业外收入		45 000
税金及附加	120 000		营业外支出	28 500	
销售费用	180 000		所得税费用	319 125	

要求:编制该公司 20××年 8 月份利润表(表 10-4)。

表 10-4　利润表(简表)

编制单位:　　　　　　　　　　　　年　　月　　　　　　　　　　　　单位:元

项目	本期金额
一、营业收入	
减:营业成本	
税金及附加	
销售费用	
管理费用	
财务费用	
加:投资收益	
二、营业利润	
加:营业外收入	
减:营业外支出	
三、利润总额	
减:所得税费用	
四、净利润	

3. 某公司某期资产负债表如表10-5所示。

表 10-5　资产负债表

单位:元

资产	期末余额	负债和所有者权益	期末余额
流动资产:		流动负债:	
货币资金	（1）	短期借款	56 000
交易性金融资产	84 000	应付票据	95 000
应收票据	12 000	应付账款	（3）
应收账款	30 000	预收账款	24 000
……	……	……	……
流动资产合计	（2）	流动负债合计	（4）
非流动资产:		非流动负债:	
……	……	……	……
固定资产	200 000	所有者权益合计	179 000
……	……		
非流动资产合计	200 000		
资产总计	422 000	负债和所有者权益总计	（5）

要求:计算括弧的金额数字。

4. 某公司所得税税率25%,该公司20××年11月份有关损益类账户累计发生额如表10-5所示。

表 10-5　有关损益类账户累计发生额合计

单位:元

账户名称	借方金额	贷方金额	账户名称	借方金额	贷方金额
主营业务收入		2 985 000	财务费用	4 000	
主营业务成本	1 500 000		资产减值准备	3 000	
税金及附加	88 000		营业外收入		3 000
销售费用	210 000		营业外支出	8 000	
管理费用	350 000		所得税费用	206 250	

该公司20××年12月份发生以下经济业务:

(1) 对外销售甲商品3 500件,单价为68元,增值税率为13%,已办妥银行收款手续。

(2) 经批准处理财产清查中盘盈的账外设备一台,估计原价为10 000元,七成新。

(3) 计算分配本月应付职工工资共计40 000元。其中管理部门25 000元,专设销售机构人员工资15 000元。

(4) 计提本月办公用固定资产折旧1 200元。

(5) 结转已销售的3 500件甲商品的销售成本140 000元。

(6) 按本月利润总额计算并结转所得税。

要求:

(1) 编制上述经济业会计分录;

(2) 计算该公司全年实现的净利润。

5. 某公司按其预计营业额计算的业务招待费应列支 12 万元,否则其超支额须列入应纳税所得额中计算缴纳所得税。该公司在当年 5 月底业务招待费实际支出额已达 10 万元,为了达到少缴税的目的,将招待费压缩到 12 万元以内,经理和会计人员商定,以报销劳保用品为名套取现金,用于业务招待费支出。会计人员随即从某劳保用品商店搞到几张空白发票,自行编造填列有关数据,共计 18 万元。会计人员依据这些伪造的发票,做了借记"制造费用"科目、贷记"银行存款"科目的会计分录。套取现金 18 万元,全部以个人名义存储,专门用于支付业务招待费的超支部分。

根据上述资料,请分析:

清查人员对上述违法行为应怎样进行查处?

6. 审计人员在查阅某公司 20××年 10 月份的会计报表时,发现利润表中"营业收入"项目较以前月份的发生额有较大的增加,资产负债表中的"应收账款"项目本期与前几期比较也发生了较大的变动。于是,审计人员查阅该公司的账簿,发现"应收账款"总账与明细账金额之和不相等,对总账所记载的一些"应收账款"数额,明细账中并未作登记。审计人员根据账簿记录调阅有关记账凭证,发现 3 张记账凭证后未附原始凭证。其中:

10 月 12 日 9#凭证编制的会计分录为:

借:应收账款　　　　　　　　　　　565 000
　　贷:主营业务收入　　　　　　　　　500 000
　　　　应交税费——应交增值税(销项税额)　65 000

10 月 17 日 15#凭证编制的会计分录为:

借:应收账款　　　　　　　　　　　113 000
　　贷:主营业务收入　　　　　　　　　100 000
　　　　应交税费——应交增值税(销项税额)　13 000

10 月 23 日 20#凭证编制的会计分录为:

借:应收账款　　　　　　　　　　　102 000
　　贷:应交税费——应交增值税(销项税额)　102 000

经审查,该公司在上述 10 月份的 3 张会计凭证中虚列当期收入 60 万元,3 笔业务中在"库存商品"明细账和"主营业务成本"明细账中均未作登记,准备于下年年初作销货退回处理。

根据上述资料,请分析:

(1) 该公司此举的目的是什么? 说出你认为的该企业行为的几种可能性。

(2) 上述问题在年终结账前发现,该公司应如何调账?

10.3　参　考　答　案

一、单项选择题

1. A　2. D　3. A　4. A　5. C　6. C　7. B　8. D　9. D　10. A
11. D　12. C　13. C　14. D　15. D　16. B　17. D　18. D　19. B　20. D　21. A
22. D　23. B　24. A　25. D　26. A　27. A　28. A　29. D　30. D　31. C　32. D
33. B　34. D　35. C　36. D　37. C　38. A　39. B　40. C　41. B　42. A　43. A

44. B　45. C　46. A　47. B　48. A　49. D　50. D　51. C　52. D　53. C　54. A
55. B　56. A　57. C　58. A　59. A　60. B　61. D　62. C　63. C　64. B　65. D

二、多项选择题

1. ABCD　2. ABCD　3. ABCD　4. ABC　5. CD　6. ABCD　7. AB
8. ABCD　9. CD　10. BCD　11. AB　12. CD　13. ABD　14. AC
15. AC　16. ABCD　17. ABC　18. ACD　19. AB　20. ABC　21. ABD
22. BCD　23. ABC　24. ABD　25. ABC　26. ABD　27. AC　28. ABC
29. AD　30. ABC　31. CD　32. BD　33. BCD　34. BC　35. ABCD
36. ABC　37. CD　38. BCD　39. BCD　40. ABCD　41. ABD　42. BCD
43. AB　44. BC　45. ABCD　46. ABCD　47. ABC　48. ACD　49. AC
50. BCD　51. ACD　52. ABD　53. ABCD　54. ABCD　55. ACD

三、判断题

1. √　2. √　3. ×　4. √　5. √　6. ×　7. ×　8. ×　9. ×　10. ×
11. ×　12. √　13. ×　14. √　15. ×　16. ×　17. √　18. √　19. √　20. √
21. ×　22. ×　23. √　24. ×　25. √　26. ×　27. √　28. √　29. √　30. √
31. √　32. √　33. √　34. √　35. √　36. √　37. √　38. √　39. √　40. √
41. √　42. √　43. ×　44. ×　45. √　46. √　47. √　48. √　49. √　50. ×

四、核算分析题

1.

表 10-6　资产负债表(简表)

编制单位：某公司　　　　　　　　　20××年12月31日　　　　　　　　　单位：元

资产	期末余额	负债及所有者权益	期末余额
流动资产：		流动负债：	
货币资金	131 695	短期借款	27 500
应收账款	6 800	应付账款	24 200
预付款项	6 200	预收款项	11 500
存货	152 500	一年内到期的非流动负债	60 000
流动资产合计	297 195	流动负债合计	123 200
非流动资产：		非流动负债：	
固定资产	334 000	长期借款	140 000
无形资产	16 500	非流动负债合计	140 000
非流动资产合计	350 500	负债合计	263 200
		所有者权益：	
		实收资本	350 000
		盈余公积	18 095
		未分配利润	16 400
		所有者权益合计	384 495
资产总计	647 695	负债及所有者权益总计	647 695

2.

表 10-7　利润表(简表)

编制单位：　　　　　　　　　　　　　年　月　　　　　　　　　　　　　　单位：元

项目	本期金额
一、营业收入	3 800 000
减：营业成本	2 120 000
税金及附加	120 000
销售费用	180 000
管理费用	288 000
财务费用	72 000
加：投资收益	−24 000
二、营业利润	996 000
加：营业外收入	45 000
减：营业外支出	28 500
三、利润总额	1 012 500
减：所得税费用	319 125
四、净利润	693 375

3.

(1) 96 000；(2) 222 000；(3) 68 000；(4) 243 000；(5) 422 000。

4.

(1)

① 借：银行存款	268 940	
贷：主营业务收入	238 000	
应交税费——应交增值税（销项税额）	30 940	
② 借：固定资产	10 000	
贷：累计折旧	3 000	
以前年度损益调整	7 000	
借：以前年度损益调整	7 000	
贷：应交税费——应交所得税	1 750	
利润分配——未分配利润	4 725	
盈余公积	525	
③ 借：管理费用	25 000	
销售费用	15 000	
贷：应付职工薪酬——工资	40 000	
④ 借：管理费用	1 200	
贷：累计折旧	1 200	
⑤ 借：主营业务成本	140 000	
贷：库存商品——甲产品	140 000	

⑥ 利润总额＝238 000－40 000－1 200－140 000＝56 800(元)

应纳所得税额＝56 800×25％＝14 200(元)

借：所得税费用　　　　　　　　　　　　　14 200
　　贷：应交税费——应交所得税　　　　　　　　14 200
借：本年利润　　　　　　　　　　　　　　14 200
　　贷：所得税费用　　　　　　　　　　　　　14 200

(2) 净利润＝2 985 000－1 500 000－88 000－210 000－350 000－4 000－3 000＋3 000
　　　　－8 000－206 250＋56 800－14 200＝661 350(元)

5.

清查人员应询问劳保用品保管员，对账面登记的劳保用品与仓库中的劳保用品的购进及发出进行核对。查出问题后，应责令该公司补缴所得税，调整账面盈余。

6.

该公司此举的目的可能：

(1) 虚列收入，虚增企业利润；

(2) 业务不实，虚开增值税发票。

上述问题在年终结账前发现，该公司应作如下分录调整：

借：主营业务收入　　　　　　　　　　　　600 000
　　贷：应收账款　　　　　　　　　　　　　　600 000

增值税不予退回。

附录　自测试卷及参考答案

附录1　阶段测试1

一、单项选择题(每小题1分,共15分)

1. 下列选项中属于会计的基本职能的是(　　)。
   A. 控制与监督　　B. 反映与监督　　C. 反映与核算　　D. 反映与分析
2. 下列选项中属于会计目标的两种主要学术观点的是(　　)。
   A. 决策有用观与受托责任观　　B. 决策有用观与信息系统观
   C. 信息系统观与管理活动观　　D. 管理活动观与决策有用观
3. 某企业资产总额为600万元,如果发生以下经济业务:① 收到外单位投资40万元存入银行;② 以银行存款支付购入材料款12万元;③ 以银行存款偿还银行借款10万元。这时企业资产总额为(　　)万元。
   A. 636　　B. 628　　C. 648　　D. 630
4. 根据企业会计准则规定,企业的日常经营收入不包括(　　)。
   A. 销售商品的收入　　B. 提供劳务的收入
   C. 他人使用本企业资产取得的收入　　D. 捐赠获得的收入
5. 对会计对象的具体划分称为(　　)。
   A. 会计科目　　B. 会计原则　　C. 会计要素　　D. 会计方法
6. 关于所有者权益与负债的区别,下列说法中不正确的是(　　)。
   A. 负债的求偿力高于所有者权益　　B. 所有者的投资收益取决于企业的经营成果
   C. 债权人的求偿权有固定到期日　　D. 所有者承受的风险低于债权人
7. 下列选项中能引起资产和权益同时减少的业务是(　　)。
   A. 用银行存款偿还应付账款　　B. 向银行借款直接偿还应付账款
   C. 购买材料货款暂未支付　　D. 工资计入产品成本但暂未支付
8. 对应收账款在会计期末提取坏账准备这一做法体现的是(　　)。
   A. 配比原则　　B. 重要性　　C. 谨慎性　　D. 可靠性
9. 各企业单位处理会计业务的方法和程序在不同会计期间要保持前后一致,不得随意变更,这符合(　　)。
   A. 相关性　　B. 可比性　　C. 可理解性　　D. 重要性
10. 账户的基本结构是指(　　)。
    A. 账户的具体格式　　B. 账户登记的经济内容
    C. 账户登记的日期　　D. 账户中登记增减金额的栏次

11. 会计账户的设置依据是（   ）。
    A. 会计对象　　　　B. 会计要素　　　　C. 会计科目　　　　D. 会计方法
12. 进行复式记账时，对任何一项经济业务登记的账户数量应是（   ）。
    A. 一个　　　　　　B. 两个　　　　　　C. 三个　　　　　　D. 两个或两个以上
13. "生产成本"账户期末有借方余额，表示（   ）。
    A. 本期完工产品成本　　　　　　　　　B. 本期投入生产费用
    C. 期末库存产品成本　　　　　　　　　D. 期末在产品成本
14. 增值税一般纳税人企业发生的下列税费中，不应通过"税金及附加"账户核算的是（   ）。
    A. 增值税　　　　　B. 印花税　　　　　C. 房产税　　　　　D. 城市维护建设税
15. 某公司为增值税一般纳税人，该公司购入一台需要安装的生产经营用设备，取得的增值税专用发票中注明的设备买价为 500 000 元，增值税税额为 65 000 元，支付的包装费等为 25 000 元，设备安装时，领用生产用材料的实际成本为 50 000 元，支付的职工薪酬为 25 000 元。则该设备安装完毕交付使用时确定的固定资产入账价值为（   ）元。
    A. 565 000　　　　B. 650 000　　　　C. 600 000　　　　D. 665 000

二、多项选择题（每小题 2 分，共 20 分）

1. 会计核算方法包括（   ）。
    A. 成本计算和财产清查　　　　　　　　B. 设置会计科目和复式记账
    C. 填制和审核会计凭证　　　　　　　　D. 登记账簿和试算平衡
2. 下列选项中能引起会计等式左右两边会计要素变动的经济业务有（   ）。
    A. 收到某单位前欠货款 2 万元存入银行　B. 以银行存款偿还银行借款
    C. 收到某单位投入机器一台，价值 80 万元　D. 以银行存款偿还前欠货款 10 万元
3. 下列选项中属于流动资产的有（   ）。
    A. 存放在银行的存款　　　　　　　　　B. 存放在仓库的材料
    C. 厂房和机器　　　　　　　　　　　　D. 企业的办公用品
4. 按权责发生制原则要求，下列项目中关于收入确认正确的是（   ）。
    A. 本月销售产品一批，货款尚未收到，已确认为收入
    B. 本月月初收到上月利息收入，确认为本月财务费用贷方
    C. 本月收到上月产品销售收入，已存入银行，确认为本月收入
    D. 本月预收了下季度的闲置厂房租赁费，未确认收入
5. 下列组织中是会计主体的有（   ）。
    A. 合伙企业　　　　B. 合营企业　　　　C. 子公司　　　　　D. 有限责任公司
6. 可以用于负债计量的计量属性有（   ）。
    A. 历史成本　　　　B. 公允价值　　　　C. 可变现净值　　　D. 重置成本
7. 下列账户中，用贷方登记增加数的账户有（   ）。
    A. 应付账款　　　　B. 实收资本　　　　C. 累计折旧　　　　D. 盈余公积
8. 以下各项中，通过试算平衡表无法发现的错误有（   ）。
    A. 漏记或重记某项经济业务　　　　　　B. 方向正确但一方金额写少了
    C. 借贷记账方向彼此颠倒　　　　　　　D. 记账方向正确但记错账户
9. 某公司 20××年 5 月份销售商品一批，增值税专用发票已开，商品已发出，且已办妥托收手续，此时得知对方企业在一次交易中发生重大损失，财务困难，短期内不能支付货款，为此

该公司5月份未确认该批商品收入,这是依据(　　)。
　　A. 实质重于形式会计信息质量要求　　B. 重要性会计信息质量要求
　　C. 谨慎性会计信息质量要求　　D. 相关性会计信息质量要求
　10. 下列各项内容中,按规定应计入企业营业外支出的有(　　)。
　　A. 捐赠支出　　B. 固定资产盘亏净损失
　　C. 出售无形资产净收益　　D. 坏账损失

三、判断题(每小题1分,共10分)

1. 一般认为,在会计学说史上,将帕乔利复式簿记著作的出版和会计职业的出现视为近代会计史中的两个里程碑。(　　)
2. 资产与负债和所有者权益实际上是企业所拥有的经济资源在同一时点上所表现的不同形式。(　　)
3. 不管是什么企业发生任何经济业务,会计等式的左右两方金额永不变,故称为会计恒等式。(　　)
4. 会计计量单位只有一种,即货币计量。(　　)
5. 会计核算必须以实际发生的经济业务及证明经济业务发生的合法性凭证为依据,表明会计核算应当遵循可靠性。(　　)
6. 会计科目是对会计要素分类所形成的项目。(　　)
7. 收入类账户与费用类账户一般没有期末余额,但有期初余额。(　　)
8. 收入不包括为第三方代收的款项,也不包括处置固定资产净收益和出售无形资产净收益。(　　)
9. 管理费用、财务费用、销售费用和制造费用均属于企业的期间费用。(　　)
10. 企业对其所使用的机器设备、厂房等固定资产,只有在持续经营的前提下,才可以在机器设备等的使用年限内,按照其价值和使用情况,确定采用某一折旧方法计提折旧。(　　)

四、业务核算题(1~10每小题2分,11~15每小题3分,共35分)

某公司20××年12月发生了以下经济业务:
1. 借入短期借款10 000元,存入银行。
2. 预付佳佳公司材料款10 000元。
3. 佳佳公司发来甲材料100千克,单价100元/千克,价款10 000元,增值税1 300元,对方代垫材料运费500元,材料已验收入库。
4. 本月领用甲材料5 000元,其中:生产乙产品领用4 000元,车间一般耗用600元,厂部管理部门耗用400元。
5. 银行转账支付佳佳公司材料尾款。
6. 本月销售乙产品共计1 600件,每件售价40元,增值税税率13%,货款存入银行。
7. 张明出差报销差旅费1 000元,退回现金200元。
8. 银行转账支付本月产品展销费1 000元。
9. 发生一批确实无法支付的应付账款10 000元,经批准予以转销。
10. 本月应交城市维护建设税1 000元,教育费附加500元。
11. 销售多余甲材料一批,价款5 000元,增值税650元,款已收。该批材料成本为3 000元,同时结转销售成本。
12. 结转本月期间损益(本月主营业务成本为24 000元,其他损益类账户如上述经济业务)。

13. 按本月利润总额的 25% 计算并结转本期所得税。
14. 该公司 1～11 月实现净利润 100 000 元,结转全年实现的净利润。
15. 公司决定按税后利润的 10% 计提法定盈余公积,宣告发放现金股利 80 000 元。结转利润分配。

要求:编制上述经济业务会计分录(可进行明细核算的要求进行明细核算)。

五、计算分析题(每小题 10 分,共 20 分)

1. 某公司 20××年 7 月发生下列经济业务:
(1) 接受投资者投资 500 000 元存入银行。
(2) 购入材料 1 200 000 元,用银行存款支付 200 000 元,余款暂欠,材料已验收入库。
(3) 用银行存款偿还前欠货款 700 000 元。

要求:填列该公司 20××年 7 月总分类账户本期发生额试算平衡表有关项目金额(附表 1-1)。

附表 1-1 总分类账户本期发生额试算平衡表

20××年 7 月 31 日   单位:元

账户名称	本期发生额	
	借方	贷方
银行存款		(4)
原材料	(1)	
应付账款	(2)	
实收资本		(5)
合计	(3)	

2. 兴达公司生产 A、B 两种产品,20××年 7 月有关 A、B 产品的资料如下:
(1) 月初在产品成本计算如附表 1-2 所示:

附表 1-2 月初在产品成本

单位:元

在产品名称	数量(件)	直接材料	直接人工	制造费用	合计
A	200	48 000	12 000	6 500	66 500
B	60	32 000	8 000	3 300	43 300
合计		80 000	20 000	9 800	109 800

(2) 本月发生的生产费用:A 产品的直接材料费 165 000 元,直接人工费 58 400 元;B 产品的直接材料费 126 000 元,直接人工费 35 600 元;本月共发生制造费用 70 500 元。
(3) 月末 A 产品完工 500 件,未完工 40 件,未完工产品其总成本具体构成为:直接材料 6 500 元,直接人工 4 200 元,制造费用 3 000 元,合计 13 700 元;B 产品完工 300 件,没有月末在产品。

要求列式计算:
(1) 按本月直接人工费标准分配制造费用;
(2) 计算完工产品总成本和单位成本。

参 考 答 案

一、单项选择题

1. B 2. A 3. D 4. D 5. C 6. D 7. A 8. C 9. B 10. D 11. C 12. D
13. D 14. A 15. C

二、多项选择题

1. ABC 2. BCD 3. ABD 4. AD 5. ABCD 6. ABD 7. ABCD 8. ACD
9. AC 10. AB

三、判断题

1. √ 2. √ 3. × 4. × 5. √ 6. √ 7. × 8. √ 9. × 10. √

四、业务核算题

1. 借:银行存款　　　　　　　　　　　　　　　　　　10 000
　　贷:短期借款　　　　　　　　　　　　　　　　　　10 000

2. 借:预付账款——佳佳公司　　　　　　　　　　　　10 000
　　贷:银行存款　　　　　　　　　　　　　　　　　　10 000

3. 借:原材料——甲材料　　　　　　　　　　　　　　10 500
　　　应交税费——应交增值税(进项税额)　　　　　　1 300
　　贷:预付账款——佳佳公司　　　　　　　　　　　　11 800

4. 借:生产成本——乙产品　　　　　　　　　　　　　4 000
　　　制造费用　　　　　　　　　　　　　　　　　　　600
　　　管理费用　　　　　　　　　　　　　　　　　　　400
　　贷:原材料——甲材料　　　　　　　　　　　　　　5 000

5. 借:预付账款——佳佳公司　　　　　　　　　　　　1 800
　　贷:银行存款　　　　　　　　　　　　　　　　　　1 800

6. 借:银行存款　　　　　　　　　　　　　　　　　　72 320
　　贷:主营业务收入　　　　　　　　　　　　　　　　64 000
　　　　应交税费——应交增值税(销项税额)　　　　　8 320

7. 借:管理费用　　　　　　　　　　　　　　　　　　1 000
　　　库存现金　　　　　　　　　　　　　　　　　　　200
　　贷:其他应收款——张明　　　　　　　　　　　　　1 200

8. 借:销售费用　　　　　　　　　　　　　　　　　　1 000
　　贷:银行存款　　　　　　　　　　　　　　　　　　1 000

9. 借:应付账款　　　　　　　　　　　　　　　　　　10 000
　　贷:营业外收入　　　　　　　　　　　　　　　　　10 000

10. 借:税金及附加　　　　　　　　　　　　　　　　　1 500
　　 贷:应交税费——应交城市维护建设税　　　　　　 1 000
　　　　　　　——应交教育费附加　　　　　　　　　　500

11. 借:银行存款　　　　　　　　　　　　　　　　　　5 650

	贷:其他业务收入	5 000
	应交税费——应交增值税（销项税额）	650
	借:其他业务成本	3 000
	贷:原材料——甲材料	3 000
12.	借:主营业务收入	64 000
	其他业务收入	5 000
	营业外收入	10 000
	贷:本年利润	79 000
	借:本年利润	30 900
	贷:主营业务成本	24 000
	其他业务成本	3 000
	税金及附加	1 500
	销售费用	1 000
	管理费用	1 400

13. 利润总额＝79 000－30 900＝48 100(元)

应纳所得税额＝48 100×25％＝12 025(元)

借:所得税费用　　　　　　　　　　　　　　　　12 025
　贷:应交税费——应交所得税　　　　　　　　　　12 025
借:本年利润　　　　　　　　　　　　　　　　　12 025
　贷:所得税费用　　　　　　　　　　　　　　　　12 025

14. 本年净利润＝100 000＋48 100－12 025＝136 075(元)

借:本年利润　　　　　　　　　　　　　　　　　136 075
　贷:利润分配——未分配利润　　　　　　　　　　136 075

15. 借:利润分配——提取法定盈余公积　　　　　　13 607.5
　　　　　　——分配现金股利　　　　　　　　　　80 000
　贷:盈余公积——法定盈余公积　　　　　　　　　13 607.5
　　应付股利　　　　　　　　　　　　　　　　　80 000
借:利润分配——未分配利润　　　　　　　　　　93 607.5
　贷:利润分配——提取法定盈余公积　　　　　　　13 607.5
　　　　　　　——分配现金股利　　　　　　　　　80 000

五、计算分析题

1. (1) 1 200 000；(2) 700 000；(3) 2 400 000；(4) 900 000；(5) 500 000。

2. (1) 分配率＝70 500/(58 400＋35 600)＝0.75

A产品制造费用＝58 400×0.75＝43 800(元)

B产品制造费用＝35 600×0.75＝26 700(元)

(2) A产品完工总成本＝66 500＋165 000＋58 400＋43 800－13 700＝320 000(元)

A产品单位成本＝320 000/500＝640(元/件)

B产品完工总成本＝43 300＋126 000＋35 600＋26 700＝231 600(元)

B产品单位成本＝231 600/300＝772(元/件)

附录2 阶段测试2

一、单选选择题(每小题1分,共15分)

1. 填制原始凭证时应做到大小写数字符合规范,填写正确。如大写金额"壹仟零壹元伍角整",其小写应为(　　)。
   A. 1 001.50 元　　B. ￥1 001.50　　C. ￥1 001.50 元　　D. ￥1 001.5

2. 下列各项中,不属于一次凭证的是(　　)。
   A. 销售商品时开具的增值税专用发票　　B. 购进材料时开具的入库单
   C. 限额领料单　　D. 领料单

3. 借记"库存现金",贷记"银行存款"的会计分录,应编制的专用记账凭证是(　　)。
   A. 现金收款凭证　　B. 现金付款凭证
   C. 银行存款收款凭证　　D. 银行存款付款凭证

4. 下列科目的明细账中应采用"借方多栏式"的是(　　)。
   A. 营业外收入　　B. 原材料　　C. 应交税费　　D. 制造费用

5. 期末根据账簿记录,计算并记录各账户的本期发生额和期末余额,在会计上称为(　　)。
   A. 对账　　B. 结账　　C. 调账　　D. 查账

6. 总账和明细账之间进行平行登记的原因是总账与明细账的(　　)。
   A. 格式相同　　B. 登记时间相同
   C. 反映经济业务的内容相同　　D. 提供指标详细程度相同

7. "待处理财产损溢"账户期末(　　)。
   A. 余额在借方　　B. 余额在贷方
   C. 一般没有余额　　D. 可能在借方,也可能在贷方

8. 采用实地盘存制,平时账簿记录中不能反映(　　)。
   A. 财产物资的购进业务　　B. 财产物资的减少数额
   C. 财产物资的增加和减少数额　　D. 财产物资的盘盈数额

9. 对债权债务的清查应采用的方法是(　　)。
   A. 询证核对法　　B. 实地盘点法　　C. 技术推算法　　D. 抽样盘存法

10. 依照我国会计准则的要求,利润表所采用的格式为(　　)。
    A. 单步报告式　　B. 多步报告式　　C. 账户式　　D. 混合式

11. 在下列各个会计报表中,属于反映企业对外的静态报表的是(　　)。
    A. 利润表　　B. 成本报表　　C. 现金流量表　　D. 资产负债表

12. 所有者权益变动表是(　　)。
    A. 利润表的附表　　B. 资产负债表的附表　　C. 现金流量表的附表　　D. 会计报表的主表

13. 在下列账务处理程序中,被称为最基本的会计账务处理程序的是(　　)。
    A. 记账凭证账务处理程序　　B. 汇总记账凭证账务处理程序
    C. 科目汇总表账务处理程序　　D. 日记总账账务处理程序

14. 汇总转账凭证是按(　　)。

A. 收款凭证上的贷方科目设置的　　　　B. 付款凭证上的贷方科目设置的
C. 转账凭证上的贷方科目设置的　　　　D. 转账凭证上的借方科目设置的

15. 所有账务处理程序在做法上的相同点是(　　)。
A. 根据各种记账凭证直接逐笔登记总分类账
B. 根据各种记账凭证直接逐笔登记日记总账
C. 根据各种记账凭证直接逐笔登记明细分类账
D. 根据各种记账凭证上的记录编制会计报表

二、多项选择题(每小题2分,共20分)

1. 下列交易或者事项中,应填制付款凭证的有(　　)。
A. 从银行提取现金备用　　　　　　　B. 购买材料预付定金
C. 将现金存入银行　　　　　　　　　D. 以银行存款支付前欠某单位货款

2. 下列说法中正确的有(　　)。
A. 原始凭证必须记录真实、内容完整　　B. 原始凭证发生错误,必须按规定办法更正
C. 原始凭证金额有错误的,应当由出具单位重开,不得在原始凭证上更正
D. 购买实物的原始凭证,必须有验收证明

3. 记账后发现记账凭证中应借、应贷会计科目正确,只是金额发生错误,可以用的更正方法有(　　)。
A. 划线更正法　　B. 横线登记法　　C. 红字更正法　　D. 补充登记法

4. 明细分类账的登记依据可以有(　　)。
A. 原始凭证　　B. 汇总原始凭证　　C. 记账凭证　　D. 汇总记账凭证

5. 对于盘亏的财产物资,经批准后进行账务处理,可能涉及的借方账户有(　　)。
A. 管理费用　　B. 营业外支出　　C. 营业外收入　　D. 其他应收款

6. 下列可用作原始凭证、调整账簿记录的有(　　)。
A. 实存账存对比表　　　　　　　　　B. 未达账项登记表
C. 库存现金盘点报告表　　　　　　　D. 银行存款余额调节表

7. "实存账存对比表"是(　　)。
A. 财产清查的重要报表　　　　　　　B. 会计账簿的重要组成部分
C. 调整账簿的原始凭证　　　　　　　D. 分析盈亏原因,明确经济责任的重要依据

8. 下列各项中,不属于资产负债表中"非流动资产"项目的有(　　)。
A. 应收票据　　B. 存货　　C. 在建工程
D. 以公允价值计量且其变动计入当期损益的金融资产

9. 现金流量表中的现金包括(　　)。
A. 库存现金　　B. 银行存款　　C. 其他货币资金　　D. 现金等价物

10. 科目汇总表账务处理程序的优点有(　　)。
A. 可以进行账户发生额的试算平衡　　B. 可减轻登记总账的工作量
C. 能够保证总分类账登记的正确性　　D. 适用性比较强

三、判断题(每小题1分,共10分)

1. 填制和审核会计凭证是会计核算的一种专门方法。(　　)
2. 各种原始凭证的填制,都应由会计人员填写,非会计人员不得填写,以保证原始凭证填制的正确性。(　　)
3. 在整个账簿体系中,日记账和分类账是主要账簿,备查账为辅助账簿。(　　)

4. 平行登记是指经济业务发生后,根据会计凭证,一方面要登记有关的总分类账户,另一方面要登记该总分类账户所属的各明细分类账户。(　　)

5. 会计部门要在财产清查之后将所有的经济业务登记入账并结出余额,做到账账相符、账证相符,为财产清查提供可靠的依据。(　　)

6. 未达账项是指在企业和银行之间,由于凭证的传递时间不同,导致记账时间不一致,即一方已接到有关结算凭证已经登记入账,而另一方尚未接到有关结算凭证而未入账的款项。(　　)

7. 企业的财务会计报告分为年度、半年度、季度和月度财务会计报告。(　　)

8. 资产负债表的"期末余额"栏各项目主要是根据总账或有关明细账期末余额直接填列的。(　　)

9. 科目汇总表也是一种具有汇总性质的记账凭证。(　　)

10. 各种账务处理程序下采用的总分类账均采用三栏式账页。(　　)

四、业务核算题(第1、2小题每小题10分,第3小题15分,共35分)

1. 某公司20××年7月发生了下列经济业务:

(1) 5日,从银行取得期限为6个月的借款100 000元,存入银行。

(2) 10日,员工张明因公出差预借差旅费1 000元,付给现金。

(3) 15日,收回某单位所欠本企业的货款10 000元,存入银行。

(4) 20日,开出现金支票从银行提取现金5 000元备用。

(5) 30日,经公司的董事会批准将资本公积金转增资本100 000元。

要求:填写记账凭证表附表2-1。

附表2-1　记账凭证表

题号	日期	摘要	凭证字号	会计分录

2. 某公司"原材料"账户20××5月1日余额为36 500元。其中,甲材料650千克,单价20元/千克;乙材料2 350千克,单价10元/千克。

本月发生下列原材料收发业务:

(1) 5月10日,购入甲材料480千克,单价20元/千克;乙材料1 000千克,单价10元/千克,材料已经验收入库,货款已付。

(2) 5月11日,仓库发出材料各类用途如下:生产产品领用甲材料360千克、乙材料1 500千克,车间领用甲材料200千克,行政管理部门领用乙材料500千克。

要求:

(1) 编制会计分录;

(2) 登记原材料总账和甲材料明细分类账(附表2-2、附表2-3)。

附表2-2　原材料总账

单位:元

年		凭证		摘要	借方金额	贷方金额	余额
月	日	字	号				

附表2-3　甲材料明细账

材料名称:甲材料　　　　　　　　　　　　　　　　　　　　　　　　计量单位:千克

年		凭证		摘要	收入			支出			结余		
月	日	字	号		数量	单价	金额	数量	单价	金额	数量	单价	金额

3. 某公司对账和财产清查中发现有下列经济业务事项:

(1) 从银行提取现金3 500元,过账后,原记账凭证没错,账簿错将金额记为5 300元。

(2) 接受某企业投资固定资产,评估确认价值70 000元。查账时发现凭证与账簿均记为:

借:固定资产　　　　　　　　　　　　　　　　70 000
　　贷:资本公积　　　　　　　　　　　　　　　　70 000

(3) 以银行存款偿还短期借款40 000元,查账时发现凭证与账簿中科目没有记错,但金额均记为4 000元。

(4) 现金短缺100元,经查明是由于出纳收发错误造成的,经批准由出纳赔偿。

(5) 盘亏甲材料100吨,单价200元/吨。经查明,属于定额内合理损耗的共计1 000元;属于由过失责任人赔偿的共计8 000元;其余的属于自然灾害造成的损失,但由保险公司赔偿

6 000元。

要求：对上述经济业务作出业务处理。

五、计算分析题（每小题10分，共20分）

1. 某公司20××年3月31日的银行存款日记账账面余额为691 600元，而银行对账单上企业存款余额为681 600元。经逐笔核对，发现有以下未达账项：

（1）3月26日，公司开出转账支票3 000元，持票人尚未到银行办理转账，银行尚未登记入账。

（2）3月28日，公司委托银行代收款项4 000元，银行已收款入账，但公司未接到银行的收款通知。

（3）3月29日，公司送存购货单位签发的转账支票15 000元，公司已登记入账，银行尚未登记入账。

（4）3月30日，银行代公司支付水电费2 000元，企业尚未接到银行的付款通知，故未登记入账。

要求：编制银行存款余额调节表（附表2-4）。

附表2-4 银行存款余额调节表

年　　月　　日　　　　　　　　　　　　　　　　　　　　单位：元

项目	金额	项目	金额
企业银行存款日记账余额		银行对账单余额	
加：银行已收，企业未收		加：企业已收，银行未收	
减：银行已付，企业未付		减：企业已付，银行未付	
调节后的余额		调节后的余额	

2. 某公司20××年1月1日相关账户的期初余额如附表2-5所示。

附表2-5 相关账户期初余额

单位：元

账户	期初余额
实收资本	500 000
资本公积	120 000
盈余公积	90 000
利润分配——未分配利润	250 000

20××年有关业务及相关资料如下：

（1）某投资者追加资本110 000元，但协议规定，计入实收资本的金额为100 000元，全部款项已存入银行。

（2）20××年度有关损益类账户的发生额如附表2-6所示。

附表 2-6 损益类账户发生额

单位：元

账户	借方发生额	贷方发生额
主营业务收入		560 000
其他业务收入		38 000
公允价值变动损益		24 000
主营业务成本	460 000	
其他业务成本	35 000	
税金及附加	28 000	
管理费用	24 000	
财务费用	16 000	
营业外支出	900	
所得税费用	12 500	

(3) 按照净利润的 10% 提取盈余公积。

(4) 经股东大会同意,将盈余公积 50 000 元转增实收资本。

要求：

(1) 计算 20××年 1 月 1 日所有者权益总额；

(2) 计算 20××年度净利润；

(3) 计算该企业提取的盈余公积；

(4) 计算该企业 20××年年末所有者权益总额；

(5) 计算"利润分配——未分配利润"账户的年末余额。

参 考 答 案

一、单项选择题

1. B   2. C   3. D   4. D   5. B   6. C   7. C   8. B   9. A   10. B   11. D   12. D   13. A   14. C   15. C

二、多项选择题

1. ABCD   2. ABCD   3. CD   4. ABC   5. ABD   6. AC   7. ACD   8. ABD   9. ABCD   10. ABCD

三、判断题

1. √   2. ×   3. √   4. √   5. ×   6. √   7. √   8. ×   9. √   10. ×

四、业务核算题

1.

附表 2-7　记账凭证表

题号	日期	摘要	凭证字号	会计分录	
(1)	5	取得借款	银收 1	借:银行存款 　贷:短期借款	100 000 　　100 000
(2)	10	预借差旅费	现付 1	借:其他应收款——张明 　贷:库存现金	1 000 　　1 000
(3)	15	收到货款	银收 2	借:银行存款 　贷:应收账款	10 000 　　10 000
(4)	20	提现	银付 1	借:库存现金 　贷:银行存款	5 000 　　5 000
(5)	30	转增资本	转 1	借:资本公积 　贷:实收资本	100 000 　　100 000

2.

(1) 借:原材料——甲材料　　　　　　　　　　9 600
　　　　　　——乙材料　　　　　　　　　　10 000
　　贷:银行存款　　　　　　　　　　　　　19 600
借:生产成本　　　　　　　　　　　　　　　22 200
　　制造费用　　　　　　　　　　　　　　　4 000
　　管理费用　　　　　　　　　　　　　　　5 000
　　贷:原材料——甲材料　　　　　　　　　11 200
　　　　　　——乙材料　　　　　　　　　　20 000

(2)

附表 2-8　原材料总账

单位:元

20××年		凭证		摘要	借方金额	贷方金额	余额
月	日	字	号				
5	1			期初余额			36 500
	10	银付	1	购入	19 600		
	11	转	1	领用		31 200	
	31			本月合计	19 600	31 200	24 900

附表 2-9　甲材料明细账

材料名称:甲材料　　　　　　　　　　　　　　　　　　　　　　　计量单位:千克

20××年		凭证		摘要	收入			支出			结余		
月	日	字	号		数量	单价	金额	数量	单价	金额	数量	单价	金额
5	1			期初余额							650	20	13 000
	10	银付	1	购入	480	20	9 600				1 130	20	22 600
	11	转	1	领用				560	20	11 200	570	20	11 400
	31			本月合计	480	20	9 600	560	20	11 200	570	20	11 400

3.
(1) 划线更正法

在错误的金额上划单红线,在上方蓝字写上正确的金额,更正人签名或盖章。

(2) 红字更正法

借:固定资产	70 000
贷:资本公积	70 000
借:固定资产	70 000
贷:实收资本	70 000

(3) 补充登记法

借:短期借款　　　　　　　　　　　　　　36 000
　　贷:银行存款　　　　　　　　　　　　　　36 000

(4) 借:待处理财产损溢——待处理流动资产损益　　100
　　　贷:库存现金　　　　　　　　　　　　　100
　借:其他应收款　　　　　　　　　　　　　100
　　　贷:待处理财产损溢——待处理流动资产损益　　100

(5) 借:待处理财产损溢——待处理流动资产损益　20 000
　　　贷:原材料——甲材料　　　　　　　　　20 000
　借:管理费用　　　　　　　　　　　　　1 000
　　　其他应收款——责任人　　　　　　　　8 000
　　　　　　　　——保险公司　　　　　　　6 000
　　　营业外支出　　　　　　　　　　　　5 000
　　　贷:待处理财产损溢——待处理流动资产损益　20 000

五、计算分析题

1.

附表 2-10　银行存款余额调节表

20××年3月31日　　　　　　　　　　　　　　　单位:元

项目	金额	项目	金额
企业银行存款日记账余额	691 600	银行对账单余额	681 600
加:银行已收,企业未收	4 000	加:企业已收,银行未收	15 000
减:银行已付,企业未付	2 000	减:企业已付,银行未付	3 000
调节后的余额	693 600	调节后的余额	693 600

2.

(1) 期初所有者权益总额＝500 000＋120 000＋90 000＋250 000＝960 000(元)

(2) 净利润＝560 000＋38 000＋24 000－460 000－35 000－28 000－24 000－16 000－900
　　　　　－12 500＝45 600(元)

(3) 盈余公积＝45 600×10％＝4 560(元)

(4) 期末所有者权益总额＝960 000＋110 000＋45 600＝1 115 600(元)

(5) 期末余额＝250 000＋45 600－4 560＝291 040(元)

附录3 综合测试1

一、单项选择题(每小题 1 分,共 15 分)

1. 会计的首要职能是( )。
   A. 会计核算   B. 会计监督   C. 会计预测   D. 会计决策
2. 下列对会计核算基本假设前提的表述中,恰当的是( )。
   A. 持续经营和会计分期确定了会计核算的空间范围
   B. 一个会计主体必然是一个法律主体
   C. 货币计量为会计核算提供了必要的手段
   D. 会计主体确立了会计核算的时间范围
3. 企业对应收账款计提坏账准备符合( )。
   A. 重要性   B. 实质重于形式   C. 可靠性   D. 谨慎性
4. 按照权责发生制原则的要求,下列货款应确认为主营业务收入的是( )。
   A. 本月销售产品货款未收到   B. 上月销货款项本月收到,存入银行
   C. 本月预收下月货款存入银行   D. 收到本月仓库租金存入银行
5. 某公司 1 月初资产总额为 200 000 元,负债总额为 80 000 元。1 月发生下列业务:取得收入共计 50 000 元,发生费用共计 30 000 元。则 1 月底该公司的所有者权益总额为( )元。
   A. 120 000   B. 100 000   C. 140 000   D. 160 000
6. 下列各项不是为了对固定资产进行核算而设置的会计科目的是( )。
   A. 在建工程   B. 工程物资   C. 累计折旧   D. 在途物资
7. 某公司现注册资本为 200 万。为了扩大生产经营规模,该公司准备吸收新的投资者,将注册资本增加到 250 万。按照投资协议,新的投资者需出资 100 万,同时享有该公司五分之一的股份。那么由于新投资者加入而增加的资本公积份额是( )万元。
   A. 100   B. 50   C. 40   D. 30
8. 甲企业购进材料 100 吨,货款计 1 000 000 元,装卸费 1 000 元,并以银行存款支付该材料的运费 1 000 元,保险费 5 000 元。该材料的采购成本为( )元。
   A. 1 000 000   B. 1 005 000   C. 1 007 000   D. 1 006 000
9. 原始凭证按照来源不同可以分为( )。
   A. 一次凭证和累计凭证   B. 外来原始凭证和自制原始凭证
   C. 通用凭证和专用凭证   D. 累计凭证和汇总凭证
10. M 公司"应付账款"总账账户下设"A 公司"和"B 公司"两个明细账户。20××年 6 月月末,"应付账款"账户为贷方余额 56 000 元,"A 公司"明细账户为贷方余额 67 000 元,则"B 公司"明细账户为( )。
    A. 借方余额 123 000 元   B. 贷方余额 123 000 元
    C. 借方余额 11 000 元   D. 贷方余额 11 000 元
11. 登记账簿时,下列做法错误的是( )。
    A. 文字和数字应紧靠行格底线书写,只占格距的三分之二
    B. 不能使用铅笔或圆珠笔记账

C. 使用红字冲销记录错误　　　　　　　　D. 在发生的空白页面上注明"此页空白"

12. 采用永续盘存制时,财产清查的目的是(　　)。
   A. 检查账实是否相符　　　　　　　　B. 检查账证是否相符
   C. 检查账账是否相符　　　　　　　　D. 检查账表是否相符

13. 现金处理中,发现现金短缺300元,研究决定由出纳赔偿200元,余额报损,则批准处理后的会计分录为(　　)。
   A. 借:库存现金　　　　　　300　　　B. 借:待处理财产损溢　　　300
      贷:待处理财产损溢　　　300　　　　 贷:库存现金　　　　　　300
   C. 借:其他应收款　　　　　200　　　D. 借:其他应收款　　　　　200
      营业外支出　　　　　　100　　　　 管理费用　　　　　　　100
      贷:待处理财产损溢　　　300　　　　 贷:待处理财产损溢　　　300

14. 汇总记账凭证和科目汇总表核算组织程序的主要相同点是(　　)。
   A. 记账凭证的汇总方法相同　　　　　B. 汇总凭证的格式相同
   C. 登记总账的依据相同　　　　　　　D. 简化登记总分类账的工作量

15. 在编制资产负债表时,需要根据有关明细账户的期末余额合并、计算填列的项目是(　　)。
   A. 货币资金　　　B. 固定资产　　　C. 盈余公积　　　D. 应收账款

二、多项选择题(每小题2分,共20分)

1. 以下各项中,属于资产要素特点的是(　　)。
   A. 可以是企业所拥有的,也可以是企业所控制的
   B. 必须是能够为企业带来未来经济利益的经济资源
   C. 必须是有形的　　　　　　　　　　D. 必须是过去的交易或者事项所形成的

2. 在借贷记账法下,期末结账以后,一般有余额的账户有(　　)。
   A. 资产类账户　　B. 负债类账户　　C. 收入类账户　　D. 费用类账户

3. 下列错误中,可以通过试算平衡表判断发生了记账差错的是(　　)。
   A. 将应借应贷的方向记反了　　　　　B. 借贷方填入的金额不相等
   C. 登记账簿时登记了会计分录中的贷方发生额,漏记了其借方发生额
   D. 漏记了某一项经济业务

4. 下列项目中,属于其他业务收入的是(　　)。
   A. 材料销售收入　　　　　　　　　　B. 产品销售收入
   C. 转让无形资产使用权收入　　　　　D. 出租固定资产收入

5. 下列费用中,应作为销售费用处理的有(　　)。
   A. 非专设销售机构人员工资　　　　　B. 销售产品过程中发生的运杂费
   C. 专设销售机构的折旧费　　　　　　D. 业务招待费

6. 关于原始凭证,下列说法正确的有(　　)。
   A. 原始凭证一律不能作为记账的直接依据
   B. 审核无误的原始凭证可以作为编制记账凭证的依据
   C. 审核无误的原始凭证可能作为登记明细账的直接依据
   D. 自制的原始凭证都是一次凭证,外来原始凭证可能是一次凭证,也可能是累计凭证

7. 下列观点正确的是(　　)。
   A. 总账提供总括核算资料　　　　　　B. 总账应根据明细账的资料进行登记

C. 明细账提供详细具体的核算资料　　D. 总账一般采用订本式账簿

8. 财产清查中的实地盘点方法适用于清查（　　）。
   A. 库存现金　　B. 材料物资　　C. 银行存款　　D. 固定资产

9. 年度科目汇总表账务处理程序的特点是（　　）。
   A. 登记总账的工作量较大　　　　B. 根据科目汇总表登记总账
   C. 科目汇总表能进行试算平衡　　D. 减少总账的登记工作量

10. 可供分配利润的来源有（　　）。
    A. 本年净利润　　B. 年初未分配利润　　C. 盈余公积转入　　D. 资本公积转入

三、判断题（每小题1分，共10分）

1. 可变现净值是指在正常生产经营过程中，以预计售价减去进一步加工成本和预计销售费用以及相关税费后的净值。（　　）
2. 任何经济业务的发生都不会破坏会计平衡等式。（　　）
3. 会计账户就是会计科目。（　　）
4. 企业所有入账核算的经济业务，都必须根据规定取得相应的原始凭证。（　　）
5. 手工记账的单位，现金和银行存款日记账一般采用订本式账簿。（　　）
6. 记账时，如果发生隔页、跳行，可采取更正错账的方法来纠正。（　　）
7. 更换仓库保管人员时，应该进行的是不定期全面清查。（　　）
8. 在记账凭证账务处理程序下，需要设置银行存款日记账，一般采用三栏式、多栏式和数量金额式账页格式。（　　）
9. 年度资产负债表中的"未分配利润"项目是反映企业尚未分配的利润，应根据"利润分配"账户的余额填列。（　　）
10. 编制定期会计报表是以会计分期假设为前提的。（　　）

四、业务核算题（第1~10小题每小题2分，第11~15小题每小题3分，共35分）

SL公司20××年12月发生的经济业务如下：

1. 生产甲产品领用A材料800千克，单价30元，B材料1 400千克，单价10元。
2. 采购员李洋出差，预借差旅费800元，用现金支付。
3. 收到光华工厂前欠货款46 800元，存入银行。
4. 用银行存款支付产品广告费500元。
5. 银行转账支付本月工资50 000元。
6. 销售给美联工厂甲产品200件，单位售价500元，销项增值税13 000元，款项已收存银行存款户。
7. 从东风工厂购入A材料500千克，买价14 500元，进项增值税1 885元，运杂费500元，款项尚未支付，材料已验收入库。
8. 从银行取得期限为两年的借款150 000元，存入银行存款户。
9. 收到国华公司投入的固定资产，协议价值100 000元。
10. 用银行存款支付欠东风工厂A材料货款16 885元。
11. 本月生产的600件甲产品全部完工入库，其中直接材料38 000元，直接人工12 000元，制造费用10 000元，计算并结转生产成本。
12. 计算并结转本月销售200件甲产品的生产成本。
13. 本月应交纳增值税38 500元，分别按7%和3%计算应交纳的城市维护建设税和教育费附加。

14. 本月主营业务收入 100 000 元,主营业务成本 20 000 元,税金及附加 3 850 元,销售费用 500 元,管理费用 650 元,结转本月期间损益。

15. 按本月现实的利润总额的 25% 计算并结转应交所得税。

要求:编制会计分录,列出相关计算过程,写出相关明细科目。

五、计算分析题(每小题 10 分,共 20 分)

1. SL 公司 20××年 5 月 31 日银行存款日记账余额为 2 370 500 元,银行对账单余额为 2 427 500 元。经逐笔核对,有如下未达账项或错账:

(1) 公司将销货款 260 000 元送存银行,银行错记为 26 000 元。

(2) 银行代付水电费 5 400 元,企业未收到入账通知,未记账。

(3) 公司开出转账支票 56 400 元支付货款,持票单位未到银行办理转账。

(4) 银行代公司收款 240 000 元已登记入账,公司未收到银行入账通知。

要求:填列银行存款余额调节表有关项目金额(附表 3-1)。

附表 3-1　银行存款余额调节表

20××年 5 月 31 日　　　　　　　　　　　　　　　　单位:元

项目	金额	项目	金额
银行存款日记账余额		银行对账单余额	(3)
加:银行已收,企业未收	(1)	加:企业已收,银行未收	(4)
减:银行已付,企业未付	(2)	减:企业已付,银行未付	(5)
调整后余额		调整后余额	

2. SL 公司 20××年 12 月 31 日期末损益结转前各总分类账户余额如附表 3-2 所示。

附表 3-2　总分类账户余额汇总表

20××年 12 月 31 日　　　　　　　　　　　　　　　　单位:元

账户名称	借方金额	贷方金额	账户名称	借方金额	贷方金额
库存现金	10 000		实收资本		1 000 000
银行存款	200 000		盈余公积		100 000
应收账款	50 000		利润分配		200 000
原材料	20 000		主营业务收入		900 000
库存商品	20 000		主营业务成本	450 000	
固定资产	1 800 000		税金及附加	135 000	
累计折旧		250 000	销售费用	15 000	
应付账款		40 000	管理费用	100 000	
应付职工薪酬		100 000	财务费用	10 000	
长期借款		220 000			

其中:

(1) 应收账款各明细账户借方余额合计 55 000 元,贷方余额合计 5 000 元;应付账款各明细账户借方余额合计 2 000 元,贷方余额合计 42 000 元。

(2)期末,公司按10%提取盈余公积金,未进行股利分配。
(3)非流动资产及非流动负债均无一年内到期项目。
要求:填列下列资产负债表有关项目金额(附表3-3)。

附表3-3　资产负债表(简表)

编制单位:SL公司　　　　　　　　20××年12月31日　　　　　　　　单位:元

资产	期末余额	上年年末余额	负债及所有者权益	期末余额	上年年末余额
……			……		
流动资产合计	(1)		流动负债合计	(3)	
……			……		
非流动资产合计	(2)		非流动负债合计	(4)	
……			……		
			所有者权益合计	(5)	
资产总计			权益总计		

参 考 答 案

一、单项选择题

1. A　2. C　3. D　4. A　5. C　6. D　7. B　8. C　9. B　10. C　11. A　12. A
13. D　14. D　15. D

二、多项选择题

1. ABD　2. AB　3. BC　4. ACD　5. BC　6. BC　7. ACD　8. ABD
9. BCD　10. ABC

三、判断题

1. √　2. √　3. ×　4. ×　5. √　6. ×　7. ×　8. ×　9. √　10. √

四、业务核算题

1. 借:生产成本——甲产品　　　　　　　　　　38 000
　　贷:原材料——A材料　　　　　　　　　　　　　24 000
　　　　　　——B材料　　　　　　　　　　　　　14 000

2. 借:其他应收款——李洋　　　　　　　　　　800
　　贷:库存现金　　　　　　　　　　　　　　　　800

3. 借:银行存款　　　　　　　　　　　　　　46 800
　　贷:应收账款——光华工厂　　　　　　　　　　46 800

4. 借:销售费用　　　　　　　　　　　　　　500
　　贷:银行存款　　　　　　　　　　　　　　　　500

5. 借:应付职工薪酬——工资　　　　　　　　50 000
　　贷:银行存款　　　　　　　　　　　　　　　　50 000

6. 借:银行存款　　　　　　　　　　　　　　113 000

	贷:主营业务收入	100 000
	应交税费——应交增值税(销项税额)	13 000

7. 借:原材料——A 材料　　　　　　　　　　　　15 000
　　　应交税费——应交增值税(进项税额)　　　 1 885
　　　　贷:应付账款——东风工厂　　　　　　　16 885
8. 借:银行存款　　　　　　　　　　　　　　　150 000
　　　　贷:长期借款——本金　　　　　　　　　150 000
9. 借:固定资产　　　　　　　　　　　　　　　100 000
　　　　贷:实收资本——法人资本　　　　　　　100 000
10. 借:应付账款——东风工厂　　　　　　　　　16 885
　　　　贷:银行存款　　　　　　　　　　　　　16 885
11. 甲产品总成本=38 000+12 000+10 000=60 000(元)

甲产品单位成本=60 000/600=100(元/件)

借:库存商品——甲产品　　　　　　　　　　　　60 000
　　贷:生产成本——甲产品　　　　　　　　　　60 000
12. 甲产品销售成本=200×100=20 000(元)

借:主营业务成本　　　　　　　　　　　　　　　20 000
　　贷:库存商品——甲产品　　　　　　　　　　20 000
13. 应纳城市维护建设税=38 500×7%=2 695(元)

应纳教育费附加=38 500×3%=1 155(元)

借:税金及附加　　　　　　　　　　　　　　　　3 850
　　贷:应交税费——应交城市维护建设税　　　　2 695
　　　　　　　　——应交教育费附加　　　　　　1 155
14. 借:主营业务收入　　　　　　　　　　　　　100 000
　　　　贷:本年利润　　　　　　　　　　　　　100 000

借:本年利润　　　　　　　　　　　　　　　　　25 000
　　贷:主营业务成本　　　　　　　　　　　　　20 000
　　　　税金及附加　　　　　　　　　　　　　　3 850
　　　　销售费用　　　　　　　　　　　　　　　　500
　　　　管理费用　　　　　　　　　　　　　　　　650
15. 应纳企业所得税=(100 000-25 000)×25%=18 750(元)

借:所得税费用　　　　　　　　　　　　　　　　18 750
　　贷:应交税费——应交所得税　　　　　　　　18 750

借:本年利润　　　　　　　　　　　　　　　　　18 750
　　贷:所得税费用　　　　　　　　　　　　　　18 750

五、计算分析题

1.

(1) 240 000;(2) 5 400;(3) 2 661 500;(4) 0;(5) 56 400

2.

(1) 307 000;(2) 1 550 000;(3) 147 000;(4) 220 000;(5) 1 490 000

附录4　综合测试2

一、单项选择题(每小题1分,共15分)

1. 会计的基本职能是(　　)。
   A. 反映和考核　　B. 核算和监督　　C. 预测和决策　　D. 分析和管理
2. A企业在年初用银行存款支付本年租金120 000元,于1月月末仅将其中的10 000元计入本月费用,这符合(　　)。
   A. 收付实现制　　B. 权责发生制　　C. 谨慎性　　D. 历史成本计价
3. X企业资产总额为6 000万元,以银行存款500万元偿还借款,并以银行存款500万元购买固定资产后,该企业资产总额为(　　)万元。
   A. 6 000　　B. 5 000　　C. 4 500　　D. 5 500
4. 假设某企业20××年年末从银行借入款项200万元,借款期限为3年,年利率为10%(到期一次还本付息,不计复利)。那么,3年后该企业应该偿付的款项为(　　)万元。
   A. 260　　B. 220　　C. 240　　D. 200
5. 直接进行产品生产的工人工资,应记入(　　)科目。
   A. 管理费用　　B. 制造费用　　C. 生产成本　　D. 销售费用
6. 某企业购买材料一批,并向供货方开出银行承兑汇票一张,承诺3个月后付款。假若3个月后,企业无力偿付,会计人员对此的会计处理应为(　　)。
   A. 借记应付票据,贷记应付账款　　B. 借记应付票据,贷记短期借款
   C. 借记应付票据,贷记预收账款　　D. 借记应付票据,贷记其他应付款
7. 某企业在12月5日,转让无形资产使用权收入5 000元,出租固定资产收入7 000元,取得罚款收入4 000元,则本企业在12月5日共取得营业外收入为(　　)元。
   A. 4 000　　B. 5 000　　C. 7 000　　D. 16 000
8. 下列关于原始凭证的书写表述有误的是(　　)。
   A. 大写金额到元或角或分为止的,后面要写"整"或"正"字
   B. 填制原始凭证时,不得使用未经国务院公布的简化汉字
   C. 汉字大写金额一律用正楷或行书字体书写
   D. 人民币符号和阿拉伯数字之间不得留有空白
9. 企业的一笔经济业务涉及会计科目较多,需填制多张记账凭证的,最好采用的编号方法是(　　)。
   A. 连续编号法　　B. 分数编号法　　C. 统一编号法　　D. 顺序编号法
10. 租入固定资产登记账簿属于(　　)。
    A. 序时账　　B. 明细分类账　　C. 总分类账　　D. 备查账
11. 在用划线更正法进行更正时,正确的文字或数字填写在被注销文字或数字的(　　)。
    A. 左方　　B. 右方　　C. 上方　　D. 下方
12. 下列选项中不是实地盘存制特点的是(　　)。
    A. 简化存货的日常核算工作
    B. 容易掩盖存货管理中存在的自然和人为的损失

C. 随时反映存货收入、发出、结存的状态   D. 加大了期末工作量

13. 会计凭证方面,科目汇总表账务处理程序比记账凭证账务处理程序增设了(   )。
    A. 原始凭证汇总表   B. 汇总原始凭证   C. 科目汇总表   D. 汇总记账凭证

14. 企业有关账户月末余额为:"原材料"借方260 000元,"库存商品"借方240 000元,"生产成本"借方100 000元,"材料成本差异"借方20 000元,则月度资产负债表的"存货"项目期末数应填列(   )元。
    A. 580 000   B. 620 000   C. 610 000   D. 600 000

15. 不影响本期营业利润计算的项目是(   )。
    A. 主营业务成本   B. 管理费用   C. 营业外收入   D. 资产减值损失

二、多项选择题(每小题2分,共20分)

1. 下列选项中属于会计计量属性的有(   )。
    A. 生产成本   B. 重置成本   C. 公允价值   D. 销售成本

2. 能够引起资产与权益项目同时等额增加的经济业务有(   )。
    A. 购入固定资产123 000元,货款暂欠   B. 从银行提取现金3 000元
    C. 收到投资者投入的存款140 000元   D. 用银行存款支付前欠货款43 000元

3. 关于借贷记账法,下列说法正确的是(   )。
    A. 有借必有贷   B. 借贷必相等   C. 只可一借一贷   D. 可一借多贷

4. X企业从外地工厂购入材料1 000千克,买价共20 000元,增值税专用发票上的增值税额为2 600元,供应单位代垫运杂费800元。材料已到达并验收入库,但货款尚未支付,则(   )。
    A. 借记"原材料"23 400元   B. 借记"原材料"20 800元
    C. 贷记"应付账款"22 600元   D. 贷记"应付账款"23 400元

5. 属于自制的原始凭证的有(   )。
    A. 工资计划   B. 购货发票   C. 产品入库单   D. 收料单

6. 下列对于各类记账凭证说法正确的是(   )。
    A. 收款凭证用于记录库存现金和银行存款收款业务的会计凭证
    B. 收款凭证可以分为现金收款凭证和银行存款收款凭证
    C. 从银行提取现金或把现金存入银行的经济业务,只编制付款凭证
    D. 转账凭证不涉及库存现金和银行存款

7. 下列各项中,属于账实核对的有(   )。
    A. 银行存款日记账账面余额与银行对账单的核对
    B. 现金日记账账面余额与实存数的核对
    C. 各种应收、应付款项明细账余额与有关债务人、债权人相关账面余额的核对
    D. 各种财产物资明细账账面余额与实存数的核对

8. 对库存现金和应收账款进行清查时应采用的方法,下面说法正确的是(   )。
    A. 对库存现金的清查应采用倒挤法   B. 对库存现金的清查应采用实地盘存法
    C. 对应收账款的清查应采用函证法   D. 对应收账款的清查应采用技术推算法

9. 20××年3月,M公司"原材料"总分类账户的借方发生额为5 600元,涉及的三张记账凭证分别是:1号付款凭证"原材料"总分类账户的借方发生额为1 400元,10号付款凭证"原材料"总分类账户的借方发生额为2 400元,5号转账凭证"原材料"总分类账户借方发生额为1 800元,下列表述正确的有(   )。

A. M公司若采用科目汇总表账务处理程序且采用全月一次汇总法,"原材料"总分类账户3月份的借方登记次数为1次,金额为5 600元

B. M公司若采用科目汇总表账务处理程序且采用全月一次汇总法,"原材料"总分类账户3月份的借方登记次数为3次,金额分别为1 400元、2 400元、1 800元

C. M公司若采用记账凭证账务处理程序,"原材料"总分类账户3月份的借方登记次数为1次,金额为5 600元

D. M公司若采用记账凭证账务处理程序,"原材料"总分类账户3月份的借方登记次数为3次,金额分别为1 400元、2 400元、1 800元

10. 下列属于"货币资金"的有(　　)。

A. 库存现金　　B. 银行存款　　C. 其他货币资金　　D. 应收票据

三、判断题(每小题1分,共10分)

1. 会计按其报告的对象不同,又有财务会计与管理会计之分。(　　)
2. 法人可以为会计主体,会计主体一定是法人。(　　)
3. 会计科目是对会计要素的具体内容进行分类核算的项目。(　　)
4. 一般而言,费用(成本)类账户结构与权益类账户结构相同。(　　)
5. 一般来说,一个复合会计分录可以分解为若干个简单会计分录。(　　)
6. 如果试算平衡表是平衡的,则说明账户记录是正确的。(　　)
7. 按平行登记的要求,对每项经济业务必须在记入总分类账户的当天记入所属明细分类账户。(　　)
8. 有关部门应对原始凭证认真审核并签章,对凭证的真实性、合法性负责。(　　)
9. 三栏式账簿是指具有日期、摘要、金额三个栏目格式的账簿。(　　)
10. 年度终了,应编制记账凭证把上年账户余额结平,并结转下年。(　　)

四、业务核算题(第1～10小题每小题2分,第11～15小题每小题3分,共35分)

M公司20××年12月发生的经济业务如下:

1. 投资人投入设备一台,该设备作价10 000元。
2. 收到大海公司发来的A材料一批,价款10 000元,增值税额1 300元。本企业上月已向大海公司预付货款11 300元,材料已到达验收入库。
3. 向银行借款20 000元,期限3个月,接到银行通知,该笔借款已划入本企业账户。
4. 以现金支付本月在职职工工资8 500元。
5. 本月耗用A材料汇总如下:生产甲产品用10 000元,车间一般性耗用1 000元,厂部一般性耗用500元,共计11 500元。
6. 结转本月完工甲产品成本20 880元。
7. 销售甲产品一批,价款20 000元,增值税额2 600元,款项银行收讫。
8. 计提本月应负担的银行短期借款利息500元。
9. 没收黄河公司包装物押金300元。
10. 结转本月销售甲产品销售成本15 000元。
11. 月内盘亏的某项设备,该项设备账面原值6 000元,已提折旧4 000元。经批准按规定处理。
12. 本月实现利润总额12 000元,所得税率为25%,计算并结转本月应交的企业所得税。
13. 本年1～11月份累计实现净利润130 000元,计算并结转本年利润。
14. 分别按本年税后利润的10%和30%提取盈余公积和分配股利。

15. 结转利润分配。

要求：编制会计分录，列出相关计算过程，写出相关明细科目。

五、计算分析题（每小题10分，共20分）

1. 大华公司20×5年12月31日，资产负债表显示资产总额700 000元，所有者权益总额500 000元，负债总额200 000元。该公司20×6年1月份经济业务如下：

(1) 购入全新机器一台，价值50 000元，以银行存款支付。
(2) 投资者投入原材料，价值10 000元。
(3) 将一笔负债50 000元转化为债权人对企业的投资。
(4) 从银行提取现金2 000元备用。
(5) 以银行存款偿还欠供应商货款10 000元。
(6) 以银行存款归还短期借款50 000元。
(7) 收到客户所欠货款80 000元，收存银行。
(8) 向银行借入短期借款100 000元，存入银行存款户。
(9) 收到购买单位所欠货款60 000元，其中50 000元转入银行存款户，10 000元以现金收讫。

要求：根据上述资料计算20×6年1月月末大华公司资产、负债和所有者权益总计。

2. N公司20××年5月30日损益类账户本期发生额如附表4-1所示：

附表4-1 损益类账户本期发生额

单位：元

账户名称	借方发生额	贷方发生额
主营业务收入		800 000
主营业务成本	350 000	
其他业务成本	98 000	
税金及附加	23 000	
销售费用	80 000	
管理费用	100 000	
财务费用	5 000	
营业外支出	8 000	

5月31日发生下列经济业务和调整事项：

(1) 结转本月出租固定资产收入200 000元。
(2) 计提本月短期借款利息3 000元。
(3) 本月9日转账支付的广告费9 000元，经查账发现金额错填为6 000元。
(4) 该公司适用企业所得税税率为25%。

要求：填列N公司利润表有关项目金额（附表4-2）。

附表 4-2　利润表(简表)

编制单位:N公司　　　　　　　　20××年5月　　　　　　　　单位:元

项　　目	本期金额	上期金额
一、营业收入	(1)	
减:营业成本		
……		
销售费用	(2)	
……		
二、营业利润	(3)	
加:营业外收入		
减:营业外支出		
三、利润总额	(4)	
减:所得税费用		
四、净利润	(5)	

参 考 答 案

一、单项选择题

1. B　2. B　3. D　4. A　5. C　6. A　7. A　8. A　9. B　10. D　11. C　12. C　13. C　14. B　15. C

二、多项选择题

1. BC　2. AC　3. ABD　4. BD　5. CD　6. ABCD　7. ABCD　8. BC　9. AD　10. ABC

三、判断题

1. √　2. ×　3. √　4. ×　5. √　6. ×　7. ×　8. √　9. ×　10. ×

四、业务核算题

1. 借:固定资产　　　　　　　　　　　　　　　　　10 000
　　　贷:实收资本　　　　　　　　　　　　　　　　　10 000

2. 借:原材料——A 材料　　　　　　　　　　　　　10 000
　　　应交税费——应交增值税(进项税额)　　　　　 1 300
　　　贷:预付账款——大海公司　　　　　　　　　　 11 300

3. 借:银行存款　　　　　　　　　　　　　　　　　20 000
　　　贷:短期借款　　　　　　　　　　　　　　　　　20 000

4. 借:应付职工薪酬——工资　　　　　　　　　　　 8 500
　　　贷:库存现金　　　　　　　　　　　　　　　　　 8 500

5. 借:生产成本——甲产品　　　　　　　　　　　　10 000

制造费用		1 000
管理费用		500
贷:原材料——A 材料		11 500

6. 借:库存商品——甲产品　　　　　　　　　　　20 880
　　　贷:生产成本——甲产品　　　　　　　　　　20 880
7. 借:银行存款　　　　　　　　　　　　　　　　22 600
　　　贷:主营业务收入　　　　　　　　　　　　　20 000
　　　　　应交税费——应交增值税(销项税额)　　　2 600
8. 借:财务费用　　　　　　　　　　　　　　　　　500
　　　贷:应付利息　　　　　　　　　　　　　　　　500
9. 借:其他应付款——黄河公司　　　　　　　　　　300
　　　贷:营业外收入　　　　　　　　　　　　　　　300
10. 借:主营业务成本　　　　　　　　　　　　　15 000
　　　贷:库存商品——甲产品　　　　　　　　　15 000
11. 借:待处理财产损溢——待处理固定资产损溢　　2 000
　　　　累计折旧　　　　　　　　　　　　　　　4 000
　　　贷:固定资产　　　　　　　　　　　　　　　6 000
　借:营业外支出　　　　　　　　　　　　　　　　2 000
　　　贷:待处理财产损溢——待处理固定资产损溢　2 000
12. 应纳企业所得税＝12 000×25％＝3 000(元)
　借:所得税费用　　　　　　　　　　　　　　　　3 000
　　　贷:应交税费——应交所得税　　　　　　　　3 000
　借:本年利润　　　　　　　　　　　　　　　　　3 000
　　　贷:所得税费用　　　　　　　　　　　　　　3 000
13. 本年净利润＝130 000＋(12 000－3 000)＝139 000(元)
　借:本年利润　　　　　　　　　　　　　　　　139 000
　　　贷:利润分配——未分配利润　　　　　　　139 000
14. 应提取盈余公积＝139 000×10％＝13 900(元)
　应分配股利＝139 000×30％＝41 700(元)
　借:利润分配——提取盈余公积　　　　　　　　13 900
　　　　　　　——分配现金股利　　　　　　　　41 700
　　　贷:盈余公积　　　　　　　　　　　　　　13 900
　　　　　应付股利　　　　　　　　　　　　　　41 700
15. 借:利润分配——未分配利润　　　　　　　　55 600
　　　贷:利润分配——提取盈余公积　　　　　　13 900
　　　　　　　　　——分配现金股利　　　　　　41 700

五、计算分析题

1.
资产总额＝750 000;负债总额＝190 000;所有者权益总额＝560 000
2.
(1) 1 000 000;(2) 83 000;(3) 338 000;(4) 330 000;(5) 247 500